불온한 상상의 축제

The Carnival Of Turbulent Imagination

이경수(李京洙)는 1968년 대전에서 태어나 고려대학교 국어국문학과를 졸업했다. 1999년 『문화일보』 신춘문예로 등단하여 시 평론을 주로 썼으며, 현재 비평 전문 반년간지 『작가와비평』의 편집동인으로 활동하고 있다. 2002년에 고려대학교에서 「한국 현대시의 반복 기법과 언술 구조」로 문학박사학위를 취득했으며, 차이를 생성하는 반복이라는 테마에 대해 관심을 가지고 있다. 텍스트에 대한 매혹과 엄정한 비판과 평가 사이에서 길을 잃지 않는 문학 연구자이자 비평가로서의 길을 가려고 노력중이다. 공저로 『우리말 오류사전』이 있다.

불온한 상상의 축제

1판 1쇄 인쇄 2004년 12월 20일
1판 1쇄 발행 2004년 12월 25일

지은이 / 이경수
펴낸이 / 박성모
펴낸곳 / 소명출판
출판고문 / 김호영
등록 / 제13-522호
주소 / 137-878 서울시 서초구 서초동 1621-18 (란빌딩 1층)
대표전화 / (02) 585-7840
팩시밀리 / (02) 585-7848
somyong@korea.com / www.somyong.com

ⓒ 2004, 이경수

값 16,000원

ISBN 89-5626-120-2 93810
※ 이 책은 2004년 한국문화예술진흥원이 지원한 창작지원금에 의해 쓰여졌다.

불온한 상상의 축제

The Carnival Of Turbulent Imagination

이경수 평론집

소명출판

첫 평론집을 묶는다. 등단한 이후 5년여 가까이 써 온 글들 중 일부를 추렸다. 내가 처음 문학에 매혹되고 빠져들던 시기와 비평가로서 문학에 대해 발언하게 된 시기 사이에는 지각변동이라고 할 만큼의 변화가 있었다. 그 까마득한 거리를 견디며, 때로는 그 사이에서 흔들리며, 내 글은 서서히 제 빛깔을 찾아갔다. 이 책은 그 흔들림과 변화의 과정을 기록한 것이다. 첫 평론집의 제목을 '불온한 상상의 축제'라고 지어보았다. '불온한 상상'이 이 책에 실린 글이 공통적으로 드러내는 색깔이라면, '축제'는 각각의 글이 지니고 있는 개성과 다양성을 표현한 것이다. 나는 불온한 상상이 자유롭게 질주하고 흥겹게 어우러지는 한 판의 축제와도 같은 문학을 꿈꾼다.

내 문학의 모태는 오래 전 고향집의 다락방이다. 지금도 가끔 꿈에 등장하는 그 다락방에서 나는 먼지 쌓인 옛날 사진과 잡동사니들을 뒤적이며 한없이 느리게 흘러가는 시간 속에 우두커니 앉아 있었다. 다락방 좁은 창문 틈으로 한 오라기 햇빛이 기어들어오면 먼지들의 입자가 반짝이기 시작하는데, 그 나른한 시간 속에 묻혀 지내는 걸 난 좋아했었다. 문학의 길로 접어들기까지는 그리 특별할 것도 없었지만, 오히려 문학의 길을 선택한 이후에 운명처럼 사소한 시련들이 지나가곤 했던 것 같다. 내가 외로움과 꽤 친숙한 사람이라는 것을 깨달은 것도 어쩌면 그 이후의 일이다. 지금은 잘 맞는 옷처럼 외로움도 견딜 만하다. 그 시간들을 함께 해 준 시와 시인들에게 새삼스럽게 고마움을 전하고 싶다.

나는 두 시인에게서 문학을 배웠다. 백석과 김수영. 서로 달라 보이지만 자기를 들여다봄으로써 스스로 깊어진 시인이라는 점에서 이들은 서로 닮았다. 백석은 「흰 바람벽이 있어」라는 시에서 일찍이 "가난하고 외롭고 높고 쓸쓸"한 시인의 운명을 간파했다. 가난, 즉 결핍은 처음 시를 쓰게 하는 원동력이다. 물질적으로든 정신적으로든 채워지지 않는 것이 있을 때 시를 향한 마음은 싹트기 시작한다. 시를 향한 열망을 지속시키는 힘은 외로움이다. 외로움이야말로 시인의 천성이다. 시인은 외로운 자이며, 외로움을 견디는 자이며, 외로움 속에서 살 줄 아는 자이다. 외로움의 경지를 알면 스스로 높아진다. 하지만 높음에서 멈추어서는 곤란하다. 현실로부터 발을 떼고 초월해 버리는 순간, 시는 저만큼 달아날 것이다. 쓸쓸함이 중요한 까닭은 그 때문이다. 현실에 발을 붙이고 결핍을 돌아보며 쓸쓸해할 줄 아는 마음이야말로 시라는 운명을 벗어나지 못하게 하는 마지막 조건이다. 시인의 운명을 깨달은 백석 시인은 마침내 자신의 마음속에 굳고 정한 "갈매나무" 하나를 심어 올린다. 백석이 내게 시인의 운명과 갈매나무라는 상징을 가르쳐 준 시인이라면, 김수영은 불온한 정신의 자유를 가르쳐 준 시인이다. 그는 이중적 현실 앞에 흔들리고 회의하면서도 끝내 냉소에 빠지지 않고 사랑의 의미를 발견한 시인이다. 그의 흔들림이 마음을 움직이는 까닭은 여기에 있다.

문학은 '지금, 여기'를 살아가는 나에게는 불온함이다. 문학의 위기에 대한 진단이 요즘처럼 성행했던 적도 드물었지만, 문화의 중심으로부터 밀려난 주변이라는 자리야말로 이 시대의 시에 어울리는 자리라고 나는 생각한다. 중심을 회복하거나 협소해진 자리를 넓히려고 섣부른 시도를 하기 전에 시의 내부를 곰곰이 들여다볼 필요가 있다. 오히려 협착해진 지금의 자리에서 문학만이 할 수 있는 몫이 분명히 있을 거라 믿는다. 바깥을 향해 시선을 돌리기 전에 문학의 내부를 면밀히 들여다보고 솔직해질 필요가 있다. 자기 반성을 상실한 문학이 불온함을 견딜 리 만무하다. 영화·만화·판타지·게임 등 다양한 대중적인 장르들이 부침을 거듭하고 있다. 경계를 자유롭게 넘나드는 횡단의 시대에 장르의 고유성을 고집할 생각은 없지만, 문학이 문학으로서 살아남기 위해서는 불온함을 잃어버려서는 안 될 것이다. 그것은 상식적이고 고정적인 가치나 통념과 거리를 유지하는 일이기도 하다.

문학의 위기에 목청을 돋울 생각은 전혀 없지만, '지금, 여기'가 소용돌이와 지각변동의 시대임을 부인하고 싶지는 않다. 변화의 한가운데 있는 사람은 대개 변화의 의미를 짚어내기 힘들다. 그렇기 때문에 맹목에 빠지기도 한다. 맹목이 작가들에게 꼭 독이 되는 것은 아니지만, 비평가의 경우는 다르다. 맹목에 빠지지 않고 자신으로부터도 반성적 거리를 유지하는 차가운 시선이 비평가에게는 요구된다. 거리 두기는 차가움을 필요로 하지만, 맹목에 빠지지 않고 거리를 유지하기 위해서는 차가움 뒤에 열정이 숨어 있어야 한다. 열정이 없는 차가움은 냉소에 빠지기 쉽고 차가움이 없는 열정은 맹목에 빠지기 쉽다. 나는 차가움의 열정으로 그 사이에서 아슬아슬한 균형을 유지하는 비평가이고 싶다.

내 안에는 어떤 규정에 쉽사리 갇히지 않는 수많은 충동이 존재한다. 그 다양한 목소리들을 모두 열어 두는 글을 쓰고 싶다. 나는 변화의 가능성을 믿는 편이다. 내 안의 자유로움이 나를 더 많이 변화시키기를 기대한다. 문학은 그 길에 가장 잘 어울리는 동반자가 되어 줄 것이다. 모든 이분법적 구획을 넘나들며 횡단하는 자리에 내 글이 위치하기를 바란다. 내 글이 좀더 자유로워져서 삶을 이끌었으면 좋겠다.

1부에는 현대시의 지각변동을 다루는 글을 모아 보았다. 지반 자체가 달라져 가고 있는 현대시를 다각도로 조명하고 그것을 통해 '지금, 여기'에서 '문학이란 무엇인가?'라는 원론적인 질문을 던지고 있는 글들을 묶었다. 1990년대 후반 이후 문학의 지형도가 어떻게 변해 왔는지를 '차이의 반복'이라는 관점에서 살펴보는 글들이 대체로 여기에 속한다. 전위시, 패러디시, 문학의 다성성, 윤리성, 불온성 등을 살펴봄으로써 새로운 문학의 가능성을 모색해 보는 글들을 여기에 묶었다. 1부가 문학 담론의 지형도 변화에 주목한 글들이라면, 2부는 그러한 변화가 시인들의 작품에서 구체적으로 어떻게 나타나는지를 살펴본 글들이다. 테마를 중심으로 다룬 시인론들로 이루어진 2부에는 '지금, 여기'의 시인들이 실제로 어떻게 말하는지에 주목하여, 수사학의 변화를 살펴본 글들을 실었다. 3부는 메타비평의 성격이 강한 글들이다. 최근에 유행하는 문학 담론에 대해 비판하거나 문학 제도에 대해 비판한 글들을 여기에 묶었다. 이 글들은 문학의 내부이자 외부인 경계인의 시선으로 문학을 바라보게 함으로써 문학에 새로운 변이의 에너지를 불어넣어 줄 것이다.

등단한 이후 시의 현장에서 많은 글을 써 왔다. 최근에는 문학의 내부에서만이 아니라 내부이자 외부인 자리에서 문학을 바라봐야 할 필요성을 절감하고 있다. 스스로 변화하지 않고는 변화하는 목소리를 들을 수 없다. 앞으로도 내 평론의 지향점은 경계 너머를 꿈꾸는 데 있을 것이다. 이 평론집은 그 첫 걸음에 불과하다.

고마운 분들이 떠오른다. 문학의 길을 앞서 걸어가신 모교의 스승님들, 비판적 독자로서 같은 길을 걸어가는 선후배 동학들, 그리고 언제나 힘이 되고 자극이 되어 주는 『작가와비평』 편집 동인들께 감사드린다. 〈연구공간 '수유+너머'〉에서 만난 소중한 인연에도 감사를 드리고 싶다. 스스로 돌아봤을 때 부끄럽지 않은 길을 가겠다고 다짐해 본다. 그 어떤 말로도 고마움을 갚을 길 없는 사랑하는 부모님, 미안하다는 말이 먼저 떠오르는 동생들에게도 이 기회를 빌려 사랑과 감사의 마음을 전한다. 책에 걸맞은 빛깔을 찾아준 소명출판 여러분께도 고마움을 전하고 싶다.

2004년 11월
이 경 수

차례

불온한 상상의 축제

3부

클리나멘의 에너지

1부

현대시의 지각변동

차이와 반복

패러디시의 현재성

1. 패러디의 가능성

현대시의 기원을 찾으려는 시도는 대개 주요한이나 김억, 많이 거슬러 올라가도 최남선 정도에서 머물곤 해 왔다. 현대시의 기원에 대한 탐구란 이전의 정형시와는 다른 새로움이 어디서부터 시작되었는가를 찾는 성격의 작업이었던 것이다. 하지만 근대시 초창기의 대표 주자들이 정형시로 귀착한 한계라든지 진정한 의미에서의 근대 시론을 열었다고 평가되는 김기림 역시 근대가 부딪힌 숙명적인 한계에 대해 고민했다는 사실을 상기해 보면, 전통의 창조적 계승이라는 과제가 늘 우리 문학사에 무거운 그림자로 드리워져 있었음을 부인하기는 쉽지 않다. 무엇이 전통인가라는 어찌 보면 가장 본질적인 물음에 답하는 것은 이 글의 몫이 아니다. 다만 계승과 창조, 어디에 방점이 찍히느냐에 따라 연속과 단절에 관한 시비는 길지 않은 우리의 현대 문학사를 통해 계속되어 왔고, 연속과 단절을 가르듯이 전통과 새로움을 가르는 논의 역시 때로는 엄정한 심판관의 자세로 때로는 좀더 은밀한 방식으로 진행되어 왔다. 이천 년대를 살아가는 이 시대의 시인들 역시 이러한 구획으로부터, 혹은 이러한 구획들 간에 작동하는 긴장으로부터 자유로울 수는 없을 것이다. 새로움을 향해 강박적으로 치닫는 시대와 새로움을 감당하기에는 턱없이 부족한 시라는 장르 사이에서, 낡은 상징과 새로운 언어 사이에서, 시인들의 고투는 계속될 것이다.

어느 길이 바람직하다고 누가 섣불리 말할 수 있겠는가. 낡은 상징의 무력함을 시인만큼 잘 아는 사람이 어디 있을 것이며, 새로움의 강박적 추구가 가져오는 허망함을 시인만큼 몸서리치며 느껴본 사람이 또한 어디 있겠는가. 나아갈 것이냐, 돌아갈 것이냐 그것이 문제로다. 그러나 이분법적인 구획의 함정에 빠지지 않기 위해서는 그러한 담론의 장으로부터 거리를 유지할 수 있어야 한다는 것이 진정 문제다. 이 시대에 전통과 새로움은 어떻게 만날 수 있을 것인가. 이들의 만남이 일방적인 포섭이나 굴복이라는 형식이 아니라 긴장을 생성하는 방식으로 이루어질 수는 없을지 그 만남의 방식을 고민하거나 보여 주는 시들에 이 글은 주목하였다.

린다 허천은 '과거의 풍요롭고도 위협적인 유산'을 가진 텍스트들과 연관되는 양식인 패러디를 비평적 거리를 가진 모방으로 새롭게 정의하였다. 패러디는 반복이지만 차이를 내포한 반복이라는 것이다. 다음에 살펴볼 시를 모두 패러디의 예라고 볼 수는 없겠지만, 반복으로부터 차이를 끌어낸다는 점에서는 패러디가 가진 가능성과 유사한 효과를 나타낸다고 보았다.

2. 동화, 깨어진 거울의 상상력

루이스 캐롤은 우리를 안심시켜 주고 미래에 대한 희망과 행복한 결말을 약속해 준다는 점에서 전래 동화를 '사랑의 선물'이라고 불렀다. 시대와 장소를 초월해서 전인류의 상상력의 보고가 되어 왔다는 점에서 전래 동화는 영원한 고전이라고 불릴 수 있을 것이다. 전래 동화를 빌린 시의 상상력이 어떻게 전개되는지를 살펴보는 일은 전통과 새로움이 만나는 방식을 확인하는 작업이기도 하다. 오늘날의 우리 시인들에게 전래 동화는 더 이상 '사랑의 선물'만은 아니다. 전래 동화라는 거울을 통해서 더 이상 우리가 살아가는 세상을 비춰 볼 수 없게 된 '지금, 여기'의 우리에게 전래 동화는 이제 거울의 효능을 상실하고 말았다. 행복한 결말이 보장된 꿈같은 세상은 동화 속에나 있을 뿐, 전래 동화는 이제 안심 대신 불안을, 미래에 대한 희망 대신 절망을, 행복한 결말 대신 그저 그렇거나 불행한 일상을 확인시켜 줄 뿐이다. 깨어진 거울이 되어 버린 전래 동화는 우리의 일상을 비출 수는 있어도, 그 균열만을 확인시켜 줄 뿐이다. 박해람과 장이지의 시는 익숙한 동화를 토대로 한 동화적 상상력을 빌리지만 그것을 비트는 데서 시의 매력을 발산한다.

> 저 산너머에 마을이 있으리라는 법은 없다.
> 다만 마을을 찾아가다 잠시 쉬는 중.
> 마을과 마을 사이에 휴식이란 얼마나 불편한지 ……
> 다시 한 번 품속의 피리를 더듬어 본다
> 무엇으로 꽉 차 있는지 여전히 무겁다.
> 오늘은 무엇을 꺼내어 이 하루치의 무게를 줄여 볼까
> 어디, 눈이라도 한번 불러내 볼까
> 발자국이라도 있어야
> 내가 걷고 있다는 것을 알 수 있음으로

어디, 흰 눈을 한번 내려 볼까.

(나는 그때의 피리소리를 잊을 수가 없어
모든 음을 다 털어낸 그 피리를
내게 주고 간 그 예리한 콧날의 사내를 잊을 수가 없어.
마치, 몸속에 잠복한 보균처럼
점점 무거워지는 피리.)

그 이후로 나는 다리를 절룩거리며
이 마을 저 마을로 그를 찾아다니는 중.
담보로 잡혀간 내 마음을 찾아다니는 중.
최면에도 들지 못하는 수치스러운 몸으로 그들을 찾아다니는 중.
몸속에 쥐떼들만 점점 키우고 있는 중.

(어서 빨리 마을을 하나 잡아
무겁고 바글거리는 이 쥐떼들을 풀어놓아야 한다.
나를 다 갉아먹기 전에 이 쥐들을 수장시켜야 한다.)

붉은 노을이다.
저 노을은 필경 마을로 들어가는 門일 것이다.
다리의 절룩임이 마치 문을 두드리는 소리 같다
그때 혼자 남겨진 이후로 한시도 거른 적이 없는 이 절룩이는 여행
뼈마디처럼 만져지는 이 피리를 어쩐다
점점 더 뚱뚱해져만 가는 이 피리를 어쩐다.
　　　　　　　　　　　── 박해람, 「피리 부는 사나이」(『문학사상』, 2001.9)

　대표적인 전래 동화 중에 하나인 「피리 부는 사나이」는 여행 모티프
와 문제 해결의 모티프를 동시에 지니고 있는 동화이다. 한 사나이가 길
을 떠난다. 그는 우연히 피리를 손에 넣게 되고 그가 피리를 불자 많은
동물들이 그의 뒤를 따르기 시작한다. 어느 마을에 도착한 피리 부는 사

나이는 쥐떼들로 인해 골치를 썩는 마을 사람들을 위해 피리를 불어 쥐떼들을 한 데 모아 수장시켜 소탕하는 데 성공한다. 하지만 마을 사람들은 처음의 약속을 지키지 않고 피리 부는 사나이를 배신한다. 화가 난 피리 부는 사나이는 다시 피리를 불어 마을의 아이들을 불러모아 마을을 곤경에 빠뜨린다. 멋지게 피리를 불며 길을 떠나는 사나이와 마법의 피리가 불러일으키는 아름다운 소리와 주술적인 힘은 이 동화가 사람들을 사로잡는 힘이라고 할 수 있다. 하지만 현실은 전래 동화와는 다르게 전개된다. 전래 동화와 현실과의 괴리는 이 시를 시 쓰기에 관한 시로 읽을 때 좀더 분명히 드러난다. 어쩌면 시인은 피리 부는 사나이에게서 느껴지던 자유와 마법 피리의 주술적인 힘과 아름다움에 매혹되어 시인의 길을 걷게 되었는지도 모른다. 하지만 이미 유사성의 주술적인 힘을 상실한 우리 시대에 시인으로서 살아간다는 것은 더 이상 피리 부는 사나이의 멋진 여행과는 거리가 멀다. 피리 부는 사나이의 길 떠남은 자유로운 방랑이자 수많은 길벗들이 있는 풍요로운 여정이었지만, '지금, 여기'에서 시인이 걷는 길은 고독만이 함께 할 뿐이다. "저 산너머에 마을이 있으리라는 법은 없다"라는 시의 첫 행부터 전래 동화에 대한 뒤집기는 시작된다. 동화 속의 신나는 마법의 피리는 시의 화자에게는 무겁고 뚱뚱해져 가는 거추장스러운 피리가 되어 버렸고, 피리 부는 사나이의 경쾌하고 리드미컬한 걸음은 혼자 남겨진 이의 절룩이는 걸음으로 둔갑하고 만다. 동화 속 낭만은 사라져 버렸고, 피리로 비유되는 시인의 노래는 곤혹스럽고도 외로운 노래로 그려진다. 박해람 시인은 「피리 부는 사나이」라는 동화가 환기하는 유쾌한 환상을 깨어 버림으로써 '지금, 여기'에서 시를 쓰는 행위의 어려움을 보여 주고 있다. 마법의 피리가 저주의 피리가 되어 버린 차이는 시의 효용성에 대해 강한 의문을 제기한다. 환상이 깨어진 뒤에도 시인의 길을 걸어갈 수밖에 없는 운명의 무게가 묵직하게 느껴지는 시이다.

차가운 돌로 지은 고등학교 교실
분홍색 원피스를 입은 창작반 교사 하트의 여왕은
노래하듯 「애너벨 리」를 낭송합니다.
꿈꾸는 표정으로 '애너벨 리'라고 이름을 부를 때마다
도금이 벗겨진 하트 모양의 귀걸이가 흔들립니다.
애너벨 리 아씨는 나를 사랑하고
나에게 사랑 받는 것밖에 생각하지 않았어요.
그녀도 어렸고 나도 어렸답니다. 이 바닷가 왕국에서……
지금 하트의 여왕에게는 시샘 많은 천사가 보낸 태풍이
애너벨 리를 잠들게 하는 환상이 보입니다.
회전하는 물기둥과 이리처럼 달려드는 해일,
차갑디 차가운 애너벨 리의 무덤가에는
얼굴이 하얀 소년이 웅크린 채 잠들어 있습니다.
가죽 점퍼를 입은 앨리스는 교실 뒤에 앉아 이 환상을
자르고 있습니다. 껌을 질겅질겅 씹습니다.
바람 소리, 파도 소리, 얼굴이 흰 소년의 심장 고동 소리가
앨리스의 핸드폰 소리 안으로 빨려 들어갑니다.
하트의 여왕은 얼굴이 빨개졌습니다.
키가 20센티미터나 줄었습니다.
여보세요 괜찮아. 수업 시간이야. 시시한 이야기야.
세상에 없는 이야기지. 마치 시 같아. 사랑한다구?
핸드폰 줄에 매달린 고양이 장식이 웃으며
하트의 여왕은 위선자라고 최면을 거는군요
만나자구? 얼마나 줄건대? 교복 입고 오라구? 변태!
앨리스는 철제 필통 안의 스타들 사진 앞에 앉아 있습니다.
하트의 여왕은 목을 치겠다고 허장성세입니다.
새로운 교실의 이데아를 하트의 여왕은 몰랐습니다.
앨리스는 하트의 여왕을 학교 폭력으로 신고합니다.
앨리스는 교활합니다. 하트의 여왕은
또 키가 20센티미터나 줄었습니다. 얼굴이 흰 앨리스는

어디 있는가요? 그녀는 늘 바닷가 왕국 별들의 무덤가에
웅크리고 앉아 있었습니다. 그녀는 가죽 점퍼를
벗어놓고 어디로 갔을까요?
바닷가 왕국에서는 아무도 앨리스를 사랑하지 않았고
아름다운 앨리스도 그랬습니다.
　　　　　— 장이지, 「가죽 점퍼를 입은 앨리스」(『시안』, 2001년 가을)

　　장이지는 좀더 발랄한 상상력으로 루이스 캐롤의 동화 「이상한 나라
의 앨리스」와 애드거 앨런 포우의 시 「애너벨 리」를 패러디하여 시 창
작 교실과 오늘날 우리 사회의 현실을 풍자한다. 루이스 캐롤의 「이상
한 나라의 앨리스」에 등장하는 주인공들은 장이지의 시에서 색다른 모
습으로 채색되어 나타난다. 쳤다하면 이기는 크로켓 경기를 즐기고 "저
자의 목을 쳐라"라는 명령을 일삼던 독재자의 상징 하트의 여왕은 이
시에서 고등학교 시 창작반에서 시를 가르치는, 분홍색 원피스를 입고
하트 모양의 귀걸이를 한 창작반 교사로 둔갑한다. 하트가 그려진 카드
로 만든 옷을 입은 여왕만큼이나 도금이 벗겨진 하트 모양의 귀걸이를
하고 있는 여교사의 모습도 우스꽝스럽기는 마찬가지이다. 창작반 여교
사 역시 수업에 집중하지 않는 앨리스에게 '목을 치겠다'는 협박을 하기
는 하지만, 동화 속 하트 여왕에 비해 미약한 존재로 그려진다. 앨리스
에 의해 그녀의 수업은 무시당하고, 새로운 교실의 이데아를 모르고 학
생을 협박했다가 '학교 폭력'으로 고발까지 당하는 신세가 된다. 동화
속에서 앨리스의 키가 커지던 것처럼 이번에는 여교사의 키가 20센티미
터씩 작아진다. 루이스 캐롤의 동화에 등장하는 앨리스는 다소 엉뚱하
기는 하지만 사랑스럽기 그지없는 존재로 그려진다. 그러나 장이지의
시에 등장하는 앨리스는 '가죽 점퍼를 입은 앨리스'이며 순수하고 아름
다운 사랑을 노래한 시 따위는 시시하다고 생각하는, 원조 교제를 하는
교활한 소녀이다. 애너벨 리나 루이스 캐롤의 동화에 나오는 앨리스와

는 달리 아무도 그녀를 사랑하지 않았고 그녀 역시 그랬다. 사랑스러운 동화 속 주인공은 현실에서는 존재하지 않는다. 이 시의 패러디는 '핸드폰 줄에 매달린 고양이 장식'에서 극대화된다. 루이스 캐롤의 동화에서 고양이는 모든 수수께끼의 근원이자 중력의 영향을 받지 않는 가장 이상한 캐릭터로 등장한다. 하지만 현실에서 고양이는 핸드폰 줄에 매달려 있는—'중력의 영향을 받지 않는'에 대한 기막힌 패러디이다—하찮은 장식에 불과하다.

발랄한 상상력에 기대 동화 「이상한 나라의 앨리스」를 패러디하고 있는 시 「가죽 점퍼를 입은 앨리스」가 일으키는 효과는 그러나 씁쓸하다. 순수하고 아름다운 사랑을 노래한 시를 시시하다고 느끼고 스타의 사진 앞에 열광하며 수업 시간에 공공연히 핸드폰을 받는 사랑스럽지 않은 앨리스들이 우리 곁에 무수히 존재한다는 사실을 모르지 않기 때문이다. 가죽 점퍼를 입은 앨리스들에게 시를 읽고 감동 받는 세상은 분명 이상한 나라로 여겨질 것이다. 이때 동화 속의 신비는 몰이해와 단절감으로 현실화된다. 장이지의 시는 아름다운 서정시의 무력함뿐만 아니라 가죽 점퍼를 입은 앨리스들의 소외감을 사랑받지도 사랑하지도 않았다는 마지막 구절에서 보여 주고 있다. '사랑의 선물'인 거울은 깨져 버렸지만, 깨진 거울의 조각에는 이따금씩 사랑스럽지도 행복하지도 않은 이 땅의 수많은 소녀들의 모습이 비친다.

3. 사라진 비극, 누추한 삶의 현장

영웅이 사라진 시대, 영웅이 갈 길을 비추어 주는 별이 사라진 시대에 비극이란 더 이상 존재하지 않는다. 눈물을 쏙 빼게 하는 멜로 드라마는 있어도 비장미를 느끼게 하는 비극은 이미 사라지고 없다. 하지만 가까이는 1980년대만 하더라도 영웅이나 비극에 대한 기대가 어느 정도 살아 있었다. 비극이 우리 앞에서 완전히 모습을 감춘 것은 비극에 대한 기대가 사라지면서부터였을지도 모른다. 비극은 물론 비극에 대한 기대마저 사라진 시대의 삶이란 누추할 수밖에 없다. 최정례·함성호·김영승의 시는 패러디의 방식을 전면적으로 내세우지는 않지만, 고전의 상상력에 기대 악착같고 우스꽝스럽고 바보스러운 우리네 일상을 그리는 데 천착한다.

> 저 티끌을 지나서 왔구나
> 저 벌레를 지나서
> 한없이 지나서 왔구나
>
> 업은 아이를 내려놓고
> 순두부를 시켜 먹는 동안
> 훌쩍거리며 코를 훔치는 동안
> 아이는 끽끽거리며
> 바닥을 기어 다니고
>
> 너의 나이 나의 나이
> 저 티끌에서부터의
> 나이를 셀 수가 없구나
>
> 「그 동안 돌비는 깨어지고
> 많은 은금보화는 땅에 묻히고
> 까마귀도 긴 족보를 이루었는데」
>
> 검은 옷에 끈질기게 따라온 먼지들
> 악착같이 따라 붙는 희끄무레한 것들

무엇이 되고 싶은 것이냐
세포가 되었다가
버러지가 되었다가
떨치고 일어나
짐승이 되고 싶은 것이냐

검은 옷에 악착같이 따라다니는
보푸라기야
구렁텅이야

— 최정례, 「보푸라기들」(『리토피아』, 2001년 가을)

'백석 시의 구절을 빌어'라는 부제가 붙어 있는 이 시는 백석의 시 「북방(北方)에서」의 한 구절을 효과적으로 삽입하여 새로운 의미를 창출해 내고 있다. 백석의 시에서 "그 동안 돌비는 깨어지고 많은 은금보화는 땅에 묻히고 까마귀도 긴 족보를 이루었는데"라는 구절은 행갈이 없이 쓰임으로써 유장한 리듬 속에 한 개인의 역사를 넘어선 민족의 역사의 유장한 흐름을 보여 준 반면, 이 시에서는 적절히 행갈이를 함으로써 티끌과도 같고 먼지와도 같은 개개인을 지나온 시간들을 환기하고 있다. 뿐만 아니라 이 시의 각 연을 이루는 행들은 효과적인 각운의 배치를 통해 반복적인 리듬을 형성하고 있는데 「북방(北方)에서」를 인용한 부분도 '─지고/ ─하고'가 각운을 형성함으로써 시의 전체적인 리듬과 어우러지고 있다. 반복적인 리듬의 적절한 배치는 '저 티끌'과 '저 벌레'를 한없이 지나서 온 세월을 환기하고 우리네 일상에서 무수히 반복되었을 "업은 아이를 내려놓고 순두부를 시켜 먹는" 남루한 시간을 환기하는 효과를 발휘한다. 그러나 그 시간은 무한히 반복되거나 윤회하는 시간과는 다르다. 먼지나 티끌이 긴긴 시간을 지나 세포가 되고 버러지가 되고 짐승이 되는 차이의 시간인 것이다. 무한한 반복이 차이를 생성해 내는 효과를 백석의 시가 리듬에서 실현했다면, 최정례의 시는 시간 속에서 잡아내고자 한다.

검은 옷에 끈질기게 달라붙는 먼지들의 악착같음에서 시인은 어떤 생명의 기운을 감지한다. 그것은 관념화된 거창한 의미와는 거리가 먼, 악착같고 남루하고 지리멸렬한 모습을 하고 있다. 검은 옷에 한사코 달라붙는 먼지처럼, 낡은 옷에 일어나는 보푸라기처럼 거추장스럽고 추하고 초라한 존재이지만 정말이지 악착같다. 그러므로 시인은 보푸라기들을 가리켜 구렁텅이라고 부른다. 너무 많은 보푸라기들을 보며 시인은 비명을 지른다. 아! 진저리나는 삶의 구렁텅이들.

> 낙타를 몰고 대화역 러브호텔 골목을 지나가는데
> 머리는 사람이고 몸은 사자인 삐끼가
> 기본 25,000원 부킹 책임지는 곳이 어디냐고 물었다
> 나는 시지푸스 성인 나이트클럽이라고 말했다
> 이상하게 틀렸는데도 나를 죽이지 않았다
> 삐끼의 머리가 사람이라는 게 좀 걸렸지만
> 낙타들을 지하철 안으로 몰아넣고 역삼동을 지나
> 수서까지 오랜 여행을 하고 돌아왔다
> 낙타들은 지쳐 있었고, 나도 어디 적당한 곳에서 쉬고 싶었기 때문에
> 다시 머리는 사람이고 몸은 사자인 삐끼가
> 아주 무료 아가씨 끝내주는 곳이 어디냐고 물었을 때
> 그냥 스핑크스 중년 나이트클럽이라고 말해주었다
> 이번에도 틀렸는데 그냥 살려주었다
> 이상하다 나는 빨리 비극으로 가야 하는데
> 낙타를 수간해서 머리는 사람이고 몸은 사자인 괴물을 낳게 한 범인을 잡아
> 야 하는데
> 나도 계속 살아 있고
> 저 삐끼도 계속 살아 있다
> 나는 할 수 없이 낙타를 데리고 예비군 교육장 옆 농수산물센터에서
> 배추 이파리를 씹으며 사막 횡단 버스를 기다리는데

예의 머리는 사람이고 몸은 사자인 삐끼가 다가와
오늘은 왜 오지 않았느냐며
9시 전에 입장하는 여성 고객들은 공짜인 데가 어디냐고 물었다
거기는 궁전 나이트클럽이었고, 나는 그렇게 대답했다
삐끼는 분명히 그런데도 아니라고 거짓말하면서도 나를 살려주었다
당연히 머리는 사람이고 몸은 사자인 삐끼도
달리는 자동차 바퀴에 몸을 던져 죽는 일 따위는 벌어지지 않았다
나는 너무 이상해서 귀가 간지러웠다
아무도 죽지 않다니
그때 큰 돌을 굴리고 가던 맛없는 큰 간 말똥구리가
'웃지 말아요, 이 연극에는 비극이 준비되어 있지 않아요'
라고 충고하며 혀를 차고 지나간다
비극이 준비되어 있지 않다면
이렇게 자꾸 삶이 반복된다면
나는 어디에서 내 죽음을 볼 수 있을까
　　　　　　　— 함성호, 「비극을 찾아서」(『문학과사회』, 2001년 가을)

　스핑크스의 수수께끼를 멋지게 해결하고 주어진 비극적인 운명을 향해 한 발 한 발 가까이 다가서는 오이디푸스는 그리스 신화나 소포클레스의 비극에나 존재한다. "비극이 준비되어 있지 않"은 연극인 현실 속에서 비극을 찾아다니는 행위는 오히려 다분히 우스꽝스러운 모습으로 나타난다. 신화 속의 괴물 스핑크스는 "머리는 사람이고 몸은 사자인 삐끼"로 풍자되며 화자인 '나' 역시 일부러 스핑크스의 수수께끼를 틀리는 등 아무리 죽으려 애를 써도 죽음 가까이 다가가지 못하는 인물로 등장한다. '아침엔 넷, 점심엔 둘, 저녁엔 셋인 건 뭐냐'라는, 인간의 역사를 통해 정체성에 다가갔던 스핑크스의 수수께끼는 나이트클럽의 위치를 묻는 사소하고 무의미한 수수께끼로 둔갑한다. 그런가 하면 부친 살해와 근친상간의 모티프는 수간(獸姦)의 모티프로 대체된다. 성에 관해 아직도 남아 있는 거의 유일한 금기가 수간이라는 사실을 상기해 보면,

시인이 노린 효과를 짐작하기는 어렵지 않을 것이다. 더구나 수간의 이미지는 비극적 영웅이 만들어 내는 비장미와는 거리가 멀다. 이러한 차이들에도 불구하고 오이디푸스 신화와 비슷한 구성을 따르던 이 시가 신화와 결정적으로 어긋나기 시작하는 것은 수수께끼를 틀린 다음부터다. 수수께끼를 틀렸는데도 죽이지 않는 것은 수수께끼의 신비함이나 신통력이 현실에서는 이미 사라졌음을 의미하는 것이다. 현대인들은 질문 하나에 삶의 전부를 거는 게임 따위는 더 이상 하려 들지 않는다. 이기는 게임만을 하려 들거나 장난임을 전제한 게임만을 하려고 들 뿐이다. 신비함이 사라진 곳에 비장미가 생길 리 만무하다.

통상적으로는 죽지 않고 살아 남았다면 기뻐해야 할 일이겠으나, 시의 화자는 무한히 반복되는 삶에 공포에 가까운 지루함을 느낀다. 생각해 보면 무한히 반복되는 삶이란 얼마나 끔찍한가. 더구나 그것이 사막을 걷는 길이라면 더 말할 것도 없을 것이다. 화자가 낙타를 끌고 걸어다니는 러브호텔 골목은 시에서 사막으로 그려지기도 하는데, 바로 그 사막은 우리의 일상으로부터 멀지 않다. 함성호의 시가 우스꽝스럽게 오이디푸스의 비극을 풍자하고 있는데도 거기서 쓸쓸함과 남루함이 느껴지는 것은 비극과 인용시 사이의 거리가 '지금, 여기'의 현실을 환기하기 때문일 것이다.

설날 형수가 싸준 갈비
인겸[1]이 생일에 끓여 먹자고 넣어둔
뒷宅에 선물로 들어온 갈비
꺼내어 끓여 먹는다 냉동된
갈비는 시베리아 유형지
내려찍을 때 곡괭이에서 튀는 살점
氷壁에서 발굴된 맘모스 같고
오늘은 4월 3일 토요일 아니
그 갈비가 언젯적 갈비냐고

묻기도 전에 갈비는
식탁을 종횡하고 아아

(…중략…)

씨를 뿌린다는 것은
‘計劃’한다는 것

얏호!

계획, 계획,

미래에 대한 彫像(imaging),

눈먼 거북이[2]
구멍 뚫린 널판지 하나 만나
구사일생

둥둥 떠내려가다가 닿아보니
무릉도원이었구나 별유천지비인간이었구나

아내는
‘半裸의 美姬’들이 되어
영신군가를 부르고

어린 아들은
‘다윗’들이 되어
골리앗과 낚시를 하네

玉流엔 錦鱗魚 ……

눈먼 거북이
구멍뚫린 널[棺]판 하나 만나
모가지에 그 칼[枷]
뒤집어쓰고 어기적 어기적

곱고다를 기어오르네 눈먼 거북이
구멍 뚫린 ……

맹구여, 김맹구여 ……

저 非想非非想天川[3]이 또 범람하면
그 모든 雪泥鴻爪

水沒당하기도 전에 아득히
떠내려가리라, 흔적도 없이
사라지리라,

맹구여, 김맹구여 그러니
이게 꿈인가 生時ㄴ가
살아 있음을 天恩으로 알고
方舟 하나 또
'計劃'하지 않으련?

一望無際 大平原엔
들소떼를 猛추격하는
늠름한 어린 아들,

토막토막 예리하게 절단된
그 갈비의 뼈를

오래도록 凝視하고 있는
맹구여, 김맹구여 ······.

— 김영승, 「맹구여, 맹구여 ······」(『현대시』, 2001.9) 부분

설날 형수가 싸 준 냉동 갈비를 몇 달 후에 꺼내 먹으면서 식탁을 종
횡무진하는 갈비를 보며 시인의 상상력은 먼 시공으로 거슬러 올라간
다. 갈비는 빙벽에서 발굴된 맘모스를 연상시키고, 내일 모레가 식목일
이라는 생각은 "씨를 뿌린다는 것은/〈計劃〉한다는 것"이라는 생각의
연쇄를 낳는다. 아마도 계획 따위는 한 번도 하지 않고 살아왔을 화자/
시인이 미래에 대한 계획을 생각하다가 맹귀우목(盲龜遇木)이라는 고사
성어를 떠올리게 된다. 여기서부터 시인의 상상력은 동서고금을 넘나들
기 시작한다. 아내는 '거북아 거북아 머리를 내놓아라. 내놓지 않으면
구워 먹겠다'고 협박하는 반라의 미희들이 되고, 어린 아들은 '다윗'들
이 되어 골리앗과 낚시를 한다. '다윗'에 비유된 어린 아들의 행위는 갈
비를 하나라도 더 건져 먹기에 골몰하는 아들의 모습과 겹치고, 거북이
를 위협하는 반라의 미희는 그런 아들의 모습을 보며 가장으로서의 화
자에게 은근히 압력을 행사하는 아내의 모습과 겹친다. 여기서 '옥류에
금린어' 가득한 무릉도원은 눈먼 거북이가 골고다 언덕을 기어오르는
험난한 고행의 길로 뒤바뀐다. 거북이를 구해 준 구멍 뚫린 '널판지'는
순식간에 모가지에 쓴 칼, 즉 관으로 변한다. 골고다 언덕을 기어오르는
'눈먼 거북이(盲龜)'는 발음의 유사성에 기초한 언어 유희의 효과에 기대
바보의 상징인 '맹구'로, 다시 '김맹구'라는 시인/화자를 연상케 하는
인물로 전이된다. 성서적 상상력은 노아의 방주를 연상시켜 인생 무상

감을 자아내고, 갈비를 먹느라 정신 없는 어린 아들은 일망무제 대평원을 달리며 들소 떼를 맹추격하는 늠름한 모습으로 환치된다. 어린 아들의 모습이 눈물겨워 화자는 갈비를 응시만 할 뿐 입에 대지 못한다. 초라하고 남루한 일상과 동서양을 가로지르는 신화적 상상력의 병치는 시인/화자의 어리숙함과 바보스러움에 진중한 삶의 무게를 실어 준다. 일상과 신화의 교묘한 병치를 통해 누추한 일상에 따뜻한 시선을 던지고 있는 데 이 시의 힘과 매력이 있다.

4. 충돌의 미학

지상에 존재하는 모든 것이 세계를 표상하는 기호라고 믿었던 시대에 시인들은 분명 행복한 존재였을 것이다. 그들의 언어는 주술적인 힘을 지닐 수 있었고, 언어의 마법을 통해 세상을 바꿀 수 있으리라는 믿음 또한 실현 가능한 것이었다. 하지만 미메시스의 환상이 부서지고 '사랑의 선물'인 거울이 깨져 버린 '지금, 여기'를 사는 시인들은 주술의 힘을 상실한 언어를 부여잡고 존재 이유를 고민해야 하는 처지가 되었다. 앞서 살펴본 다섯 시인의 시는 동화나 신화, 혹은 고전의 상상력으로부터 출발하지만 그것을 무의미하게 반복하지 않고 출발점과 비판적 거리를 유지함으로써 분명한 차이를 생성해내는 데 성공한다. 익숙한 동화와 신화지만 낯설게 반복되거나 배치됨으로써 의미의 충돌을 일으킨다. 그것은 동화와 현실, 신화와 현실 사이의 괴리를 환기하기도 하고 우스꽝스러운 조롱과 씁쓸한 현실 인식의 효과를 동시에 일으키기도 한다. 그런가 하면 김영승의 경우처럼 씁쓸함과 따뜻함이라는 정서를 동시에 발생시키기도 한다.

위에서 살펴본 다섯 편의 시들은 전통과 새로움이 만나는 방식에 대한 나름의 고민을 안고 있다는 점에서도 음미할 만한 시이다. 거울이 깨진 시대에 시를 어떻게 써야 할 것인가, 라는 존재론적인 고민의 과정이 있었기 때문에 전통의 창조적 계승이라는 당위에 대해서도 나름의 개성적인 방법을 보여 줄 수 있었다고 믿는다. 하늘 아래 온전히 새로운 것은 없다 하더라도 시가 존재하는 한 새로움은 늘 다르게 창조될 것이다. 차이 없는 반복이란 얼마나 끔찍한가. (2001)

아방가르드, 영원한 탈주자의 이름으로

한국 전위시의 가능성

1. 이미 낡은 아방가르드

20세기에 태어나 20세기의 와중에 사형선고를 받은 문예사조가 있었으니 이름하여 아방가르드였다. 문학이 있은 이후로 수많은 문예사조의 부침이 있었지만 죽음을 공개적으로 진단받은 경우는 드물었다. 모더니즘이나 리얼리즘, 심지어 포스트모더니즘까지도 이미 우리에게 익숙하고 더 이상 새롭지 않다는 의미에서 낡은 것이 되어 버렸지만, 그렇다고 해서 섣불리 이들의 죽음을 말하지는 않는다. 그런데 왜 유독 아방가르드에 대해서는 많은 논자들이 죽음을 말해 왔는가?[1) 그것은 아마도 아

---

1) 물론 여기서 아방가르드의 죽음을 논해 온 논자들의 입장을 구분할 필요는 있다. 페터 뷔르거는 운동으로서의 아방가르드가 이미 하나의 전통이 되어 버렸다는 측면에서 다다이즘, 초현실주의, 미래파 등의 아방가르드 앞에 '역사적'이라는 수식어를 붙여 그

방가르드가 지닌 속성 때문일 것이다. 제도 문학에 편입되는 순간 죽음을 맞이하는, 전위일 수밖에 없는 숙명이 아방가르드 문학의 본질을 이룬다. 페터 뷔르거가 우리에게 이미 익숙한 다다이즘, 초현실주의 등에 대해 '역사적' 아방가르드라는 수식어를 붙인 것도 이런 까닭에서이다.[2] 유행이 되어 버린 아방가르드, 유행의 물결에 밀려 역사의 뒤안길로 사라져 버린 아방가르드 문학에 대해 더 이상 '새로움'이라는 단어는 어울리지 않는다. 충격은 늘 더 강렬하고 자극적인 충격을 불러오고 마침내 더 이상 어떤 자극도 충격이 될 수 없는 지경에 이르게 마련이다. 언제나 일회적일 수밖에 없는 숙명을 충격은 지니고 있다.[3]

그러나 굳이 아방가르드라는 용어를 빌리지 않아도 문학은 늘 새로움을 꿈꾼다. 낯익은 것도 낯설게 말하는 방식이 문학의 존재방식인 것이다. 그런 점에서 보면 아방가르드의 정신은 문학의 본질을 구성한다. 이 글에서 가능성을 타진해 보려는 아방가르드 문학은 이미 역사의 일부가 되어 버린 '역사적' 아방가르드를 가리키는 것은 물론 아니다. 지나치게 포괄적이라는 혐의를 벗어나기 어렵겠지만, 아방가르드 정신을 미적 아방가르드라는 형식 속에 잘 구현하고 있는 문학을 나는 여기서 아방가르드 문학이라고 부르려고 한다.[4] 좀더 구체화해 보면 아방가르

시효성을 상실했음을 말한다(페터 뷔르거, 최성만 역,『전위예술의 새로운 이해』, 심설당, 1986). 반면, 레슬리 피들러는 귀족적이며 엘리트적인 유럽식 고급 아방가르드 문학의 죽음을 역설하고 대중적이고 중류문화적인 포스트모더니즘의 탄생을 예고하였다(김성곤,「아방가르드 문학의 죽음」,『현대시사상』, 1994년 가을, 89~102면). 어빙 하우 또한 아방가르드는 성공의 도전에 직면했다고 지적하면서 "아방가르드의 파산"을 요구하였다(M. 칼리니스쿠, 이영욱 외역,『모더니티의 다섯 얼굴』, 시각과언어, 1993, 152면).

2) 페터 뷔르거, 최성만 역,『전위예술의 새로운 이해』, 심설당, 1986, 29~30면.

3) 페터 뷔르거는 반복을 통해 제도화되다시피 한 충격을 '소비되는' 충격이라고 부른다(페터 뷔르거, 최성만 역,『전위예술의 새로운 이해』, 심설당, 1986, 139면).

4) 그런 점에서 1980년대의 시인인 박남철·황지우·이성복을 아방가르드 문학의 전통에 자리매김한 황치복의 견해에 동의한다(황치복,「한국의 아방가르드 문학—80년대 시문학을 중심으로」,『문예연구』, 1999년 겨울).

드 정신이란 제도 예술에 대한 반성과 비판 정신을 의미한다. '역사적' 아방가르드가 시민예술에 대한 '자기 비판'을 수행했듯이, 아방가르드 정신을 구현한 문학은 오늘날의 제도 문학에 대한 반성을 불러일으킬 수 있는 비판 정신을 견지하고 있어야 한다. 아방가르드 형식이란 아방가르드 정신을 담아낼 만한 새로운 형식 실험이라고 할 수 있다. 비유기적인 아방가르드 형식은 유기적인 완결체를 지향하는 제도 문학에 도전함으로써 궁극적으로는 문학의 장을 넓히는 일에 기여하게 될 것이다.

2. 다시 보는 아방가르드 시론

밀레니엄 시대에 한국 아방가르드 문학의 새로운 가능성을 점검하는 이 글에서 반드시 거쳐가야 할 길이 있다. 우리의 아방가르드 시에 대해서 논의하거나 아방가르드 시론을 주창한 선행 연구자들의 시각에 대한 검증이 바로 그것이다. 여기서는 우리 아방가르드 문학의 주요 논자라고 할 수 있는 김준오와 이승훈의 시론을 살펴보고자 한다.

심준오는 한국의 아방가르느 시문학을 사석으로 제계화한 이론가이다. 그는 「우리시와 아방가르드」[5]에서 1920년대 카프 계열의 다다이스트 고한용·임화 등으로부터 출발해 정지용의 초기시, 1930년대 이상의 전위시, 1950년대 후반기 동인의 실험, 김수영·김춘수의 전위시, 이승훈·오규원 시의 전위성, 1980년대 황지우·박남철의 해체시, 박상배의 패러디시를 거쳐, 1990년대의 유하·장정일에게까지 이어지는 전위시의 계보를 논한 바 있다. 우리 현대 시사에서 모더니즘의 일부로 취급되어

---

5) 김준오, 「우리시와 아방가르드」, 『현대시사상』, 1994년 가을, 143~161면.

왔던 정지용·이상, 후반기 동인, 1980년대의 해체시를 다다이즘의 뒤를 잇는 전위시로 새롭게 자리매김한 것이다. 김준오는 현대시의 '자기 비판' 기능을 전위시를 분류하는 기준으로 삼는다. 따라서 주지주의나 이미지즘의 모더니즘은 전위시의 계보에서 배제되지만 포스트모더니즘 경향의 해체시는 전위시 안에 포섭된다. 이후 그는 다른 글들을 통해, 본질적으로 메타적인 성격을 띠는 패러디시와 벤야민의 알레고리 개념이 구현된 환유시에 대한 논의를 진전시킨다.[6] 김준오의 글에서 특기할 만한 것은 포스트모더니즘과 아방가르드를 굳이 구분하지 않고 있다는 점이다. 이러한 태도는, 아방가르드는 엘리트적이고 포스트모더니즘은 반엘리트주의적이라는 식의 이분법적 논리를 거부한 바 있는 칼리니스쿠를 연상시킨다. 칼리니스쿠는 아방가르드의 엘리트는 궁극적으로 자신을 포함한 모든 엘리트의 파괴에 헌신했고, 포스트모더니즘 정신을 대표하는 진정으로 위대한 예술가들[7]은 아방가르드주의자들 가운데 가장 정교했던 이들보다 더 대중들에게 이해되지 않았음을 적절히 지적한 바 있다.[8] 결국 진정한 아방가르드와 진정한 포스트모더니즘은 만날 수 있는 가능성을 지니는 것이다.

이승훈은 아방가르드 시론을 전개해 온 시론가이자 시창작을 통해 자신의 시론을 체현한 시인이다. 그는 『포스트모더니즘 시론』(1991), 『모더니즘 시론』(1995) 등의 저서에서 아방가르드 문학에 대한 이론화를 시도하고, 그것을 한국 현대시에 적용하였다. 아울러 시집 『나는 사랑한다』(1997)에 실린 「비빔밥 시론」에서 자신의 시를 "사이의 미학, 혹은 반미학"으로 규정하였다. 같은 글에서 그는 자신의 시론이 데리다의 영향을 받은 것임을 밝히고 있다. 시론에 따르면 이승훈은 밥과 반찬의 경계를

---

6) 『현대시의 환유성과 메타성』(살림, 1997)은 그 결정판이라 할 수 있다.
7) 칼리니스쿠는 베케트나 핀천을 예로 든다(M. 칼리니스쿠, 이영욱 외역, 『모더니티의 다섯 얼굴』, 시각과언어, 1993, 174면).
8) M. 칼리니스쿠, 이영욱 외역, 『모더니티의 다섯 얼굴』, 시각과언어, 1993, 174~175면.

허문 비빔밥이라는 음식처럼 시와 비시의 경계를 끊임없이 허물고자 한다. 이승훈의 시론이 궁극적으로 향하는 바에 제도 문학에 대한 반성이라는 의미를 부여할 수는 있을 것이다. 그러나 정작 그가 시도하고 있는 새로운 시라는 것은, 이미 1917년에 아방가르드주의자인 마르셀 뒤샹이 소변기에 서명을 하여 미술전시회에 보내어 논란이 되었던 작품 〈샘 Fountain〉의 사진에 「뒤샹의 〈샘〉?」이라는 제목을 붙인 것에 불과하고, 마찬가지로 네오-아방가르드주의자 앤디 워홀의 그림에 「이승훈이라는 이름을 가진 3천 명의 인간」이라는 제목을 붙인 것일 뿐이다. 뒤샹의 작품은 당시에 개인적 생산의 카테고리에 대한 조롱[9]이라는 도전적인 의미를 지녔지만, 1990년대 후반의 이승훈의 시는 더 이상 새롭지도 충격적이지도 않다. 뒤샹의 작품이나 앤디 워홀의 그림 등을 통해 이미 우리는 저자 혹은 창작 주체의 파괴, 예술과 예술 아닌 것의 경계가 붕괴되는 현상을 체험했다. 이들의 작품은 일회성의 충격 효과는 지니고 있지만 같은 방식으로 되풀이될 때 그것은 시효를 상실한다. 그러므로 이승훈의 시 「뒤샹의 〈샘〉?」, 「이승훈이라는 이름을 가진 3천명의 인간」 등은 전위 문학으로서의 기능을 상실하게 된다. 이제 그는 진정한 아방가르드 정신이 구현된 새로운 형식을 찾아야 할 것이다. 이것은 아방가르드 문학의 숙명이기도 하다.

3. 그러나 아직 끝나지 않은 ……

여기서 우리는 다시 아방가르드의 죽음을 선언해야 하는가? 그렇지는

---

9) 페터 뷔르거, 최성만 역, 『전위예술의 새로운 이해』, 심설당, 1986, 88면.

않다. 칼리니스쿠의 말대로 아방가르드는 끊임없이 자발적인 죽음을 선택하게 마련이고, 그로부터 새로운 아방가르드의 가능성은 시작된다.[10] 하나의 아방가르드 작품에 대해 이제 더 이상 새롭지 않다고 비판할 수는 있지만, 아방가르드적인 시도 자체를 봉쇄할 수는 없다. 제도 문학을 향한 도전의 가능성은 늘 열려 있어야 하고 시인들의 새로운 실험은 계속되어야 한다. 아방가르드 정신이 사라질 때 우리는 심각하게 시의 위기를 논해야 할지도 모른다. 1990년대의 젊은 시인들에게서 전위 문학의 새로운 가능성을 읽는 작업은 그러므로 중요한 의미를 지닌다.

　　왜가리는 줄넘기다.
　　왜가리는 구덩이다.
　　왜가리는 목구멍이다.
　　왜가리는 납치다.

　　왜가리는 왜가리놀이를 한다.

　　테이블은 하나다.
　　테이블은 둘이다.
　　테이블은 셋이다.
　　테이블은 숲 속에 놓여 있다.

　　손을 들고
　　숲이 출발한다.
　　테이블은 없다.

　　테이블 위로 왜가리는 도착한다.
　　걸어 다니는 테이블 위로 왜가리는 뛰어든다.
　　테이블은 부서진다.

---

10) M. 칼리니스쿠, 이영욱 외역, 『모더니티의 다섯 얼굴』, 시각과언어, 1993, 155면.

숲이 출발한다.

왜가리는 하나다.
왜가리는 둘이다.
왜가리는 셋이다.
왜가리는 없다.

왜가리는 숲 속에서 왜가리놀이를 한다.
— 이수명, 「왜가리는 왜가리놀이를 한다」

　이수명의 시를 전통적인 독법에 따라 해석하려는 시도는 곧 난관에
부딪히게 된다. 그녀의 시는 코드화를 거부한다. 행간에 숨은 의미를 발
견하려 드는 독자는 무의미한 언어의 놀이 앞에 당혹감을 느끼게 된다.
이 당혹감이야말로 시인 이수명이 의도한 것인지도 모른다. 그녀의 시
는 '낯설게 하기'의 방식을 통해 우리가 시라고 믿어 온 것에 대해 의문
을 던진다. 남는 것은 소리의 결뿐, 어디에도 의미는 없다. 그러나 이러
한 이수명 시의 형식은 그다지 새로운 것이 아니다. 이미 1930년대의 이
상이 즐겨 써 온 방식이므로 이상 시에 익숙한 독자에게는 이수명의 시
가 더 이상 낯설지 않다. 그녀는 의식적이고 자발적인 소통의 거부를 통
해 소통이 차단된 현대 사회의 폭력성을 드러내고, 해독되지 않는 시를
생산함으로써 독자와 텍스트간의 낯선 거리를 끊임없이 조장하고 그로
인한 불안감을 유발하고 있다. 시라는 것에는 무언가 중요한 의미가 숨
겨져 있을 것이라는 독자의 보편적인 믿음을 끊임없이 배반함으로써 그
녀는 제도 문학에 저항하고 있는 듯하다. 1930년대의 이상이 그랬듯이,
그녀는 소통 부재의 상황 속에 스스로를 가두고 몰이해로 인한 고독을
만끽하고 있는지도 모르겠다. 그러나 1930년대의 이상은 돌출되고 충격
적인 존재였지만 1990년대의 이상은 제도 문학의 일부일 뿐이다. 이수
명의 시가 비유기적인 부분들의 모순으로 이루어져 있는 것은 사실이지

만, 그것만으로는 새로움의 요건이 되지 않는다. 이수명의 시 중에서 소통에 어느 정도 성공하고 있는 「사과나무」와 같은 시들이 더 아름답게 읽히는 이유가 바로 여기에 있다. 이제 시인은 새로운 아방가르드 정신에 버금갈 만한 새로운 형식을 찾는 일에 골몰해야 할 것이다.11)

> 한밤중1)에 깨어났다 꿈을 꾸다가, 기침을 하면 늑골까지 얼음이 깔리고 耳鳴의 귀에 흩어진다 結冰音은 내가 읽는 요즘의 책2)에도 있는데 밤의 내륙 땅에서 강진3)의 앞바다를 떠올린다 백일홍4)은 봄날이라도 어둡고 艸5)의 구절은 마른번개처럼 울린다 돌아보면 그의 땅에는 버린 노래6)들만 가득한데 청솔가지 流配地7)의 꿈을 되풀이 꾼다 이월 봄밤, 자전을 펴들고 짚어가는 飢民詩8)는 먼 곳으로 띄우는 편지9)처럼 적막하다 강진의 땅은 누군가 기다리는 것으로도 쓸쓸하고 물소리 울리며 강은 늘 그곳까지 흐른다 내 방의 고요도 내 그리움의 이름들도 차가운 노래10)로 남녘말까지 흐른다 지금 내 몸은 새벽 추위에 있고 撰11)의 말들은 이 땅의 역참마다 아침이슬이나 풀씨로 머물러 있음을 본다 먼 바다 이월 해일은 그믐이면 해변 다복솔을 덮칠 것이고 흰 파도 검은 바위12)는 뒤엉켜 있으리라
>
> 1) 茶山이 살았던 시대는 영·정의 탕평책 등으로 일시 르네상스가 왔지만 백성들의 형편은 임진·병자 양난 이래로 여전히 곤궁했고 나라는 당쟁으로 어지러웠다. 茶山은 왕조 사회의 말기적 현상인 정치·경제·사회의 모순이 극에 달했던 그의 시대에서 그 모순을 극복하기 위하여 필연적으로 제도를 비판하고 새로운 개혁 의지가 있어야 된다고 믿었다.
> 2) 茶山의 저작 시기는 다음과 같이 나누어진다. 1기는 30대까지의 수학기, 득의의 관료 시절이다. 이때는 '論' '疏' '纂文' 등 단편적이고 과학 기술 관계서가 많다. 2기는 강진 유배 시절로 易學·經學 등의 연구 및 소위 二書一表인 『牧民心書』『欽欽新書』『經世遺表』를 남긴다. 3기는 해배 뒤 마재 귀향 후로, 『自撰墓地名』『尙書古訓』『梅氏書評』 등을 완성한다.
> (이하 …생략…)
>
> ─ 송재학, 「얼음시 3」 부분

　‘다산 생각’이라는 부제가 붙어 있는 이 시는 각주를 빼면 평범한 서정시일 뿐이다. 그런데 시 본문보다 훨씬 더 긴 각주가 끊임없이 시를 간섭한다. 요즘 정다산의 책을 읽고 있는 화자는 꿈을 꾸다가 한밤중에 깨어

---

11) 『붉은 담장의 커브』(2001), 『고양이 비디오를 보는 고양이』(2004) 등으로 이어지는 그녀의 근작시들이 고집스럽게 자기 길을 걸어가는 모습을 보여줌으로써 반복을 통한 새로운 미학의 구현에 다가가고 있다는 점은 눈여겨볼 만하다. ‘자폐적’이라는 비난을 견디며 자기 길을 묵묵히 걸어가는 그녀의 세계는 차라리 감동적이기까지 하다.

난다. 어쩌면 정다산의 꿈을 꾸었는지도 모른다. "늑골까지" 파고드는 새벽 추위는 유배지에서 병들어 갔을 정다산을 떠올리게 한다. 각주를 통해, 화자가 깨어난 한밤중은 화자가 머무는 물리적인 시간으로부터 '한밤중'과도 같았던 정다산의 시대로 의미가 확장되고, 마침내 독자는 화자가 위치하는 시간 역시 "새로운 개혁 의지"가 요구되는 곤궁하고 어지러운 시대임을 짐작하게 된다. 시의 화자는 계속해서 정다산과 겹치고 화자가 하는 행위와 머무는 공간도 정다산의 것과 오버랩된다. 다산의 저서들에 대한 독후감의 성격을 지니는 '다산에 대한 생각'은 어느새 '다산의 생각'으로 변해 간다. 송재학의 각주시들은 간섭 효과를 통해 시의 완결된 의미 구조를 어그러뜨린다. 송재학은 각주의 효용에 대해서 "시의 볼륨을 풍부하게 해 주기"[12] 위해서였다고 밝힌 바 있는데, 각주는 시에 시각적인 부피감을 더해 줄 뿐만 아니라 의미의 층위를 두텁게 하는 데 기여한다. 여기서 각주시가 겨냥하고 있는 지점을 돌아볼 필요가 있다. 시의 본문보다 더 긴 각주는 이전의 시에서 볼 수 없었던 낯선 형식임에 틀림없다. 논문에서나 사용하는 각주를 시에 붙임으로써 시인은 동일성의 원리를 바탕으로 하는 서정시라는 양식으로 다 담아낼 수 없는 이질적인 언어 층위를 마련한 것으로 보인다. 그것은 서정의 영역 안에 다변(多辯)을 끌어들이려 한 색다른 실험이라고 할 수 있다.

(……) 나는 지금 屈原의 『楚辭』를 보고 있다. 정확히 말하자면 나는 지금 굴원의 『초사』의 빈 껍데기를 보고 있다. 『초사』라고 번역된 시집의 뒷면 표지를 보고 있다. (……) 자꾸만 들여다보니까, 무엇인가가 보인다. 보여야 할 것이 보이고, 보이지 말아야 할 것도 보이고, 자꾸만 무언가가 보이는 것이다. 남태령이 보이고, 지하철 정거장이 보이고, 테라스에서 졸고 있는 뒤라스의 뒷모습도 보이고, 저수지도 보이고, 저수지를 배회하는 개 같은 인생들도 보이고, 〈인생〉이라는 영화에 나왔던 공리의 붉은 입술도 보이고, 공해에 찌든 서울 하늘도 보이고, 해변

---

12) 「『얼음시집』에 대한 〈시운동 공개서평〉」, 『서정시학』, 1994, 132면.

에서 공을 차는 햇살들의 근육도 보이고, 근육 속의 힘도 보이고, 힘 속에서 꿈틀
거리는 권력에의 의지도 보이고, 암튼 보이고 있는 것이다. (……) 인생이란 다
그런 것이다. 무엇인가를 스쳐 지나가는 것이다. 지나친 다음에야 우리는 알 수
있는 것이다. 아, 사랑이 저만치 가네, 속삭이는 것이다. 그러나 그럼에도 불구하
고 나는 지금 아무런 느낌도 없이 무언가를 스쳐 지나온 것이다. 남태령 지하에
서, 풀뿌리처럼 흔들리며 떨고 있는 것이다. 아무리 5월의 밤하늘을 향해 타는
목마름으로 별들에게 길을 물어봐도 사당으로 가는 길은 보이지 않는 것이다.
SADANG—나는 SADANG을 '새드앙'이라고 읽는다—은 늘 슬픔이 나보다 먼저
도착하는 곳이어서 앙 하고 눈물이 날 것 같은 곳인 것이다. 이수를 지나면서부
터, 離騷를 지나면서부터 나는 줄곧 졸고 있었던 것이다. (……)

　　　　　　　　　　　　　　　　　　　—박정대, 「SADANG 가는 길」 부분

　내면의 독백을 자동기술법으로 기술하고 있는 이 시는 동양의 고전
이라고 할 수 있는 굴원의 『초사』로부터 앨런 긴스버그의 시, 김지하·
진이정의 시, 최윤의 소설, 영화 〈연인〉의 시나리오 작가이자 소설가인
뒤라스, 〈꽃잎〉, 〈저수지의 개들〉, 〈개 같은 내 인생〉, 〈인생〉 등의 영화,
유행가, 유행어, 동양적인 그림과 서양적인 캐리커처 등 다양한 영역을
시 텍스트 안에 끌어들이고 있다. 이러한 형식은 스스로 예술적 구성물
임을 알림으로써 총체성의 가상을 파괴하는 아방가르드 작품의 의도[13]
와 맞닿아 있다. 패러디의 대상은 동서고금의 예술은 물론 고급예술과
대중예술, 문학, 음악, 미술, 영상 등 여러 장르에까지 걸쳐 있어서 모든
경계를 허물어뜨린다. 그러나 정작 놀라운 점은 이토록 다양한 영역과 이
질적인 언어들이 한 편의 시 안에서 통어되고 있다는 데 있다. 소리의 결
을 따라 이질적인 단어들은 줄곧 새로운 모습으로 탈바꿈하면서 자유로
운 상상력을 풀어놓지만, 화자는 살아가면서 잃어버린 많은 것들에 대한
상실감으로 가득하다. 이러한 화자의 정서가 시에 통일감을 부여한다. 그
런데 상실감은 자칫 통속과 감상의 영역으로 떨어질 위험을 안고 있기도

───────────────

13) 페터 뷔르거, 최성만 역, 『전위예술의 새로운 이해』, 심설당, 1986, 124면.

하다. 화자는 사당(SADANG)을 "새드앙"으로 읽을 정도로 울고 싶은 심정이지만 자신의 "망막에 와닿는 프레임"을 끊임없이 바꿈으로써 세상은 물론 자신의 감상과도 거리를 유지한다. 박정대의 시가 통속의 포즈를 취하는 것처럼 보이면서도 통속에 빠져들지 않고 비판적 거리를 유지하는 힘은, 자유연상의 방식으로 끼어드는 이질적인 단어들과 이질적인 단어들이 형성하는 틈으로 스스로를 비틀어 보는 시선에 있다. 그밖에도 시집 『단편들』(1997)에 실린 「양조위」, 「〈동사서독〉에 의한 변주」, 「이가흔, 내 책상 위의 타락천사」 등의 시는 영화의 이미지를 패러디하거나 이질적인 단어들을 중첩하거나 자동기술법을 적극적으로 활용함으로써 메타시의 새로운 영역을 개척하고 있다. 박정대 시의 기법은, 동일성의 원리를 바탕으로 한 서정시로는 감당할 수 없는 복잡다단한 현대의 정서를 서정의 영역 안에 끌어들이는 방법에 대한 시인의 고민을 반영한다. 동시에 전위시 혹은 해체시라는 이름으로 양산돼 온 시들에 대한 '자기 비판'이라는 의미를 지닌다.

　페터 뷔르거는 아방가르드 문학이 생활과 문학을 일치시킴으로써 제도 문학에 대한 비판의 기능을 다하지 못하게 되었다는 사실을 지적하면서, 실제 생활과 예술의 거리 유지가 오히려 비판적 거리를 가능케 하지 않겠느냐는 견해를 조심스럽게 표명한 바 있다.[14] 페터 뷔르거가 해방의 도구가 아니라 종속의 도구라고 단언한 오락문학과 상품미학[15]은 우리에게도 아방가르드 정신을 위협하는 존재이다. 밀레니엄 시대의 아방가르드 문학은 사이버문학, 대중문학 등 일상적인 삶과 거리가 밀착된 예술과 관계를 설정하는 과제를 새로이 부여받았다. 아방가르드라는 이름에 값하기 위해서는 자기 비판의 기능을 소홀히 할 수 없다. 반성적 기능을 상실한 문학이 우리 아방가르드 문학의 미래가 될 수는 없다는 점을 우리는 페터 뷔르거의 견해로부터 시사 받아야 할 것이다.

---

14) 페터 뷔르거, 최성만 역, 『전위예술의 새로운 이해』, 심설당, 1986, 92면.
15) 페터 뷔르거, 최성만 역, 위의 책, 같은 곳.

4. 고독한 자여, 그대 이름은 시인일지니

전위에 서는 자는 늘 죽음을 각오하고 앞으로 나아가야 한다. 성공이 곧 패배라는 아방가르드의 숙명은 영토화를 끊임없이 거부하는 탈주자의 모습을 닮았다. 의식적이고 자발적인 죽음을 선택하는 것이야말로 아방가르드의 숙명이라고 말했던 칼리니스쿠가 꿰뚫어 본 것도 바로 이런 측면이었을 것이다. 내부이면서 외부일 수밖에 없는 아방가르드는 끊임없이 죽음으로써만 살 수 있다.

제도화된 권력은 정착하려는 성질을 지니게 마련이다. 문학 역시 제도권 안으로 들어서면 마찬가지의 길을 걷는다. 아방가르드 문학은 궁극적으로 제도 문학의 보수성을 비판하고 반성의 계기를 마련하는 타자로서의 기능을 가질 수밖에 없다. 제도 문학의 낡고 완강한 틀을 부수려는 다양한 실험은 아방가르드의 이름으로 계속되어야 할 것이다. 그러나 형식의 새로움만으로는 아방가르드의 이름에 값할 수 없다. 제도 문학에 대한 자기 비판, 제도 문학의 기반이 되는 사회에 대한 자기 비판, 당대의 문학적 현상에 대한 자기 비판의 기능을 수행할 수 있을 때 새로운 형식은 비로소 아방가르드라는 이름을 얻게 될 것이다. 제도 문학은 아방가르드의 다양한 실험들을 영토화하려는 포섭을 계속할 것이며, 아방가르드 역시 전복과 생성의 욕망으로 이에 맞서 끊임없이 자살하고 끊임없이 탈주해야 할 것이다. 이러한 길항 작용을 통해 우리 문학의 장은 확장될 것이다. 아방가르드 정신이 살아 있는 한 시인의 고독한 싸움은 영원히 지속될 것이라 믿는다. **(2000)**

카니발의 언어, 들끓는 지대

젊은 시인들의 시에 나타난 다성적 목소리

1. 흔들리는 원근법

에셔의 〈프린트 갤러리〉(1956)라는 그림에서 우리는 그림 속에서 그림을 감상하는 한 남자 관람객을 볼 수 있다. 관람객은 그림 안에 있으면서 동시에 그림 바깥에 있다. 그림 속의 그림과 관람객을 나누어 보려는 시도는 곧 좌절된다. 그림 바깥에서 그림 전체를 관찰하는 우리의 눈을 고정시킬 소실점이 어디에도 존재하지 않기 때문이다. 피카소의 〈아비뇽의 처녀들〉(1907) 같은 그림에서 이미 다양한 각도에서 그려진 얼굴 모습을 통해 동요하던 원근법은, 에셔에 와서는 안과 밖을 구분할 수 없는 상태로 해체된다. 유동적인 시선이야말로 현대 미술이 도달한 중요한 지점일 것이다.

현대 미술과 별반 다르지 않게 현대시에서도 통일된 하나의 목소리,

혹은 하나의 시점은 흔들리기 시작한다. 시인과 화자를 동일시하는 동양의 전통 시론은 물론, 시인과 시의 화자를 자전적으로가 아니라 상상적으로 동일시해야 한다고 주장하는 퍼소나 이론에서조차도 한 편의 시에서 퍼소나라는 통일된 목소리가 말한다는 사실에 대해서는 의심하지 않았다. 소설에서의 다성적 목소리에 대해 중요한 이론을 세운 바흐친조차도 시에서의 화자는 소설과는 달리 일관된 목소리를 유지한다는 주장을 굽히지 않았다.

하지만 요즘 젊은 시인들의 시에 나타나는 다양한 층위의 화자는, 시의 화자에 대한 전통적인 견해를 재고해 보게 한다. 모래사장에 희미하게 남아 있던 인간이 사라지듯 이제 동일자의 목소리를 지닌 화자도 젊은 시인들의 시에서는 희미해져 가는 듯하다. 나는 다양한 층위의 화자가 출몰하는 이러한 현상이, 발화와 담론이 중시되고 내러티브에 관한 소설의 이론이 새롭게 전개되는 맥락과 무관하지 않을 것이라고 추정해 본다. 기의에 다가가지 못한 채 끊임없이 미끄러지는 기표들의 연쇄가 낳은 절망감, 언어에 대한 불신이 여기서도 작동하고 있을 것이다. 그런데 이렇게 간단히 현상을 진단해 버리는 것은 아무것도 말하지 않는 것과 크게 다르지 않다. 실험정신이 가득한 시, 전위에 선 시들이 대체로 그런 취급을 당해 왔듯이, 젊은 시인들의 시에 나타나는 다양한 층위의 화자라는 현상에 대해서도 구체적인 작품 분석보다는 일반적인 평가가 앞서 있는 경우가 많았다. 자연스레 이런 유형의 시 안에서 나타나는 편차에 대해서는 눈을 돌리지 않았고, 가치 평가도 소홀히 해 왔다.

어쩌면 정말 심각한 문제는 여기에 있는지도 모르겠다. 실험정신을 표방한 시일수록 그럴싸한 외피를 두르기도 쉽다. 독법이 익숙한 전통 서정시에서 작품의 수준을 가늠하는 것은 그리 어렵지 않으나, 새로운 기법을 실험하는 시의 경우, 익숙지 않은 독법으로 인해 좀더 섬세한 심미안이 요구된다. 기존의 것을 파괴하는 것은 어쩌면 쉬운 일인지도 모른다. 관건은 거기에 무엇을 세울 수 있느냐에 있을 것이다. 새로운 의미의 생성은 파괴를 넘어서는 지대에 있게 마련이다. 이 글은 이러한 문제의식을 안고 다양한 층위의 화자를 통해 새로운 시를 모색하고 있는 세 명의 젊은 시인들의 시에 대해 살펴볼 것이다.

2. 이중적 목소리, 또는 혼효하는 타인의 말

1999년에 『현대문학』으로 등단한 김행숙은 등단 이후 거듭되는 변신을 통해 개성 있는 자기 목소리를 찾아가고 있는 시인이다. 특히 최근에 발표된 「귀신이야기」(『현대시학』, 2000.9) 연작시는 독특한 발화 형식을 보여 주고 있어 주목된다.

하루에 두번, 五臟六腑를 운행하는 협궤열차가 있다고 말해준 건 상고머리의 여자귀신이다. 귀신도 사기를 치는가? 그녀와 나는 사이좋게 지내지만 그녀가 말하길,
너는 십년 만에 비춰보는 내 거울이야. 난 그때 네가 꼭 죽을 줄만 알았는데, 그래서 유감없이 탈출했는데, 같이 죽기에는 피차 지겨웠으니깐, 이해해?
이해할 수 있겠는가? 어떤 기억이 이런식으로 복구된다니! 그녀에게 철썩, 붙어서 도망친 파도들이 막 밀려올 때, 괜찮다고 괜찮다고 나는 누구를 향해서 웅얼대는 것일까?

기차가…… 기차가…… 기차가…… 푸른 새벽에 기차가……

어쩌면 정말 괜찮은 것인지도 모른다. 나는 그녀와 사이가 좋지 않은가? 십년 사이에 나는 아무것이나 용서하는 법을 배웠는지도 모르겠다. 그녀가 말하길,
너는 십년 만에 비춰보는 내 거울인데, 거울아, 거울아, 앞만 보면 세상은 화려강산이니? 거울집은 칠흑인데, 나의 外道가 너를 살렸니? 문득, 뒤돌아서서

뭔가 보아야 할 게 있다고

　아, 길을 놓쳤다고 느낄 때, 너는 뭐 했니? 하루에 두번, 五臟六腑를 통과하는 협궤열차를 놓치고 너는 엑스레이만 찍었니? 그냥 싸르르 지나가는 복통이 없었니? 나는 정말 없었니?

— 김행숙, 「귀신이야기 1」

　화자인 나에게 어느 날 "상고머리의 여자귀신"이 말을 건넨다. 귀신의 말은 처음에는 "그녀가 말하길,"이라는 표지와 함께 인용된다. "그녀가 말하길,"이라는 인용 표지가 없었다면 따옴표가 빠진 직접 인용의 말은 대화와 구분되지 않았을 것이다. 이 시에서 귀신의 말을 끌어들이는 방식은 매우 독특하다. 따옴표가 없다는 점에서는 간접인용의 방식을 연상시키고, 인칭의 사용은 직접 인용의 형식을 띠고 있다. 사실 "그녀가 말하길"이라는 표지가 없었다면 귀신의 말과 화자의 말을 달리 구분할 길은 없다. 바흐친의 용어를 빌리면 '타인의 말'이라고 할 수 있는 귀신의 말을 이처럼 독특한 방식으로 화자가 끌어들이는 데는 그럴 만한 이유가 있다. 그것은 귀신의 정체를 해명함으로써 밝혀질 것이다.

　귀신의 말에 따르면 화자는 "십 년만에 비춰보는" 자신의 거울이다. 귀신은 다름 아닌 화자의 분신이다. 십 년 전, 아마도 화자가 상고머리를 하고 있을 적의 모습을 귀신은 하고 있다. 십 년만에 불현듯 떠오른 자신의 낯선 모습 앞에 당혹스러움을 느껴본 경험이 누구에게나 있을 것이다. 무슨 이유에선지 오랫동안 잊혀져 있던 기억의 한 컷이, 마치 꿈 속의 한 장면처럼 떠오른 순간의 낯섦에 대해 이 시는 말하고 있다. 어떤 기억이 이런 식으로 복구되다니! 뭉텅 잘려나간 시간의 공백을 뚫고 솟아오른 기억 속의 한 장면을 "기차가…… 기차가…… 기차가…… 푸른 새벽에 기차가……"라는 발화는 적절히 표현하고 있다. 사라진 기억 사이로 솟아오른 낯선 기억 한 조각은 그게 '나'라고 주장하지만, 받아들이기는 쉽지 않다. 여기서 시인의 상상은 새롭게 전개된다. 나의 분신이라고 주장하는 낯선 이는 어쩌면 십 년 전 나에게 들러붙어 있다가 떨어져 나간 귀신일지도 모른다. 그리고 어쩌면 사라진 기억, 즉 "나(귀신)의 外道"가 나 자신을 살렸을지도 모른다는 생각에 빠져든다. 생각해보면 우리는 얼마나 많은 기억을 잊고 살아가는가. 우리 주위엔 얼마나 많은 귀신이 배회하고 있는가. 기억 상실이 지금의 나를 있게 했을지도 모르지만, 아무것도 비추지 못하는 칠흑 같은 거울집 속의 거울을 나라고 할 수 있을 것인가. 자신의 엑스레이 사진 앞에서 낯섦을 느껴보지 않은 사람은 없을 것이다. 잃어버린 기억 한 조각이, 내 것이 아닌 것처럼 불현듯 솟아올랐을 때의 당혹감을 시인은, 낯선 뼈만 찍힌 사진을 들이대고 나라고 할 때 느꼈던 당혹감에 비유한다. 그러므로 나를 찍은 엑스레이에, 사라진 기억의 저편에 대고 이렇게 묻는다. "나는 정말 없었니?" 그것은 화자의 물음인 동시에 귀신의 물음이기도 하다. 내 말 속에 섞여 들어온 귀신의 말―타인의 말―을 나의 말과 구분할 길은 없다. 귀신이 다름 아닌 나이듯, 따지고 보면 우리가 하는 말은 모두 타인의 말이기도 하다. 김행숙의 시는 독특한 방식으로 화자의 말과 타인의 말의 경계를 무너뜨린다. 고정된 주체, 고정된 대상이란 없다. 이들 사이의 관계가 있을 뿐이다.

악몽에 눌린 남자를 악몽 바깥에서 흔든다. 요람을 흔들 듯이

아가야, 무서워하지 마. 내가 너무 무서워지잖니. 그런데
여기는 정말 남자의 바깥일까? 나는 왜 인간들의 악몽에 자주 불려 다니는 걸까?
어, 어, 어, 그가 門을 연다. 저 이빨 가득한 통로가 나는 무섭다.
나는 그를 꿈 없이 재워주고 싶다. 남자의 바깥에서
나는 안으로 들어가기 위해 미끄러지는 것이다. 눌려 있는 이 남자의 표면은 푸른빛 으시시 도는 빙판이다. 나는 다시 엉덩방아를 찧은 것이다.
빙판 밑에 그가 키우는 사나운 물고기들은 진화하지 않는다. 나는 단순히 그

의 먹이그물 內를 구경하는 자인가, 아귀인가? 귀신은

강 건너에 있지 않다. 악몽에 눌린 남자의 水深을 나는 아직도 모르는 것이다. 피를 본 물고기는 내게도 덤빈다.

아가야, 무서워하지 마. 내가 너무 무서워지잖니. 그런데

무서우니 싸운다. 전쟁은 아무것도 생각하지 않게 해 준다. 전쟁은 꿈을 없애는 방법의 하나다.

쩍쩍 그가 갈라진다. 그는 악몽 바깥으로 나가려고 한다. 그런데

바깥은 정말 악몽 바깥일까? 나는 약간 우울해진 물고기들과 조금 더 악몽 內에서 흘러다니기로 한다. 그가 머리를 흔든다.

— 김행숙, 「귀신이야기 4」

김행숙 시인의 관심은 경계 무너뜨리기에 있다. 안과 바깥이 분명히 나뉜다는 생각, 고정된 경계를 인정하는 태도에 대해 시인은 시비를 건다. 「귀신이야기 4」에서 화자인 귀신은 1인칭 주인공 시점인 '나'로 통일되어 있는 것처럼 보이지만, "악몽에 눌린 남자"에게 말 건네는 '나'와 그를 관찰하고 자신의 내면을 진술하는 내성적 화자인 '나'는 동일하지 않다. 화자가 달라지는 것은 아니지만 화자의 태도가 달라지고 그에 따라 화자가 말하는 대상, 즉 청자가 달라짐으로써 악몽에 눌린 남자에게 말 건네는 화자의 말이 타인의 말처럼 읽히는 효과를 유발한다. 화자가 말 건네는 청자는 때로는 남자가 되기도 하고 때로는 텍스트 바깥에 있는 독자나 화자 자신이 되기도 한다. "악몽에 눌린 남자를 악몽 바깥에서 흔"들던 귀신은 "바깥은 정말 악몽 바깥일까?"라는 질문을 던진다. 그는 마침내 "악몽 內"에서 좀더 "흘러다니기로 한다." 이 시에서 시인은 안과 바깥을 엄밀히 나눌 수 있을 것인가라는 질문을 통해 우리의 고정 관념을 뒤흔들고 있다. 흥미롭게도 시인이 의도적으로 선택한 '內'라는 한자는 입구가 터져 있어서 어디가 안이고 어디가 밖인지 구별이 모호하다. 그런가 하면 인간의 꿈에 불려 다니는 귀신이, 입을 벌려 괴

로운 비명을 지르는 인간을 가리켜 오히려 무섭다고 한다. 전복의 시선을 통해 시인은 우리의 고정관념을 해체한다.

김행숙 시인이 자신의 시에 타인의 말을 끌어들여 화자의 말과 뒤섞어 버리는 방식을 즐겨 사용하는 이유는 경직된 고정 관념에 대해 항거하기 위해서이다. 주체와 타자를 나누는 경계, 안과 바깥을 나누는 경계가 사실은 고정된 것이 아니라 배치에 따라 달라질 수 있고 동요할 수 있는 것이라는 점을 시인은 보여 주고 싶어한다. 어떤 각도에서 보느냐에 따라 사물은 익숙하게도 낯설게도 보인다. 김행숙 시인이 뒤흔들어 놓은 고정관념을 통해 우리는 한결 유연해진 세상을 만날 수 있다. 시인이 시도하고 있는 독특한 화법 실험은 동일자의 목소리로 환원된다고 믿었던 화자에 대한 고정 관념을 재고할 것을 요청한다.

3. 시 속의 시, 또는 공존하는 다성적 목소리

김행숙 시인이 주로 시도하는 발화 형식이 타인의 말을 끌어들여 화자의 말과 경계를 흐리는 방식이라면, 표나게 페미니즘을 표방한 다른 여성시인들의 시에서는 다양한 목소리의 화자가 좀더 적극적으로 활용된다. 그 중에서도 의도와 형식이 비교적 잘 어우러진 노혜경의 시를 살펴보고자 한다.

아가야 네 머릿속에 베베*를 그려라
네 머릿속 회로에 차단칩을 넣어라
그리고 점프

TV : 멀티미디어 베이비
　　　난 네 꿈을 간섭할 수 있어
　　　네 생각이 가는 곳 어디든 갈 수 있어
　　　내 속도는 빨라 1초에 30만 킬로
　　　우린 정말 늘어진 시간을 사는 거야 1초에 30만 킬로

　　　엄마는 정말 엄청난 기억을 전수해주셨지
　　　하루 다섯 아니 여섯 편의 영화
　　　엄마의 꿈은 구석구석 전파를 타고

　　　엄마는 자신을 창조주라 믿었지만
　　　실은 잘 프로그램된 착한 소비자
　　　엄마의 넘쳐나는 전파의 핏줄을 타고
　　　나, 멀티미디어 베이비는 태어나면서부터 가상 천재

　　　난 원해 아무도 내 꿈을 간섭하지 않는 곳
　　　아마 나는 고독을 사랑하나 봐

　　　아가야 네 꿈의 채널을 돌려라
　　　혼돈이 네 화면에 넘쳐흐르게 하라

────────
* 베베 : 부두교의 부적의 일종. 신을 초빙하는 도구로 쓰인다고 알려져 있다.

　　　　　　　　　　　　　　　　　— 노혜경, 「멀티미디어 베이비 자장가 2」[1]

　　노혜경의 시에서 여러 화자의 목소리가 공존하는 경우를 발견하기는
어렵지 않다. 인용한 시에서도 엄마의 말과 텔레비전의 말과 아가의 말
은 제각기 다른 목소리로 나타난다. 시인은 의도적으로 글자체까지 달
리해서 화자가 서로 다름을 표방한다. '멀티미디어 베이비 자장가'라는

────────
1) 노혜경의 시 두 편은 모두 시집 『뜯어먹기 좋은 빵』(세계사, 1999)에서 인용했음을
　밝힌다.

제목이 붙어 있기는 하지만, 엄마의 말이 화자의 말이고 나머지는 타인의 말이라고 한정지을 수는 없다. 간접화법의 방식으로 인용된 타인의 말은 이 시에 등장하지 않는다. 오히려 이 시는 엄마, 아가, 텔레비전이라는 세 명의 화자가 나누는 대화로 이루어져 있다. 재미있는 것은 이 시의 엄마와 아가가 모두 이중적으로 읽힌다는 점이다. 아가에게 하는 엄마의 말은 한편으로는 텔레비전을 향하고 있다. "자신을 창조주라 믿"는 엄마는 "아가야 네 꿈의 채널을 돌려라 / 혼돈이 네 화면에 넘쳐 흐르게 하라"고 말하지만 실은 잘 프로그램된 착한 소비자일 뿐이다. 엄마가 창조주와 잘 프로그램된 소비자라는 능동적·수동적 성질을 모두 지니고 있는 것처럼 아가도 창조주 엄마가 낳은 새 생명인 동시에 멀티미디어에 의해 지배당하는 잘 프로그램된 개체이기도 하다. 인간은 멀티미디어를, 멀티미디어는 인간을 서로 지배한다고 생각하면서 어쩌면 우리는 모두 잘 프로그램된 가상현실을 살고 있는지도 모른다. 지배하고 간섭하는 주체가 누구인지 우리는 쉽게 대답할 수 없다. 시배와 복종이라는 상호작용만이 있을 뿐 그 방향을 규정짓거나 가늠하기는 힘든 것이 우리가 사는 현실인지도 모르겠다. 노혜경은 서로 다른 세 가지 목소리를 통해 복잡하게 얽힌 서로간의 관계를 보여 주고 고정된 주체가 사라지는 현상을 그려낸다.

꿈속에서 수빈이가 종이를 한 장 들고 왔다.
읽어보라며 주었다.
이렇게 쓰여 있었다.

똥새네 집

똥 누고 와보니
새들이 더럽다며 떠나고 있었다
새 한 마리는 그냥 있었다

넌 왜 안 가니
하고 물었더니
나는 똥새거든
하고 대답했다

우리는 안 더러운
똥새 식구들이다

네가 쓴 시니?
하고 물었더니
그렇지? 시가 맞지?
하고 환하게 되물었다.

꿈을 깨고 나니
내 꿈은 분명 맞는데
시를 쓴 것은 나인가, 내 딸인가?

— 노혜경, 「똥새네 집」

'내가 꾼 꿈속의 딸의 시'라는 부제가 붙어 있는 이 시는 '장자의 꿈'을 패러디해서 시의 주체로서의 화자에 대한 질문을 던지고 있는 시이다. 화자('나')가 자신의 꿈 이야기를 하는데 꿈속에는 딸아이인 수빈이가 쓴 시가 등장한다. 시 속의 시 '똥새네 집'에는 수빈, 혹은 수빈이가 만든 화자의 목소리가 있다. 자신의 꿈속에서 본 딸아이의 시는 과연 나의 시인가, 아니면 딸아이의 시인가. 노혜경 시인은 「똥새네 집」에서 동일자의 목소리라는 것이 가능한지에 대해 의심해 본다. 동일자의 목소리에는 사실 이미 수많은 타자의 목소리가 전제된 것은 아닌지 묻고 있는 것이다. 노혜경 시인은 다양한 층위의 화자를 시 속에 끌어들임으로써 시라는 것, 혹은 시적인 것이라는 고정관념에 대해 새로운 질문을 던지고 있다. 이러한 문제의식은 아직 의미화되지 않은 살아 있는 말을 시 속에 담아내려는 시도로 나타나기도 한다. 「네이티브 스피커 1」에서 노혜경은 "으악 악악악," "꺄악악악악"으로 시작하는 "비명의 일종들"로부터 "오레호레 호레 요루루루 둥기당뚱땅 오로로로 깍궁," "찌기지기짜가자가쪼고조고 오옹" 따위의 "국어사전엔 실려 있지 않"지만 자신의 속에 가득한 "너무 많은 소리"를 언표화한다. 고정된 언어 문법으로부터 벗어나려는 이러한 시도는 동일성으로 환원되지 않는 잉여성이 정보보다 오히려 일차적이 며 여기서 새로운 의미가 생성된다는 들뢰즈의 말을 떠올리게 한다.[2]

4. 메타시 또는 시에 대한 테러

최근에 발표된 이내흠의 몇몇 시들은 기존의 시에 대한 메타시의 성 격을 표방하고 있어 주목을 요한다. 특히 '지나공주' 연작시(「축제—지나공 주 10」(『현대문학』, 2000.6), 「지나 공주와의 소풍」(『시와시학』, 2000년 봄), 「여우 야 여우야 뭐하니?」(『시와시학』, 2000년 봄), 「말랑말랑한 군고구마주의」(『현 대시학』, 1999.6)는 타인의 말을 끌어들이거나 다양한 층위의 화자를 제시 하거나 시 속의 시를 활용하는 방식 등으로 새로운 시를 시도하고 있는 대표적인 작품들이다.

> 내게 시를 쓰게 하는 것은
> 어떤 에너지가 아니다 청탁서다
> 윙윙 소리도 없는 프레스들이
> 내 손을 발을 머리를 짜 누른다

---

2) 질 들뢰즈·펠릭스 가타리, 이진경·권혜원 외역, 「언어학의 공준」, 『천의 고원—자 본주의와 정신분열증』, 연구공간너머 자료실, 2000 참조.

시를 써야만 하는 시인은
불행하다 지우고 썼다 지우고
커피만 몇 잔을 축내고 있는 내게
아내는 찐 고구마를 가져온다
고구마!
에 대해서 써 볼까? 몇 년 전 겨울
고구마를 사가지고 귀가하며
적어 둔 메모가 생각났다

(버스에서 내려 집으로 가는 길에 / 군고구마 장수 있다 방학 맞은 대학생들
인 듯 / 손 호호 불며 이십여 년 전 어린 내가 / 쇠죽 쑤며 구웠던 그 고구마 굽
고 있다 / 장작불 속에 온몸 맡겼던 고구마들 이제 / 커다란 드럼통에 몸 넣고 몇
십 년의 그리움으로 / 몇 백 년의 향기로 익어간다 구멍가게 가면 / 비스켓 잼 버
터 콜라들이 / 자리 다 차지하고 있는데 / 거리의 한 모퉁이에 우리의 이름으로 /
버티고 있는 군고구마는 하나의 정신이다 / 여물 끓이는 장작불 아니면 어떠랴
/ 시대가 바뀌어도 / 올곧게 익어가는 사상 하나 만났다 / 언어밭 일구는 농사꾼
으로 / 군고구마 한 봉지 사며 나는 / 그 자리에서 익어가고 싶었다)

고구마에 대한 나의 글은
미완성으로 끝날 것이다 그러므로 이 글은
고구마에 대한 이력서다
내가 보여 주고 싶은 것은
우리들의 삶처럼 난삽한 형태의
글쓰기이다
과정을 드러내는 것
이것은 나의 모험이다
아무것도 아닌 이야기를
나는 쓴다
어떤 교훈, 어떤 모범을 원한다면
이 글을 읽지 말라

어차피 이건 엎질러진 글이다

고구마는 토종이 아니다

18세기 말 흉년에 대용식으로 쓸 구황작물로서의 고구마가 널리 재배되었다. 이광려는 고구마 재배에 대한 연구사업을 진행하던 가운데 1763년에 조엄이 통신사로 일본에 갔다가 돌아올 때 가져온 종자를 재배하는 데 성공하였다. 그 후 강필리는 여러 해 동안의 연구 끝에 우리 나라의 기후 풍토에 맞는 고구마 재배 방법을 창안하였으며 이를 널리 보급하기 위하여 "감저보"를 써서 출판하였다. 고구마 재배에 대한 연구사업은 그 뒤에도 진행되었다.(『조선통사』 상. 436면. 사회과학원 역사연구소 도서출판 오월)

20세기 말, 사상의 구황작물로 쏟아져 들어오는 것들

고구마들

광고—군고구마주의 :

군고구마는 음식이 아닙니다. 사상입니다.

* 특성

1. 인체에 전혀 해가 없는 군고구마주의는 향락주의 기회주의는 물론 한탕주의 방지 및 치료에 사용할 수 있는 이념입니다.

2. 군고구마주의를 먹고 나면 소화력이 좋아지고 도덕성이 보호되며 추억의 피막이 형성되어 쉽게 지워지지 않습니다.

3. 군고구마주의는 천연 소재로 만든 이념으로써 체내에 쉽게 흡수되며 누구나 값싸게 사용할 수 있습니다.

* 주의사항

1. 너무 많은 양을 한꺼번에 복용하지 마시오

2. 화장실이나 하수구에는 사용하지 마시오

저대흠 : 왜 그렇게 외국 것에 의존하는지 모르겠어요 구멍가게 가면 에이스 초코칩 쿠키 월드콘 하는 식으로 이름까지 외래어 쓴 사상들 많잖아요 사상의 무역 불균형 어제 오늘의 문제는 아니지요 그렇다고 계속 이렇게 뻐대기만 할 거예요? 자체 생산 해 보자구요 감초니 쑥이니 더덕이니 그런 것들로 쓸만한

것 하나 만들자구요

　이대흠: 우리 것만 찾으면 국수주의로 몰려 국수 먹기 알맞지요 재료야 우선 외국산 쓰더라도 하나씩하나씩 국산화하는 거죠 과정이란 게 있잖아요 군고구마주의라고 붙이니까 우스워요? 탄력이 있어야죠 뻣뻣하게 우리것만 찾다가는 우리 속에 갇힌다구요 탄력없는 건 죽음이지요 풍자도 탄력이 있어야 살지요 리얼리즘도 그냥 리얼리즘이라고 하지 말고 탄력적 — 리얼리즘이 되어야 해요 군고구마주의도 탄력 없으면 끝이에요 끝

　무슨 말을 하려 하는가 나여?

　나는 이전의 시를 믿지 않고
　나의 시를 믿지 않는다 이 글은
　나의 시에 대한 테러다
　아니다 이건
　자위행위다 나는
　낯선 화장실 안에서
　딸딸이를 친 것이다 이 글은
　수정되지 않을
　생명체로 태어나지 못할
　불행한 운명을 타고 났다
　수세식 변기의 물에 섞여
　바다로 갈 나의 배설물이여
　빛에 대한 그리움이
　그대를 썩게 하리라

　군고구마는 죽은 고구마다 그러므로 군고구마주의는
　　　　　　　　　　　　　　　　— 이대흠, 「말랑말랑한 군고구마주의」

이대흠의 표현대로 그는 시에 대한 전면적인 테러를 감행하고 있다.

시 속에 자신이 예전에 쓴 시를 인용하는 것은 물론, 역사책의 한 부분을 인용하기도 하고 광고의 형식을 끌어들이기도 하고 시인 자신의 분신을 등장시키기도 한다. 모두 시인 이대흠이 쓴 시라고 해도 시 속의 시의 화자와 「말랑말랑한 군고구마주의」의 전체 화자를 동일시할 수는 없다. 시인이 끌어들인 역사책, 광고와 같은 텍스트에 대해서도 시 바깥에 있는 같은 텍스트와 시 안에 들어와 있는 텍스트를 동일한 것으로 간주하기는 힘들다. 그렇다고 해서 이질적인 이 텍스트들이 동일자의 목소리로 환원되지도 않는다. 전통적인 독법으로는 그의 시에 등장하는 다성적인 목소리의 화자에 대해, 그리고 시 속의 시에 대해 섣불리 단정 짓기 힘들다. 이대흠은 다양한 방식으로 시에 대한 전통적인 사유에 균열을 가한다. 이대흠 시의 화자는 "나는 이전의 시를 믿지 않고 / 나의 시를 믿지 않는다"고 선언한다. 유사성의 상상력에 기반한 서정시를 써오던 이대흠 시인의 이와 같은 변모는 전통적인 시의 문법에 충실한 기존의 언어로는 새로운 것을 담아낼 수 없다는 절망감의 표현일 것이다. 그는 기존의 시에 대한 무차별적인 공격의 일환으로 다양한 층위의 화자를 실험하고 있다.

5. 새로운 수사학의 지대

소설에서 전통적인 의미의 플롯이 해체되고 서사성이 약화되는 현상이 출현한 것과 함께 시에서도 동일자의 목소리로 환원되는 전통적인 의미의 화자에 대한 회의가 젊은 시인들의 시를 중심으로 나타나고 있다. 김행숙·노혜경·이대흠에게서 비교적 성공적으로 나타나고 있는 이러한 시도는 시가 가지고 있는 기존의 권위, 통념 등을 해체하고 유동적인 시선을 시에 마련하려는 시도라는 점에서 의미가 있다. 그동안 우리 시가 아방가르드적인 도전에 지나치게 인색해 왔던 것은 사실이다. 실험정신은 적지 않은 경우 난해하다는 혐의로부터 자유롭지 못했다. 하지만, 다양한 층위의 화자를 실험하고 있는 이들 시야말로 살아 있는 목소리를 시의 언어에 담아내려는 고뇌의 산물이다.

　시적인 것, 혹은 문학적인 것에 대한 고정관념이 이들이 찾아가는 새로운 시에 굴레가 되어서는 곤란하다. 시적인 것이 억압으로 작용할 때 우리 시는 질식해 버릴지도 모른다. 굴레를 벗어나려는 이들의 꿈틀거림을 이제 관심 있게 지켜봐야 할 때다. 물론 이러한 도전은 전통적인 미의식으로부터 다소 벗어나 있는 것이기에 옥석을 가리기가 쉽지는 않다. 그러나 그것이 이들의 시를 외면하는 이유가 될 수는 없다. 나는 이들의 시에서 우리 시의 저변을 넓히는 새로운 가능성을 읽는다. 더 이상 새로울 것이 없다는 이 시대에 새로움을 포기하지 않는 정신의 강렬도에 나는 우리 시의 미래를 걸고 싶다. 바흐친이 라블레의 작품을 분석하면서 꿈꾸었던 생생한 카니발의 언어를 이들의 시는 다양한 층위의 화자의 목소리를 시에 담아냄으로써 실현하고 있는 것으로 보인다. 언어를 지키는 유일한 방법은 그것을 공격하는 것이라는 들뢰즈의 말을 어쩌면 이들은 온몸으로 체현하고 있는지도 모른다. (2000)

나와 너의 관계 회복을 위한 노동 문학의 길

1. 다시 소외를 생각하며

'소외'야말로 현대인 모두가 공통적으로 경험하는 심각한 병폐라고 하지 않을 수 없다. 더 잘 살기 위해, 좀더 행복하게 살기 위해 죽음으로 질주하는 이 속도전의 시대에 소외만큼 모두가 공유하면서도 방치하는 문제도 없을 것이다. 어느덧 소외라는 현상은 어쩔 수 없는 필요악으로 이 시대의 한 편에 자리를 잡고 있는 듯하다. 더구나 우리의 경우에 경제의 총체적인 위기라는 정세를 틈타, '고개 숙인 아버지'의 복권을 비롯하여 보수의 물결이 위풍당당하게 세력을 확장하고 있는 사이에 '소외'의 문제는 슬그머니 설자리를 잃어버리게 되었다. '노동의 소외'를 들먹이면 직장을 잃고 공원을 헤매는 가장들의 모습과 취업난에 허덕이는 젊은이의 현실을 들이대는 식의 논리가 다시 이 땅에 통용되고 있다. 급속도의 경제 발전이 아노미 현상을 불러오듯이, 경제 위기는 무서운 속도로 사람들의 사고를 장악해 보수화의 길로 이끌고 있다. 아마도 '지금, 여기'에서 '노동의 소외'를 다시 문제삼아야 하는 이유는 이것만으로도 충분해 보인다. 신자유주의 시대의 기본 전략이라고 할 수 있는 노동의 소외가 전면적으로 이 사회를 장악하여 반성적인 시각을 불가능하게 하기 전에 노동의 소외를 문제삼고, 우리의 문학이 이러한 문제에 대해 어떻게 대처해 왔으며, 앞으로 어떻게 대처해 나가야 할지를 따져 보는 것은 분명 필요하고 의미 있는 일이다.

소외를 논하기에 앞서 먼저 소외라는 용어를 재정의할 필요를 느낀다. 거슬러 올라가면, 헤겔로부터 마르크스를 거쳐 프롬·마르쿠제 등의 프랑크푸르트 학파, 실존주의 철학자들, 사회학자들에 이르기까지 다양하고도 깊이 있게 논의해 온, 근현대 철학과 사회학의 주된 테마였던 소외를 새롭게 정의하는 일은 만만치 않은 일이다. 하늘 아래 온전히 새로운 것이 없듯이, 결국 이 글에서 다시 정의하게 될 소외도 새로운 정의라기보다는 무수한 정의 가운데 얼마만큼을 선택하고 배제하겠다는 뜻이 될 수밖에 없을 것이다.

노동의 소외를 문학과의 관련 아래 다루고자 하는 이 글에서 문제 삼는 소외는 두 가지 의미 층위를 갖는다. 우선 문학 작품 속에서 노동의 소외라는 현상이 어떻게 다루어져 왔는가를 살펴봄으로써 노동의 소외라는 현상에 주목할 것이다. 또 하나의 층위는 문화 현상으로서의 소외라고 할 수 있겠는데, 노동 문학의 소외라는 현상에 노동 문학이 어떻게 대처할 것인가라는 문제를 이와 관련하여 다루게 될 것이다. 노동의 소외를 말하기 위해 이 글에서는 편의상 두 편의 영화와 박노해·백무산·이대흠의 시를 살펴볼 것이다. 노동의 소외를 말하려면 마르크스의 개념으로부터 출발하지 않을 수 없다. 마르크스는 대상화와 소외를 구분하면서 대상화를 물질적 존재의 전제로 본 반면, 소외는 인간과 대상 간의 특정한 관계 방식에 기인한 의식의 상태라고 보았다.[1] 이 글에서는 이러한 마르크스의 개념을 전제로 하면서 노동 문학의 소외라는 문화 현상을 다룰 때는 소외의 개념을 좀더 확장해서 다루고자 한다. 노동의 소외라는 현상을 극복하기 위해 노동 문학이 해야 할 역할이라든가 노동 문학의 소외라는 현상을 극복하기 위한 방안에 대해 모색해 보는 것이 이 글의 궁극적인 관심이 될 것이다.

2. 영화에 나타난 노동의 소외―〈모던 타임즈〉에서 〈풀몬티〉까지

먼저 두 편의 영화를 통해 소외의 문제를 생각해 보자. '노동의 소외'라는 문제를 적절히 제기하면서 새로운 질문을 던지고 있는 두 편의 영화, 찰리 채플린의 〈모던 타임즈(Modern Times)〉와 피터 카타네오 감독의 〈풀몬티(The Full Monty)〉는 몇 가지 공통점을 가지고 있다. 코미디 영화를 통해 풍자적인 시선을 던지고 있는 점이라든가, 시대적 배경은 달라도 엄청난 수의 실업자를 낳았던 경제적 위기의 시대를 배경으로 하고 있는 점 ―〈모던 타임즈〉는 경제 대공황이 있었던 1929년을 배경으로 하고 있고, 〈풀몬티〉는 영국의 철강 산업이 쇠퇴기로 접어들어 대규모의 철광이 폐광을 하고 실업자를 대거 양산한 시기를 배경으로 하고 있다 ―, 직장을 잃고 다른 일을 찾아 전전하고 있는 부랑아 혹은 실업자를 주인공으로 하고 있는 점 등에서 두 영화는 닮은꼴을 하고 있다.

〈모던 타임즈〉의 주인공이 근대 사회에 적응하지 못하는 부랑아라는

---

1) 마르크스는 소외된 노동의 형태를 다음과 같이 유형화하였다. ① 노동 생산물로부터의 노동자의 소외, ② 생산 활동, 즉 노동 그 자체로부터의 노동자의 소외, ③ 類的 存在로부터의 인간의 소외, ④ 인간으로부터의 인간의 소외. 정문길, 『소외론 연구』, 문학과지성사, 1978, 71면 참조.

사실은, 이 영화를 소외를 키워드로 해서 읽을 수 있는 가능성을 열어 준다. 속도와 경쟁의 시대인 현대 사회에 적응하지 못해 좌충우돌하는 영화 속 주인공은 현대인의 '자기소외'라는 보편적인 문제를 안고 있다. 그런가 하면, 공장에서 일할 때의 채플린의 모습은 노동의 소외를 단적으로 보여 준다. 너트로 나사를 조이는 일을 하는 채플린은 기계의 속도를 따라가기 위해 잠시도 쉴 틈이 없다. 결국 그는 컨베이어 벨트를 따라 돌아가며 나사를 돌리는 유명한 장면을 연출한다. 그 장면에서 기계와 인간을 구별하는 것은 불가능하다. 영화 속에서 이미 채플린은 나사를 조이는 기계일 뿐이다. 따라서 작업 종료를 알리는 종이 울려도 채플린은 나사 조이는 일을 멈출 수 없다. 그는 이미 노동의 주체가 아니기 때문이다. 마르크스에 따르면, 주체와 대상의 관계가 어그러지면서 노동의 소외가 발생한다. 자신의 노동에 대해 주체로 설 수 없을 때 소외가 일어나는 것이다. 공장에 기계를 처음 들여놓은 의도는 생산의 능률을 높이고 노동자의 노동을 돕기 위해서였을 것이다. 하지만 기계의 속도에 인간의 노동을 맞춰가야 하는 관계의 전도가 일어나면서 노동은 더이상 놀이이거나 기쁨이기를 포기하게 된다. 자본주의 사회에서의 노동이란 대개 이런 식이다. 기계에 의해서, 노동에 의해서, 노동의 산물에 의해서 노동자는 소외되고 노동의 주체가 사라진 곳에는 기계만이 돌아갈 뿐이다. 채플린은 〈모던 타임즈〉에서 여러 직업을 전전하지만 결국 어떤 일에도 적응하지 못한다. 자본주의의 입장에서 보자면 그는 낙오자이지만, 한편으로는 기계화되지 않은 채 남아 있는 최후의 인간이기도 하다.

IMF 경제 위기로 온 나라가 떠들썩하던 무렵에 우리 나라에 개봉된 영화 〈풀몬티〉는 1929년의 경제 대공황을 거치면서 성장해 온 자본주의 사회가 필연적으로 맞이할 수밖에 없는 대량 실업의 현실을 다루고 있다. 시기가 시기였던 만큼 이 영화는 '고개 숙인 아버지'들의 어깨에 힘을 실어주자는 식의 홍보에 힘입어 적당히 사람들의 눈물샘을 자극하고 웃음을 유발했다. 〈모던 타임즈〉와는 또 다른 관점에서 노동의 소외라는 문제를 깊이 있게 다룬 〈풀몬티〉는, 우리에게는 소박한 가족 영화나 되는 것처럼 소개되거나 남성들의 스트립 쇼를 소재로 한 불순한 의도의 영화로 오해되기도 했다. 몇 년 전에 나는 학생들과 수업 시간에 이 영화에 대해 토론의 시간을 가져 본 적이 있었는데, 학생들 대부분도 시대적 분위기의 억압 탓인지 영화를 즐기기보다는 영화 속 주인공들의 게으름과 무능함을 비난하거나 개인사를 감정 이입해 실업자가 많은 우리 현실과 접목시켜 안타까워하는 반응을 주로 보였던 것으로 기억한다. 실직의 책임을 개인에게 떠넘기는 것이야말로 전형적인 자본의 논리가 아닌가. 경제 위기를 틈타 자본의 논리는 훨씬 더 강고하게 자리 잡았다. 동구권과 구소련의 실패가 보여 준 현실 사회주의의 몰락이 이러한 분위기에 더욱 가세한 것은 물론이다.

〈풀몬티〉라는 영화에 대한 학생들의 반응을 직접 체험하면서 나는 노동의 소외에 대해 더불어 생각하고 토론할 통로까지 차단된 현실을 확인해야 했다. 이것이야말로 무서운 문화적 소외감이 아닐까. 사실 〈풀몬티〉는 노동의 소외에 대한 사유를 한 차원 진전시킨 영화라고 할 수 있다. 노동의 소외를 이야기할 때 우리는 대개 노동의 산물로부터 노동자가 소외되는 현상에 시각을 고정시키는 경우가 많다. 여가로부터의 소외라든가 문화 현상으로부터의 소외는 그 다음 문제라고 생각하는 것이다. 마찬가지로 실업의 문제에 대해 논할 때도 새로운 일을 빨리 찾아야 한다는 논리로 실업 문제에 접근할 뿐 정작 '어떤' 일이어야 하는지에 대한 관심은 부차적인 것으로 생각한다. 더구나 실업자에게 여가를 즐길 여유나 자격 따위는 없다고 생각하기 일쑤다. 집안의 실업자에게 가해지는 모종의 압력과 눈치를 한 번 생각해 보라. 가족과 사회의 일반적인 시선은 실업자를 '구직 기계'로 만들 뿐, 하고 싶은 일이 있고 성취감을 가지고 있는 하나의 인간으로 취급하지 않는다. 당장 눈앞의 생계가 다급하지 않은 경우에도 상황은 비슷하다. 이러한 시선 속에서 실업이라는 구조적인 문제는 어느새 개인의 무능과 게으름의 문제로 둔갑하고 만다. 문화적인 소외감을 느낄 자격조차 없다고 단호하게 말하는 사회의 시선은 노동자 혹은 실업자들에게서 주체로서의 자격을 박탈함으로써 무서운 소외를 양산하고 있다.

〈풀몬티〉라는 영화 속에는 실직을 하고도 그 사실을 아내에게 말하지 못해 6개월이 넘도록 아침마다 공원으로 출근하는 제랄드라든가 아들의 양육권을 지키기 위해 시간당 2.5파운드짜리 일을 하도록 강요받는 가즈, 스트립 쇼 기획 도중 아내의 권유로 슈퍼마켓의 경비원으로 취직해 원하지 않는 일을 하는 데이브와 같은 인물들이 등장한다. 이들은 한결같이 실직자라는 이유만으로 — 실직의 원인은 구조적인 데 있었는데도 — 하기 싫은 일을 하지 않을 권리나 하고 싶은 취미 생활을 누릴 자격조차 없는 사람들인 양 취급을 받는다. 이들은 마침내 스스로 무대에 서는 남성 스트립 쇼를 기획하고 연출하여 함께 연습해 가면서 서로간의 유대감을 회복하고 '자기 활동'의 기쁨을 되찾으면서 소외감을 극복하게 된다.[2] 스트립 쇼는 하나의 장치일 뿐이지만, 모든 권위와 선입견의 옷을 벗어 던진다는 의미에서 효과적인 장치였던 것으로 보인다. 실업의 문제와 문화적 소외감에까지 소외에 대한 시선을 확장한 데 〈풀몬티〉의 의의가 있다. 〈모던 타임즈〉와 〈풀몬티〉는 자본주의 사회의 이방인인 부랑자와 실직자들을 등장시켜 소외의 문제를 깊이 있게 다룬 영화들이다. 두 편의 영화가 지닌 문제의식은 '지금, 여기'의 현실에서 우리에게 시사해 주는 바가 적지 않다.

---

2) 〈풀몬티〉와 비슷한 시점에 소개된 영화 〈브래스드 오프(Brassed Off)〉도 실직자의 '자기 활동'이라는 문제의식을 공유하고 있는 영화이다. 〈브래스드 오프〉가 전통적인 리얼리즘의 서사 문법에 좀더 충실한 영화라면, 〈풀몬티〉는 웃음의 코드를 통해 유쾌한 전복을 기도한 영화라는 점에서 다르다. '웃음'이 진지함보다 훨씬 더 혁명적일 수 있음을 보여 주는 영화이다. 2003년에 한겨레문학상을 수상한 박민규의 소설 『삼미 슈퍼스타즈의 마지막 팬클럽』의 문제의식이 궁극적으로 향하고 있는 지점도 자기 활동의 즐거움을 일깨우는 데 있다. '삼미적 삶'에 대한 예찬은 속도에 떠밀려 잊고 있던 자기 활동의 즐거움을 되찾고 삶의 여유를 회복하자는 메시지를 담고 있는 것이다.

3. 소외를 중심으로 한 노동시의 계보—박노해에서 이대흠까지

노동시의 기원을 찾는다면, 노동요나 임화의 단편 서사시로부터 출발해야겠지만, 노동의 소외라는 문제를 본격적으로 다룬 시는 아무래도 박노해의 시에서부터가 될 것이다. 박노해의『노동의 새벽』(1984)은 노동의 소외라는 문제를 집중적으로 다루었던 시집이다. 소규모 공장 노동자의 절실한 체험에 바탕한『노동의 새벽』의 시들은 노동의 소외라는 문제를 비교적 다양하고 깊이 있게 다루고 있다.

①어쩌면 나는 기계인지도 몰라
　컨베이어에 밀려오는 부품을
　정신없이 납땜하다 보면
　수천 번이고 로버트처럼 반복동작 하는
　나는 기계가 되어 버렸는지도 몰라

— 박노해, 「어쩌면」[3] 부분

②전력을 다해 뛰어도
　갈수록 멀어져만 가는
　황새를 뱁새걸음으로,
　공작새를 장닭으로,
　승용차를 맨발로 따라 뛰며
　죽기까지 손발을 멈출 수 없지
　(……)
　노동자의 운명은
　죽음이 아니라면 멈출 수 없지

— 박노해, 「멈출 수 없지」 부분

---

3) 이 글에서 인용한 박노해의 시는 모두『노동의 새벽』(풀빛, 1984)에 실려 있는 것이다.

①은 찰리 채플린의 영화 〈모던 타임즈〉를 연상시키는 시이다. 기계의 속도에 맞춰 컨베이어 벨트에 실려 오는 부품을 정신 없이 납땜하는 일을 하다 보면 문득 나는 기계가 아닐까라는 생각이 들 것이다. 사실 노동의 순간에는 그런 생각을 떠올릴 겨를조차 없을 것이다. 부품을 납땜하는 동작을 반복하고 있는 노동자는 이미 기계와 다를 바 없다. 노동자는 노동의 주체로서의 자리를 박탈당하고 기계의 속도에 자신의 노동을 맞춰가야 하는 관계의 전도를 체험하게 된다. 바로 여기서 기계라는 대상에 의한 인간의 소외가 발생한다. 이렇게 ①처럼 생산량과 속도에 쫓겨 일하다 보면 밥 먹을 시간, 화장실 갈 시간, 담배 한 대 피울 시간도 아끼게 된다. 하루종일 노동에 시달리고도 연장노동에 들어가야 하는 노동자들은 "땀에 절어 맥풀린 얼굴들로" 공장문을 나설 때쯤엔 서로에게 잘 가라는 "인사조차 못 나눈 채" 흩어지게 된다. "죽음이 아니라면 멈출 수 없"는 노동자의 운명이 시작된 것이다. ②는 바로 그런 노동자의 운명을 보여 주는 시이다. 전력을 다해 죽기로 뛰어도 노동자가 "황새"나 "공작새"가 될 수는 없다. 맨발로 뛰는 인생이 정해진 것처럼 승용차를 타는 인생도 정해진 것이라는 사실을 노동자인 화자는 깨닫는다. 노동으로부터 소외된 노동자는 빈부의 격차로 인한 소외감을 다시 한 번 뼈저리게 맛보게 된다. 노동의 산물로부터 노동자가 소외되는 현실은 「가리봉 시장」에도 잘 나타나 있다. "하루 14시간 / 손발이 퉁퉁 붓도록 / 유명브랜드 비싼 옷을 만들어도 / 고급오디오 조립을 해도 / 우리 몫은 없"는 현실을 백화점이 아닌 가리봉 시장을 찾을 수밖에 없는 노동자들은 절실히 깨닫는다.

> ① 등산친목회도 축구동우회도 / 한자공부도 독서모임도 / 잔업에 밀려 휴일특근에 깨져 / 아무것도 계획할 수 없어,
> ── 박노해, 「어디로 갈꺼나」 부분

②민주야 / 저 달력의 빨간 숫자는 / 아빠의 휴일이 아니란다 / 배부르고 능력 있는 양반들의 휴일이지

— 박노해, 「휴일특근」 부분

③정형이 부탁한 산재관계 책을 찾아 / 종로의 크다는 책방을 둘러봐도 / 엠병할, 산데미 같은 책들 중에 / 노동자가 읽을 책은 두 눈 까뒤집어도 없고

— 박노해, 「손 무덤」 부분

『노동의 새벽』의 뛰어남은 '소외'의 문제에 대한 깊이 있는 통찰에서도 드러난다. 박노해는 기계로부터 노동자가 소외되거나 노동의 산물로부터 노동자가 소외되는 현실은 물론이고, 여가로부터의 소외라든가 지식으로부터의 소외에 대해서도 주목을 한다. 휴일에도 특근을 해야 하는 노동자들에게 여가를 즐기거나 취미 생활을 할 겨를 같은 것은 없다. 미래를 위해 준비하는 삶이란 생각조차 할 수 없으며, 당장 딸아이를 위해 함께 할 시간조차 없다. 노동의 악순환은 육아로부터도 노동자를 소외시키는 것이다. 노동의 여건이 많이 개선되었다고 하는 요즘의 현실에서도 이러한 여가나 육아, 자기 개발로부터의 소외는 여전히 심각한 문제로 남아 있다. 비록 소박한 형태이기는 하나 문화적인 소외에 일찍이 관심을 가졌다는 점은 박노해 시인의 놀라운 통찰력이 아닐 수 없는데, 이러한 통찰력은 체험의 깊이로부터 나온다. ③은 지식으로부터도 노동자들이 철저히 소외당했음을 보여 주고 있어 흥미롭다. 「손무덤」은 빈부의 격차로 인한 소외라는 시각에서 주로 주목해 온 작품이지만, 서울 한복판의 대형서점에서도 산재관계 책 하나 찾을 수 없는 현실은 지식으로부터의 노동의 소외를 단적으로 보여 준다. 그밖에도 「바겐세일」같은 작품에는 실업자로서 느끼는 소외감이 절실하게 나타나 있다. "검붉은 노을이 서울 하늘 뒤덮을 때까지" 공단 거리를 찾아 헤매 보아도 "스물일곱 이 한 목숨 / 밥벌 자리 하나" 찾을 수 없는 실업자의 현실을 절감하며 화자는 자신의 노동을 "바겐세일"하겠다고 자조한다.

『노동의 새벽』의 소외에 대한 인식은 백무산의 『만국의 노동자여』(1988)로 이어진다. 박노해의 서정이 백무산에게 와서는 투철한 계급 각성을 이룬 노동자의 시선으로 무장된, 강고한 현실 파악의 논리로 나타난다. 백무산이 그려내는 노동의 소외는 현실의 폐부를 신랄하게 찔러온다.

> ① 쇠들은 실려가서
> 또 많은 벗들의 피를 묻힌다
> 벗들의 살을 자르고 어디론가 실려가서 우리를 속인다
> 윤전기가 되어 일당 4,000원을 비웃고
> 라디오가 되어 한 주에 80시간을 비웃고
> TV가 되어 연중무휴를 비웃는다
>
> ─ 백무산, 「에밀레 종소리」[4] 부분

> ② 아름답던 작은 어촌 쇠말뚝을 박고
> 우리가 쌓은 것이 되려 우리를 짓이기고
> 가야 할 곳마다 철책을 둘러치고
> 비켜 비키란 말야!
> 죽는 꼴들 첨 봐! 일들 하러 가지 못해!
> 앰블란스 달려가고
> 뒤따라 걸레조각에 감은
> 펄쩍펄쩍 뛰는 팔 한 짝 주워 들고
> 싸이렌소리 따라 뛰어가고 그래도
> 아직도 파도는 시멘트 바닥 아래서 숨죽여 울고
>
> ─ 백무산, 「지옥선 2─조선소」 부분

동료 노동자의 피와 살이 묻은 노동의 산물들은 노동자의 손을 떠나

---

4) 이 장에서 인용하는 백무산의 시는 모두 『만국의 노동자여』(靑史, 1988)에 실려 있는 시들이다.

자마자 자본의 논리로 그들을 비웃는다. 윤전기는 노동자의 손으로 만든 것이지만, 무서운 속도로 돌아가는 윤전기의 생산량은 일당 4,000원짜리 소규모 노동을 비웃는다. 마찬가지로 이들의 손을 거쳐 간 라디오와 텔레비전은 여유와 풍요가 넘치는 현실을 그럴 듯하게 포장해 보여줌으로써 한 주에 80시간을 노동하고 연중무휴로 일해야 하는 노동자들의 현실을 먼 나라의 이야기인양 비웃는다. 노동의 산물로부터 노동자가 소외된 현실을 이보다 절절하게 그려낼 수 있을까. 백무산의 시가 지닌 힘은 중공업 단지 노동자로서의 노동 체험으로부터 나온 것이다. 노동자가 쌓은 것이 노동자를 짓이기는 가슴 아픈 현실은 「지옥선」 연작시에서 더욱 신랄하게 그려진다. '지옥선'으로 상징된 열악한 노동 현실은 '쇳덩이'라는 사물을 통해 구체적으로 표현된다. 노동의 산물은 쇳덩이의 무게로 노동자의 현실을 짓눌러 온다. 목숨을 건 노동의 산물이 도리어 노동의 주체를 핍박하고 소외시키는 현실을 시인은 '쇳덩이'로 이미지화하는데, 이러한 인식은 이후 울산현대중공업 대파업투쟁을 소재로 한 장시 『동트는 미포만의 새벽을 딛고』(1990)를 거쳐 더욱 심화된다. '쇳덩이'의 상징성은 『인간의 시간』(1996)에까지 이어져 문명의 상징인 '기차'로 의미화된다.

> 생각해보라 그린데
> 우리에게 노동의 추억이 있는가
> 십 년 아니 삼십 년 노동을 해도
> 누가 그것을 그리움 추억이라 하는가
>
> ―백무산, 「노동의 추억」 부분

노동의 가치를 인정하지 않는 사회적 인식은 노동자에게서 노동의 보람이나 추억까지도 앗아간다. 이윤의 극대화에 목적이 있는 자본의 논리는 기계에게서 성취감을 기대하지 않는 것처럼 노동자에게서도 자

아 성취의 기쁨을 앗아간다. 놀이로서의 노동, 즐길 수 있고 자아 성취
감을 누릴 수 있는 의미에서의 노동은 사라지고 현실의 강퍅한 논리만
이 노동의 현실을 지배한다. 노동마저 노동자를 소외시키는 현실 앞에
서 노동은 벗어나야 하지만 벗어날 수 없는 고통스러운 굴레로서 인식
될 뿐이다. 놀이로서의 노동이라는 측면까지 인식이 진전되었다는 점에
서도 백무산 시의 의미를 찾을 수 있을 것이다.

> 재벌 왕국에 손뼉치는 글들을
> 비스듬히 돌려서 매끈하게 비비는
> 부자유 문인들의 그 실천력, 그 깊은
> 심중을 몰라서 노동자는 돌대가리라서
> 과히 깊은 은유법에 심오한 도치법에 헷갈리는 건가
> 너꺼무떠거랄, 말리는 보수당이 더 밉다더니
> 코메디 프로처럼 노동자들은 문학작품에도 사용당하고
> ──백무산, 「또 너꺼무떠거랄─재벌기업사보」 부분

　문화적 소외에 대한 백무산의 인식은 박노해의 경우보다 구체적이고
투철하다. 재벌기업 사보에 실린 글을 읽으며 화자인 노동자는 현란한
수사법을 이용해 노동자의 눈을 속이고 자본의 논리에 타협하는 문인들
의 행태를 고발한다. 자본가에게 뿐만 아니라 문학작품으로부터도 사용
당하는 노동자의 현실을 뼈저리게 체험한 것이다. 문학작품으로부터도
노동이나 노동자가 소외되는 현실을 인식한 것은 백무산 시인이 새롭게
발견한 풍경이라고 할 수 있다. '민족문학'이나 '민중문학'의 이름으로
노동자를 소외시키는 현실에 대해 시인은 노동문학의 입장에 서서 반론
을 제기한다. 이러한 문화적 소외감에 대항해서 시인이 선택한 길은 노
동자의 당파성에 기반한 노동문학을 실천하는 길이었다. 당대적인 요구
에 부응하여 백무산은 『동트는 미포만의 새벽을 딛고』라는 장시를 통해
이러한 인식을 실제로 실천해 보이기도 했다.

박노해와 백무산의 뒤를 이어 새롭게 등장한 노동자 시인으로 이대흠을 기억해야 할 것이다. 그러나 엄밀하게 말한다면 이대흠의 첫 시집 『눈물 속에는 고래가 산다』(1997)가 나온 시기는 백무산의 변모를 보여주는 시집 『인간의 시간』(1996)이 나온 이후인 데다, 그 사이 현실 사회주의의 몰락이라는 대격변이 있었기 때문에 이러한 간극을 무시하고 이대흠의 시를 박노해와 백무산의 계보에 바로 뒤이어 세울 수는 없다. 그의 시가 공장 노동자가 아니라 건설 현장에서 일하는 노동자의 체험을 바탕으로 했다는 사실도 이들 사이의 차이를 시사해 준다. 이러한 차이를 고려하면서 이 장에서는 이대흠이 새롭게 인식한 소외에 대해 간략히 살펴보기로 한다.

.세상살이의 시작이 막장이고 보니 난 어쩜 마침표를 먼저 찍은 문장 아닌지 (······) .파이프 메고 어두운 계단을 오르며 난간에만 빛이 웅성거림을 본다 .난간에 버려진 저 작은 쇳조각, 깨어진 돌멩이가 결국 하나의 사상임을 너무 늦게 알았다 .어두운 곳이라 난간이 길다 .난간을 걷는 나의 生 .언제든 죽을 수 있으므로 고개 숙이지 않으리 .무겁다 .무거운 것들이 적어 세상은 무거워졌다 .대부분 이 짐을 지지 않는다 .마침표를 찍자 .여기부터가 시작이다 .
— 이대흠, 「마침표를 먼저 찍다」5) 부분

이대흠이 서 있는 독특한 자리는 그 역시 분명히 인식히고 있었음을 인용한 시에서 확인할 수 있다. 뒤늦게 노동자 시인으로 이대흠 시인이 출발했을 때는 이미 노동자 시인으로서의 길 앞에는 어둠만이 놓여 있을 뿐이었다. 막장에서 세상살이를 시작하는 사람의 심경으로 시인은 자신의 정체성을 고백한다. 이는 68년생으로서의 이대흠이 처한 상황과도 절묘하게 맞물린다. 피 끓는 스무 살에 정치적 변혁기를 맞아야 했던 68년생은 자기 정체성을 찾기 힘든 상황 속에서 20대를 보내야했던 독

---

5) 이 글에 인용하는 이대흠의 시는 『눈물 속에는 고래가 산다』(창작과비평사, 1997)에 실려 있는 것들이다.

특한 세대적 성격을 지니고 있다. 현실 사회주의의 몰락은 이 땅에서 노동자의 세계관, 노동자로서의 삶을 공공연하게 소외시켰다. 문단에서도 노동문학이 주목받던 1980년대나 1990년대 초반과는 사정이 완전히 달라진 것이다. 시인 역시 이러한 현실을 모르지 않는다. 그러나 캄캄한 막장의 삶을 응시하며 그는 "난간이 길"인 어둠 속에서 "난간을 걷는" 삶을 선택하고자 한다. 노동자 시인, 혹은 노동 문학이라는 구획 자체가 의미를 상실한 시대에 노동자 시인으로서의 정체성을 고집하는 이대흠은 비록 박노해, 백무산과 입지를 달리하지만, 이들의 계보를 잇는 1990년대의 시인이라고 할 수 있을 것이다.

①실속 없게도 남들은 다 이어주고 / 자신은 그 누구와도 화끈히 / 붙어보지 못하는 용접기여 / 백 채의 집을 지어도 내 집은 / 하나 없구나

—이대흠, 「율도1」 부분

②숨은 턱에 차 컥컥대면서 / 쉬지는 않는 / 일구어 온 세월의 허방으로 / 힘겨운 노동의 댓가는 흘러가는데 / 일 욕심만 많은 / 저 미련한 노동자

—이대흠, 「저 포크레인」 부분

건설현장에서 일하는 노동자들의 모습을 주로 그리고 있는 이대흠의 시에서도 노동의 산물로부터 노동자가 소외되거나 노동자가 기계화되는 현상에 대한 관심은 변함 없이 나타난다. 그러나 소외를 그리는 이대흠의 방식은 좀 독특하다. ①에서 "남들은 다 이어주"면서 "자신은 그 누구와도 화끈히 / 붙어보지 못하는 용접기"와 여러 채의 집을 지어도 그 집을 하나도 소유할 수 없는 노동자는 동일시된다. ②에서도 기름만 있으면 녹슬어 멎기 전까지 쉬지 않고 일하는 "포크레인"과 노동의 대가를 제대로 받지도 못하면서 힘겨운 노동에 혹사당하는 노동자는 하나가 된다. 포크레인의 '노동자—되기'와 노동자의 '포크레인—되기'가 일어난 것이다. 이대흠의 시에 종종 등장하는 이러한 변신 모티프는 그가

소외를 극복하는 방식과 관련되므로 주목을 요한다. 소외된 노동자들에 대한 이대흠의 관심은 "구리 주전자"나 "녹슨 쇠스랑" 같은 "버려진 것들"에 머무른다. "육신이 무너지면서 / 천천히 먼지 쌓이는 걸" 지켜보며 "자기를 버린 자 쪽으로 악취 흘리며"(「버려진 것들은」) 썩어 가는 버려진 것들의 모습은 노동으로부터 소외돼 죽어 가는 노동자들의 모습이기도 하다.

어스름에서 얼핏 본 그 집의 도깨비는
사람의 형상을 하고 있다
방망이는 어디에 숨겨 두었는지 보이지 않고
(……)
그 집엔 도깨비가 살고 있다
나와 아내가 매일 새벽에 나오면
텅 비는 그 도깨비집

— 이대흠, 「도깨비집」 부분

　이대흠의 시가 보여 주는 중요한 특징 중에 하나는 노동이 일상의 공간으로 옮겨졌다는 점이다. 인용한 시는 노동의 여건이 변화하면서 일상으로부터의 소외가 더욱 중요한 관심의 대상이 되는 현실을 반영한다. 도시의 맞벌이 노동사 부부가 사는 집은 사람을 품고 사는 집이라기보다는 생활이 없이 잠만 자는 공간이라고 할 수 있을 것이다. 부부가 새벽에 집을 나오면 한밤중에 들어갈 때까지 텅 비는 도시의 맞벌이 부부의 집을 시인은 "도깨비집"이라 부른다. 노동으로부터 뿐만 아니라 일상으로부터도 소외된 노동자의 모습은 사람들이 꺼리는 기이한 존재라는 점에서 도깨비와 다를 바 없다. 이러한 인식은 이대흠에게서 새롭게 발견되는 소외의 풍경이라고 할 수 있다.

4. 몸의 탐색을 통한 관계의 전복—백무산과 이대흠의 변모

이제 변화된 정세 속에서 시인들이 노동의 소외를 극복하기 위해 어떤 선택을 했는지를 살펴볼 차례다. 이 장에서는 주로 백무산의 『인간의 시간』(1996)[6]과 이대흠의 『눈물 속에는 고래가 산다』(1997)를 중심으로 소외 극복의 문제를 다루고자 한다. 노동의 소외를 언급하는 것조차 허용되지 않는 암담한 현실 속에서 두 시인이 걸어가는 길은 달라 보이지만, 몸에 대한 관심으로부터 변화의 조짐이 보인다는 점에서는 닮아 있다.

①소우주라는 인체에도 / 잔 가지가 나무 전체를 낳듯이 / 손바닥 하나에도 전체를 낳는다 / 발바닥에도 귀에도 코에도 눈동자에도 / 전체의 바다와 구렁과 강과 산맥이 / 펼쳐져 있다

너와 나의 관계에도 / 아침에 먹은 밥상 위에도 / 국가의 질서가 고스란히 박혀 있다 / 지배와 착취의 질서가 고스란히 박혀 있다 / 부분이라고 전체보다 작은 것이 아니다

—백무산, 「모든 것이 전부인 이유」 부분

②내 몸엔 탐진강이 흐르고 있으며 / 북한산과 용두봉이 둥지를 틀고 있다 / 나는 이미 한강의 일부이며 그 강은 / 나의 일부이다 나는 매일 / 이 땅의 산과 강으로 호흡한다 / 누구도 나의 미래를 커닝할 수 없고 / 살아 있다는 것으로 나는 얼마나 / 위대한가

—이대흠, 「눈물 속에는 고래가 산다」 부분

노동자의 당파성으로 철저하게 무장하고 있던 백무산 시인에게 1990년대 이후의 급격한 사회 정세의 변화는 삶의 지반이 무너지는 대격변

---

6) 백무산은 『인간의 시간』(창작과비평사, 1996) 이후에도 『길은 광야의 것이다』(창작과비평사, 1999)라는 시집을 냈지만, 이 시집의 세계는 밀도는 떨어져도 대체로 『인간의 시간』의 연장선상에 있다는 판단 아래 작품 인용은 『인간의 시간』에 한정하기로 한다.

이었을 것이다. 그렇다고 해서 노동자의 현실이 크게 달라진 것은 아닌데도 그는 어떻게든 달라져야만 했다. 이러한 사회적 요구 앞에서 백무산이 보여준 변모는 실로 놀라운 것이었다. 그는 "경계"에 서는 삶의 자세로 강고한 이분법의 논리를 극복하고 마침내 새로운 관계를 사유하기 시작한다. ①에서 시인은 분할하고 구획 짓는 이분법의 경직된 사고에서 벗어나 인체에서 우주 자연을 발견하고 너와 나의 관계에서 지배와 착취의 질서를 발견하는 통합적인 사유에 도달한다. 그는 새로운 관계를 모색하는데 이는 노동자의 시선으로 자연의 원리를 관찰하고 사유함으로써 이루어진다. 이대흠이 마련하는 극복 방안도 크게 다르지 않다. ②에서 시인은 유사성의 상상력을 통해 몸과 우주 자연을 동일시한다. 몸 안에 강이 흐르고 산이 둥지를 틀고 있다는 인식은 몸에서 건강함을 읽어내는 노동자의 시선을 통해서 획득될 수 있는 전망이다. '눈물 속에는 고래가 산다'라는 시의 제목은 '눈물—바다', '인체—자연'으로 이어지는 유사 관계를 통해 몸과 우주 자연을 동일시하는 이대흠의 상상력의 원천을 다시 한 번 확인시켜 준다.

백무산의 변모는 「집」, 「플라타너스」 등에서도 확인된다. 몸이 거주할 집을 짓듯이 마음이 들어앉아 편을 가르고 구획 지을 사상이라는 이름의 집을 짓는 것이 우리가 사는 모습이라고 할 수 있겠는데, 백무산은 바로 집을 짓는 행위로부터 빈부의 격차라든가 소외가 발생한다고 본다. 그는 "안팎의 집을 다 허물고 더이상 집을 지을 일이 없는/ 한 그루 나무 같은 사람"에게서 소외를 극복할 방안을 찾는다. 「플라타너스」에서는 "비바람과 추위를" 견디며 "나뭇등걸처럼 거칠어진" 공단천변의 노동자들이 어느 순간 "한 그루 열 그루 백 그루"의 나무로 변하여 "플라타너스 그늘 아래/ 플라타너스가 걸어"가는 아름다운 숲의 풍경을 그려낸다. 백무산은 '너와 나'의 새로운 관계를 통해서만 인간 소외를 극복할 수 있다고 생각한다. 새로운 기획을 위해 그는 몸을 사유하기 시작한 것이다.

백무산이 새로운 관계의 모색을 위해 몸을 사유하는 길을 걸어간 데 비해, 이대흠의 출발은 좀더 자유로울 수 있었다. 백무산이 이전의 자신을 철저히 부정함으로써 스스로 경계에 서야 했던 데 비해, 이대흠은 애초에 노동시라든가 노동자 시인과 같은 구분이 사라진 자리에서 출발했기 때문이다. 이대흠이 「율도 2」에서 "한때 태양의 아들인 줄" 믿었던 모닥불의 실체를 알고 깊이 "절망"하면서도 모닥불이 겨울을 나게 하리라는 희망을 포기하지 않는 것이라든가 노동에서 "허무라든가 절망"이 아닌 "따스함"(「사람의 체온」)을 발견하는 태도를 보이는 것은 그의 현실 인식이 미흡해서가 아니라 그가 서 있는 좀더 자유로운 위치 때문인 것으로 보인다. 역동적인 육체적 상상력을 통해 이대흠이 펼쳐 보이는 성적인 분위기라든가 '변신 모티프', 최근의 시에 보이는 여성성의 탐색이나 언어유희 등도 이런 시각에서 해명되어야 할 것이다. 이대흠은 몸에서 건강하고 긍정적인 모습을 발견함으로써 소외를 극복하고자 한다. 이는 노동자의 시선을 통해 발견한 풍경이므로 더욱 의미가 있다.

5. 또 하나의 출구—스스로 '타자-되기'

백무산의 최근 시가 불교적 사유에 기반한 추상화의 길로 나아가고 있고, 이대흠의 최근 시가 자유로운 육체적 상상력을 통해 일상의 시선에 전복을 꾀하는 구체화의 길로 나아가고 있지만, 이들의 길은 몸과 자연의 일치를 통한 새로운 관계의 구상이라는 점에서 한 자리에서 만난다. 물론 백무산과 이대흠의 시가 아니더라도 생태시라는 이름으로, 또는 여성주의시, 몸시 등의 이름으로 이들과 비슷한 길을 걷는 시인들이 적지 않은 것은 사실이다. 하지만 나는 노동하는 육체의 건강함과 노동자의 시선을 기반으로 한 백무산과 이대흠의 시가 다른 시인들의 시와 변별되는 새로운 가능성을 지니고 있다고 생각한다. 그것은 이들이 노동자의 시선을 포기하지 않음으로써 지니는 가능성이자 힘이라고 할 수 있다.

현대 사회의 병폐가 집약되어 있는 소외라는 문제를 극복하기 위한 가능성은 아무래도 타자의 자리에 서 있는 존재에게서 찾아야 할 것이다. 소외는 타자의 자리에 서지 않고는 발견되지 않는 문제일 것이므로 이 시대의 타자인 노동시가 소외 극복을 위해 할 수 있는 몫은 적지 않으리라 본다. 그것은 여성주의시에 거는 기대와 비슷한 맥락을 갖는다. 지배와 착취 관계인 '나-그것'의 관계를 벗어나 더불어 사는 '나-너'의 관계를 회복할 수 있을 때 노동의 소외를 비롯한 소외의 문제는 극복될 수 있을 것이다.

여기서 나는 들뢰즈와 가타리가 카프카의 소설을 분석하면서 개념화한 '소수집단의 문학'이라는 개념으로부터 소외 극복을 위한 또 하나의 출구를 시사받을 수 있으리라는 기대를 해 본다. 들뢰즈와 가타리는 소수 민족의 언어라는 개념을 염두에 두고 사용한 것이었지만, 소수 집단의 언어를 고집함으로써 오히려 카프카의 문학이 성공을 거두었듯이 노동자의 시각을 언어의 측면에서 접근해 갈 필요도 있을 것이다. 스스로 타자-되기를 통해 스스로를 소외시키는 방법도 소외를 극복하기 위한 하나의 대안이 될 수 있다고 생각한다. '나와 너'와 관계를 회복하는 새로운 관계의 정립은 낡은 관계로의 복귀가 아님을 분명히 할 필요가 있다. 낡은 관계의 전복을 통해 다양한 방식의 출구가 열릴 때 인간의 소외는 다시 관심의 영역에 들어올 것이며, 소외 극복의 길은 열릴 것이다. (2001)

윤리의 외부, 차이의 문학

1. 반복—십여 년 전의 풍경

전투기들의 폭격이 시작된다. 검붉은 포연이 일고 고통스럽게 일그러지는 얼굴들은 포연과 폭음 속에 사라져 간다. 지배하려는 자와 지배당하지 않으려는 자의 얼굴이 부각되고 고통스러운 신음을 내뱉는 수많은 민중들의 얼굴은 포연 속에 묻혀 버린다. 전쟁은 그렇게 타자의 다양한 얼굴을 지우고, 차이를 가려 버린다. 꼭 십이 년 전의 풍경이 반복되고 있다. 요즘 지구촌 전체를 술렁이게 하는 전쟁의 소식은 십여 년 전이나 지금이나 별다를 것 없는 풍경을 보여 주며 우리를 절망케 한다. 십이 년이라는 세월이 실감나지 않는 사담 후세인과 패권주의라는 같은 옷을 입고 다시 부활한 부시. 그리고 연일 동시 통역사의 목소리와 함께 전쟁의 상황을 중계해 주는 씨엔엔(CNN)의 폭주. 십여 년 전에 있었던 걸프

전이라는 전쟁 드라마의 재방송을 보는 듯 사람들의 눈길은 무심하고, 그 와중에도 인간 방패를 자처하는 사람들이 있는가 하면 호기심 어린 눈으로 최첨단 무기에 관심을 기울이는 사람들도 있다. '모두의 손에 총 대신 꽃을'이라는 구호 아래 반전 운동이 서서히 확산되어 가고 있지만, 명분 없는 전쟁임을 모르지 않으면서도 국가 차원에서 전쟁에 반대하거나 파병을 거부하지 못하는 현실 논리가 '국익'이라는 공리주의적 시각을 빌려 부활하고 있다. 따지고 보면 전쟁은 늘 지속되어 온 셈이다. 냉전 이데올로기가 전세계를 장악한 이후에도 국지전의 형태로 무수한 전쟁이 있었고, 물리적인 폭력으로 직접 드러나지 않은 전쟁도 늘 계속되어 왔다. 힘의 논리가 세상을 지배하는 한 전쟁의 위협은 늘 어디서나 있는 셈이다. 당장 자신의 이익과 직접적으로 관련되는 문제가 아니라면 침묵하고 무시하는 성향이 강해진 현대인들 사이에서 전쟁은 영화나 게임과 별다를 바 없는 정도의 충격과 반향을 일으키며 반복되고 있다. 그저 아무것도 달라진 것 없이 반복되는 풍경이 씁쓸할 따름이다. 모르는 바 아니었지만, 미국의 두 얼굴을 다시 바라보는 일도 곤혹스럽기는 마찬가지이다. "나와 같아져라. 그러면 네 차이를 인정하겠다." 이것이 미국의, 그리고 패권주의가 지배하는 이 세계의 숨은 얼굴이다. 일단 같은 편임을 확인하기 전에는 차이를 인정해 줄 수 없다는 태도 말로는 다양성을 외치지만, 자신의 우산 아래 들어오지 않는 외부를 철저히 응징하겠다는 이중의 척도 동일성을 확인한 연후에야 그 한계 안에서 차이를 인정해 주겠다는 무뢰한 발상. 그러나 정작 그들은 선의 가면을 뒤집어쓰고 자신과 다른 존재에 대해 '악의 축'이라는 발언을 서슴지 않고 있다. 같고 다른 차이의 문제가 선악이라는 도덕의 문제로 전환되는 역사적 변질이 여기서 일어나고 있다.

무엇이 선이고 무엇이 악인지 더 이상 규정할 수 없는 시대에 문학과 윤리의 문제를 논하는 것은 쉽지 않은 일이다. 윤리 자체가 이미 전혀 다른 몇 개의 얼굴을 지니고 있기 때문에 오해의 소지를 없애고 논의를 전개해 나가기 위해서는 어떤 윤리를 말하는지에 대한 개념 규정부터 선행되어야 할 것이다. 일반적으로 윤리라고 하면 사회가 부과하는 선악의 기준을 떠올리기 쉽지만, 그런 의미에서의 윤리에 대해서는 문학이 거리를 유지해야 한다는 것이 이 글이 취하는 입장이다. 문학은 오히려 그러한 사회적 선악의 기준으로부터 끊임없이 벗어나는 시각을 제공해 주어야 한다. 그것은 문학이 늘 악의 입장에 서야 한다는 태도와는 또 다르다. 문학은 의문을 던지고 지금, 여기를 돌아보게 하는 반성적 시각을 잃어버리지 말아야 한다. 의심하고 반성하게 하는 방식은 다양해야겠지만, 거리를 잃어버리고 사회의 보편적인 규범에 합치되었을 때 문학은 자유로울 수 없게 될 것이다.

이 글에서는 윤리를 두 가지 의미로 사용한다. 사회의 규범적인 선악의 가치 기준이라는 의미로 사용하는 '윤리'에 대해 비판적인 입장을 유지하면서, 타자에 대한 책임과 자유라는 문제를 낳는 개념으로서의 윤리에 대해서 논의하게 될 것이다. 문학이 아직도 윤리와 관련을 맺는다면, 그리고 문학의 윤리에 대해 말할 수 있다면 그것은 후자가 되어야 할 것이다.

2. 차이—타자의 시선, 타자에 대한 윤리

21세기 최고의 화두는 다원주의라 해도 과언이 아닐 것이다. 그만큼 많은 철학자들이, 또 21세기에 문학을 하는 많은 작가들이 다원주의적 사고를 드러내고 있다. 나아갈 방향을 지시해 주는 빛나는 하나의 별이 사라진 '지금, 여기'에서 어쩌면 그것은 당연한 일인지도 모른다. 다원주의의 바람을 타고 예전에는 그늘에 속해 있었거나 은폐되어 있었던 많은 다양한 시각이나 편향들이 수면 위로 떠오른 것은 부정할 수 없는 사실이다. 다만, 모두가 입을 모아 다양성과 차이를 말하는 시대일수록 차이가 은폐될 가능성이 높다는 점 또한 배제할 수 없다. 다원주의는 공리주의와 언제든지 손을 맞잡을 준비가 되어 있기도 하다. 그 예는 멀리서 찾을 필요도 없다. 민주주의라는 이름으로 차이와 다양성을 외치고 있는 미국의 숨겨진 폭력적인 얼굴을 보라. '나와 같아져라. 그러면 너의 차이를 인정해 주마.' 미국이 내세우는 다원주의의 뒤에는 분명 동일화라는 폭력적인 논리가 숨어 있다.

반복되는 풍경 속에서도 우리가 희망을 걸 데는 '차이'의 풍경밖에 없다. 물론 그 차이는 우리 스스로가 만들어가야 하는 것이겠다. 같은 차이를 외치지만 그 차이의 풍경은 다를 수밖에 없다. 타자를 존중하는 차이가 아니라 타자를 은폐하는 차이도 그 안에는 있게 마련이다. 21세기에도 문학이 윤리적인 책임을 져야 한다면 그것은 '차이'의 외부를 발견하는 일일지도 모르겠다. '차이'를 말하는 얼굴이 고정되지 않도록 끊임없이 외부의 시선으로 그것을 바라보는 일이야말로 '지금, 여기'에서 문학이 감당해야 할 윤리적 의무일 것이다.

1) '생명 윤리'의 외부

전지구적인 산업 자본주의의 발달이 끊임없이 개발을 추진하면서 지구의 자연이 한계에 도달했다는 인식이 확산되고 있다. 인간의 멈출 줄 모르는 욕망이 결국 지구를 죽음의 위기로 몰아넣는다는 생각은 지속 가능한 순환적 사회를 만들려는 움직임을 낳고 있다. 그것은 자본주의의 생산과 소비 형태를 넘어서는 형태의 사회를 지향한다. 그 사회가 어떤 이름으로 불리는지는 그다지 중요하지 않다.

최근에 우리에게도 중요하게 제기되고 있는 생명 윤리의 문제는 바로 이러한 위기의식과 관련되어 있다. 생태시라는 이름으로 씌어지는 시들은 문학이 지구 환경의 미래를 위해 무엇을 할 수 있을 것인가, 라는 질문에 대한 하나의 대답이라고 할 수 있다. 이러한 시들은 인간 중심적인 사고에서 벗어나 타자의 시선으로 세계를 볼 것을 제안한다. 인간 중심적이고 이성 중심적인 세계관이 지금과 같은 개발 위주의 사회를 만들고 욕망을 죽음으로 치닫게 하는 결과를 가져왔다는 것이다. 인간 중심의 획일적인 세계관에 반성적 시각을 마련했다는 점에서 생태시들은 의의를 지니지만, 그것이 도덕적 당위로서 제시될 때 사회의 보편적 가치 기준과 손잡고 또 하나의 폭력적 동일화의 논리를 구축하게 될 위험이 있다. 당위이자 선으로서 내세워지는 가치 기준이 있을 때 그에 대한 악도 역시 탄생하게 마련이다. 선악의 이분법이 반복되는 한 전쟁의 논리는 멈추지 않을 것이다.

선명한 선악의 이분법의 세계에 속해 있던 한 시인의 시가 보여 준 다음과 같은 인식의 변화는 우리에게 시사해 주는 바가 있다.

나무는 굵은 가지가 작은 가지를 낳을 때
굵은 가지를 그대로 낳는다
작은 가지가 잔 가지를 낳을 때도
굵은 가지를 그대로 낳는다
잔 가지가 잎을 낳을 때는 나무 전체를 고스란히 낳는다
나뭇잎 하나에 나무 전체가 고스란히 펼쳐진다

소우주라는 인체에도
잔 가지가 나무 전체를 낳듯이
손바닥 하나에도 전체를 낳는다
발바닥에도 귀에도 코에도 눈동자에도
전체의 바다와 구렁과 강과 산맥이
펼쳐져 있다

너와 나의 관계에도
아침에 먹은 밥상 위에도
국가의 질서가 고스란히 박혀 있다
지배와 착취의 질서가 고스란히 박혀 있다
부분이라고 전체보다 작은 것이 아니다

우리가 온몸으로 살아야 하는
이유 또한 여기에 있다
우리가 온몸으로 거부해야 할 것은
내 안에도 있다 항시 있다
더이상 밖으로 책임을 떠넘기지 마라
이 손바닥 위에도 있다

뿌리와 가지를 먹고 자랐으나
그들과 단절한 꽃을 보아라
우리의 경계는 그곳에서도 시작된다
— 백무산, 「모든 것이 전부인 이유」

　말과 사물이 분리되지 않았던 시대에는 인체에서는 물론 나뭇잎 하나에서도 우주를 발견할 수 있었다. 말과 사물이 관련성을 잃어버리고 분리되면서 부분 역시 전체와의 유기적 관련을 잃어버리게 된다. 부분은 전체를 이루는 한 조각으로 취급될 뿐 그 안에서 전체를 발견하는 시선은 사라지게 된다. 그리고 그와 함께 부분이 전체로서 지니고 있었던 힘도 사라지게 된다. 1980년대에 백무산의 시는 자본가와 노동자의 대립, 지배와 피지배라는 선명한 이분법이 있는 곳에 속해 있었다. 그러나 정세의 변화와 신념의 붕괴를 체험한 시인은 이분법적 대립의 시선이 가려 놓았던 곳을 차이의 시선으로 다시 보기 시작한다. 그런 시인의 눈에는 나뭇잎 하나에도 나무 전체가 고스란히 펼쳐지고 손바닥 하나에도 우주가 펼쳐져 있음이 비로소 포착된다. 그로부터 시인은 나날의 혁명, 나날의 몸 바꾸기가 중요함을 깨닫는다.

부분에서 전체를 보는 자연친화적 시선을 회복했지만 시인은 그것을 또 하나의 당위적 '윤리'에 가두지 않는다. 그의 시는 노동자의 시선과 자연 친화적 시선 사이의 화해, 혹은 격렬한 만남을 시도한다. 기성의 '윤리'에 안주하지도 않고 새로운 가치로 부상한 '생명 윤리'의 길을 따르지도 않는다. 그는 자기 안에 있는 온몸으로 거부해야 할 것과 온몸으로 맞서 싸운다. 그리고 그것이야말로 우리가 온몸으로 살아야 하는 이유라고 말한다. 그는 스스로 경계에 서고자 한다. 신념의 내부에 속해 있는 자는 그 신념이 붕괴되기 전까지는 그 내부를 볼 수 없다. 붕괴의 체험을 통해 그가 깨달은 것은 그것이었다. 시인이 경계에 서고자 하는 까닭은 그 때문이다. 신념의 외부, '윤리'의 외부에 섬으로써 내부를 들여다보고자 하는 것이다. 물론 그것은 내부이자 외부인 자리, 즉 경계에 서는 자만이 볼 수 있는 풍경일 것이다. "뿌리와 가지를 먹고 자랐으나 그들과 단절한 꽃"처럼 그는 내부에 있으되 내부에 갇히지 않고 외부의 시선을 유지할 수 있는 거리를 유지하고자 한다. 시인은 다시 오랜 침묵에 들어갔으나 나는 시집 『인간의 시간』(1996)이 보여 준 이러한 태도야말로 사회의 규범적인 가치 개념으로서의 '윤리'에 대해 문학이 취해야 하는 태도라고 생각한다.

2) '제3의 성'의 목소리

동일성의 논리에 포획되지 않는 차이는 타자의 시선을 지닐 때 비로소 발견된다. 그런 점에서 우리 사회의 타자인 여성의 목소리를 지닌 시 역시 '차이'를 표방한 문학이라고 할 수 있다. 여성의 목소리를 지닌 시들은 스스로 타자의 자리에 섬으로써 가부장제적인 기성의 질서와 윤리에 도전장을 던진다. 그러나 타자의 자리에 서는 것만으로 차이가 저절로 생성되는 것은 아니다. 타자 역시 고정된 '얼굴'을 지닐 위험은 상존해 있다. 타자로서의 여성의 목소리의 외부에 서려는 태도가 중요해지는 것은 그 때문이다. 여성이든 남성이든 지배적이거나 고정된 얼굴을 지닌 목소리와 거리를 두려고 하는 또 다른 목소리를 여기서는 '제3의 성'의 목소리라고 부르려고 한다. 고정된 얼굴이나 목소리로부터 끊임없이 벗어나려는 태도, 내부에 갇히지 않고 내부이자 외부인 경계에 서는 태도가 이러한 시들에서 발견되는 것은 우연이 아닐 것이다.

> 내 이름은 군대이니 바야흐로 이 시대에 우리가 많음이니이다.
> ─「마가복음」(5 : 9)

> "내 이름은 군대이니 우리가 많음이네. 그대와 내가 복수이니 우리네.
> "너희는 코를 벌름거리며 행군하는 돼지들이 아닌가?
> "불쌍한 모친이여, 나는 그대의 적이 아니네. 내 이름은 군대이니 내 분은 어리석지만 역사가 깊네.
> "뻔뻔하군. 욕실에 군대를 몰고 와서 목욕하는 여자에게, 불쌍한 여인이여, 입맞추다니!
> "내 이름은 군대이니 그대가 부른 용병이네. 땀 흘리는 그대여, 그대는 시나브로 팽창하고 있네.
> "너희로 인해 지퍼진 가랑이에 이상한 꽃이 피는군. 어지럽지만 나는 목욕하는 여자로서 비누칠을 한다네.
> "그대로부터 나왔으니 그대에게 돌아갈 터, 욕탕은 예로부터 발견의 장소였네. 내 이름은 군대이니 미끄러운 그대여, 복종은 미덕이네.
> "나는 샤워를 한 돼지란 말인가?
> "그대는 그대에게 복종할지니 바야흐로 때는 그대의 아비가 적색의 신호를 두려워하여 대기하고 있는 때, 붉은 군대여
> ─김행숙, 「귀신이야기 3」[1]

---

1) 『현대시학』(2000.9)에 발표했던 시를 2003년에 시집 『사춘기』에 실으면서 시의 형태에 약간의 변화가 있었다. 이 글에서는 시집에 실린 형태를 기준으로 인용했음을 밝힌다.

그대와 나와 군대와 모친과 목욕하는 여자(그녀는 모친이기도 하고 아니기도 하다) 등 이 시에는 여러 가지 목소리가 등장한다. 이들의 목소리는 제각각이면서 또한 하나를 이룬다. 그들의 목소리는 복수이자 단수이다. 저마다 별개의 따옴표로 나뉘어져 있듯이 이들의 목소리는 그대와 나와 군대와 모친과 목욕하는 여자의 목소리를 대변한다. 그러나 동시에 이들의 목소리에는 차이가 없다. 모두 군대의 목소리를 닮았다는 점에서 이들의 목소리는 동일화되어 있다. 너무 많다는 것은 복수임을 뜻하는 동시에 차이 없이 일반적임을 의미하기도 한다. 그러므로 이들은 복수이자 단수이다.

이 시의 착상은 인용구에서 비롯된다. 「마가복음」 5장 9절에 나오는 "내 이름은 군대이니 많음이니이다"라는 구절을 인용하면서 이 시는 작은 차이를 발생시킨다. "바야흐로 이 시대에 우리가"를 슬쩍 삽입해 넣은 것이다. 신약의 마가복음에는 예수가 행한 다양한 이적들이 등장한다. 마가복음에 따르면 예수는 게라사 지방에 이르러 더러운 악령 들린 사람이 무덤에서 나오는 것을 발견한다. 예수가 그에게 "네 이름이 무엇이냐?"라고 묻자 그는 "내 이름은 군대이니 너무 많음이니이다"라고 고딕체로 된 인용구와 같이 대답한다. 악령들은 예수에게 자신들을 쫓아내려거든 근처에 있는 돼지떼 속으로 옮겨가게 해 달라고 간청한다. 예수가 그 청을 들어 주자 대략 이천 마리나 되는 돼지떼가 바다를 향해 달려 내려가 물 속에 빠져 죽고 말았다고 한다.[2]

비탈길을 달려 내려가는 돼지들의 모습은 제어할 수 없을 정도로 강렬한 죽음 충동을 의미한다. 바야흐로 이 시대에 너무 많은 군대는 마치 귀신이라도 붙은 듯 집단 자살을 시도한다. 이러한 풍경이 낯설지 않은 것은 여전히 우리에게 '군대'라는 이름의 억압이나 귀신이 너무 많기 때문일 것이다. 군대는 모든 차이를 지우고 복수를 단수이게 하는 감옥이다.

---

2) 성서의 내용은 대한성서공회에서 펴낸 『공동번역 성서』(1977)와 『그랜드 종합주석 The Grand Bible Commentary 12』(성서교재간행사, 1992)를 참조하였다.

차이를 지닌 다양한 얼굴들과 목소리들은 군복을 입음과 동시에 사라진다. 차이를 지우고 하나의 동일한 얼굴이 그들에게 덧씌워진다. 전쟁의 논리가 지배하는 곳 어디에나 군대는 있다. 그들은 귀신처럼 끈질기게 달라붙어 있다. 마치 악령 들린 사람처럼, 집단 자살한 돼지떼처럼 그들은 죽음을 향해 치닫는다. 한 사람에게 씌인 귀신들이 예수와 나눈 대화를 시인은, "바야흐로 이 시대에" 너무 많은 군대와 목욕하는 여인의 대화로 변용해 놓는다. 이들의 목소리는 독백을 닮았다. 대화의 내용으로 볼 때 화자는 군대, 모친, 군대, 여인(여기서 모친과 여인은 하나라고 볼 수도 있다) 등으로 엇갈리며 등장하지만 그 말투에는 별다른 차이가 없다. 그들이 나누는 대화는 상호 소통적이라기보다는 일방적이다. 따라서 따옴표로 분리되어 있지만 이들은 각자의 말을 하고 있을 뿐이다. 따옴표가 열리기만 하고 닫히지 않는 이유도 이들이 각자의 말을 일방적으로 할 뿐 상호 소통적인 대화에는 관심이 없기 때문이라고 할 수 있다. 일방적이던 이들의 목소리는 어느 순간 섞여들게 된다. 귀신의 다른 이름이기도 한 군대는, 이분법적인 전쟁의 논리로 짓밟고 복종을 강요하는 모든 것의 이름이기도 하다. 우리들의 삶 곳곳에 스며 있는 모든 억압, 혹은 파시즘은 따지고 보면 군대와 다를 바 없다. 이들이 살아가는 방식은 돼지떼에 들러붙어 집단 자살한 귀신이 선택한 죽음의 방식과 그다지 다르지 않다.

스스로를 군대라고 밝힌 귀신의 말과 여인의 말이 들쭉날쭉한 시각적 표지와 함께 번갈아가며 제시되다가 마침내 섞여드는 독특한 발화 구조를 활용함으로써 이 시는 우리 시대에 군대가 너무 많음을, 또한 타자를 억압하고 지배하려는 욕망으로부터 자유로운 존재가 많지 않음을 역설적으로 보여 준다. 가해자와 피해자가 명쾌하게 구분되는 경우란 찾아보기 힘들다. 전쟁의 논리 속에서는 누구나 피해자의 얼굴을 하고 가해자가 된다. 선한 존재를 내세우는 순간 악의 역할을 담당할 존재가 필요해지게 마련이다. 어쩌면 선이야말로 악을 구축하는 존재인지도 모르겠다. "나는 샤워를 한 돼지란 말인가?"라는 말이 여인의 목소리를 통해 흘러나오는 것도 군대의 목소리와 여인의 목소리가 섞여 들었기 때문이다. 일상의 구석구석까지 스며든 억압이 귀신이라면, 너무 많은 귀신 혹은 군대는, 그리고 그들의 돼지 같이 탐욕스런 속성은, 피해자인 여인에게서도 발견된다.

그러므로 시인에게는 기성의 가치 질서로서의 윤리 기준에 포획당하지 않는 외부의 시선이 요구된다. 선악의 윤리관은 기성의 가치 질서에 순응하기 쉽다. 사회적 윤리의 내부자가 될 때 시는 차이의 시선을 잃어버리게 될 것이며, 그 곳에는 고정된 얼굴만 남고 타자들이 사라지게 될 것이다. 남성과 여성이라는 구분의 외부, 또는 그러한 이분법을 기준으로 한 고정된 얼굴이나 목소리의 외부에 서려는 태도를 따라서 우리는 '제3의 성'의 얼굴, 혹은 목소리라고 부를 수 있을 것이다.

3) 다원주의의 시선

하나의 중심을 인정하지 않는 다원주의적 시선은 기성의 '윤리'에 대한 또 하나의 도전이라고 할 수 있다. 하나의 중심을 거부한다는 것은 타자의 시선을 잊지 않고 중심에 포획당하지 않으며 차이를 생성해 가는 태도라고 할 수 있다. 다원주의적 시선은 선악의 가치 윤리를 끊임없이 비껴가며 언제 어디서나 생성될 수 있는 여러 개의 중심, 생동적으로 변화하는 중심에 대해 말한다. 문학이 아직도 타자에 대한 윤리에 대해서, 그리고 그것이 필연적으로 가져오는 책임과 자유에 대해서 말할 수 있다면, 그것은 하나의 중심과 선명한 이분법을 필요로 하는 기성의 '윤리'에 대한 도전으로부터 비롯될 것이다. 물론 그것은 기성의 '윤리'의 외부에 섬으로써 가능해지는 태도이다.

다음에 인용할 시는 끊임없이 미끄러지며 달아나는 상상력의 전개를

통해 하나의 중심을 인정하지 않는 다원주의적 사유, 리좀적 사유의 가
능성을 보여 주는 시이다.

> 조용한 산사 뒷마당에 누워 그늘 밑 쥐구멍 옆에서 잠을 청한다
> 먹을 것 없는 절간의 쥐가 들락거리는 이 길은 블랙홀일지 모른다
> 스님의 법복자락을 스치던 소슬한 풍경소리 내 등을 쓸고 간다
> 나는 절에 사는 쥐를 따라 검은 구멍으로 들어간다
> 처음 세상으로 나오던 통로처럼 까맣고 좁은 길
> 나는 길고 매끄러운 뱀이다
> 달아나는 쥐는 박차가 달린 구두를 신고 있다
> 통로가 끝나는 곳은 아열대의 늪지대
> 늪지의 저 끝에는 사냥꾼이 시거를 피우고 있다
> 박차가 달린 구두를 신은 쥐는 보이지 않고
> 나는 시거를 피우는 사냥꾼에게 사로잡힌 물소다
> 사냥꾼이 지나가는 새에게 한눈을 파는 사이 나는
> 그의 허리를 찌르고 달아난다
> 나의 뿔에는 사냥꾼의 선지가 선인장의 꽃처럼 달려있다
> 나는 달리고 또 달린다 선인장 꽃이 시들어질 때 나는
> 아프리카의 버팔로, 배고픈 표범, 이집트 공주의 애완 동물이다
> 삼십육만오천한번째의 석양을 보았을 때 나는 공주 곁을 떠난다
> 한번 넘으면 다시 넘어올 수 없는 고개를 지나
> 비가 오는 숲길로 접어들면 나는 꿈꾸는 고사리다
> 참나무 옆에 웅크리고 있던 나는
> 길을 잃은 아이들이 떨어트리고 간 조약돌
> 냇물에 잠긴 계절풍이다
> 나는 17세기 스페인의 항구
> 눈부신 범선의 돛대,
> 깃발에 펄럭이는 바람이다
>> ─유형진, 「나는 17세기 스페인의 항구 눈부신 범선의 돛대,
>> 깃발에 펄럭이는 바람이다」

'나는 누구인가?'라는 물음은 타자에 대해 주체로서 던지는 질문이다. 그 질문에 대답한다는 것은 시적 주체로서의 선언이라고 할 수 있다. 많은 시인들이 이 질문에 스스로를 맞세웠으며 나름의 답변을 통해 시적 주체를 형성해 왔다. 그런데 전통적인 시들이 가려지거나 아직 드러나지 않은 하나의 '나'를 찾아가는 방식으로 그 대답을 마련해 가는 데 비해, 인용한 시에서는 하나의 초점 대상으로서의 '나'를 추구하지 않는다. 이 시에서 '나는 누구인가?'라는 질문에 대답하는 방식은 연쇄와 확산의 방식이라고 할 수 있다. 인용 시에서는 주체에 대한 질문에 대답하는 데 목적을 두지 않는다. 오히려 대답해 나가는 과정이 더 중요하고 새로운 질문을 던지는 행위 자체가 의미 있다고 해야 할 것이다.

시 속의 '나'는 '뱀 → 물소 → 버팔로 → 표범 → 이집트 공주의 애완동물 → 고사리 → 조약돌 → 계절풍 → 17세기 스페인의 항구 눈부신 범선의 돛대, 깃발에 펄럭이는 바람'으로 거듭 변이한다. 그런데 그 변이에서 논리적 과정이나 의미의 맥락을 찾아내기는 힘들다. 말소리의 연쇄와 문장의 연쇄가 자아내는 자유로운 연상 작용에 힘입어 상상력이 전개되고 있기 때문이다. 하나의 목표 지점에 도달하려는 의도는 애초에 없었다고 할 수 있다. 끝인가 싶으면 그로부터 다시 상상력이 촉발되어 변이를 거듭한다. "매끄러운 뱀"처럼 이 시의 상상력은 끝없이 미끄러지고 있다.

이 시의 상상력은 전래 동화를 비롯한 각종 동화의 상상력에 어느 정도 빚지고 있다. 「이상한 나라의 앨리스」 「장화 신은 고양이」 「헨젤과 그레텔」 「이집트 왕자」 등의 동화에서 유추된 상상력이 이 시의 밑그림으로 작용하고 있다. 조용한 산사 뒷마당에 누워 잠을 청했던 화자가 쥐를 따라 검은 구멍으로 들어가는 장면은 토끼를 따라 이상한 나라로 들어가는 앨리스를 연상시키며, 박차가 달린 구두를 신고 달아나는 쥐는 '장화 신은 고양이'의 모습을, "길을 잃은 아이들이 떨어트리고 간 조약돌"은 길을 잃을까 두려워하며 '헨젤과 그레텔'이 조약돌을 떨어뜨리는 장면을, 이집트 공주는 '이집트 왕자'를 각각 연상시킨다. 그런데 전래 동화들은 아주 조금씩 비틀어지거나 어긋나 있다. 앨리스의 토끼가 쥐로 변이되고, 장화 신은 고양이 대신 구두를 신은 쥐가 등장하고, 이집트 왕자 대신 공주가 등장한다. 헨젤과 그레텔이 길을 잃은 것은 조약돌을 떨어뜨렸을 때가 아니라 빵조각을 떨어뜨렸을 때이다. 어쩌면 시인은 동화적 상상력의 내부이자 외부에서 동화적 상상력에 균열을 일으키고 있는지도 모른다. 그 때문일까? 동화와 같은 멋진 결말이나 그럴 듯한 마무리를 이 시는 보여 주지 않는다.

연쇄를 통한 의미 확장의 마지막 도달점은 결국 바람이다. 손에 잡히는 형체가 없고 다만 움직임으로써만 스스로를 증명하는 바람이야말로 이 시의 자유로운 변이의 상상력을 상징적으로 보여 주는 존재라 할 만하다. 어디든 갈 수 있는 바람처럼, 논리의 비약이 심한 꿈처럼 이 시는 자유자재한 상상력을 펼쳐 보인다. 이 시의 앞부분으로 미루어볼 때 '나'의 변이는 모두 살랑살랑 불며 내 등을 쓰나듬고 가는 바람결에 꾼 한낱 꿈일 수도 있다. 어쩌면 어디에도 포획되지 않는 자유로운 변이는 꿈 속에서나 시에서만 가능한 일인지도 모르겠다. 기성의 '윤리'를 고수하는 태도보다 '윤리'에 구멍을 내고 그로부터 달아나는 태도가 시에서 더욱 중요한 이유도 그 때문일 것이다.

유형진의 시는 말소리의 연쇄를 극대화한 새로운 실험을 통해 하나의 고정된 주체에 포획되지 않고 '무엇이든 될 수 있는 나'로 의미를 확장해 간다. 이러한 시도는 고정된 시적 주체를 형성해 온 기존의 시에 대한 타자의 시선이라고 할 수 있다.

3. 문학과 윤리, 그 외부-되기

　문학과 윤리에 대해 논할 때 우리는 다음 두 가지 태도에 대해 경계해야 한다. 우선 당위적인 가치 기준으로서 선을 제시하는 입장에 대해 거리를 유지할 필요가 있다. 아무리 좋은 의도에서 제시된 선이라도 고정된 '얼굴'이 되면 그에 상반되는 악을 필요로 하게 마련이다. 그것은 이분법적인 폭력의 논리를 낳을 가능성을 항시 안고 있다. 동일화의 욕망이 커질수록 타자의 다양한 얼굴은 가려지기 쉬운 법이다. 또 한 가지, 문학이 타자에 대한 윤리를 염두에 두어야 한다고 해서 타자의 입장만을 고수하려는 태도는 자칫 또 하나의 고정된 '얼굴'을 낳을 수도 있다. 타자의 시선과 목소리를 지니되 그 외부에 서려는 태도를 잃지 말아야 한다. 가라타니 고진이 윤리에 대해 논하면서 "타자를 수단으로서만이 아니라 목적으로 대하라"고 한 경구를 떠올리는 것이 우리에게 시사점을 제공해 줄 것이다. 지나치게 합리적으로 보이는 이러한 태도는 그만큼 현실을 정확히 꿰뚫어 보고 있어서 위험에 노출될 확률이 오히려 적다고 할 수 있을 것이다.

　한때는 문학이 오히려 악의 편에 서야 한다고 주장되었던 시절도 있었다. 악과 손잡으면서 문학은 흔히 정상적이고 윤리적이라고 판단되는 사회적 기준으로는 포착할 수 없는 넓고 자유로운 세계로 그 영역을 확장해 왔다고 할 수 있다. 이제 지구 환경의 위기가 현실로 다가오면서 '생명 윤리'라는 이름을 빌려 문학의 '윤리적 책임'이 다시 거론되고 있다. 문제는 이러한 분위기를 틈타 보편적인 선악의 가치 기준으로서의 '윤리'가 다시 고개를 들고 있다는 데 있다. 문학의 윤리적 책임이 '윤리'의 복원으로 이어져서는 곤란하다. 문학에서 윤리를 논한다면 그것은 선악의 문제에 갇히지 않는 윤리여야 할 것이다. 윤리에서 중요한 것은 책임이라는 문제와 자유라는 문제이다.

선악의 논리는 문제를 단순화하고 차이를 지운다는 점에서 전쟁의 문법과 흡사하다. 문학은 그러한 '윤리'와는 거리를 유지해야 할 것이다. 고정된 얼굴의 외부에 서려는 태도, 차이의 시선을 잃어버리지 않는 태도를 버리지 않을 때 문학은 그 윤리적 책임을 다하게 되는 것인지도 모른다. 이 시점에서 우리는 "모든 전위문학은 불온"하고, "모든 살아있는 문화는 본질적으로 불온한 것"이라고 말했던 김수영의 말을 다시 한 번 기억할 필요가 있다. 그가 불온함을 통해 그토록 문학적 자유를 강조한 것은 기성의 것을 복제하거나 답습하는 태도로는 문학의 자유를 획득할 수 없다는 생각에서였을 것이다. 자유가 없이는 책임도 생각할 수 없다. 윤리적 책임이란 자유에 뒤따르는 것이다. 획일적이고 경직된 사고 아래 문학의 자유가 질식해 버린다면 문학의 윤리적 책임에 대해서도 논할 수 없게 될 것이다. 문학과 윤리에 대해 논하기에 앞서 전제되어야 할 자유를 우리는 종종 잊어버리거나 생략해 버리는 경향이 있다. 그러나 자유를 전제하지 않은 문학의 윤리적 책임은 지극히 교훈적이거나 도덕적인 결말을 가져올 수 있다. 그것은 문학의 죽음이라는 더 큰 위험을 초래하게 될지도 모른다. **(2003)**

두 개의 시선, 섬의 이중성

1990년대 이후의 섬의 시

1. 섬 노래의 기원

섬(island)의 어원에 '격리하다'라는 의미가 들어 있다는 장 그르니에의 말을 떠올리지 않더라도 섬은 대륙으로부터 격리되어 바다로 둘러싸인 공간으로 정의되어 왔다. 섬이라는 말에서 우리가 쉽게 혼자뿐인 인간의 고독을 연상하는 것도 그러고 보면 지극히 자연스러운 일이다. 더구나 우리의 역사 속에서 섬이라는 공간이 유배지로 주로 활용되어 왔다는 사실은 섬으로부터 고독, 소외, 격리와 같은 말들을 자연스럽게 떠올리게 한다.

이러한 생각들은 섬에 대해서 인간이 떠올리는 보편적인 이미지라고도 할 수 있을 것 같다. 섬을 소재로 한 한시(漢詩)나 고전 시가를 살펴보더라도 고독의 정서를 발견하기란 어렵지 않다. 조선 시대에 이순신이 지은 한시 「한산도야음(閑山島夜吟)」에는 가을도 저물어 가는 늦은 밤,

시름에 겨워 잠 못 이루는 화자의 외롭고도 애틋한 심정이 잘 드러나 있다. 그런가 하면 잘 알려진 윤선도의 시조 「어부사시사」에는 번잡스러운 속세와 단절된 초월적 공간으로 섬이 등장한다. 그 곳은 화자의 이상이 구현된 강호가도로서의 자연 세계이기도 했다. 광해군이 유배지인 제주도에서 남긴 한시 「제주적중(濟州謫中)」에는 모든 것을 다 잃은 화자가 유배지에서 느끼는 처연함과 외로움이 아름답게 그려져 있다.

유배가사는 고독과 단절이라는 정서로부터 한 걸음 더 나아가 화자의 이중적인 태도를 보여 준다는 점에서 흥미롭다. 아마도 한시나 시조에 비해 상대적으로 길이가 길고 서사성이 가미된 장르였다는 이유 때문이기도 했겠지만, 유배가사를 지은 화자들에게는 유배지인 섬이 서울로부터 유리된 공간이면서 동시에 그들의 생활의 터전이기도 했다는 점에 좀더 주목해야 할 것 같다. 안조환의 「만언사」에는 구체적인 생활 현장으로서 추자도의 모습이 그려지기 시작한다. 섬은 유배인들에게 자신을 서울이라는 활동 공간으로부터 격리시키는 곳이면서 동시에 그들이 어떻게든 살아가야 하는 현실의 공간이기도 했던 것이다. 그들의 작품은 섬사람들의 빈한한 삶과 생태를 전달해 주는 생생한 자료가 된다.

서정적인 감흥의 대상으로 섬이 노래된 예는 조선 시대 이산해의 「즉사(卽事)」라든가 장유의 「진도벽파정(珍島碧波亭)」 같은 한시는 물론 기행가사의 일종인 위세직의 「금당별곡」 같은 작품에서 확인할 수 있다. 다만 서정적인 감흥을 주로 노래한 이런 시가를 읽으면서는 바깥의 화자가 바라보는 자연 풍경의 일부로서 섬이 존재한다는 인상을 떨쳐 버리기 힘들다. 그래서인지 이런 시들에서는 섬이라는 공간의 개성보다는 우주 자연의 일부로서의 보편성이 좀더 강하게 느껴진다.

이렇듯 우리의 전통 시가에서도 보편적인 서정으로부터 생생한 삶의 현장으로, 또는 고독과 단절감의 표상으로 다양하게 그려진 섬은 풍부한 시적 원천이자 보고(寶庫)였다. 더구나 망망대해를 표류하는 사람들에게는 그리움과 안식의 표상으로, 섬에 갇혀 사는 사람들에게는 육지를 향한 동경을 품은 채 벗어나고픈 굴레로 작용해 온 섬의 이중성은, 섬이 시대를 초월한 시적 자원으로 여전히 풍부하게 활용될 수 있음을 짐작케 해 준다. 이 글에서는 1990년대 이후에 발표된 시를 중심으로 섬을 소재로 한 시의 특징을 살펴보고자 한다.

2. 생명의 시원, 치유의 공간

도시 문명을 이루고 사는 현대인들에게 섬은 도시와 대립되는 공간이라는 의미를 지닌다. 섬을 소재로 한 시들의 많은 수가 기행 시편에 속한다는 사실만 보아도 현대인에게 섬이라는 공간이 어떤 상징적 의미를 지니는지 짐작할 수 있다. 기계적인 시간에 지배되는 도시의 일상에 지친 현대인들은 마음의 안식처나 제2의 고향으로 섬을 떠올리고 섬으로의 여행을 감행한다. 세상과 먼 그 섬들은 도시적인 인간 관계 속에서 상처입은 이의 아픈 마음을 어루만져 주고 그들을 절망의 깊은 나락으로부터 끌어올려 주기도 한다. 섬으로의 여행은 다분히 도피적인 심리로부터 출발한 것이지만, 그들에게 생의 의지와 충동을 불러일으켜 준다. 섬이라는 공간은 그들을 구속해 온 일상사를 사소한 것으로 바라볼 수 있게 하는 시선을 열어 줌으로써 그들에게 생명의 에너지를 불어넣는다. 생명의 시원과도 같은 치유의 힘을 발휘하는 섬의 상상력은 1990년대 중반 이후에는 생태시의 문제의식과 자연스럽게 만난다.

> 지도에 없는 섬 하나를 안다
> 사람들 더러 아는 척해도
> 실은 가는 길도 모르고

무엇이 있는지는 더욱 모르는
외딴 섬 하나를 나는 안다

햇볕과 바람 유독 넉넉하고 정갈한
그 섬에 가면 홀로된 여자가
몇 뙈기의 외롬꽃을 가꾸며 산다
온 하루 김을 매고 속된 꿈 솎고
저물면 밤하늘에 총총한 별을 읽고
스스로 섬이 되고 별이 되는 섬 여자
나는 몰래 그녀를 사랑한다

가을볕 붉게 타는 수수밭 지나
고운 소금 뿌린 듯 메밀꽃 하얀
고샅길 질러 바다로 가노라면
꽃게처럼 웅크린 인가 몇 채 졸 뿐
아무도 내다보지 않는다, 무시로
참새떼소리 왁자한 탱자울 넘어
날아든 꿀벌들의 입맞춤이 진한지
참깨꽃 은방울이 섬 온 채를 흔든다

그늘 깊은 뒷산 잡목숲에는
탁목조 한 마리가 산해경(山海經) 읽듯
팽나무 찍는 소리로 하루해가 저물고
노을 젖은 은박지로 구겨진 바다
물빛 풍금소리 은은한 그 섬에 가면
나 혼자 엿듣는 방언이 있다
감쪽같이 나누는 사랑이 있다
아련하게 니스칠한 추억이 있다
세상과 먼 그 섬에 가면.
　　—임영조, 「그 섬에 가면」(『지도에 없는 섬 하나를 안다』, 민음사, 2000)

임영조 시인이 꿈꾸는 섬은 '세상과 먼 그 섬'이다. 지도에 없는 그 섬은 개방적인 도시의 속성과는 여러 가지 면에서 대조된다. 도시적인 분할과 구획의 논리로는 포섭되지 않는, 지도에 없는 섬 하나는 비밀스러운 공간이다. 사생활마저 공론화될 수 있는 번잡한 도시 생활과는 달리 그 곳에서는 사적인 비밀이 철저히 보장된다. 외지 사람들은 그 섬에 가는 길을 모르고 화자는 그 곳에서 몰래 '홀로 된 섬 여자'를 사랑할 수 있다. 아무도 타인의 사생활에 악의 섞인 호기심을 내비치지 않는 곳, 아무도 내다보지 않지만 도시의 무관심과는 다른 정감이 있는 자연의 낙원, 그 섬에는 "나 혼자 엿듣는 방언"이 있다. 표준어로 상징되는 폭력적인 통일의 논리가 그 곳에는 없으며, 아무도 몰래 감쪽같이 나누는 사랑이 있을 뿐이다. 그런 섬이라면 누구라도 가고 싶어할 것이다. 같은 시인의 「고도(孤島)를 위하여」(『귀로 웃는 집』, 창작과비평사, 1997)는 그토록 시인이 절해고도(絶海孤島)에 가고 싶어하는 이유를 이렇게 말한다. 그 섬에 가서 "동서남북 십리허에 / 해골 표지 그려진 禁標碑 꽂고 / 한 십년 나를 씻어 말리고 싶다"고 '나'를 규정하는 의례며 형식 따위를 모두 벗어버리고 쉽게 상처받고 절룩거리는 마음까지도 다 벗어버리고 그렇게 한 십 년쯤 볕으로 소금으로 푹 절이고 나면 세상 풍파 따위에는 아랑곳하지 않는 초연한 경지에 이를지도 모른다는 것이다. 세상과 먼 '절벽섬'에서 시인은 "사람 냄새 싹 가신 等神"이나 "눈으로 말하고 귀로 웃는 달마"의 모습을 본다. 임영조 시인에게 섬은 일상의 상처를 다스리는 치유의 공간이자 비밀의 장소이다.

누나라는 말 속에는
밭이 있고, 언덕이 있고, 돌담이 있습니다.
그러한 풍경 속에는 또
서귀포라는 아름다운 항구가 있습니다.

오늘 나는 서귀포의 돌담길을 거닐다가
누나라는 말에 너무나 어울리는 풍경이다 싶어
누나! 하고 한번 불러봤습니다.
내게 없는 누나가
저 돌담의 오렌지 밭 한가운데서 오렌지를 따다가
광주리를 팽개치고 달려나왔으면 좋겠다고 생각해봤지요
그러면 내 누나는 밭가에서
놀란 눈으로 나의 가방을 받아들겠지요?
네 색시는? 네 아이들은? 아버님은? 하며
뒤가 없는 질문도 연방 던져오겠지요?
그러다가 눈 주위가 갑자기 붉은 귤밭이 될 누나.

— 김영남, 「서귀포는 '진'이 누나를 생각나게 한다」
(『모슬포 사랑』, 문학동네, 2001) 부분

누나라는 말에서 연상되는 아련한 추억과 포근함을 화자는 제주도의 서귀포에서 동일하게 떠올린다. 아마도 이런 느낌 때문에 우리가 섬을 찾아가는 것인지도 모른다. '누나'와 '섬'이 형성하는 유사성은 제주도 서귀포라는 특정한 공간을 보편적인 고향으로 확장하는 역할을 한다. 현대의 도시인들에게 섬은 이미 잃어버렸지만 회복하고 싶은 고향의 이미지와 겹친다. 누나의 품처럼 포근하고 따뜻한 공간으로 의미화된 섬에서 그들은 우주 자연에서 느끼는 것과 동일한 생명력을 느끼고자 한다. 그것은 자연이 지닌 치유의 힘이다. 시인은 누나와 섬으로부터 '아름답고 포근'하다는 공통점을 발견한다. 하지만 누나는 화자의 상상 속에 존재할 뿐 "내게 없는 누나"이다. 여전히 우리의 가슴속에 따뜻하고 포근한 고향의 이미지가 남아 있지만 그런 고향이 실재하지 않는 것처럼 말이다.

김영남 시인은 같은 시집에 실린 시 「슬픈 추억은 향일암 일출로 바꾸세요」에서도 치유의 힘을 지닌 충일한 생명력으로 섬을 그려낸다. "차갑게 돌아서버린 남자"를 잊으려 여수행 밤 기차에 몸을 실은 실연당한 여대생은 돌산도 향일암의 일출을 보고 황홀한 생명감을 체험한

다. 그것은 지금껏 경험한 어떤 사랑보다도 황홀하고 매혹적인 것이었다고 화자는 말한다. 서정적이고 해학적이라는 시적 효과의 차이에도 불구하고 김영남의 시에서 섬은 충일하고 황홀한 생명감을 표상하며 치유의 힘을 발휘한다.

> 이월 목도에 가서 동백이 땅 위에 피는 꽃이란 사실을 알았습니다
>
> 가지에서 때를 기다려온 동백꽃들은 절정의 순간 순간 몸을 던져 자신이 떠나온 땅으로 돌아가고 있었습니다
>
> 그때 언 땅이 몸으로 받아 피우는 만개의 동백꽃을 나는 보았습니다
>
> 땅속을 움켜쥐려는 뿌리의 욕심도 없이 하늘로 오르려는 가지의 사랑도 없이 무욕의 세상에 닿아 활짝 피는 꽃을 보았습니다
>
> 지구라는 둥근 나무가 피우는 또 하나의 붉은 꽃을 보았습니다
> ―정일근, 「동백, 목도」(『누구도 마침표를 찍지 못한다』, 시와시학사, 2001)

남도의 섬에 빠지지 않고 등장하는 것이 동백꽃이다. 다른 꽃들처럼 시들며 꽃잎 하나하나가 떨어지는 과정을 거치지 않고 활짝 핀 아름다움의 절정에서 꽃이 통째로 뚝뚝 떨어지는 동백꽃의 생태는, 생의 절정의 순간 죽음을 맞이하는 것과 같은 감동을 맛보게 한다. 통째로 땅에 떨어진 꽃이 수북히 쌓여 있는 모습을 시인은 땅 위에 다시 꽃이 피는 순간으로 형상화한다. "언 땅이 몸으로 받아 피우는 만개의 동백꽃"은 집착이나 욕심, 욕망을 모두 끊은 '무욕'의 경지이다. 바로 여기서 목도는 "지구라는 둥근 나무"로 다시 태어난다. 구체적인 지명을 지닌 일개의 섬이 보편적인 지구로 확장되는 순간이다. "자신이 떠나온 땅으로" 투신하듯 돌아가는 동백꽃은 지구의 일부로 존재하는 생명체의 겸허한

자세를 보여 주기도 한다. 제주도 출신의 시인인 양진건의 「풍경」(『대담한 정신』, 문학과지성사, 1995)이라는 시에서도 섬은 "섬의 봉우리 봉우리들은 넉넉한 우주"라는 보편성을 획득하기에 이른다.

> 숫돌에 낫을 갈듯 오가는 저 파도의 날은 넘어버렸다
>
> 파도야 종을 치듯 하지만 내 귀는 할망구 발톱만큼 두터워져
>
> 가끔 두 근어치의 구름만 눈 안에 얹힐 따름이다
>
> 섬, 거적문 안에 앉아 머리카락도 기르고 손톱도 길러
> 쓸쓸한 생각들이 삼신메를 먹고 생각을 낳아 기르는
> 그 胎生의 과정을 지켜보면 생각의 창도 관대해진다는 것
>
> 섬, 불탄 집에 들어가 불길을 지피던 예전의 바람을 보는 자는 섬에 닿지 못할 것이다
>
> 저 번잡한 새들은 밤새워 울어도 섬을 유혹하진 못할 것이다
> ─ 문태준, 「섬에서 며칠」(『수런거리는 뒤란』, 창작과비평사, 2000)

문태준의 시는 게으름의 미학을 통해 치유의 과정을 보여 준다. 섬에서 보내는 며칠 동안 화자는 거적문 안에 들어앉아 두문불출하며 머리카락도 기르고 손톱도 기르고 눈과 귀를 닫아건다. 매일 같이 면도하고 머리감고 샤워해야 하고, 혹시 머리가 너무 길어 후줄근해 보이지는 않을까 손톱이 너무 길지는 않았나 노심초사하며 자신을 관리해야 하는 도시의 생활일랑 잊어버리고, 파도소리에도 눈앞의 움직임에도 무심해지려 한다. 생각이 생각을 낳아 기르는 태생(胎生)의 과정을 지켜봄으로써 생각의 창이 관대해지기를, 더 이상 사소한 일에 상처받거나 연연해하지 않기를, 그리고 조금쯤 무덤덤해지고 무심해지기를 바란다. 이는

스스로의 상처를 치유하는 과정이다. 날 선 감정에 날 선 감정으로 맞서다 보면 자연히 서로를 상처 입히게 될 뿐이다. 이제 시인은 눈도 귀도 닫아걸고 이 섬에서 관대함을 배우고자 한다. 그는 과거에 연연하는 사람은 섬에 이를 수 없다고 한다. 이는 물리적인 진입의 어려움이라기보다는 섬의 속성을 닮기 어렵다는 의미로 읽어야 할 것이다. 섬은 자질구레한 일상사의 유혹으로부터도 자유롭다. 게으름의 미학을 터득한 자만이, 그리고 섬의 무심함과 관대함을 배운 자만이, 섬의 기운을 받아 스스로의 상처를 치유할 수 있게 될 것이다.

눈 그쳐 햇빛 좋은 날
격포의 등대 끝에 나와 보아라
너무 오래된 이름 하나 지우고 싶어
섬들은 순백의 알들로 깨어나 한 목소리 내어
어머니를 부르고 있구나
어느 할미새가 날아오다 잃어버린 전설인지
희고 둥근 다섯 개의 알들은 물 위에 떠서
한 목소리 내어 저렇게 어머니를 부르고 있구나

위도(蝟島)는 북극에서 온 고슴도치의 알
여도(汝島)는 너의 자궁 속에서 흘러나온 알
형제도(兄弟島)는 물 위를 건너던 쌍봉 낙타의 알
비안도(飛雁島)는 허공을 미끄러져 날던 기러기의 알
우도(牛島)는 백제승 마라난타가 서해를 건너다
잃어버린 하얀 망아지의 알
아이스크림처럼 혀끝에서 잘도 녹는 섬들
저렇게 깨끗이 오래된 이름 하나씩 지우고 싶어
한 목소리 내어 어머니를 부르고 있구나.
  —송수권, 「섬들도 때로는 어머니를 부르고 싶을 때가 있다」
  (『파천무』, 문학과경계사, 2001)

송수권의 시에서 생명의 시원(始原)을 회복하려는 섬의 모습은 관념의 옷을 벗어 던지는 행위로 구현된다. 부안 격포 근방에 있는 다섯 개의 섬은 저마다의 이름을 갖고 있지만, 눈 덮인 다섯 개의 섬은 순간 희고 둥근 다섯 개의 알로 시인에게 인식된다. 모양이나 특징을 본떠 지어졌을 한자로 된 섬의 이름들은, 그러나 섬의 본질에 대해서는 하나도 말해 주지 못한다. 고슴도치를 닮았든 쌍봉 낙타를 닮았든 기러기가 나는 섬이든 간에 이들은 생명의 신비를 숨기고 있는 '알'이 아니냐고, 그 이상 섬의 본질에 대해 더 잘 말할 수 있겠느냐고 시인은 말한다. 모든 것에 이름을 붙이는 행위는 미지의 것을 포획해 가는 현대 문명의 작동 방식이라고 할 수 있다. 그러나 자의적일 뿐인 이름은 실체와는 대개 무관하다. 이제 시인은 그 오래된 이름들을 하나씩 지우고 싶어한다. 오래된 이름을 지우는 행위는 존재의 본질에 다가서려는 시인의 각별한 노력인데 그것은 묘하게도 생명의 시원에 다가가는 일이기도 하다. 섬에게 생명의 시원으로서의 본질을 돌려주는 일, 송수권 시인은 이 엄청난 시도를 감행하고 있다.

3. 고독한 영혼의 서식지

바다로 둘러싸여 대륙과 유리된 공간인 섬에서 고독을 연상하는 것은 지극히 자연스러운 일이다. 군중 속에서도 고독을 느끼고 사랑하는 순간에도 외로움을 느끼는 현대인에게 섬은, 고독한 영혼이 깃들고 싶어하는 유사성의 공간이라 할 만하다. 존재론적 고독이 떨쳐 버릴 수 없는 인간 본연의 숙명이라면 고독한 개인이 고독을 위안할 장소로 자신과 닮은 섬을 찾아가는 행위는 오히려 자연스럽기까지 하다. 전통 시가로부터 현대시에 이르기까지 섬을 소재로 한 시들에 고독한 정서를 드러낸 시가 많았음은 우연이 아닐 것이다.

> 외로운 사람이 외로운 사람을 찾는다
> 등대를 찾는 사람은 등대같이 외로운 사람이다
> 무인등대가 햇빛을 자급자족하듯
> 외로움을 자급자족한다
> 햇볕을 받아 햇볕으로 바위를 구워 먹고
> 밤새 햇볕을 토해내는 고독한 토악질
> 소풍 온 아이들이 제 이름을 써놓고 돌아간 후
> 등대가 더 쓸쓸해진 것을 그 애들은 모르고 있다
> ─이생진, 「녹산 등대로 가는 길 3」(『거문도』, 작가정신, 1998)

『그리운 바다 성산포』 이후 섬에 관한 기행 시편을 계속해서 써 온 이생진 시인의 시에도 고독감은 지속적으로 드러난다. 전국 방방곡곡의 섬을 찾아가 그곳에서 오래 머물며 시를 쓰고, 다시 다른 섬을 찾아 떠나는 생활을 반복해 온 이생진 시인의 기행은 어쩌면 존재론적인 고독이라는 숙명으로부터 시작됐는지도 모르겠다. 외로운 사람들이 찾아드는 섬 가운데서도 가장 외딴 곳이 아마 무인등대가 있는 곳일 것이다. "등대같이 외로운 사람"들이 "외로움을 자급자족"하는 곳. 무인등대가 있는 곳에 사람들은 고독을 부리고 가지만 그래도 여전히 외로운 것처럼, 섬 역시 그들이 떠난 빈자리까지 감당해야 하는 천형을 짊어졌으므로 늘상 외롭다. 그런 숙명에 대해 시인은 "사람을 피해다니며 / 사람을 그리워하는 모순"(「사람을 피해 다니는 시」, 『그리운 섬 우도에 가면』, 책이있는마을, 2000)이라고 고백한다. 머무르면 떠나고 싶어지고 떠나면 다시 그리워지는 섬의 숙명과도 닮은 시인의 존재론적 고독은 그의 시가 지닌 숙명인 셈이다.

> 그 누구의 고향도 아니었다

단 한번도 갓난아기 없이
동해 난바다 한복판
목쉰 늙은 갈매기 울음조차
쌓이는 파도소리에 묻혀
그 누구의 고향도 아니었다

(…중략…)

일찍이 그 누구도 거기에 가지 못한 이래
바람의 세월 몇천 년 동안
오직 그곳만이 파도소리에 묻혀
그 누구도 태어나지 않는 곳
먼 곳 자지러지게 떠도는 동안
그 누구에게도 끝내 고향이었다 오오 동해 독도
— 고은, 「독도」(『독도』, 창작과비평사, 1995) 부분

　　그 누구의 고향도 아니지만 그 누구에게도 끝내 고향일 수밖에 없는
독도의 역설은 섬의 이중적 숙명을 상징적으로 보여 준다. 사람이 살지
않는 외로운 섬 독도는 우리 민족에게 우리의 땅이라는 소유 개념을 작
동시키는 상징적 공간이다. 아무도 살지 않고 따라서 그 누구의 고향도
될 수 없는 독도이지만, 그럼에도 불구하고 우리 민족 모두의 마음의 고
향이 되어버린 독도의 이중적 숙명은 고독과 현대인의 관계를 은유한다
고도 볼 수 있다. 고독 또한 벗어나려 해도 벗어날 수 없는 현대인의 숙
명이라는 점에서 그 누구에게도 끝내 고향일 수밖에 없을 테니 말이다.

　　창 밖을 보다 말고
여자는 가슴을 헤친다
섬처럼 튀어오른 상처들
젖꽃판 위로
쓰윽 빈 배가 지나고

그 여자,
한움큼 알약을 털어넣는다
만져봐요 나를 버텨주고 있는 것들,
몽롱하게 여자는 말한다
(…중략…)

그 여자도 나를 이해하지 못한다
애처로운 등을 한 채
우리가 이곳에 왜 오는지를
비가 비를 몰고 다니는 자정 근처
섬 사이 섬 사이
두엇 갈매기는 날고
밀물여인숙
조용히 밀물이 들 때마다
— 최갑수, 「밀물여인숙 3」(『단 한 번의 사랑』, 문학동네, 2000) 부분

밀물여인숙에서 우연히 만나 몸을 섞는 그 여자와 '나'는 "섬처럼 튀어오른 상처들"을 가슴속에 숨기고 있다는 점에서 닮은꼴이다. 그러나 그들은 서로를 이해하지 못한다. "애처로운 등을 한 채" 이유조차 모르면서 이 곳에 오는 그들은 모두 상처투성이의 섬이다. 저마다의 상처에 갇혀 사는 사람들. 밀물이 들 때 일시적으로 그들은 몸을 섞기도 하지만, 그것이 그들의 고독을 근본적으로 치유해 줄 수는 없다. 밀려 왔다가 반드시 밀려가는 밀물은 여인숙을 찾아드는 뜨내기들과 어우러져 머물지 못하고 떠돌아다니는 부표 같은 생을 표상한다. 여인숙을 찾아드는 뜨내기들끼리 사랑 없이 몸을 섞는 행위는 결과적으로 이들의 고독을 부각시키는 장치로서 기능한다. "섬 사이 섬 사이 / 두엇 갈매기"가 나는 풍경은 고독한 우리들 영혼의 풍경인 셈이다. 고독한 풍경은 때로 이렇게 치명적으로 아름답다.

4. 짓밟힌 역사의 현장, 삶의 터전

섬은 동서고금을 막론하고 전략상의 요충지이자 군사상의 전초기지로 활용되어 왔다. 우리 역사를 통해서도 섬은 물론 국가 방어의 전초기지이자 외세 침략의 교두보가 되어 왔다. 외세의 침략과 수탈의 역사 속에서 섬과 섬 사람들은 늘 희생양이 되어 왔던 것이다. 그런가 하면 격리된 공간이라는 특수성으로 인해 그 곳에서 우리 현대사의 비극이 탄생하기도 했다. 섬 출신의 시인들에게는 생활의 터전인 섬이 더 이상 풍요로운 자연의 보고(寶庫)도 낭만으로 가득한 곳도 아니다. 오랜 세월 짓밟힌 역사의 현장이자 민중 수탈의 현장이며 아직도 여전히 그 상처를 보듬고 살아가는 사람들이 있는 곳이다.

1
죽성에서 성을 쌓았지 우리는 40년 전에
돌덩이로 산폭도 못 넘어오게
그때 귀머거리 할망 하나
산폭도 연락병이라고 군인이
잡아왔지 군홧발로 차며
귀머거리 할망은 하지만
군인의 심문에 대답하지 못했네
답답한 군인은 가라고 할머니
가고 싶은 곳으로 가라고 외쳤네
성 쌓던 사람들 할망 보고
손으로 시늉했네 가라고
눈물조차 말라든 그 할망이
말했네 "고맙습네다! 고맙습네다!"
방아깨비 절하듯 무수히 절하다
자빠지며 기어 일어나며

할망은 뛰어갔네 그러나
50미터도 더 뛰어갈 수 없었네
탕! 소리레 꺼꾸러졌네
낫 놓고 ㄱ자도 몰랐을 귀머거리 그 할망
죽성에서 성을 쌓았지 우리는 40년 전에
돌덩이로 산폭도 못 넘어오게
　　— 문충성, 「4月祭 3」(『바닷가에서 보낸 한 철』, 문학과지성사, 1997) 부분

　　제주도 토박이 시인인 문충성은 첫 시집 『제주바다』(1978)로부터 최근의 시집 『허공』(2001)에 이르기까지 여러 권의 시집을 통해 제주도의 토속성과 애환을 지속적으로 그려 왔다. 삼별초의 마지막 항거지이기도 했고, 4·3항쟁의 현장이기도 했던 제주도는 우리 역사의 질곡을 반영하는 살아 있는 현장이라고 할 수 있다. 문충성 시인의 「4月祭」 연작시는 우리 현대사의 비극을 상징적으로 보여 주는 4·3항쟁을 소재로 한 작품들이다. 해방 후 좌익과 우익이라는 이데올로기의 아귀다툼 속에서 민중들의 삶은 짓밟히고 그들의 진실은 왜곡된다. 재빨리 몸을 바꿔 살아남는 데 영민하지 못했던 사람들은 그 혼란의 와중에 무수히 죽어 나갔다. 빨치산이 넘어오지 못하게 성을 쌓다가 빨치산의 연락병으로 오인받고 죽어간 귀머거리 할망이 어디 하나뿐이었겠는가. 영문도 모르는 채 죽어간 귀머거리 할망, 살았다고 생각한 순간에 억울하게 죽어간 귀머거리 할망의 기막힌 죽음의 진실은 50여 년의 세월이 흐른 지금에 와서도 시원하게 밝혀졌다고는 할 수 없다. 아직도 충분히 신원되지 못한 억울한 죽음이 숱하게 묻혀 있는 섬, 제주도 그 피비린내 나는 역사를 이미 지나간 과거라고 누가 감히 말할 수 있겠는가? 지금은 국내 최고의 신혼 여행지이자 관광 명소로 각광받는 제주도에 이처럼 가슴 아픈 역사가 깃들어 있음을 아는 사람이나 그런 사실에 새삼스럽게 관심을 가지는 사람조차 많지 않은 게 우리의 현실이다. 그러나 제주도의 토착 시인은 이 반어적인 현실에 등을 돌릴 수 없었을 것이다. 제주도 사람들

이 죽으면서 유언처럼 남길 거라는 "이 섬사 사름 살 땅 아니주게"(「제주
토박이 말」, 『바닷가에서 보낸 한 철』)라는 말에 함축된 아픔은 오랜 세월 유
린당한 제주도의 역사를 단적으로 보여 준다.

> 살고 있었네 섬놈들
> 모두 빨갱이다 초토화 작전 벌어지던
> 4·3때 불타 사라진 초가
> 앞뜰에 백년짜리 뽕나무 한 그루
> 세월 흐르면 길도 흘러
> 집터가 길이 되고
> 뽕나무도 길이 되고
> 길은 내 안에 살아남아
> 달콤한 오디 맛이 된다
>
> ─ 문충성, 「뽕나무」(『허공』, 문학과지성사, 2001) 부분

초토화된 섬에 세월이 흘러 집터가 길이 되고 뽕나무도 길이 되는 변
화가 일어나지만, 겉모습이 바뀌어도 집터이자 뽕나무였던 길은 '내 안'
에 살아남는다. 지금의 제주도는 화려한 관광 명소로 환골탈태했지만,
그렇다고 해서 지난 세월의 아픔이 잊혀지는 것은 아니다. 집터도 뽕나
무도 사람들의 마음속에 오디 맛으로 살아남아 현재를 살아가게 하는
힘이 되기도 하고, "사철 가난한 섬 마을"을 품어 줄 바다가 되기도 한
다. 문충성 시인에게 역사의 현장으로서의 제주도와 삶의 터전으로서의
제주도는 유리되어 있지 않다. 상처투성이 몸에 화려한 옷을 덧입은 섬
의 양가적 숙명을 바라보며 '빈 노래'일망정 시인은 자신의 평생을 기울
여 부르고 있는 것이다.

> 너 제주도여 너는 나의 피
> 나의 고름 항문에서 피고름 뒤섞여 나올 때
> 참지 못하여 피눈물 쏟으며 결국은 참을 수밖에 없는

그러면서 더 지독한 아픔으로 항문을 짓이겨버리고 싶은
그 어느날의 눈물겨운 진통처럼
제주도여 나는 너를 사랑한다
화려한 꽃으로서가 아니라
예쁘게 색칠된 어떤 그리움으로서가 아니라
— 김광렬, 「제주도」(『가을의 詩』, 창작과비평사, 1991) 부분

무수히 사람들이 죽어간 폐허의 땅 제주도, 죽은 자들의 침묵 위에서
피어난 제주도를 토착 시인들은 결코 잊을 수 없을 것이다. 그들이 제주
도를 사랑하는 이유는 화려한 낭만의 섬이어서도 아니고 사랑하는 이와
함께 했던 행복한 순간에 대한 그리움 때문도 아니다. "불덩어리 솟구쳐
이 골 저 골 뒤덮"었던 살육과 학살의 현장 제주도를, 그리고 이데올로
기 앞에 희생된 민중들의 "찐득찐득한 피고름"과 "얼룩진 피깃발"을 고
통을 사랑하듯이 사랑하는 것이다. 바로 그 수난의 역사 위에 지금의 제
주도가 있음을 기억하려는 시인의 고백은 스스로의 정체성에 대한 고백
인 셈이다. 여기서 역사의 현장과 생활의 터전이 만나는 자리가 열린다.

그 마을 사람들은 바다를 주머니에 넣고 다닌다
설마? 하고 물어보면 불쑥 주머니 속의 바다를 꺼내 보여 준다
놀라지 마라, 그것은 마을의 아주 어린 꼬마 녀석도 할 수 있는 일이다
제법 사랑을 아는 나이가 된 친구들은
사랑으로 외롭거나 쓸쓸할 때에는
손바닥 위에 바다를 올려놓고 휘파람을 분다
아무래도 마을 어른들은 한 수 위다
흰 손수건인가 싶어 보면 어느새 하얀 갈치 떼로 변하고
손금 위로 바다를 흐르게 하고 흐르는 바다 위에 섬을 띄운다
아주 오래 전 그 섬을 찾아가 돌아오지 않는 사람들의 안부까지 전해준다
(…중략…)
아침이면 사람과 함께 눈뜨는 바다

저녁이면 사람과 함께 잠드는 바다
사람과 한 몸이 되어 살아가는 바다를 나는 알고 있으니
　　　　　　　　　　　　　—정일근, 「주머니 속의 바다」
　　　　　　　　　（『누구도 마침표를 찍지 못한다』, 시와시학사, 2001) 부분

　섬사람들에게 이렇듯 바다는 생활의 일부이다. 아침이면 함께 눈뜨고 저녁이면 함께 잠드는 바다, 사람과 한 몸이 되어 생활의 일부로서 살아가는 바다야말로 섬을 여행지로 생각하는 사람들이 종종 잊어버리는 사실이다. 그들에게 섬은 자신의 고민과 고독을 부려 놓고 가는 일상 바깥의 출구에 불과해서 일상으로 돌아가면 어느새 잊어버리고 마는 곳이지만, 섬에서 먹고 자고 생활하는 사람들에게는 주머니 속에서 언제나 꺼낼 수 있는 열쇠나 동전처럼 늘 함께 살아가는 생활의 터전이 바로 섬이다. 섬 내부의 시선으로만 포착할 수 있는 생활하는 공간으로서의 섬과 바다는, 섬의 상상력이 보여 주는 또 하나의 특징이라고 할 수 있다.

5. 주변인의 소외감, 이탈의 충동

　대개의 생활 현장이 그렇듯 섬 역시 희로애락이 있는 삶의 터전이다. 섬 바깥의 사람들에게 대체로 섬이 일시적인 위안의 장소이거나 치유의 장소, 혹은 향락의 장소인 것과는 달리 섬에 붙박여 사는 사람들에게 삶의 현장으로서의 섬은 애증이 교차하는 장소일 것이다. 그것은 일상의 공간에 대해 우리가 갖는 애증, 양가 감정과 유사한 것이긴 하지만, 주변적이라는 섬의 특수성을 고려할 때 그들이 느끼는 소외감이나 이탈의 충동은 좀더 각별한 것이라 가정해도 좋을 것이다. 섬에 대한 양가 감정

은 섬 출신의 대표적 시인인 문충성에게서도 지속적으로 발견되기는 하지만, 여기서는 여성 시인인 허수경과 노향림의 시를 통해 섬의 주변적 정서와 상상력을 살펴보려고 한다.

> 육지의 불빛이 꺼져가는 아궁이 쑥냄새 같은 저녁이었고 모래 구멍엔 낙지들이 살고 있었습니다 수만의 다리로 머리를 감추고 또한 머리와 다리가 무슨 兩性처럼 엉기면서 먼 저녁의 구멍을 지탱하고 있었는데요 그 구멍마다 저 또한 어둠이겠지만 엉겨붙어 살아남는 것들이여 멀리 무덤 같은 인가에도 엉겨붙는 저녁과 밤과 새벽이 있을 거구요 이리 어둑하게 서 있는 나는 저 미역 저 파래 저 엉겨붙는 그리움으로 육지를 내치고 싶었습니다 진저리치는 저 파도 저 바위 저 굴딱지처럼 엉겨붙어 엉겨붙어,
> ― 허수경, 「남해섬에서 여러 날 밤」(『혼자 가는 먼 집』, 문학과지성사, 1992)

남해섬에서 여러 날 밤을 보내면서 시인이 체험한 섬은 엉겨붙는 것들로 가득한 곳이다. 머리와 다리가 양성(兩性)처럼 엉겨붙는 낙지들, 인가에 엉겨붙는 시간들, 바닷속에서 서로 엉겨붙는 미역이며 파래, 바위에 엉겨붙는 굴딱지, 그리고 섬에 엉겨붙어 사는 사람들까지. 섬을 떠나고 싶어도 떠나지 못하고 사는 것도 어쩌면 끈끈하게 엉겨붙어 오는 그리움과 삶의 냄새 때문인지도 모른다. 그런데 육지를 내치고 싶었다는 화자의 태도는 이중적이다. 육지를 향한 그리움을 단호하게 물리치는 것이 아니라 "엉겨붙는 그리움으로" 내치겠다고 말하니 말이다. 육지를 향한 그리움도 끊어 버릴 수 없고, 그렇다고 발목을 잡아채는 섬의 끈적끈적한 정(情)도 뿌리치지 못하는 화자의 심경을 이중적 태도를 통해 드러낸 것이다. 이러한 양가 감정은 남도 정서를 체득한 허수경 시인에게는 어쩌면 생래적인 것인지도 모른다.

> 이상하다, 달맞이꽃 핀
> 개봉되지 않은 여름 한끝엔

비가 내린다.

밀봉된 시간은
풀기 없는 빗소리로 양옆 배가
불룩하다.

(…중략…)

아랫도리를 벗은
비탈밭 옥수숫대들이
쪽빛 바람에
탱탱한 男根을 달그락거린다.

집채만한
목 부러진 파도소리 익사체처럼 떠다니고

아무도 모르는 곳에서
나는 삭는다.

가슴께까지 차오르는 경악에
입 꽉 오므린 꽃잎으로
삭는다.

압해도에 한번 들어온 것들은
병명도 모른 채
삭고 있다.

―노향림, 「달맞이꽃 핀―압해도 66」
(『후투티가 오지 않는 섬』, 창작과비평사, 1998)

노향림 시인이 그리는 압해도는 밀봉된 시간과 아무도 모르는 미지의 공간이 이루어내는 죽음의 풍경이다. 이 곳에선 입 꽉 오므리고 있다 달밤에만 피어나는 달맞이꽃의 노란색도 불길하고 파도소리도 "익사체처럼" 떠다닌다. 바깥에서 바라보는 섬은 낭만과 아름다운 풍광이 있는 꿈의 장소겠지만, 막상 이 섬 안에 한 번 들어온 것들은 "병명도 모른 채삭고 있다." 밀폐된 시공 속에서 삭아가는 사람들이라는 발상은 섬이 태생적으로 지닌 주변적인 정서를 전제하지 않고는 이해하기 힘들다. 원인도 모르는 채 온갖 생명체들이 삭아가는 섬에서 사람들이 이탈의 충동을느끼는 것은 아마도 자연스러운 일일 것이다. 모든 것이 삭아가는 죽음의 풍경 속에서도 "비탈밭 옥수숫대들이 쪽빛 바람에 탱탱한 男根을 달그락"거리는 생명력이 살아있는 것처럼 노향림 시인에게 섬은, 그리고섬을 닮아 삭아가는 자신의 모습은, 모순으로 가득한 존재인지도 모른다.바깥의 시선에 의해 풍요로운 생명의 시원으로 비쳐지는 그 곳에서 정작생명체들은 죽음의 빛깔을 띤 채 삭아가고 이탈의 충동을 느끼는 아이러니. 어쩌면 거기에 섬의 존재론이 숨어 있는 게 아닐까.

바닷바람 속에는
치아가 누렇게 삭은 작은 꽃이
웃지 않는다.
얼굴 가린 채
흔들린다.
당산나무에는 무감각과 짚꾸러미
지폐 몇닢이
옛날 옛적처럼 묶였다.
목욕재계하고 술잔 올리듯
몇구의
죽음이 엎드려 있다.
후투티새가 오지 않는 압해도였다.
　　　　　　　　　―노향림, 「후투티가 오지 않는 섬―압해도 68」
　　　　　　　　　　　　　　（『후투티가 오지 않는 섬』）

압해도는 불길한 전조의 새라는 후투티마저 오지 않는 섬이다. 노향림 시인이 그리는 압해도는 "몇 구의 죽음이 엎드려 있"고 당산나무에는 짚꾸러미와 지폐 몇 닢 등이 "옛날 옛적처럼 묶"여 있는 폐쇄적인 공간이다. 오랜 시간 동안 변하지 않는 섬, 웃지도 않고 얼굴 보여 주지도 않는 폐쇄적인 섬이야말로 주변적인 공간이 상처를 덜 입고 자신을 지켜내기 위한 특유의 존재방식이었을 것이다. 중심에 가까이 있는 도시가 개방성을 지니는 데 비해 섬은 주변성과 자폐성을 특징적으로 지니는 공간이다. 고립되어 있으면서도 늘 침략과 수탈의 위험에 제일 먼저 노출되어 있었던 섬의 역사를 돌아보면 섬 사람들이 지니고 있는 주변인으로서의 소외감은 어쩌면 당연한 것이다. 그런데 시집 후기에서 노향림 시인은 후투티가 자신의 섬에 날아와서 "갇힌 자아를 뒤흔들어 무한대로 풀어놓아 주기를 바란다"고 고백하였다. 폐쇄적일 수밖에 없지만 동시에 갇혀 있는 그 곳으로부터 이탈하고자 하는 섬의 이중적 욕망은 후투티에 대한 시인의 반어적 태도를 낳는다. 불길한 전조의 새가 행운의 새로 탈바꿈하는 순간, 시인의 갇힌 자아와 상동성을 지닌 섬 압해도는 주변성을 극복하고 자유롭게 변이할 수 있을 것이다.

6. 두 개의 시선이 만나는 자리

바깥의 시선으로 바라볼 때 섬은 아직 현대 도시의 논리에 지배당하거나 포획당하지 않은 천연의 보고이자 생명력이 보존되고 생성되는 시원(始原)으로서의 의미를 지닌다. 섬 바깥에 있는 사람들이 섬을 그리워하고 찾아가는 이유는 이 때문일 것이다. 시간적으로도 공간적으로도 바다 건너의 도시나 육지와는 유리되어 있는 섬에서 외지인은 분명 다른 시공의 감각을 경험하게 되는 것 같다. 그러나 안의 시선으로 바라본 섬은 짓밟힌 역사의 현장이자 아직 그 아픔이 채 가시지 않은 삶의 터전이다. 궁핍한 섬 생활과 바다 너머의 육지, 혹은 도시를 향한 그리움의 충동은 섬사람들에게 섬을 감옥으로 인식케 하기도 한다. 실제로 우리의 섬에는 오랜 세월 동안 유배지였던 역사가 각인되어 있다. 그들에게 섬은 언젠가는 벗어나야 하는 공간이 된다. 머물면 떠나고 싶어지고, 떠나면 다시 근원적인 그리움 때문에 되돌아보게 되는 섬이라는 공간은 이중적인 양가 감정의 숙명을 타고났다. 바로 이 양가 감정이 공존하는 곳에서 섬의 존재론은 발생한다. 어디에도 머무르지 못하고 항상 '너머'를 지향하는 섬의 이중성은 불가능한 저 너머에 대한 꿈꾸기를 포기하지 않는 시의 근본 속성과도 닮았다.

섬을 소재로 한 시들은 섬의 이중적 숙명을 상상력의 원천으로 해 왔다고 할 수 있다. 1990년대 이후에 발표된 시들도 이러한 구도로부터 그다지 자유롭지는 못했다. 섬의 이중성이라는 전통적인 주제에 대한 깊이 있는 탐색도 지속적으로 이루어져야 하겠지만, 섬을 소재로 한 상상력의 지반을 확장해 나가는 일도 그에 못지 않게 중요하다. 그것은 섬을 소재로 한 시들이 단조로움을 극복할 수 있는 길이기도 하다. 섬의 태생적 한계에 갇히지 않는 새롭고도 자유로운 상상력을 펼쳐 보임으로써 섬의 상상적 존재론에 두께와 깊이를 부여하는 일은 아직 우리 시의 과제로 남아 있다. **(2002)**

바람의 노래를 들어라

'불온성'에 대한 사유

1. 그리운 불온

"그해 겨울이 지나고 여름이 시작되어도 봄은 오지 않았다." 봄이 오면 오래 된 흉터처럼 이성복의 「1959년」이라는 시가 떠오르곤 한다. 4·19와 5·18이라는 역사적 사건이 있고, 김수영과 이성복의 시가 쓰여진 이후에 봄은 더 이상 우리에게 희망의 상징이 아니었다. 오히려 불온의 계절이었다. 생각해 보면 문학이야말로 불온을 생명으로 하는 예술이다. 일찍이 김수영은 "모든 전위문학은 불온"하고, "모든 살아있는 문화는 본질적으로 불온한 것"이라고 말하지 않았던가. 그는 아마도 문학적 자유와, 그것을 위해 전제되어야 할 정치적 자유에 대해 말하고 싶었을 것이다. 기성의 것을 복제하거나 답습하는 태도, 기성의 틀에 적당히 안주하는 태도로는 문학의 자유, 새로움의 정신을 추구할 수 없다. 마찬가지로 다양성을 용인하지 못하는 획일적이고 경직된 사고 아래서는 문학은 질식하기 쉽다. 기성의 틀을 깨는 불온함이야말로 문학이 결코 잃어버려서는 안 되는 정신이며 시대마다 작가마다 새롭게 추구되어야 할 정신이다.

문학의 위기에 대한 공방이 공공연하게 오가는 이 시대에 문학이 여전히 살아 있다면 그것은 불온한 꿈을 지니고 있을 것이다. 그러나 다소 과장된 문학의 위기설은 도시 한복판에서 산사의 은거를 꿈꾸거나 일상의 자잘함에 붙들려 있는 시들에 더 힘을 실어 주고 있는 것처럼 보인다. 사실 '지금, 여기'에서는 불온이나 실험, 자유조차도 모든 것을 상품화해 버리는 자본의 논리 앞에서 살아남기란 쉽지 않을 것이다. 불투명한 미래를 위해 현재를 저당 잡힌 채 살아가고 있는 오늘날의 우리들에게 강요되는 수많은 현실원칙들 사이에서 틈새를 사유하고 전복을 기도하고 새로운 생성을 꿈꾸는 것이야말로 문학의 영원히 낡지 않은 숙명임을 여기서 다시 되새겨 본다.

"동양의 근대문학사는 서구문학의 수입과 이식의 역사다"라는 임화의 도발적인 선언이 있은 이래로, 전통 계승의 논리와 단절의 논리, 전통 서정과 실험, 토속성과 근대성 등은 대타적이고 이분법적인 전쟁의 역사를 되풀이해 왔다. 전통의 진정한 계승은 실험 정신으로부터 비롯된다는 생각에 많은 이들이 동의하면서도 전쟁의 와중에 있는 사람들은 정작 생존의 논리로 대응해 왔을 뿐이었다. 우리 시들이 여전히 이러한 분할의 논리, 전쟁의 논리로부터 자유롭지 못하다는 생각을 해 본다. 전쟁의 와중에는 일방적인 가해자는 모습을 감추고 모두가 피해자로 행세한다. 피해 의식에 사로잡혀 있는 사람들은 다양한 시각을 상실하고 폭력적인 시선을 지니기 쉽다. 하지만 일방적인 가해자나 피해자는 우리의 상상 속에나 존재하는 것임을 우리는 경험을 통해 대개 알고 있다. 나는 이제 우리의 시가 이상과 김수영이 남긴 불온함의 자산을 흔쾌히 수용하는 것은 물론 그것을 넘어설 수 있기를 바란다. 이미 전통이 되어

버린 이상과 김수영은 용납할 수 있어도 이들의 정신을 계승한 현재 진행형은 용납할 수 없다는 태도는 사실 진정한 계승 혹은 용인의 태도는 아니다. 근대문학의 형성기로부터 한 세기 가까이 지난 지금에 이르기까지 연속과 단절이라는 이분법의 망령을 불러내 풍문처럼 우리 주위를 배회하게 해서는 안 될 것이다. 진정한 새로움은 불온함으로부터 시작된다.

2. 눈과 바람의 상상력

다시 불온함을 사유해 보자. 돌이켜 보면, 얼마 전에 작고한 서정주 시인의 「자화상」도 "나를 키운 건 팔할이 바람"이라는 도발적인 선언을 담고 있었다. 여기서 바람은, 부모라는 핏줄 혹은 가계, 다시 말해 나를 미리 규정하는 필연에 대한 부정이었다는 점에서 불온함을 지니고 있었다. 우리가 '지금, 여기'에서 서정주의 시를 다시 읽을 때 바람의 상상력이 품고 있었던 불온함은 그리움의 대상이 될 것이다. 그의 시에서 무엇을 버리고 무엇을 취할 것인가에 대해 다시 한 번 생각해 볼 일이다. "눈은 살아있다"(「눈」)라는 김수영의 불온한 선언 역시 이미 하나의 전통이 되었다. '지금, 여기'의 시들이 바람과 눈의 상상력을 펼쳐 보일 때 이러한 전통은 어떤 방식으로든 간섭해 올 것이다.

> 그의 기차의 연기라는 그림에는
> 기차도 연기도 없다.
> 산비탈 아스름히 길이 나 있다.
> 그의 소리라는 그림에는

소리가 없다. 그
넓고 넓은 벌판을
한 무더기 억새가 흔들어댄다.
바람 때문이라고 한다.
바람은 아무데도 보이지 않는데
바람 때문이라고 한다.
— 김춘수, 「뭉크의 두 폭의 그림」(『문학과사회』, 2001년 봄)

뭉크의 두 폭의 그림에 붙인 김춘수의 시는 마그리트의 〈이것은 파이프가 아니다〉라는 그림을 연상시킨다. 누가 봐도 파이프임에 분명한 그림을 그려 놓고 '이것은 파이프가 아니다'라는 제목을 붙였을 때 마그리트가 의도한 것은 사물과 기호 사이의 고정된 것처럼 보이는 관계에 균열을 가함으로써 세계를 바라보는 우리의 시선에 새로운 충격을 던지는 데 있었다. 뭉크의 그림에서 시인이 새롭게 본 것도 바로 그러한 이름과 사물의 불일치였을 것이다. 시로 쓰는 시론의 성격을 지니고 있는 이 시에서 시인은 뭉크의 그림처럼 보이지 않는 것을 보여 주는 시에 대한 관심을 드러낸다. 시의 상상력은, 보이지 않지만 억새를 흔들어대는 바람 같은 것인지도 모른다. 보이지 않고 손에 잡히지도 않고 소리조차 들리지 않지만 억새를 뒤흔드는 강력한 힘이 시의 상상력이 지닌 힘임을 시인은 간파하고 있다.

　一痴聖人은 성스러움조차 까맣게 잊어먹은 바보성인, 大痴聖으로도 불린다. 그 바보 성인과 함께라면 우리도 좀 바보가 되어서 눈송이를 짊어져다가 우물을 메우는 즐거움을 과연 누릴 수 있을 것이며 공터에 눈의 사원을 지어서 그 대웅전에 큰 눈사람을 들어다 높이 앉힐 수도 있을 것인가?

　내 생각의 불길로는 도무지 태울 수 없고
　밝힐 수 없는
　허공에서 펑펑 큰 눈이 왔다.

모르는 것은 모르는 게 좋다고
그래야 마음이 좀 평화롭다고
뜨거운 생각의 화로에도 쏟아지듯 큰 눈이 왔다.
보기 힘든 빌라 사람들이 나타나
골목의 눈을 치우고
나도 삽을 빌리러 구멍
가게로 갔다.
세상이 온통 눈천지였다.
이쪽을 치우다 보면
저쪽이 불어나고
그래도 눈을 이리저리 치워야 했다.
이 짓이야말로 제로에서 제로를 퍼다가
제로를 메우는 일 아닌가?
그런 더러운 의문이 바보성인에게는
일어나지 않았을 것이다.
삽을 되돌려 주러
구멍가게로 갔다.
골목과
골목 아닌 곳이
온통 눈이었다.
엄청난 쓰레기인 눈더미,
하늘이 우리에게
쓰레기를 치우라고 그 많은 눈을 퍼부었단 말인가?
　　　　　　── 최승호, 「바보성인에 대한 기억」(『현대시학』, 2001.3)

「대설주의보」에서 「눈사람」 연작시로 이어지는 독특한 눈의 상상력
을 보여 준 바 있는 최승호는 인용한 시에서 일상의 시선을 회복한 모
습을 보여 준다. "백색의 계엄령"(「대설주의보」)이나 보이지 않는 무(無)를
추구하는 욕망의 불온함까지는 아니더라도, 모처럼 내린 "큰 눈"의 아
름다운 풍경을 감상할 여유조차 가지지 못하고 현실 논리에 따라 눈을

순식간에 쓰레기를 만들고 마는 사람들의 행태가 시인에게 일상으로 눈길을 돌리게 한 것이다. "허공"(큰 구멍)에서 내리는 눈을 청소하기 위해 사람들은 "구멍가게"(작은 구멍)로 향한다. 구멍을 구멍으로 메우려는 사람들의 움직임은 이쪽에 쌓인 눈을 치우다 보면 저쪽의 눈이 불어나는 바보 같은 짓거리를 반복하게 된다. 현실 논리에서 벗어나 곧 녹아버릴 눈으로 우물을 메우고 대웅전과 눈부처를 짓는 바보 성인의 행위와, 눈 앞의 현실 논리에 따라 부지런히 집 앞의 눈을 치운다고 하지만 결국 눈을 쓰레기더미로 바꾸어 놓고 마는 사람들의 행위 중에서 어느 것이 더 바보스러운지 시인은 묻고 있다. 가장 지혜로운 듯 자처하는 현실 논리는 때로는 눈의 아름다움을 잠시도 즐길 줄 모르는 치명적인 어리석음을 드러내고 만다. 시선의 각도를 바꾸면 세상이 달라 보인다는 사실을 잊고 사는 우리들의 일상에 시인은 바보성인에 대한 기억을 끌어들여 반성적인 눈길을 던진다.

눈이 내린다 우리의 도시 위에 눈이 내린다 아스피린, 아스피린 …… 하고 눈이 내린다 아달린, 아달린 …… 하고 눈이 내린다 아스피린 / 아달린, 아스피린 / 아달린, 하고 2음보로 아아 그 절뚝거리는 2음보로 눈이 내린다 눈이 내리는 날은 지상 13층 정도에서 눈 내리는 설 풍경을 바라보아야 한다 설 풍경이 어떻게 살 풍경 위에 내리는지 경이롭도록 새하얀 눈발들이, 아니 눈의 쪽지들이, 눈손들이, 눈어깨들, 눈발들이 얼마나 가벼이 얼마나 보드라이 얼마나 헌신적으로 이 가증스러운 펜트하우스 위로 얼마나 순결하게 온몸을 다 바치는지 ……

눈이 내린다 더 깊이 내린다 더 높이 내린다 롯데 미도파 신세계 현대백화점 위로 라마다 르네상스 하이야트 스위스 그랜드 코라아나 홀리데이 인 매리어트 플라자호텔 위로 흰 눈이 내린다 아 어느새 서울은 플레이보이 방이 여고생 누드가 뜨는 화상 전화방이 미쳐서 죽고 싶은 짜릿한 게임방이 그리도 성업중이고 또 눈이 내린다 아스피린 / 아달린, 아스피린 / 아달린, 그렇게 2음보 혹은 4음보로 속삭이면서 춤추면서 눈이 내린다 전화방에서 찜질방에서 비디오방에서 캡슐방에서 노래방에서 게임방에서 사람들은 네가 오는 것을 아알지 못한다 금홍아 금홍아 금홍아 하얀 외침이 포근한 약가루가 되어 더 눈이 내린다 더 높이 더 깊이 포근한 폭설이 폭설이 내린다

각혈의 까마귀가 금홍이를 부르면서 오늘 일천번 일만번 부르면서 거리 위로 떨어져 사라져가도 흰 눈밭에서 일제히 방들은 귀를 막는다 흰 눈밭을 점점점 엎어지며 그가 날아간다 호텔과 증권가와 백화점과 펜트하우스를 따악 감춘 거리 위에 아스피린 아달린을 복용한 듯 흰 산천은 그윽하고 이 그윽한 산천에 선 약인지 독인지 가려낼 병원도 학교도 머리도 가슴도 흔적이 없어지고 금홍아 금홍아 금홍아 부르며 흰 눈이 왔다 간다 금홍아 금홍아 부르면서 각혈의 까마귀가 어디로 가는지 도시의 지붕들은 처마에 매어달린 두 손으로 눈과 귀를 막고 비전향 장기수의 독방만한 육면체의 밀실 안에선 여고생 누드가 떠 있는 하아얀 모니터가 내밀한 폭발을 연방 상연중이다
— 김승희, 「아스피린 아달린, 펜트하우스」(『작가세계』, 2001년 봄)

김승희 시인의 시선은 훨씬 더 절망적이다. 그곳엔 노동하는 일상조차 없다. 오래 전 이상(李箱)의 분신이 도시 한가운데서 고립감에 절규했듯이 시인은 아스피린, 아달린을 되뇌이며 이 도시의 구제불능에 절규한다. 포근한 폭설과 플레이보이 방·화상 전화방·찜질방·비디오방·캡슐방·게임방 등 도시의 소외를 상징하는 상품화된 단절의 방들, 그리고 계층간의 위화감을 조성하는 화려한 펜트하우스는 병치된다. 그야말로 순수와 타락, 안식과 단절이 나란히 놓인다. 아니, "가증스러운 펜트하우스"의 삶을 눈이 덮어 버린다. 마치 도시 전체가 '아스피린 / 아달린'에 취해 잠든 듯하다. 도시 위에 눈이 내리지만, 도시는 저마다 각자의 방에서 가상 체험을 하거나 가짜 인생을 살기에 바쁘다. 아무도 눈이 오는 것을 알지 못하고 마찬가지로 '아스피린 / 아달린'에 취해 한 젊은 이가 "날자. 날자. 날자"고 절규하며 죽어가고 있는 것도 알지 못한다. '아스피린 / 아달린'은 근대도시의 병폐와 기만의 상징이다. 속고 속이고를 되풀이하는 도시의 삶은 폭설로 인해 잠시 순결의 옷을 입고 짐짓

살 만한 곳인 양 스스로를 속이고 있다. "금홍아 금홍아 금홍아"를 부르는, 이상을 연상시키는 각혈의 까마귀는 눈의 흰빛과는 대조적으로 검은빛을 띠고 있다. 오히려 "여고생의 누드가 떠 있는" 모니터가 "하아얀" 빛을 발한다. 이러한 장치를 통해 시인은, 지독한 구제불능의 도시에서 눈이나 하얀 빛깔은 더 이상 순수의 상징일 수 없음을 폭로하고 있다. 도시의 독에 시커멓게 중독된 빛깔이 차라리 더 순결한 영혼일 수도 있음을 이 시는 보여 준다. 순결을 가장한 마취성은 도시의 삶 곳곳에 가득하다. 시인은 눈에 대해 이중적인 태도를 취함으로써 폐허 같은 도시의 일상에 대해 반성적 거리를 확보하고 있다. 이러한 이중적 태도는 "살 풍경"이 '殺風景 / 살 풍경' 두 가지로 동시에 읽히는 효과에서도 드러난다.

3. 동시성 혹은 끝없이 두 갈래로 갈라지는 길

「끝없이 두 갈래로 갈라지는 길들이 있는 정원」이라는 소설에서 호르헤 루이스 보르헤스는 시간에 대한 다양한 사유를 펼쳐 보인 바 있다. 미로처럼 끝없이 갈라지는 시간에 대한 상상은 시작과 끝으로 이루어진 선형적인 근대적 시간관에 대한 도전이었다. 직선적인 시간관에서 시작과 종말이 하나의 필연이라면 동시성의 시간 속에서는 우연의 논리가 작동하고 있다. 따라서 앞장에서 죽은 주인공이 다음 장에서 아무렇지도 않게 살아나는 일이, 동시에 펼쳐지는 블랙홀의 시간에서는 가능하다. '동시성'은 이질적이고 다양한 성향이 동시에 공존할 수 있는 가능성을 열어 줌으로써 문학은 물론 우리의 삶을 풍요롭게 해 주었다. 합리성과 직관을 동시에 사유한 독특한 철학자 화이트헤드도 아인슈타인의 상대성 이론을 받아들여 '동시성'이라는 개념을 생성한 바 있다. 이제 우연성이나 동시성을 사유하는 시들 몇 편을 살펴보자.

> 우연의 음악이 바람의 국경선을 넘나드는 곳에 무가당 담배 클럽이 있다, 식당 먹으러 가자, 이것은 무가당 담배 클럽의 그 흔한 농담들 중의 하나이지만 그런 농담만을 듣고도 무가당 담배 클럽의 회원을 색출해내는 귀신 같은 놈들이 있다, 그 비밀 요원들은 바람의 국경선 저 너머에서 왔다, 그들은 무가당 담배 클럽 저편의 세계에 봉사하는 자들이다, 무가당 담배 클럽에는 이런 비밀 요원들과 회원들이 서로 뒤섞여 있기 때문에, 막상 무가당 담배 클럽에 하루종일 있으면서 산책을 하고 농담을 하고 때때로 함께 어울려 술을 마시기도 하지만, 누가 진짜 무가당 담배 클럽 회원인지를 아는 사람은 아무도 없다, 이곳의 남자와 여자들도 어느 날은 술에 취해 밤새도록 침대 위를 뒹굴며 서로의 육체를 탐하기도 하지만 그러나 아무리 몸을 뒤섞어도 서로가 진짜 회원이라는 확신을 가지지는 못한다, 간혹 또 어느 날은 전혀 예상치도 못했던 사람이 무가당 담배 클럽 회원으로 밝혀져 바람의 국경선 저 너머로 압송되기도 한다, 그의 죄는 너무 아름다운 노래를 불렀다는 것이다, 그래서 무가당 담배 클럽을 너무 낭만적인 분위기로 몰아갔다는 것이다, 지금 조용히 고백하건대(이 글을 읽는 그대들만 알고 있으라), 사실 나는 무가당 담배 클럽의 핵심 요원이다, 그런데 이런 나조차도 정확한 회원의 숫자와 그 규모를 알지 못한다, 나는 지금 무가당 담배 클럽 한 구석 내 자리에 앉아 조용히 이 글을 쓰고 있다, 어젯밤 심하게 과음했더니 숙취 때문에 나는 지금 몹시 머리가 아프고 속이 쓰리다, 이 글을 쓰는 것도 몹시 힘든데 야, 식당 먹으러 가자, 누군가 또 저 건너편에서 외친다, 가자, 우연의 음악이 바람의 국경선을 넘나드는 곳에 무가당 담배 클럽은 있다, 식당 먹으러 가자
> —박정대, 「무가당담배 클럽과 바람의 국경선」(『시와사상』, 2001년 봄)

새로운 바람의 상상력은 우연성을 발견해낸다. 무가당 담배 클럽은 '우연의 음악'이 바람의 국경선을 넘나드는 곳에 있다. 이 문장은 무가당 담배 클럽이라는 존재가 모순된 존재임을 드러낸다. 클럽이 성립하기 위해서는 일정한 회원 수와 규모를 필요로 한다. 하지만 무가당 담배

클럽은 성립 조건 자체가 지극히 유동적이다. 수학을 기초로 하는 음악과 우연을 시인은 나란히 놓는가 하면, 형체가 없이 끊임없이 이동하는 '바람'과 고정된 경계를 필요로 하는 '국경선'을 병치시킨다. 무가당 담배 클럽은 고정된 경계도 없고 전체 규모를 알지도 못하는 새로운 개념의 조직이다. 우연이 작동하듯이 무수한 변수가 무가당 담배 클럽 앞에는 놓여져 있다. 이들은 "식당 먹으러 가자"와 같은 농담을 즐기며 기성의 언어를 균열시킨다. 바람의 국경선 저 너머에 있는 세계는 기존의 규칙을 파괴하거나 낭만적인 분위기를 조성하는 것을 경계하고 금지한다. 너무 아름다운 노래를 불러 낭만적인 분위기를 조장했다는 죄목은 장 뤽 고다르의 영화 <알파빌>을 연상시킨다. '알파빌'이라는 이름의 계산 가능한 기계도시에서는 비논리적인 행위를 절대 용납하지 않는다. 따라서 장례식에서 눈물을 보였다는 이유로 사형에 처해지기도 한다. 이처럼 합리성, 계산 가능성이 지배하는 획일적인 세계는 우연을 거부한다.

이 시는 기존의 개념을 버리고 새로운 개념을 만들어 씀으로써 획일적인 사고에 균열을 가하고 다양성의 세계를 열었다는 점에서 리차드 브라우티건의 소설 「워터멜론 슈가에서」를 연상시킨다. 그런가 하면, 비논리를 수용하지 못하는 '바람의 국경선 저 너머의 세계'에 대항하는 점조직 '무가당 담배 클럽'은 문학의 자유를 옹호하는 사람들을 은유하는 것처럼 보이기도 한다. 이들이 기존의 언어 문법을 깨는 놀이를 즐기는 이유도 그렇다면 심상치 않다. 언어를 지키는 유일한 길은 언어를 공격하는 것이라고 말했던 들뢰즈의 말을 시인은 체득하고 있는 듯하다.

할머니는 흙에 흩어져 있는 발자국들을 쫓아버린다 애야 누군가 온 모양이구나 무슨 말씀이세요 아무 소리도 듣지 못했는걸요 문은 아직 푸른 빛이에요 할머니 눈에 철사가 박혀 있었다 잡아 뽑으려 했지만 점점 더 깊이 박히고 있었다 너는 늘 내 머리카락 자르는 것을 좋아하는구나 그냥 내버려두렴 아버지가 아기가 되어 마당을 기어다니고 있었다 닭은 아버지에게 잡히지 않으려고 버둥거렸다 아버지의 머리카락이 다급히 자라났다 닭이 잡혔을 때 아가의 머리카락은 땅에 질질 끌리고 있었다 아버지 제발 이제 일어나세요 아기 옷도 벗어버리구요 내 머리카락이 철사로 변하고 있었다 아버지 때문에 기차가 시간을 맞추지 못한다구요 아버지 저 좀 붙잡아주세요 빌어먹을 제 손이 할머니 눈 속에 들어가버렸어요 할머니 눈에서 날카로운 초생달들이 쏟아져나왔다 아버지의 머리카락이 툭툭 부러졌다 나는 할머니의 몸속에 들어가 아버지가 되어 기어나왔다 문을 뚫고 기차가 들어오고 있었다

— 정재학, 「아라베스크」(『창작과비평』, 2001년 봄)

할머니와 나와 아버지가 만들어내는 이 시의 풍경은 신화적이고 신비로운 환상으로 가득하다. 할머니의 눈에 철사가 박혀 있고, 내 머리카락은 철사로 변하고 있다. 즉, 할머니의 눈에 박힌 것은 내 머리카락이고, 나는 할머니에게 빨려 들어갔다가 아버지가 되어 기어 나온다. 할머니, 아버지, 나로 이어지는 계보는 이 시에서 단선적이지 않고 서로 꼬리에 꼬리를 물고 있다. 할머니와 나와 아버지는 개별자인 동시에 셋이서 한 몸을 이루는 통합적 존재이기도 하다. 선형적인 시간 질서 속에서는 불가능한, 동시성의 공존이 시인이 상상하는 미로의 시간 속에서는 가능하다.

흥미롭게도 이 시의 제목은 '아라베스크'이다. 이슬람교 사원의 벽면 장식에 주로 쓰인 아라베스크 무늬는 문자·식물·기하학적인 모티프가 어울려서 교차된 곡선 가운데 융합되어가는 무늬로, 매우 환상적이라는 특징을 가지고 있다. 아라베스크에는 규칙성과 다양성이 공존한다. 독특한 문양이 꼬리에 꼬리를 물고 끝없는 반복을 통해 확장되는가 하면, 문양을 이루는 기본적인 선과 모티프만 유사할 뿐 아라베스크 무늬는 매우 다양한 형태를 띤다. 다양성 있는 문예 작품을 이를 때도 '아라베스크'라는 말이 쓰이는 이유는 여기에서 기인한 것 같다. 기하학적 대칭을 이루는 아라베스크 무늬는 끝없이 반복되지만 분할되지는 않는다. 꼬리에 꼬리를 물고 이어지는 아라베스크 무늬로부터 시인은 동시성을

발견한다. 문자로 그려진 아라베스크 무늬는 획일적인 사유에 균열을 가하며 독자들을 아득한 심연으로 끌어들인다.

4. 이제 다시 불온함이다

바람이 분다. 손에 잡히지도 않고 일정한 형태도 없지만 흐름을 통해 스스로를 증거하는 바람이 분다. 전통적인 시의 문법에서 역사적 상상력이라는 옷을 즐겨 입었던 바람이 이제 우연이라는 새로운 옷으로 갈아입고 나타나고 있다. 우연의 리듬을 타고 몇몇 시인들은 즐거운 놀이를 시작하고 있다. 그 놀이는 자유로운 흐름의 상상력을 동력으로 한다. 멈추는 순간 존재가 사라지는 바람의 숙명을 이 시인들은 감지하고 있는 듯하다. 그러고 보면 바람은 시인을, 혹은 시적인 상상력을 치명적으로 닮았다. 시인과 시적인 상상력 역시 흐름을 생명으로 하는 존재들이 아닌가. '매끄러운 공간'을 질주하는 시인의 운명을 즐길 수 있을 때 불온한 전위의 꿈은 생명력을 얻게 될 것이다.

문학의 위기에 관한 담론은 문학 외적인 환경의 변화와 더불어 여전히 떠들썩하게 논의되고 있다. 아울러 '디지털 문화'에 대한 '상상된' 위협에 기반한 다양한 각도의 점치기가 횡행하고 있다. 문학의 위기라는 담론을 접할 때마다 문학 내부의 자기 갱신에 대한 고민의 깊이보다는 외부 환경의 변화에 발 빠르게 대응하려는 초조감을 먼저 느끼게 되는 것은 내가 과민한 탓인가. 문학의 내부로부터 외부를 사유하려는 시인의 자세가 어느 때보다도 절실하다. 전통적인 시의 문법에 충실한 시들에게서 내가 갑갑함을 느끼는 이유도 여기에 있다. 물론 언어의 위의를 지켜내려는 이들의 몸짓은 때로는 눈물겹기까지 하다. 시대가 비속할수록 더욱 단단해지고 엄격해지려는 이들의 태도는 옹색한 구도자의 자세에 비유될 수 있을 것이다. 이들의 지독한 수세적(守勢的) 태도가 마침내 스스로의 발목마저 잡는 결과를 초래하지 않을까 우려된다. 이제 다시 불온함을 꿈꿀 때다. 기성의 언어에 대한 다양한 공격이야말로 '지금, 여기'에 살고 있는 우리 시인들의 몫이며, 언어에 대한 절망을 딛고 언어를 살리는 길이다. (2001)

2부

차이의 수사학

아사녀의 행방

신동엽의 '탈식민적' 글쓰기1)

1. 가장 한국적인 것이 가장 세계적인 것이다?

4 · 19라는 상징적 사건과 함께 시작된 1960년대는 환희와 좌절을 동

---

1) 거창하게 부제를 달았지만, '탈식민'을 말하면서도 서구의 탈식민주의 이론을 뒤적여야 하는 현실이 솔직히 나는 씁쓸하기만 하다. 다양하게 가지를 치고 있는 탈식민주의 이론을 갈래지어 살펴보는 것은 이 글의 몫이 아니다. 나는 가급적 '탈식민주의'라는 말을 쓰지 않으면서 신동엽의 시가 신식민주의 시대에 문화제국주의에 대해서 얼마나 의식하고 있었으며 그의 시적 인식이 어디까지 나아갔는지를 반성적으로 살펴보는 데 치중하고자 한다. 신동엽이라는 거울을 통해 '지금, 여기'를 돌아볼 수 있기를 희망한다. 사족 같지만 한 마디 덧붙이자면, 나는 탈식민주의 이론이 민족주의의 복원이라는 방향으로 나아가는 것에 그다지 호의적이지 않다. 민족주의가 대안이 될 수 있다는 믿음은 서구 추수적 태도로 탈식민을 논하는 것 못지 않은 위험을 가지고 있다. 탈식민주의 담론이 이름만 바꾼 채 지난 시대의 과오를 되풀이하지 않기를 바랄 뿐이다. 섣부른 선택을 하기보다는 차라리 사이에서 견딜 것을 제안하고 싶다. 그것은 굉장한 내공을 필요로 하는 일이겠지만 말이다.

시에 체험한 이중적인 시대였다. 민주화에 대한 열망과 좌절 이후, 바깥으로부터는 '새마을 운동', '경제개발 5개년 계획' 등으로 명명된 개발의 논리가 속도전을 부추겼고, 안으로부터는 쏟아져 들어오는 '외래'의 것에 대해 '우리'의 것을 지켜야 한다는 위기의식이 서서히 싹트기 시작했다. 문학의 경우에도 1950년대 중반 경부터 시작된 '전통'에 대한 인식이 '순수·참여' 논쟁을 거치면서 민족문학론으로 이어지는 내실화가 진행되던 시기였다. 물론 그 대척점에는 실존주의, 휴머니즘, 신비평 등으로 이어지는 서구의 이론이 하나의 모델을 형성하며 우리 문학이 나아갈 방향을 가리키고 있었고, 서구 이론 추수적인 경향이 대세를 형성하고 있었다. 좀더 깊숙이 들여다보면, 1950년대 중반에서 1960년대 중반 경까지 이어진 전통에 대한 논의의 대부분은 T. S. 엘리엇의 모델에 빚지고 있었고, '가장 한국적인 것이 가장 세계적인 것이다'라는 괴테식의 아포리즘이 반복적으로 재생산되고 있었다. 전통을 말하면서도 서구의 이론에 기대어 말해야 안심이 되는 슬픈 현실은 식민지 지식인의 후예들에게도 지속되고 있었던 셈이다.

돌아보면, 우리의 근대는 늘 선망과 경멸의 이중성 사이를 배회하고 있었다. 『무정』(1917)의 이형식이 김선형을 바라보던 선망과 경멸의 시선, 그 이중성 사이의 갈등은 이 글에서 다루려고 하는 1960년대는 물론, '지금, 여기'에서도 여전히 유효하다. 결국 이형식은 선망의 유혹을 떨쳐버리지 못하고 박영채가 아닌 김선형을 선택했지만, 그 이후에도 우리에게는 끊임없이 선택이 강요되곤 했다.

미완의 혁명으로 끝났다 해도 4·19의 체험은 1960년대의 문인들에게 절대적인 영향력을 행사했다. 역사에 대한 신뢰의 시선을 회복하게 해주었는가 하면, 훨씬 더 근원적인 회의로 그들을 이끌기도 했다. 어쨌든 4·19 이후에 '서구화=근대화'의 공식에 따른 서구 따라잡기의 속도전이 공공연하게 이루어졌으며,[2] 그에 대한 저항 담론 역시 강화되어 식민 사관을 극복하고 우리 것의 가치를 되살려야 한다는 민족주의 담론이 힘을 얻게 된다. 그런데 서구 추수주의를 경계하면서도 국수주의의 미망에 사로잡히지 않으며 민족주의를 지향하는 태도는 '가장 한국적인 것이 가장 세계적인 것이다'라는 명제로 대체로 수렴되어 왔다. 그것은 우리의 것을 잃어버리지 않으면서도 세계화에 발맞춰 갈 수 있는, 두 마리 토끼를 모두 잡는 방법으로 여겨졌던 것이다. 그러나 그것이야말로 바깥의 시선을 비판 없이 들여온 공허한 논리에 지나지 않는다. 전통 논의가 오랫동안 괴테의 아포리즘 앞에서 공전할 수밖에 없었던 것은 어찌 보면 당연한 일이다. 가장 한국적인 것, 우리의 것에 지나치게 집착하는 태도 뒤에는 세계화에 대한 선망과 지향의 욕망이 자리 잡고 있었음을 부인하기는 쉽지 않을 것이다.

'지금, 여기'의 우리는 어떠한가? 우리의 것이라면 무조건적으로 옹호하는 시선은 여전히 살아서 힘을 행사하고 있고, 다른 한편에는 새로운 것 속에 다른 대안이 숨어 있을 거라는 무조건적 지지와 호기심, 즉 '새것 콤플렉스'가 굳건히 자리를 지키고 있다. 여전히 두 입장은 완강히 대립하며 상대방의 편협함과 뿌리 없음을 비난하고 있다. 그러나 그 대립을 지탱해 주는 논리는 결국 하나로 통한다. 힘의 논리, 권력의 논리가 작동하고 있다는 점에서, 그리고 그 뒤에 도사리고 있는 것이 열등감이라는 점에서, 그들은 쌍생아의 얼굴을 하고 있다. 식민지의 지식인과 그들의 후예들이 외래의 것에 대한 선망과 경멸이라는 이중성 속에 있으면서도 극구 그것을 부인하려 애써 왔다면, 이제 우리들은 그것을 인정하는 자리에서 출발해야 할 것이다. 김수영이 철저하게 그러했듯이, 이중성의 한가운데에서 배회하고 있는 우리 자신의 얼굴을 뚫어져라 응시할 수 있을 때 비로소 '가장 한국적인 것이 가장 세계적인 것'이라는

---

2) 북한에서 천리마 운동이 가속화되면서 주체사상이 확립되어 나간 시기도 1960년대였다는 사실을 기억하면, 전혀 다른 길을 향해 치달아간 것처럼 보이는 남북한이 '속도'에 대해 강한 자력으로 이끌렸다는 점에서는 닮은꼴이었다는 흥미로운 사실을 확인할 수 있다.

논리의 허구를 인식할 수 있게 될 것이다.

뿌리 깊은 문화제국주의 시대에 우리 현대시의 자리를 확인하려는 기획 아래, 신동엽의 시를 다시 읽으려는 시도가 의미 있는 것은 그 때문이다. 신동엽이 나아간 지점과 그의 한계를 정확하게 볼 수 있을 때 '지금, 여기'의 우리의 얼굴을 비로소 확인할 수 있을 것이다. 그것은 아슬아슬한 줄타기를 견뎌내야 하는 위태로운 일이겠지만, 그럼에도 불구하고 감행해야 하는 일이다.

2. 새로운 선악의 이분법

일본이 총칼로 이 땅을 유린하고 억압해 왔다면, 미국은 초콜릿과 코카콜라와 서부영화를 앞세운 자극적인 문화 상품으로 이 땅을 서서히 잠식해 들어왔다. 민주주의와 우방이라는 가면까지 쓰고 말이다. 머리가 위험을 감지하기 전에 혀와 눈과 귀가 마비되어 버린 형국이었다. 미국을 위시한 문화제국주의는 매혹이라는 이름의 치명적인 무기를 가지고 있었다.

그 매혹 앞에서 취할 수 있는 태도는 대략 세 가지였다. 매혹을 인정하고 받아들이기, 매혹을 철저히 부인하고 거부하기, 그리고 매혹을 느끼는 스스로를 응시하며 거리를 두기. 서구 추수적인 태도가 첫 번째에 가깝다면, 반제국주의라는 저항 담론은 두 번째에, 선망과 환멸 사이에서 반성적 거리를 유지하는 문학의 자리는 세 번째에 가깝다고 할 수 있을 것이다. 신동엽의 경우에는 두 번째의 자리에 위치한다.

신동엽의 시는 일제에서 미제로 이어지는 제국주의에 대한 분명한 인식을 가지고 있었다.[3] 동학사상으로 표방된 그의 '반봉건 반제국주의'

정신은 미 제국주의에 대한 인식으로 이어진다. 그의 시에는 서구↔동양, 군대↔민간인, 도시↔자연, 문명↔흙(대지)의 대립 구도가 선명하게 드러나 있다. 그는 제국주의에 대해 반제국주의로 맞설 것을 시를 통해 분명히 제안하고 있다. 그의 시에서 '제국주의↔반제국주의'의 대립은 새로운 선악의 이분법을 형성한다.

순이가 빨아 준 와이샤쯔를 입고
어제 의정부 떠난 백인 병사는
오늘 밤, 死海가의
이스라엘 선술집서,
주인집 가난한 처녀에게
팁을 주고

아시아와 유우럽
이곳 저곳에서
탱크 부대는 지금
밥을 짓고 있을 것이다.

해바라기 핀,
지중해 바닷가의
촌 아가씨 마을엔,
온 종일, 上陸用 보오트가
나자빠져 딩굴고

흰 구름, 하늘
젯트 수송편대가
해협을 건느면,

---

3) 이는 전후의 북한 문학이 반복해서 보여 주는 테마이기도 하다. 비록 노리는 지점은 달랐지만.

빨래 널린 마을
맨발 벗은 아해들은
쏟아져 나와 구경을 하고

동방으로 가는
부우연 수송로 가엔,
깡통 주막집이 문을 열고
대낮, 말 같은 촌색시들을
팔고 있을 것이다.
— 「風景」(『신동엽전집 증보판』, 창작과비평사, 1990, 13~14면)[4] 부분

　이국 땅에 탱크 부대를 이끌고 들어와 주둔하고 있는 백인 병사들의
풍경은 전혀 낯설지 않다. 더구나 그들의 주둔지는 아시아와 유럽으로
그려져 있다. 순이가 빨아 준 와이셔츠를 입고 떠났지만, 그들에게 순이
는 주둔지의 여자, 즉 피지배자일 뿐이다. 사해(死海) 가의 이스라엘 선
술집에도, 지중해 가난한 바닷가의 촌 아가씨 마을에도 순이와 같은 아
가씨들은 널려 있다. 식민지, 혹은 주둔지에 대한 수탈의 역사는 "동방
대륙에서 서방대륙에로" 달리는 "굵은 송유관"으로 표상되고 있다. 송
유관을 통해 빼앗기는 것은 석유라는 자원뿐만이 아니다. 그들의 사람
다운 삶, 정신, 생명까지도 채굴 당하여 고향 마을 "무너진 헛간엔 할멈
이 쓰러져" 졸고 있는 것이다.

　비로소, 허면 두 코리아의 主人은 우리가 될 거야요 미워할 사람은 아무데
도 없었어요 그들끼리 실컷 미워하면 되는 거야요 아사녀와 아사달은 사랑하
고 있었어요 무슨 터도 무슨 堡壘도 掃除해 버리세요 창칼은 구워서 호미나
만들고요 담은 헐어서 土肥로나 뿌리세요
　비로소, 우리들은 萬邦에 宣言하려는 거야요 阿斯達 阿斯女의 나란 緩衝,

---

　4) 이하 작품 인용은 모두 『신동엽전집 증보판』(창작과비평사, 1990)에 의거했음을 밝
힌다. 아래부터는 '『전집』, 면수'의 형태로 인용하겠다.

緩衝이노라고

(……)

억울하게
諦念만 하고 살아가는
나의 땅 祖國아.
긴 錦江
나의 사랑
나의 歷史여.

　　　　　　　　　— 「주린 땅의 指導原理」(『전집』, 47~48면) 부분

　늘 가난에 허덕이고 강대국에 조공을 바치며 목숨을 부지해 온 '주린
땅'의 생존 법칙을 시인은 꿰뚫어본다. 이 땅이 반쪽으로 나뉘어 분단이
라는 비극을 맞이하게 된 것도, 둘로 대립하여 싸우는 '주린 땅'의 생존
원리와, 자력갱생하지 못하고 "등덜미 붙어사는 기생족(寄生族)들의 귀족
습성" 때문이다. 그는 이제 분단의 시대를 지나 화해와 통일의 시대를
맞이해야 한다고 말한다. "억울하게 체념만 하고 살아가는 나의 땅 조
국"에게 이제 떨쳐 일어나야 할 때라고 목소리를 높인다. 날카롭게 대
립하고 있던 적대 논리를 벗어나 이제 "창칼은 구워서 호미나 만들고"
"담은 헐어서 토비(土肥)로나 뿌리"자고 한다. 사랑이야말로 시인이 새롭
게 제시하는 대안이다. 적대감을 사랑으로 바꾸어 놓는 힘을 신동엽의
시는 가지고 있다. 그리고 사랑의 힘을 빌려 평화는 회복된다. '아사달
과 아사녀의 나라'는 완충 지대를 꿈꾼다. 그곳에는 전쟁이 아닌 평화
가, 대립이 아닌 화해가 숨쉬고 있다.
　그러나 '제국—식민'의 대립 구도에서 완충 지대란 존재하지 않는다.
그것은 희망 사항이거나 착각이거나 가진 자의 특권일 뿐이다. 힘의 논
리가 지배하는 '제국—식민'의 대립 구도 속에서는 평화란 있을 수 없기

때문이다. 전쟁은 늘, 어디에나 있다. 어찌 보면 가시적으로 드러나지 않는 전쟁, 일상의 전쟁이 훨씬 더 치명적이다.

> 아스란 말일세. 平和한 남의 무덤을 파면 어떡해, 田園으로 가게, 田園 모자 라면 저 숱한 山脈 파 내리게나.

> 고요로운 바다 나비도 날으잖는 봄날 노오란 共同墓地에 소시랑 곤두세우고 占領旗 디밀어 오면 고요로운 바다 나비도 날으잖는 꽃살 이부자리가 禮儀가 되겠는가 말일세.

> 아스란 말일세. 잠자는 남의 등허릴 파면 어떡해. 논밭으로 가게 논밭 모자라 면 저 숱한 山脈, 太白 티벹 파밀高原으로 기어 오르게나. 하늘 千萬개의 삽으 로 퍽퍽 파헤쳐 보란 말일세.

> 아스란 말일세. 흰 젖가슴의 물결치는 거리, 소시랑 씨근대고 다니면, 불쌍한 機械야 景致가 되겠는가 말일세.
> 간밤 평화한 나의 조국에 기어들어와 사보뎅 심거놓고 간 자 나의 어깨 위에 서 사보뎅 뽑아가란 말일세.
>
> ―「機械야」(『전집』, 49~50면) 부분

기계가 작동하는 논리는 침략의 논리, 제국의 논리와 유사하다. 공동 묘지에 소스랑 곤두세우고 함부로 들어와 남의 무덤을 파헤치는 기계의 작동 방식은, "간밤" 평화로운 "나의 조국에 기어들어와 사보뎅" 심어놓 고 간 자의 침략의 논리와 닮은꼴이다. 무단 침입에 의해 이 땅은 사막 화된다. 시인이 기계가 작동하는 근대화의 방식, 즉 문명의 움직임에 대 해 비판적인 이유는 근대화, 문명화라는 것이 본질적으로 권력에 의해 움직이는 침략의 속성을 지니고 있음을 모르지 않기 때문이다. 그것은 '제국-식민'의 이항 대립이 안고 있는 속성이기도 하다.

1960년대는 경제 개발의 논리에 따른 기계화, 근대화가 본격적으로

이루어진 시대이다. 4·19로 분출되었던 자유에 대한 갈망은 군부의 쿠
데타와 이어지는 독재에 의해 좌절되고, 근대화를 지향하는 개발과 속
도의 논리가 이후 사회의 주류 담론을 형성하게 된다. 신동엽 시인은 속
도의 논리야말로 자본의 논리임을 간파한다. 「밥」이라는 시에서 그는
"중학교 원서 접수시키러 구멍가게 골목 / 종종치던 종아리"와 "아세아
대륙 누우런 벌판을 / 군화 묶고 행진하던 발과 다리"와 "부지런히 신무
기를 싣고 뛰어내리던 / 이유없는 발톱"이 속도의 논리에 의해 지배당한
다는 점에서 다르지 않음을 말한다. 근대화를 지향하는 사회는 속도와
경쟁의 논리에 이끌리게 된다. 남들보다 한발 빠른 것이 미덕이 되는 순
간, 윤리는 사라지고 치열한 경쟁만이 남게 되는 것이다. 남들보다 앞서
는 것은 능력이자 선(善)이 되고, 느림은 남들에게 뒤쳐지는 무능력이자
악(惡)으로 둔갑하게 된다. 선악의 이분법은 신동엽의 시에서 다양하게
변이된다. 도시↔고향, 문명↔자연, 빠름↔느림의 이항 대립은 결국 '제
국—식민'의 이분법이 낳은 것들이다. 그는 전자보다 후자를 예찬하는
방식을 선택한다. 그것은 새로운 선악의 이분법에 의해 악으로 둔갑한
후자를 복원하려는 시도이다.

> 왜 쏘아.
> 그들이 설혹
> 철조망이 아니라
> 그대들의 침대밑까지 기어들어갔었다 해도,
> 그들이 맨손인 이상
> 총은 못 쏜다.
>
> 왜 쏘아.
> 우리가 설혹
> 쓰레기통이 아니라
> 그대들의 板子·안방을 침범했었다 해도

우리가 맨손인 이상
총은 못 쏜다.

쏘지 마라.
솔직히 얘기지만
그런 총 쏘라고
朴첨지네 기름진 논밭,
그리고 이 江山의 맑은 우물
그대들에게 빌려준 우리 아니야.

罰 주기도 싫다
머피 일등병이며 누구며 너희 고향으로
그냥 돌아가 주는 것이 좋겠어.

솔직히 얘기지만
이곳은 우리들이
백년 오백년 천년을 살아 온
아름다운 땅이다.

— 「왜 쏘아」(『전집』, 111~112면) 부분

해방 이후 일본 제국주의는 공공의 적이 되어 버린다. 누구나 돌을 던질 수 있었으며, 그것이 특별한 일도 아니었다. 반일(反日)은 더 이상 역사의 첨단이 아니었다.[5] 이제는 문화제국주의라는 다른 얼굴을 한 미국을 위시한 서구(물론 여기에는 문화를 앞세운 제국주의로서의 일본도 포함된다)라는 존재가 과거 일본의 자리를 차지하게 된다. 그리고 과거 친일의 세력과 뿌리깊은 곳에서 유착 관계로 얽힌다. 이들은 '제국─식민'의 대립

---

5) 물론 친일의 잔재를 청산하지 못한 역사적 과오는 '지금, 여기'의 일상에까지 무거운 그림자를 드리우고 있기는 하다. 탈식민주의 담론에서조차 한국적 특수성을 거론하는 민족주의의 복원이 힘을 얻는 데는 청산할 것을 한번도 제대로 청산해 보지 못한 이러한 역사적 맥락이 자리 잡고 있는 것이다.

을 동등한 우방의 관계로 위장한다. 그러므로 유혹에 지는 일이 허다해진다. 명분 없는 남의 나라끼리의 전쟁에도 이 땅의 젊은이를 내모는 얼토당토않은 일이 '국익'이라는 이름으로 행해지고 있는 '지금, 여기'의 환부를, 인용한 신동엽의 시는 정확하게 겨냥한다.

제2, 제3의 '효순이', '미선이'는 그들이 이 땅에 주둔한 이래 줄곧 있어 왔다. 초콜릿과 코카콜라가 난데없이 총칼로 둔갑하는 일이 종종 일어났던 것이다. 필요에 따라 수시로 얼굴을 바꿀 수 있으므로 그들이 쓴 가면, 문화제국주의는 더 곤혹스러운 상대라고 할 수 있다.

적어도 신동엽의 시는 그 가면의 정체를 정확하게 파악하고 있었다. 그는 일제에서 미제로 이어지는 제국주의의 본질을 간파하고 있었고, 1960년대를 지배한 속도와 개발의 논리가 그들과 긴밀히 관련되어 있었음을 알고 있었다. 그것은 우리의 눈앞에 나타난 새로운 적이자 악이었다. 제국주의에 의한 착취와 수탈의 욕망이, 인류의 운명을 되돌릴 수 없는 폭주기관차에 실어 놓을 거라는 위기의식을 시인은 분명히 가지고 있었다. '지금, 여기'의 인류의 문명이 '차수성(次數性)'의 세계에 속해 있다는 판단에 따라 신동엽은 '귀수성(歸數性)'의 세계로 돌아갈 것을 제안한다.[6] 폭주하는 도시 문명과 인류의 운명을 구원할 길은 자연과 고향이 지닌 안온함과 생명력밖에 없으며, 그것은 종교를 닮아 가는 시에 의해서 가능할 것이라는 결론에 마침내 신동엽 시인은 도달한다.

---

6) 신동엽, 「詩人精神論」, 『신동엽전집 증보판』, 창작과비평사, 1990, 364~369면.

3. 기원으로의 회귀

역사학도 출신답게 신동엽 시인의 역사 의식은 정확한 것이었지만, 그것이 바로 시가 되는 것은 아니었다. 도시↔자연, 제국↔식민, 지배↔피지배의 이분법적 역사 인식 속에서 시인으로서의 신동엽이 선택한 길은 기원을 거슬러 올라가는 방식이었다. 백제의 석공 부부 아사달과 아사녀가 민중의 상징으로 새롭게 떠오르고, 전봉준 · 신하늬로 대표되는 수많은 이름 모를 동학군이 시인에 의해 새롭게 호명된다. '지금, 여기'의 억압받는 민중은 아사달과 아사녀, 그리고 이름 모를 동학군의 얼굴로 환생한다. 조선시대를 거쳐 멀리 삼국시대까지 거슬러 올라가는 과거로의 귀환을 통해 시인은 우리의 것에 대한 우월주의를 회복하고자 한다. 새롭게 등장한 적, 문화라는 가면으로 위장한 제국주의를 극복할 수 있는 방법으로 시인은 민족주의를 제창한다. 그는 아사달, 아사녀, 동학농민군 등 과거 역사 속의 민중들을 소환해 온다. 시인이 그리는 민족의 뿌리가 백제와 닿아 있다는 점에서 그의 민족주의는 과거 회귀적인 것으로 비판받기도 했다. 역사의 연속성을 보여주려는 의도였겠지만, 당대의 문제를 과거로 돌려놓음으로써 문제의 본질을 희석시켰다는 혐의로부터 그의 시는 사실 자유롭지 못하다. 다만, 그 뿌리가 아무 것도 가진 것 없는 백성들의 역사, '역사' 바깥으로 내몰렸던 민중들의 역사와 맞닿아 있다는 점에서 신동엽의 시는 1960년대라는 자장 안에서는 첨단을 이룬다. 김수영과 신동엽은 그들이 나아간 방향이나 도달한 지점이 달랐고, 문제를 파악하는 방식도 달랐지만, '제국─식민'의 구도가 당대의 현실에 관여하는 방식에 대한 문제의식은 분명히 공유하고 있었다.

四月十九日, 그것은 우리들의 祖上이 우랄高原에서 풀을 뜯며 陽달진 東南亞 하늘 고흔 半島에 移住오던 그날부터 三韓으로 百濟로 高麗로 흐르던

江물, 아름다운 치마자락 매듭 고흔 흰 허리들의 줄기가 三·一의 하늘로 솟았다가 또 다시 오늘 우리들의 눈앞에 솟구쳐 오른 阿斯達 阿斯女의 몸부림, 빛나는 앙가슴과 물구비의 燦爛한 反抗이었다.

물러가라, 그렇게
쥐구멍을 찾으며
검불처럼 흩어져 歷史의 下水口 진창 속으로
흘러가버리렴아, 너는.
汚辱된 權勢 咀呪받을 이름 함께.

어느 누가 막을 것인가
太白줄기 고을고을마다 봄이 오면 피어나는
진달래·개나리·복사

알제리아 黑人村에서
카스피海 바닷가의 村아가씨 마을에서
아침 맑은 나라 거리와 거리
光化門 앞마당, 孝子洞 終點에서
怒濤처럼 일어난 이 새피 뿜는 불기둥의
抗拒……
冲天하는 自由에의 意志……

길어도 길어도 다함없는 샘물처럼
正義와 울분의 行列은
億劫을 두고 젊음쳐 뒤를 이을지어니

온갖 榮光은 햇빛과 함께,
소리치다 쓰러져간 어린 戰士의
아름다운 손등 위에 퍼부어지어라.
　　　　　　　　— 「阿斯女」(『전집』, 17~18면) 부분

신동엽의 시는 확장적 상상력을 보여 준다. 종적으로는 아사달, 아사녀가 살았던 과거의 시간으로 거슬러 올라가고, 횡적으로는 다른 피지배지들과 연대한다. 4·19의 함성을 들으며 시인은 우리들의 '머언 조상'이 우랄 고원(高原)에서 풀을 뜯으며 양달진 동남아 하늘 고운 반도에 이주해 오던 그 날을 떠올린다. 한반도의 역사를 시작한 먼 조상의 기원의 핏줄기는 삼한으로 백제로 고려로 흘러내린다. 발가벗은 백성의 표상인 아사달 아사녀의 몸부림은 1919년 3월 1일의 하늘로 솟아올랐다가 1960년 4월 19일의 함성으로 이어져 내려온다. 종적으로 이어져 내려오는 역사의 한가운데 주인으로 서 있는 자는 '아사녀, 아사달'들이다. 신동엽이 시를 쓰던 1960년대가 민족주의 담론에 기반한 민족문학이 본격적으로 펼쳐지기 이전이라는 사실을 기억한다면, 민중에 뿌리를 둔 그의 민족주의적 역사관은 시대를 앞선 것이었다고 평가할 수 있겠다.

그러나 '지금, 여기'의 관점에서 보면 기원으로 회귀하는 그의 역사의식이 결과적으로는 당대의 문제를 희석시키는 결과를 초래했음을 지적하지 않을 수 없다. 신동엽의 이분법적 역사 인식은 눈앞의 적을 분명히 파악하고는 있었지만, 그 적의 위험도에 대해서는 다소 낙관적이었다. 역사와 민중의 힘에 대한 강한 신뢰의 시선을 지니고 있었던 신동엽 시인에게 어쩌면 그들은 "정의와 울분의 행렬"에 의해 반드시 물리칠 수 있는 대상에 지나지 않았을 것이다. 동시대를 살았던 김수영 시인이 회의하는 자였다면, 신동엽 시인은 신뢰하는 자였다. 신념의 눈으로 바라보는 시인의 눈에는, 카멜레온처럼 다양한 가면으로 위장하는 치명적인 적의 속성이 잘 보이지 않았는지도 모르겠다. 그러므로 그는 근대에 대한 선망과 경멸 사이에서 단호하게 경멸의 자리를 선택할 수 있었는지도 모른다.

'지금, 여기'와의 관련을 생각해 볼 때 오히려 흥미로운 것은 그의 시에 간혹 나타나는 타자들끼리의 연대감이다. 제국주의 아래에서 신음하는 식민지라는 점에서 "아침 맑은 나라"의 거리와 "알제리아 흑인촌"과

"카스피해 바닷가의 촌아가씨 마을"이 비슷한 처지임을 시인은 자각한다. 신동엽의 시에서 그것은 대체로 제국주의에 저항하는 반제국주의의 연대를 형성한다. 물론 그것이 이분법적 힘의 논리를 궁극적으로 극복할 수 있는 대안이 되겠느냐고 묻는다면 우리의 대답은 그다지 긍정적이지는 못할 것이다. 이 혼종적인 세계에서 우리와 우리 아닌 것을 선명히 나눌 수 있을 거라고는 기대하기 힘들다. 신동엽의 시가 과거로 회귀하고 횡적으로 연대하는 확장적 사유를 보여주면서도 철저하게 당대적, 혹은 근대적이라는 한계를 지녔던 까닭은 그의 시가 근원적으로 가지고 있었던 이분법적 사유에서 찾을 수 있을 것이다.

갑오농민전쟁의 주체이자 민중 영웅인 '신하늬'와 그의 사랑하는 여인 '인진아'가 주인공으로 등장하는 서사시 「금강」은 신동엽 시인이 4·19 정신의 연원을 어디서 찾고 있는지를 단적으로 보여 준다. 핍박받던 민중들이 봉기한 동학 농민군의 정신이 4·19에로 면면히 이어져 내려오는 것이다. 머슴의 아이는 생명으로 여기지도 않아 함부로 마당에 내던지고, 머슴의 여자마저 아무런 죄의식 없이 취했던 '김진사'는 봉건 지주로서의 양반을 대표하는 인물이다. 김진사에게 모든 것을 빼앗긴 신하늬는 전봉준과 의형제를 맺고 동학군에 가담하게 된다. 동학 사상은 위아래가 없는 평등한 세상을 희구할 뿐만 아니라, 생명을 가진 존재를 모두 "한울님"이라고 생각하는 생명존엄의 정신을 포교한다(「금강」, 『전집』, 168~169면). 반제 반봉건을 외쳤던 동학의 정신은 4·19의 정신으로 계승된다. 억압으로부터의 자유와 해방을 위한 봉기였다는 점에서 이들은 상통한다.

4. '상상된' 모성, 혹은 대지

신동엽 시인이 4·19 정신의 기원으로 삼고 있는 '아사녀'와 '동학'은 궁극적으로 하나이다. 석가탑에 얽힌 전설과 신동엽의 시와 오페레타 「석가탑」에 등장하는 '아사녀'를 참조할 때, '아사녀'는 대지적 모성의 상징이다. 낭군 아사달이 보고 싶어도 그의 일을 그르치지 않기 위해 하염없이 님을 기다리는 수동적인 인물로 아사녀는 그려진다. 결국 아사녀는 그리움을 이기지 못해 연못에 뛰어들어 자살을 한다. 그러나 오페레타 「석가탑」에서는 아사녀와 아사달이 나뉜 게 아니라고 한다. 죽음이 이들을 갈라놓은 것이 아니라 죽음으로써 오히려 그들을 가로막고 있는 경계를 뛰어넘은 것이라고 한다. 민중적 상상력에 기반을 둔 우리 민족의 뿌리인 '아사녀'는 힘의 논리와 공적인 영역에 의해 희생당한 가치이자 피지배자로서의 여성이다. 수탈의 대상이라는 점에서는 대지도 마찬가지이다. '어머니—대지'라는 표현이 자연스럽게 느껴지는 것은 그 때문인지도 모른다. 신동엽은 대지적 상상력에 기반한 '아사달—아사녀'의 설화로 회귀함으로써 역사의 바깥에 내몰렸던 타자들을 역사 안으로 소환하는 일을 감행한다.

여성과 대지는 신동엽의 시에서 착취와 수탈의 대상으로 등장한다. 순결하고 고귀한 여성이 탐욕스러운 탐관오리나 착취자에게 희생되는 서사는 매우 익숙한 것이다. 아무리 짓밟혀도 봄이 오면 다시 싹을 틔우는 대지처럼 신동엽의 시에 등장하는 아사녀들도 질긴 생명력을 가지고 있다. 신동엽의 시에는 도시↔대지, 문명↔자연, 침략자↔피해자의 이분법이 여전히 작용하고 있는데, 이분법을 넘어서는 하나의 대안으로서 시인이 제시하는 것이 바로 생명의 문제이다.

六月의 하늘로 올라 보아라.

黃眞伊 마당가 살구나무 무르익은 고렷땅, 놋거울 속을 아침 저녁 드나들었
을 눈매 고흔 百濟 미인들의.
　지금도 飛行機를 바라보며 하늘로 가는 길가엔 고개마다 괴나리봇짐 쇠바퀴
밑으로 쏟아져 간 흰 젖가슴의 물결치는 아우성 소리를 들어 보아라.
　　　　　　　　　　— 「阿斯女의 울리는 祝鼓」(『전집』, 24면) 부분

　6월의 하늘에는 전쟁의 상흔이 남아 있다. 괴나리봇짐 메고 피난 가
다가 쇠 바퀴 밑에 깔리거나 전장의 소용돌이에 휘말려 희생되어 간 여
인들의 아픈 삶이 그곳에는 어려 있다. 비행기의 소음 속에서는 슬픈 역
사의 현장에서 사라져 간 여인네들의 아우성 소리가 지금도 들리는 듯
하다. 멀리는 안타까운 죽음을 맞이한 석공의 아내 아사녀로부터 황진
이에게로 이어졌다 다시 임진왜란과 갑오농민전쟁과 6·25와 4·19를
거치면서 역사의 희생양이 되어 온 여인들의 삶에 시인은 주목한다.
　"젖가슴의 물결치는 아우성 소리"로부터 아사녀의 생명력은 분출한
다. 수많은 전쟁의 포화를 겪은 후에도 상처 없이 누워 있는 "우리들의
전답(田畓)"처럼 죽음 후에도 아사녀의 생명력은 지속된다. '제국—식민',
'가해자—피해자'의 이분법이 작동하고 있는 신동엽의 시에서는 '남성=
가해자', '여성=피해자'라는 또 하나의 도식이 암암리에 작용하고 있다.
문명을 일으키고 문명의 극단적 분출인 전쟁을 일으키는 광기 어린 행
동이 남성들에 의해 저질러지는 반면, 여성들의 삶은 남성들이 일으킨
전쟁에 의해 일방적으로 희생당하고 핍박받는다. 그러나 서로가 서로를
죽이는 무참한 전쟁 후에도 여성들은 전쟁의 포화가 휩쓸고 간 거리에
남아 새 생명을 일군다. 남성의 역사가 파괴에 이끌리는 반면, 여성의
역사는 생성에 이끌린다는 사실에 시인은 주목한다.
　이러한 신동엽의 생각은 「여자의 삶」이라는 시에 단적으로 나타나 있
다. 여성 화자는 다음과 같이 말한다. "나는 밭, / 누워서 기다리고 있어요
/ 씨가 뿌려질 때를."(『전집』, 319면) 생명의 터전으로서의 밭과 여성은 마

침내 동일시된다. 그러나 여성 화자의 말을 인용한 것임을 문장 부호를 통해 시인이 극구 밝히고 있지만 그곳에서 울려 퍼지는 것은 남성 중심적 시선으로 바라본 여성의 목소리이다. 여성의 목소리를 빌린 것일 뿐 그 안의 페르소나는 남성이다. 비록 씨를 선택하는 자유를 부여해 주기는 했지만, 가만히 누워 씨를 받는 밭으로서 여성이 기능하기를 바라는 것은 어디까지나 남성 중심적인 시선이다. 남성적 시선은 여자에게 모성이라는 이름의 환상을 덧씌운다. "女子는 / 집. / 집이다, 여자는. / 남자는 바람, 씨를 나르는 바람. / 여자는 집, 누워있는 집"(「女子의 삶」, 『전집』, 321면)은 신동엽의 여성관을 단적으로 보여 주는 구절이다. 그는 여성의 알몸에 평화와 생명과 모성이라는 이름의 신성(神性)을 낙인찍으려 한다. 그리하여 근대적인 여성도 모성이라는 환상을 벗어 던지지 못한다.

모성은 동물적 본능 이상이 아닐 수도 있다. 모성에 부여된 신성(神性)의 이미지는 남성 페르소나에 의해 상상된 것일 가능성이 농후하다. 그 기원이 남성 중심의 가부장제 사회와 관련되어 있을 거라는 추정이 그리 터무니없어 보이지는 않는다. 그러나 신동엽의 시는 거기까지 나아가지는 못한다. 그에게 씨를 뿌리는 밭으로서의 대지와 생명의 근원으로서의 여성은 동일시된다.

그러므로 신동엽의 시에 등장하는 여성은 순결하고 고귀한 선망의 대상이다. 치유의 능력을 지닌 위안의 대상이자 남성의 힘으로 언제든지 감싸안을 수 있는 보호의 대상. 그것이야말로 '상상된' 모성의 실체이다.

5. 명령과 직설의 수사학

신동엽의 시에는 선언적인 어조가 자주 등장한다. 그것은 종종 명령법에 의해 수행된다. 명령이 청자에게 어떤 행위를 요구하는 적극적인 발화 형식이라는 점을 기억할 때, 명령형이 쓰인 신동엽의 시가 청자를 의식하고 있었음은 자명하다. 명령형을 사용함으로써 시인은 청자와 독자에게 무언가를 촉구하고 있는 것이다.

껍데기는 가라.
四月도 알맹이만 남고
껍데기는 가라.

껍데기는 가라.
東學年 곰나루의, 그 아우성만 살고
껍데기는 가라.

그리하여, 다시
껍데기는 가라.
이곳에선, 두 가슴과 그곳까지 내논
아사달 아사녀가
中立의 초례청 앞에 서서
부끄럼 빛내며
맞절할지니

껍데기는 가라.
漢拏에서 白頭까지
향그러운 흙가슴만 남고
그, 모오든 쇠붙이는 가라.

—「껍데기는 가라」(『전집』, 67면)

단호한 명령형의 어조가 인상적인 그의 대표적 시이다. "껍데기는 가라"라는 타협의 여지가 없는 명령을 반복함으로써 시인은 모든 허위 의식을 벗어 던질 것을 강하게 요구한다. 기승전결의 구성을 따르면서 "껍데기는 가라"라는 핵심 문장을 이 시는 여섯 번 반복하고 있다. '껍데기-알맹이'의 대립이 이 시의 기본 구조를 형성하는데, 시에서 껍데기와 대체될 수 있는 것은 "쇠붙이"이다. 그리고 직접적으로 드러나 있지는 않아도 아사달 아사녀가 입고 있었던 옷도 '껍데기'의 계열에 속한다. 반면에 '알맹이' 계열에 속하는 것으로는 "동학년 곰나루의, 그 아우성"과 벌거벗은 "아사달 아사녀"와 "향그러운 흙가슴"이 있다. 그것은 모든 가식과 허위의 옷을 벗어버린 원시의 상태를 은유한다. 원시의 반대편에 서는 것은 "쇠붙이"로 제유된 문명이다. 시인은 허위와 가식으로 치장한 문명을 내몰고, 타자의 자리로 소외되어 있었던 알맹이들을 주체로 소환한다. 그것은 민중을 역사의 주체로 중심에 세우려는 시도와 관련된다.

김수영이 타인을 속이고 자기까지 속이는 기만의 태도에 대해 일찌감치 관심을 가지고 자기의 허위의식을 무서우리만큼 파헤친 데 비해, 신동엽의 시는 허위를 까발리는 방식도 훨씬 더 단호하고 단순하다. 사태를 낙관적으로 파악하는 태도가 그의 시에 신념에 찬 어조를 불어넣은 셈이다.

6. 사라진 흔적

매혹 당한다는 자각조차 없이 서구화의 논리에 매혹 당했던 1960년대를 반성적 시선으로 돌아볼 때 신동엽이 이룩한 공과(功過)는 의미심장하다. 그는 적어도 제국주의의 논리에 포획 당하지 않으며 민족의 정체성에 대해 사유하고자 했다. 식민지 지식인의 후예로서 살기를 거부하는 몸짓을 우리는 그의 시로부터 읽을 수 있었다. 그러나 완강한 신념은 또한 그에게 한계로서 작용하기도 했다. '침략자—수탈자', '지배자—피지배자', '제국—식민'의 이분법적 담론이 지닌 한계로부터 벗어나지 못했다는 점에서 그의 시는 당대적이었고 또한 근대적이었다. 역사학도 특유의 미래에 대한 낙관적 전망이 그로 하여금 신념에 찬 어조로 노래하게 했는지도 모르겠다. 이분법적 대립 구조를 띠고 있는 그의 시에서는 대개 단호하고 확신에 찬 어조와 완강한 윤리의 시선이 느껴진다. 바로 이런 특징이 신동엽을 민족 시인으로 자리매김하게 했지만, 역설적으로 말하면 민족 시인이라는 한계에 그의 시를 가둬 두기도 했다.

문화제국주의의 치명적인 매혹에 대해 인정하지 않은 점이야말로 신동엽이 김수영과 갈라지는 결정적 차이라고 할 수 있다. 신동엽이 김수영을 매우 높이 평가했으면서도 그를 역사와 사회에 대해 수동적인 자세를 취한 "시민 시인"의 자리에 귀속시킨 까닭은 그들 사이의 근본적 차이 때문이었을 것이다.[7] 신동엽에게서 근대적인 것이나 도시적인 것에 대한 매혹의 흔적을 발견하기란 쉽지 않다. 반어적인 어조를 띠고 있는 「아니오」라는 시의 한 구절, "차마, 옷 입은 도시(都市)계집 사랑했을리야"에서 어렴풋이 도시계집에 대한 끌림을 느낄 수 있을 뿐이다. 그러나 신동엽은 이러한 이중성을 깊이 탐색해 들어가지는 않는다. 김수영과 달리 그의 관심은 그곳을 향해 있지 않았다.

선망과 경멸의 이중성을 인정하려 들지 않는다는 점에서 신동엽의 민족주의는 또 하나의 파시즘이 될 위험을 안고 있었다. 물론 그는 확장적 상상력을 통해 기원으로 회귀하고 횡적인 연대감을 확보함으로써 대립을 넘어선 화해와 사랑에 관심을 기울이기는 한다. 그것은 1960년대의 시인으로서 신동엽이 새롭게 나아간 지점인 동시에 그의 한계가 된다. 과거로부터 소환된 '아사녀'는 '지금, 여기'에서 길을 잃고 행방이

---

7) 신동엽, 「六十年代의 詩壇 分布圖」, 『신동엽전집 증보판』, 창작과비평사, 1990, 378면.

묘연해질지도 모른다. 순수한 아사녀가 '지금, 여기'의 악마적인 이중성을 견뎌낼 수 있을 거라고 믿기에는 우리는 이미 순진하지 않은지도 모르겠다. 신동엽의 공과(功過), 바로 그 지점에서 우리의 현대시에 대한 사유는 새롭게 시작되어야 할 것이다. **(2004)**

몸으로 쓰는 시, 새로운 수사학의 힘[1]

이대흠론

1. 시인과 광인

풍차를 향해 돌진하던 돈키호테는 이 시대의 시인을 표상하는 하나의 기호로 읽을 수 있다. 기사라는 존재가 이미 화석화되어 버린 시대에 논키호테는 홀로 시대착오적인 기사로서의 삶을 살아간다. 차이를 인식하지 못하고 유사성의 기호만을 발견하는 돈키호테에게는 풍차가 적군으로 보이고 여관이 성으로 보이는 등의 착란이 일어난다. 말과 사물의 행복한 일치가 깨져 버린 시대에 홀로 유사성을 발견하며 살아간다는 점에서 시인은 돈키호테 같은 광인과 닮았다. 마술의 영역이 과학에 의해

---

[1] 이 글은 2000년에 『문예연구』에 발표한 글인데, 2001년에 이대흠의 두 번째 시집 『상처가 나를 살린다』가 출간된 이후에 두 번째 시집에 대한 분석을 추가했다. 이 글의 5장이 주로 추가된 내용에 해당된다.

축소되고 축출되어 버린 시대에 시인은 몸에서 우주의 신비를 읽어낼 줄 아는 유일한 존재인지도 모른다. 일찍이 푸코는 유사성을 그것을 표현하는 기호에까지 끌고 가는 존재로서 시인을 광인과 구별한 바 있다.

과학기술 문명이 고도로 발달한 인터넷 시대에 언어의 위의를 믿는 시인이라는 존재는 설 자리를 잃어가고 있다는 점에서도 광인과 유사하다고 할 수 있다. 사회적인 통념이나 일상적인 언어 코드로는 그들의 언어를 이해할 수 없다는 점에서 이들은 닮은꼴이다. 어쩌면 시인은 정상인과 광인의 경계에 서 있는지도 모르겠다. 광기를 지향하면서도 광기의 지대에 갇히지 않도록 끊임없이 긴장해야 하는 정신의 강렬도가 시인에게는 요구된다. 하지만 말과 사물이 어긋나고 언어의 위의가 사라지고 풍자의 힘을 상실한 언어유희가 일상어 속에서 증식되고 있는 이 시대에, 말과 사물의 일치를 속 편하게 노래하는 시인은 흔치 않다. 우리의 삶으로부터 유리된 우주와 자연은 시에서도 이제 더 이상 강렬한 아우라를 내뿜지 않는다. 인간과 자연의 행복한 일치를 노래한 아름다운 시 앞에서도 우리 현대인은 이중적인 감정을 경험하게 된다. 아름다움에 대한 찬탄과 함께 우리의 시선을 붙드는 것은 일말의 의구심이다. 삶으로부터 유리된 우주 혹은 자연이 일으키는 공감의 힘을 온전히 믿을 수 없기 때문이다.

그런데 이대흠의 시에서는 몸과 우주를 동일시하는 사유가 다시 발견된다. 그는 우주, 자연은 물론 일상의 온갖 사물에서 몸을 발견한다. "내 몸엔 탐진강이 흐르고 있으며 / 북한산과 용두봉이 둥지를 틀고 있다 / 나는 이미 한강의 일부이며 그 강은 / 나의 일부이다 나는 매일 / 이 땅의 산과 강으로 호흡한다."(「눈물 속에는 고래가 산다」) 시인의 몸과 자연은 자연스럽게 하나가 된다. 그의 시에는 유사성의 원리가 다시 작동하고 있다. 이대흠에게 모든 풍경은 몸의 은유이다. 상투적일 수도 있는 이러한 은유가 이대흠의 시에서는 강한 맥박과 다소 거친 호흡으로 역동적으로 다가온다. 꿈틀대는 생명력까지 느껴진다. 우리는 여기서 유사성의 상상력에 역동적인 힘을 불어넣는 이대흠 시의 원천이 궁금해지지 않을 수 없다. 낡은 것에 생명력을 부여하는 힘이야말로 우리가 2000년대의 서막에서 이대흠의 시를 논해야 하는 이유이다.

2. 역동적인 육체적 상상력

이대흠의 시는 자연 현상, 삶의 현장, 노동 체험 등의 시적 대상을 몸의 언어로 감지한다. 그의 시에서는 살아 있는 몸이 스스로 움직이며 직접 말한다. 이대흠의 시에 남성적이니 역동적이니 하는 수식어가 따라붙는 이유가 바로 여기에 있다. 홍정선이 「비독창적인 그러나 독창적인 시」(『현대시학』, 1997.6)에서 이대흠 시의 본질을 에로티시즘이라 규정한 것은 그런 점에서 탁견이라 하지 않을 수 없다.

> 불현듯 연숲으로 달디단 바람 불고
> 엉덩이만한 잎새들
> 깔깔깔 들썩이네
> 팔월 땡볕
> 하늘이 쩌억 갈라져 자꾸
> 재채기 나오려 하네
> 햇살, 양수처럼 뿌려지네
>
> 연꽃 피네
>
> ─「연꽃 피네」2) 부분

2) 이 글에 인용한 시의 대부분은 이대흠의 시집 『눈물 속에는 고래가 산다』(창작과비평사, 1997)와 『상처가 나를 살린다』(현대문학북스, 2001)에 수록된 것이다. 5장과 6장

농염한 여름날 땡볕 아래 노니는 남녀의 모습에서 시인은 생동하는 자연을 본다. 바람에도 냄새가 있고 느낌이 있다. 도심에서 부는 바람과 산에서 부는 바람이 다르고, 비를 부르는 바람과 비 온 뒤의 바람은 또 느낌이 다르다. 시인은 연숲에 부는 바람이 연인들의 모습을 닮아 간다고 느낀다. "엉덩이만한 잎새들"이 "깔깔깔 들썩이"는 모습은 젊은 연인들의 모습마냥 팔월의 땡볕 아래서도 건강한 아름다움으로 빛난다. 원초적인 에로티시즘이 풍기는 건강함이야말로 이대흠의 시가 지닌 강한 매력이다. 연인들은 물론 연숲의 바람과 나무, 하늘과 태양도 서로 사랑을 나누고, 그 사랑에 힘입어 연꽃도 핀다. 온 생명이 개화하는 것이다.

> 소나기 내린다 저 인사불성의 사내
> 비 내린다 법도 도덕도 없이 비는
> 흙의 가슴이며 허벅지며
> 푹푹 찔러댄다 천년의 여인 흙은
> 불쑥불쑥 엉덩이를 들어올린다 음탕하게
> 한바탕 소나기 내린다 저 잡것들
> 후줄근한 땀방울 없이
> 눈에 보이는 데서 세상의 가장 은밀한 일을
> 치루어버린다 이윽고
> 비 그친 뒤 햇살 따스한 날
> 빠뿌쟁이 푸른 머리 툭
> 튀어나온다 그 여인으로부터
>
> ─「소나기 내린다」

인용한 시에 오면 원초적 에로티시즘은 한결 격정적이고 "음탕"한 모습으로 나타난다. 소나기 내려 땅이 패이는 장면에서 시인은 소나기와 흙 사이에 이루어지는 농밀한 사랑의 행위를 본다. 소나기가 쏟아질 때

에 인용한 시는 『상처가 나를 살린다』에서 주로 인용했고, 나머지 시는 첫 시집에서 인용했다. 다른 지면에 발표된 시를 인용한 경우에는 출전을 밝혔다.

마다 흙탕물이 튀어 오르고 하는 모습에서 원초적인 에로티시즘의 극치를 맛본 것이다. '법'과 '도덕'이 지배하는 인간 세상에선 이미 사라진 생명력이기 때문에 이런 풍경은 시인의 시선을 강하게 잡아끈다. "눈에 보이는 데서 세상의 가장 은밀한 일을" 치르는 것을 문명화된 사회의 인간은 생각할 수 없게 되었다. 자본주의 사회에서 그런 일은 상품화를 전제로 할 때만 가능하다. 거기에서는 격정도 꿈틀대는 생명력도 찾아볼 수 없다. 문명화되면서 내면화되어 버린 성적인 금기, 도덕 등은 성을 가장 깊숙하고 은밀한 공간—침실 혹은 안방—안에 가두어 버린다. 자본주의 사회에서 공공연하게 상품화되는 성은 한편으론 여전히 은밀한 뒷공론의 대상이 된다. 하지만 이런 일은 인간의 역사를 놓고 볼 때 근원적인 것도 역사가 오랜 것도 아니다. 시인은 우리가 잃어버린 생명력을 보여 줌으로써 우리를 둘러싼 문명에 간접적인 비판을 가한다. 한차례 격정이 지나가고 "빠뿌쟁이 푸른 머리"가 "툭 튀어나온다." 어머니 대지는 새 생명을 품은 것이다.

자연 현상에서 교합을 상상하는 시적 발상은, 몸에서 우주 자연을 발견하고 우주 자연에서 몸을 발견하는 유사성의 상상력으로부터 온다. 고전적이니 만큼 이미 낡은 방식이 이대흠에게서 빛을 발하는 이유는 원초적 에로티시즘이 뿜어내는 강렬한 생명력에 있다. 이제 그의 시에서 몸은 좀더 자유자재로 놀기 시작한다.

불현듯 내 갈비뼈가 튀어나와 내 곁에 눕는다 그 뼈는 지렁이가 되고 뱀이 되고 잉어가 되고 사슴이 되고 이슬이 되어 내 목을 핥는다 뼛속으로 바람 불고 그 뼈는 희고 둥근 울음을 울며 내 가슴으로 파고든다 그 뼈는 여자가 되어 내 옷을 벗긴다 내 가슴이 꽹과리처럼 운다 밤 깊어 그 뼈는 어머니가 되어 나를 낳는다 나를 낳은 내 갈비뼈가 툭 부러져서 썩어간다 구더기처럼 그 뼈를 갉아먹으며 나는 살아간다

—「불현듯 내 갈비뼈가」

이브는 더 이상 아담의 갈비뼈로 만들어진 수동적인 인물이 아니다. 시인의 인식 속에서 갈비뼈는 이미 살아 있는 독립된 것이다. '나'는 더 이상 갈비뼈를 통제할 수 없으며, 갈비뼈는 무엇이든 될 수 있다. 지금은 잃어버린 태초의 신비를 시인은 상상 속에서 재현한다. 불현듯 튀어나온 갈비뼈는 이제 무한한 가능성으로 열려 있다. 지렁이가 될 수도 있고 뱀이 될 수도 있고 여자가 될 수도 있다. 규정되지 않은 무한히 열린 가능성은 텍스트에 갇혀 버린 최초의 인간에게 생명력을 불어넣는다. 기원을 거슬러 올라가면 우리는 "나를 낳은 내 갈비뼈"와 만나게 된다. 그 대면은 우리를 자못 당혹스럽게 만들 것이다. 기원이란 대체로 우스꽝스럽거나 우연적이게 마련이다.

> 자신의 뿔로 들어가기 위해 소는
> 뒷다리를 뻗는다 서귀포에서 부산에서
> 뿔로 들어가 단단한 힘이 되어
> 세상의 고름을 터뜨리리, 소는 온몸을
> 뿔 쪽으로 민다 소의 근육을 따라 툭툭
> 햇살은 튕긴다 앞다리 들어 펄쩍
> 들어가고 싶다 소가 뛰면
> 뿔도 뛴다 젠장 명동에서 종로에서
> 뿔로 들어가고 싶은데 뿔은 또
> 저만치 앞서 있다 참을 수 없어 소는
> 속력을 낸다 뿔은 또
> 멀리 달아나고 뿔로 들어가고 싶어
> 소는, 나는
> 일생을
>
> —「이중섭의 소」

이중섭의 유명한 그림 〈소〉에서 시인은 인간의 끝없는 욕망을 읽는다. 살아서 그림 밖으로 튀어나올 것만 같은 소의 움직임은 대단히 역동적이다. 뿔로 들어가고 싶은 욕망과 소의 발길질은 긴장으로 똘똘 뭉쳐 있다. 결코 만날 수 없는 운명으로 인해 욕망은 더욱 강렬해진다. 뿔로 달려들고 싶어 힘차게 발길질을 하면 그만큼 다시 달아나는 뿔은, 욕망과 그 실현 사이의 길항 관계를 상징적으로 보여 주는 듯하다. 몸만큼 욕망에 솔직한 것도 없다는 점에서 몸은 욕망을 표현하는 데 매우 적절한 기표이다. 「눈물 속에는 고래가 산다」에서 사용된 몸의 은유들— "내 안의 보일러," "그대 향한 내 마음 욕정의 물탱크실"—은 현대 도시인의 욕망을 표상한다. 몸을 세균과 질병에 내맡기고도 "내 몸 안의 길들은 무너지지 않는다." 욕망을 품은 몸은 병들어 있지 않고, 오히려 생동감이 넘친다. 몸을 긍정하는 건강한 사유는 마침내 이 시의 마지막 두 행에서 "살아 있다는 것"을 찬양하는 생명에 대한 인식으로 나아간다. 눈물 속에서 고래가 사는, 논리적인 세계에서는 불가능한 일이 몸의 언어로 이루어진 유사성의 세계에선 가능해진다. 병든 문명이라는 "외길"에서도 '나'는 건강한 생명력을 꿈꾼다. 바닷속에서도 이제 고래는 잘 살지 않는다. 그러나 "눈물 속에는 고래가 산다." 고정된 기의와 기표의 관계를 벗어나는 순간 전복은 곳곳에서 일어난다.

이대흠의 시에서 묘지와 젖가슴을 동일시하는 상상력이 종종 나타나는 것도 이러한 맥락에서 보면 자연스럽다. 젖가슴과 무덤을 동일시하는 사유는 단지 둥근 모양의 유사성 때문만은 아니다. 그의 시를 지배하는 건강한 에로티시즘의 언어, 생명력의 언어가 무덤을 젖가슴으로 인식하는 사유의 전환을 가져온다. 이러한 유형의 시 「당대는 가려워」에서 화자는 물이 넘는다는 뜻의 '수유'에서 발음의 유사성으로 인해 '授乳'를 연상한다. 그러나 그것은 이미 기의를 상실한 기표일 따름이다. 4·19 묘지가 있는 수유리에서 아무도 "그 젖을 빨지 않고 / 역사는 가벼이 / 담장 너머로 사라진다." 열사가 상품화되고 과거의 아픔이 가벼이 돈으로 거래되거나 쉽게 잊혀지는, "신문을 보지 않"게 된 시대가 바로 가려움증의 원인이다. 「당대는 가려워」에서 시인은 언어유희를 통해 세태 비판을 시도한다. 언어유희가 획득한 풍자의 힘이 우리의 가려움을 "득득 긁어" 주기를 바라는 것이다.

이대흠의 유사성의 언어에 힘을 실어 주는 원천은 건강한 육체적 상상력에 있다. 병든 도시 자본주의 사회에서 건강한 육체, 생명력 넘치는 육체만을 노래할 때 사실 우리는 그 진정성을 의심해 보지 않을 수 없다. '건강'이 돈의 지표이자 권력의 지표가 된 시대에 우리가 살고 있으니 말이다. 오히려 이런 사회에서는 퇴폐미가 진정성을 갖는다. 그럼에도 불구하고 이대흠의 시에서는 유사성의 상상력에 기반한 건강한 에로티시즘이 자연스러운 울림을 갖는다. 그것은 몸으로 사유하는 노동자의 시선이 없이는 획득하기 어려운 경지일 것이다.

3. 백석·김수영·백무산, 그리고 이대흠

당대의 시인을 논하면서 그에게 흔적으로 남아 있는 오래 전의 시인들을 거론하는 방식은 그 시인에게 그다지 유리하지 않을 수도 있다. 사실 당대의 모든 시인에게는 과거 시인들의 흔적이 알게 모르게 스며 있을 것이다. 희미한 흔적들을 모두 찾아내는 것은 불가능할 뿐만 아니라 큰 의미도 없다. 거슬러 올라가 기원을 찾는 일은 다소 잔인한 일이 될 수도 있을 것이다. 그러나 이대흠의 경우에는 그를 있게 한 선배 시인들의 자리를 돌아보고 그로부터 그가 벗어나 있는 지점을 확인하는 일이 그의 시를 이해하는 데 도움이 된다.

"백석이 죽었고 수영이 죽었고 훗날/ 나도 죽었다"(「담배 피우는 남자」)는 시인의 언급에 기대지 않고도 이대흠의 시에서 백석이나 김수영·황지우·백무산 등의 흔적을 찾기는 어렵지 않다. 그러나 여기서 중요한 것은 이들 사이의 영향 관계가 아니다. 영향 관계에 집착하는 시각은 더 중요한 것을 못 보게 하는 한계를 갖기 쉽다. 여기서 내가 주목하고자 하는 것은 유사성이 아니라 차이를 확인하는 것이다.

이대흠의 시에 남아 있는 백석의 흔적은 대개 여러 편의 시에 잘 녹아 있어서 한두 편의 시를 인용하고 논하는 방식은 그다지 적절하지 않다. 그것은 다른 시인의 경우도 마찬가지이기는 하나, 백석의 경우가 가장 심하다. 따라서 이 테마는 좀더 많은 지면을 필요로 하지만, 여기서는 이대흠의 자리를 확인하기 위해 다소 편의적인 방법을 택하기로 한다.

> 아버지 구멍가게 했었네 새우깡처럼 바삭 마른 손으로 막걸리를 퍼 주고 외상장부 정리했지 마을 회관 한 모퉁이 아버지 가게였네 삼십 가구 안 되는 마을에서 아버지 빈 과자봉지 닮은 몸으로 세월을 팔고 있었네 비 내리면 사내들 모여 섯다판을 벌이고 다투어 끗발 찾으며 막걸리 마셨네 밑천 없는 몇몇은 윗목에 앉아 술잔을 기울고 시름도 기울고 농가부채 농약값 따위 담배 연기로 가물거렸네 아버지 구멍가게 했었네

> 어느날 우당탕
> 구름이 하늘 찢고 탕탕 총소리
> 비는 내리고 갑자기 위매 불길한
> 소문처럼 산사태 아아 사람들 돼지 닭
> 달개비 우우 시누대 탕탕 비는
> 내리고 집은 무너지고 아버지
> 가게 물건 손 댈 새 없이 와르륵 몸만
> 빠져 나왔네 아버지 구멍가게
> 빵, 빵, 빵, 빵 빵봉지 물 위에 뜨고 빵
> 구멍난, 아버지
>
> ─「구멍가게 했었네 아버지」[3]

---

3) 『현대시학』, 1999.2.

과거 유년의 기억을 반복과 열거의 형식으로 서술하는 방식은 백석을 연상시킨다. 백석으로부터 벗어나기는 2연에서 시도된다. 그는 백석의 그림자로부터 벗어나기 위해 언어유희의 힘을 빌린다. 결코 즐겁지 않은, 사실은 돌아보고 싶지 않을 과거의 아픈 기억을 화자는 거리를 두고 바라본다. "우당탕," "탕탕," "아아," "우우," "탕탕," "와르륵"으로 이어지는 의성어가 소란스러운 위기와 함께 동화적인 분위기를 자아낸다. 뒤에 이어지는 언어유희가 어느 정도 힘을 발휘하는 것은 바로 이러한 의성어들이 전제되어 있었기 때문이다. "빵, 빵, 빵, 빵 빵봉지 물 위에 뜨고 빵 / 구멍난, 아버지"는 '총소리 — 구멍가게 — 빵 — 빵(소리)'으로 이어지면서 소리의 유사성과 의미의 유사성을 환기해 낸다. 언어유희는 '낯설게 하기' 전략의 일종으로 언어의 틈새를 뚫고 들어가 비틀어 버림으로써 현실 파괴적인 혁명성을 지닐 수 있다. 그러나 언어유희는 적절한 효과를 발휘하지 못하고 말 그대로 '말장난'에 그쳐 버리는 경우도 있다. 인용한 시의 경우 과거로부터의 거리 두기라는 측면에서는 유효하나, 현실 파괴적인 힘까지 성취해 냈다고 보기는 힘들다. 풍자의 힘을 거세당한 언어유희가 일상어에서 무서운 속도로 증식하고 있는 요즘, 시에서의 언어유희가 어떻게 전복의 힘을 성취해 낼 지에 대해 시인은 좀더 고민해 봐야 할 것이다. 이는 우리 시대의 시가 안고 있는 방법상의 문제이기도 하다.

    너의 뿌리도 흔들리는가
    총열 같은 빗속에
    사랑아

    굽이치는 물결 속에
    덜 익은 수박과 돼지 새끼들 사이 너는
    허우적대며 뿌리 보이지 않고

발 동동 구르며 나는
살아왔구나

너에게로 간다 너를
건질 수 없어도 사랑아
함께 떠내려가더라도

아우성 속에서는 아우성 되어
늪 속에서는 늪이 되어 더 깊은
수렁이 되어

—「홍수 속으로」

"온몸으로 동시에 온몸을 밀고 나가는 것"[4]이 시작(詩作)이고 그것이 바로 "사랑"이라고 말했던 김수영의 시론이 떠오르는 시이다. 「폭포」에서 「사랑의 변주곡(變奏曲)」으로 나아가는 김수영의 시정신을 이 시는 꿰뚫고 있다. "너의 뿌리도 흔들리는가"라는 질문은 우리가 발 딛고 있는 지반을 조용히 뒤흔든다. 홍수로 인한 카오스 상태는 다름 아닌 우리의 일상이기도 하다. 화자는 피하지 않고 정면으로 그 속에 뛰어든다. "아우성 속에서는 아우성 되어 / 늪 속에서는 늪이 되어 더 깊은 / 수렁이 되어" 사는 방식은 온몸으로 뒹굴며 부딪치며 살아가는 방식이다. 이 대책 없는 속수무책의 사랑 앞에 그러나 우리는 무장해제 되는 것을 느낀다. 삶의 질곡으로부터 우리를 건져 올리는 것은 이성이나 논리이기보다는 몸이기 쉽다. 이대흠의 시는 일상과 혁명을 구분 짓는 이분법으로부터 어느 정도 벗어나 있다. 일상을 전적으로 부정하는 혁명이나 전복은 관념 속에서만 가능한 일인지도 모르겠다. 전복은 일상 속에서 끊임없이 일어나는 것이다. 온몸을 던져 부딪치고 사랑하며 사는 일상의 어디에서든 혁명은 존재한다. 이제 겨우 시집 두 권을 낸 시인을 김수영과

---

4) 김수영, 「詩여, 침을 뱉어라」, 『김수영 전집 2 — 산문』, 민음사, 1981, 250면.

나란히 놓을 수는 없지만, 그는 김수영의 치열한 정신과 그가 마지막에 도달한 사랑의 의미까지를 몸소 체득하고 있는 시인이라고 할 수 있다. 그러나 아직 그것만으로는 부족하다. 김수영이 있은 이후에 이대흠이 있었으므로 그는 김수영이라는 거대한 그림자를 넘어서야 한다. 특유의 건강한 육체적 상상력은 이대흠 시인의 커다란 자산임에 틀림없다.

> (……)
> 정과 망치 자꾸 부딪쳐서
> 정이 박혀 들어가고 틈 없던 시멘트 바닥
> 금가기 시작한다 부딪쳐야
> 변화가 온다는 것을 공구들은 내게 가르치고
> 사는 게 수행이지만 땡추는
> 깨달음 없이 정을 친다
> 깰 것 다 깨지지 않았는데
> 정 끝이 툭 부러지고
> 패배가 주는 가르침이여
> 다시 정을 불 속에 넣으며
> 생각한다, 안팎이 단단하거나
> 안팎이 물렁한 것은
> 아무것도 깰 수 없음을
>
> ─「율도 3」 부분

공구가 주는 가르침을 노래한다는 점에서 이 시는 백무산의 「공구와 무기」 연작을 연상시킨다. 하지만 이 시의 자리는 「공구와 무기」의 이분법을 극복하는 데 놓여 있다. 이대흠의 시는 노동자의 정서, 투쟁의 정서를 보편화하는 데 기여한다. 물론 백무산의 1990년대 중반 이후의 시들─『인간의 시간』(1996)과 『길은 광야의 것이다』(1999)에 수록된 시들─에서도 이분법을 극복하는 지향이 보이지만, 그에게선 그러한 지향이 추상화·관념화되어 나타나는 데 비해5) 이대흠의 시는 구체성의 언어

를 획득했다. 백무산이 스스로 섰던 자리를 부정하면서 정신의 강렬도
로 극복해 나갔다면, 이대흠은 애초에 이분법이 무화된 자리에 서 있었
다는 점이 다르다. 이 출발의 차이를 우리는 눈여겨보아야 한다. 그 차
이는 이대흠을 한결 자유롭게 해 주지만, 정체성을 찾기 어렵게 만들기
도 한다.

> 인간의 죽음을 이제는
> 인간의 죽음이라고 쓰지 말자
> 탐욕의 죽음이라고 쓰자
> 부채 상환이라고 쓰자
>
> 한때 우리는 이러하였다 : 자연이여
> 우리는 너희와 함께 한 이 세계의 경영자
> 경영이란 피를 말리는 것이다 우리가 하는 이 일을
> 호랑이가 할 수 있으랴 개미가 할 수 있으랴
> 우리는 너희의 신이었고 하늘이었다
> (……)
> 우리는 모든 것을 보호하지는 않을 것이다
> 농지 정리된 논에서 잘 자라는 저 벼들을 보라
> 농장에서 줄 맞춰 생산에 몰두한 저 배나무들을 보라
> 착한 자들만으로도 우리는 충분하다
>
> (……)
>
> 다 망친 지금에야 반성하나니
> 자연이여 부디
> 우리를 용서하지 말라
> ─「나무들은 이따금 파업을 한다」6) 부분

---

5) 오해의 소지를 없애기 위해 여기서 '추상화 · 관념화'라는 용어는 부정적으로 쓰이
지 않았음을 밝혀 둔다. 『인간의 시간』과 『길은 광야의 것이다』에서 표나게 드러나는
불교적 사유와 비움의 형식 등을 이전의 시와 대비해 그렇게 지칭한 것이다.

인용한 시는 전복의 시선이라는 측면에서는 백무산의 초기시 「경찰은 공장 앞에서 데모를 하였다」를 연상케 하고, 인간 중심의 자연관이 초래한 현실을 비판하는 점에서는 『인간의 시간』 이후 백무산이 취한 문명 비판적 태도를 연상시킨다. 다만 여기서 눈여겨보아야 할 차이는 백무산의 문명 비판 시가 '기차', '쇠' 등 문명의 근간을 이루고 있는 것들로부터 시작되는 것과는 달리, 이대흠의 시는 "쉼없는 노동자 자연"에서 착취당하는 "노동자"를 발견함으로써 보편성에 한발 더 다가간다는 점이다.

4. 새로운 풍경의 발견

이대흠의 시에는 노동이나 소외가 일상화되어 나타난다. 박노해의 시에서 노동의 결과물로부터 소외된 노동자의 모습은 비분과 격정과 눈물나는 서정을 자아냈지만, 적지 않은 독자들에게 그것은 자기와는 무관한 끔찍한 일을 접했을 때의 연민에 가까운 감정을 불러일으키기도 했다. 그러나 이제 이대흠에게 노동으로부터의 소외는 일상화되어 있다. 노동자의 시선은 보편화되어 있으면서도 권력으로부터 소외되어 있다는 점에서 여전히 소수자의 시선이다.

> 포크레인 레일에 부드러이 목 부러진 노란 민들레여
> 잘 있거라 안양 평촌 럭키아파트 현장이여
> 스티로폴 깔고 내 누웠던 지하 창고여 푸석푸석한
> 피곤의 밥알을 씹었던 함바여

---

6) 『현대시』, 1997.4.

잘 있거라 나의 입김과 오줌이 닿은 곳마다
누런 꽃 피운 곰팡이여 파이프를 자르다 부러졌던
쇠톱날들이여 못과 시멘트벽에 긁혀 도드라진
팔과 다리의 상처들이여 잘 있거라
(……)
허리를 끌며 나이든 잡부 김씨는 먼지에 앉아
담배를 피운다 연기 따라 김씨의 지난날이 하늘 향해
날아오른다 잘 있거라 부수어지기 위해 만들어진
자재창고여 낙태된 살덩이 같은 쇳조각들이여 염불 못 외워도
너희는 아름다운 나라로 가서 다시 태어나야 하리라
오랜 시간 뒤에 그대를 잊고 싶어할지도 모르지만
거대한 책꽂이 같은 그대 가슴에
몇 백개의 인생이 빼곡히 꽂히고 나는
떠난다 콘크리트처럼 딱딱해진 손발로
내 누울 방 한칸 지으며 부수며

—「그리고 나는 떠난다」 부분

　노동의 산물로부터 소외당하는 자본주의 사회의 노동자의 운명은 사실 대부분의 노동 인구의 것이기도 하다. 하지만 그것을 누구보다도 절실히 느끼는 것은 육체 노동을 하는 생산직 노동자들일 것이다. 박노해와 백무산의 시가 각각 생산직 공장 노동자와 대규모 중공업 단지 노동자들의 현실 체험을 바탕으로 하고 있는 데 비해, 이대흠의 시는 건설 현장에서 일하는 노동자들의 체험에 주로 기대고 있다. 아파트 건설 현장에서 쇠톱날, 팔 다리의 상처들과 함께 했던 고락의 날들이 가고 노동의 산물이 우뚝 서게 되는 순간, "내 것이 아닌 것들을 사랑하며 동전 같은 땀방울로" 행복했던 건설 현장의 잡부들은 이제 모든 욕망과 상처와 기억을 버리고 떠나야 한다. 화자는 먼지 구덩이 속에서 담배를 피워 문 "나이든 잡부 김씨"의 모습에서 자신의 모습을 봤을 것이고, "부수어지기 위해 만들어진 / 자재창고"를 보면서도 자신과 같다는 생각을 했을

것이다. 노동의 시간을 증명하는 것은 "콘크리트처럼 딱딱해진 손발"뿐이다.

「버려진 것들은」에서 시인은 "세상의 물을 다 끓여보았다는 듯" 웃는 "구리 주전자"와 "허공이나 일구어야겠다는 듯 / 녹슨 날을 버리지 않는 쇠스랑" 등 버려진 것들의 무표정에서 지독한 소외를 읽어 낸다. 버려진 물건들은 노동의 산물로부터 소외된 노동자들과 겹친다. 세상의 고통을 초탈한 듯한 버려진 물건들의 모습에서 시인은 소외된 노동자의 표정을 발견한다. 소외는 자본주의 사회의 대부분의 노동자들이 경험하는 정서이다. 1980년대 후반 백무산의 시가 직접적인 분노와 투쟁의 정서를 격정적으로 노래했던 데 비해, 이대흠의 시는 안으로 안으로 삭아드는 소리 없는 분노와 소외를 표현하고 있다. 그리고 '지금, 여기'에서 그것은 공감의 힘을 획득한다. 「도깨비집」은 "나와 아내가 매일 새벽에 나오면 / 텅 비는" 도시의 맞벌이 노동자 부부의 집을 그린 시이다. 맞벌이 부부의 집은 사실 사람을 품고 사는 집이 아니다. 잠만 자는 공간일 뿐 그 안에 생활은 없다. 이전의 노동시에서는 볼 수 없었던 새로운 정서가 이대흠의 시에는 나타나 있다. 노동으로부터뿐만 아니라 일상으로부터도 소외된 도시 노동자들의 삶을, 이대흠은 새로운 풍경으로 그려낸다. 그것은 박노해와 백무산은 볼 수 없었던 풍경이다. 박노해와 백무산의 시대에 그런 정서가 없었다는 것은 아니다. 이미 있었지만 그때는 볼 수 없었던 풍경이 이대흠에게 와서 발견된 것이다. 이것이야말로 이대흠이 나아간 자리이며, 그의 시가 '지금, 여기'에서 중요하게 읽히는 이유이다.

긁히고 상처난 팔로
그렁대는 포크레인

뼛속 비어가도

그저 기름 있으면 일은 멈추지 않는
싸워 뺏을 줄도
등쳐먹을 줄도 모르는
일한 것마저 다 챙기지 못하는
저 대책없는

트럭이나 불도저 같은 형제들보다 먼저
험한 땅에 발 딛고
뒤따른 트럭에 한짐씩 채워주는
채워주고 채워줬다는 말도 못하는
내 큰형 같은

숨은 턱에 차 컥컥대면서
쉬지는 않는
일구어 온 세월의 허방으로
힘겨운 노동의 댓가는 흘러가는데
일 욕심만 많은
저 미련한 노동자

가꾸어온 것 다 비워버리고
겨운 제 팔에 온몸을 기대고
푸욱푹 담배를 피워대는
저 중년 사내

또 어디 가서 일에 미칠 궁리 하는지
주둥이는 조그만데 팔뚝만 커진
저 인간

—「저 포크레인」

영화 〈모던 타임즈〉에서 공장 밖에서도 습관적으로 나사를 조이는 손

동작을 하는 찰리 채플린이 이미 나사를 조이는 기계일 뿐이고, 핑크 플로이드의 〈벽〉에서 컨베이어 벨트에 실려 가는 똑같은 표정의 인간들이 이미 소시지에 불과한 것처럼, 시인은 노동자와 포크레인이 다를 바 없음을 보아낸다. 노동자를 포크레인이라 말하는 방식이 익숙한 비유의 방식이라면, 이대흠은 전복의 시선으로 포크레인에서 인간 노동자의 모습을 본다. 이런 방식의 나란히 놓기는 더 충격적인 효과를 자아낸다. '일기계'처럼 묵묵히 일만 하는 노동자의 모습을 우리는 곳곳에서 발견할 수 있다. 포크레인의 모습에서 "일 욕심만 많은 / 저 미련한 노동자"의 모습을 발견하는 시선에는 따뜻함이 묻어난다. 이대흠의 시는 노동을 일상 가까이로 끌어들이고 있다. 그렇다고 해서 일상이 되어 버린 노동이 무기력하기만 한 것은 아니다. 오히려 그는 일상 속에서의 전복을 기도한다. 혁명은 거창한 이념도 멀리 있는 것도 아니라고 그는 말하고 싶어하는 것 같다. 일상에서 나날이 깨어나는 것이야말로 작은 혁명임을 그는 몸으로 체득한다. 이대흠의 시에 와서 발견된 새로운 풍경은 미세하지만 중요한 변화를 보여 준다.

이대흠의 시가 역동성과 건강성, 강인함을 획득하는 원천은 노동자의 시선을 일상으로 확대한 데 있다. 이것은 이대흠의 시가 놓인 숙명적인 자리이기도 하다. 박노해와 백무산 이후의 이대흠, 2000년대를 열어갈 시인으로서의 이대흠은 경계인으로서의 자리에 설 수밖에 없다. 그는 자본주의 사회의 구성원이자 그 내부를 뚫고 나갈 건강한 힘을 지닌 노동자이다. 한편 노동 시인이라는 구획의 내부에 있으면서 동시에 이미 그러한 구분이 무화된 시기의 시인이라는 점에서 외부에 있기도 하다. 경계인이 자신의 정체성을 찾는 길은 내부이자 외부로서 사는 데 있다. 경직된 이분법을 극복하는 자리에 시인 이대흠의 자리가 놓일 것이다. 그의 개성이 보편성을 획득하고 공감을 얻는 힘도 바로 여기에 있을 것이라 믿는다.

5. 클리나멘, 전복의 에너지

그렇다면 유연한 변이의 힘은 무엇으로부터 생성되는가? 이 물음에 답하기 위해 시인은 우선 무엇이 우리를 경직되게 했는지를 탐색하기 시작한다. 시인에 따르면 우리에게서 유연함을 앗아간 것은 맹목적인 욕망이다. 욕망 자체가 나쁘다고 할 수는 없지만 문제는 관계 속에서 형성되는 욕망의 방향에 있다. 맹목적으로 앞만 보고 달리며 욕망만을 쫓아온 진화의 방향에 대해 이제 회의와 성찰의 시간이 이어진다. "욕망의 이파리를 쉬지 않고 게워댔지만 가지 끝은 늘 허공이었다." 앞만 보고 달려 온 자가 느끼는 이와 같은 공허감은 "뻣뻣한 자는 그 누구도 자기 위로/타자를 올릴 수 없"고 "생명을 낳을 수 없다"(「진화의 방향은 게으름을 향해 있다」)는 뼈아픈 자각으로 이어진다.

이대흠이 「죽은 여자 죽은 남자」, 「죽은 남자 죽은 여자」와 같은 시에서 욕망을 쫓아 모든 것을 파괴하고 결국 자신까지 해치게 되는 죽음의 방향으로 치달려온 역사와 전설 속의 남성("나는 당나라 군사와 싸우러 전쟁터에 갔다," "나는 우산대로 그녀의 성기를 톡톡 건드렸다," "나는 바퀴벌레를 잔인하게 죽이는 방법을 생각하였다")과 남성 중심적으로 돌아가는 역사와 전설 속에서 욕망의 희생양이 되어온 여성의 삶의 질곡("그녀는 낙화암에서 떨어졌다", "그녀는 청나라로 팔려가고 있었다"─「죽은 여자 죽은 남자」, "그는 내 아버지를 죽이고 나를 강간하였다"─「죽은 남자 죽은 여자」)에 관심을 갖는 것도 이러한 이유에서이다. 그러나 그들은 죽음을 향해 '홈 패인 공간'으로 욕망을 작동시켰다는 점에서는 한 몸이다. 그들은 '죽은' 여자이자 '죽은' 남자들인 것이다. 여기서 눈여겨보아야 할 것은 맹목적인 욕망이 남성의 삶과 역사에서만 일방적으로 발견되는 것은 아니라는 사실을 시인이 간파하고 있다는 점이다.

그녀는 늦도록 그를 그리워하고 새벽녘에야 잠든다 그녀가 잠드는 것은 맑은
정신으로 전화를 받기 위해서다 그녀는 밥을 먹는다 통화중 배가 고파진다는
것은 그에 대한 모독이다 그녀가 먹는 것은 그의 따스한 말들 그녀는 몇 번이
고 그가 뱉은 말들을 되새김질한다 그의 전화를 받고부터 다른 전화는 귀찮아
졌다 그녀는 꿈 속에 다른 사람이 끼어드는 것에도 화가 난다 (……) 외출을 하
면 그녀의 귓속에 든 그의 말들은 싹을 내밀고 무성히무성히 환상 속으로 가지
뻗는다 이건 오래된 습관 그녀에게는 보이지 않는다 그의 목소리가 종교이다
그녀가 살아 있는 건 그의 전화를 받기 위해서다 그녀가 일을 하는 건 그녀가
—「전화로 사는 여자」 부분

그리움도 이쯤 되면 병적이라 하지 않을 수 없다. 자신의 존재 의미
를 모두 그와의 전화에 걸어버린 그녀의 삶도 맹목적이라는 점에서는
마찬가지인 셈이다. 그녀의 그리움은 전 존재를 걸 만큼 절절한 것이지
만, 이미 그녀와 그 사이에 상호적인 관계란 존재하지 않는다. 그녀가
그리워하고 사랑하는 대상은, 어떤 타인과의 관계도 배제한 채 그녀 자
신이 꿈속에 "무성히 무성히" 키운 한낱 환상일 뿐이다. 이토록 지독하
게 습관화되어 이미 하나의 "종교"가 되어 버린 것들에 대해 시인은 무
차별적인 테러를 감행한다. 출구가 없이 자신의 안으로만 향하거나 죽
음의 방향을 향해 치닫는 욕망만큼 위험하고 무서운 것도 없다. 결국 남
성 중심의 지배 구조는 여성의 삶을 희생 혹은 종교라는 이름으로 길들
이고, 이렇게 얽힌 서로간의 바람직하지 않은 관계 속에서 욕망은 서로
를 죽이는 방향으로 치달려 갈 수밖에 없는 폭주 기관차의 운명에 몸을
싣게 되었다. 우리의 삶이 대개 그런 것처럼 시인은 일방적인 가해자도
피해자도 없음을 직관적으로 알아차린다. 맹목이 향하는 방향은 다를지
라도 결국 남성과 여성의 역사는 피차간에 눈이 멀어 서로의 삶을 질곡
에 빠뜨려온 셈이다.

죽음으로 치닫는 폭주 기관차의 방향을 돌리거나 궤도를 이탈하게
하는 일은 결코 쉽지 않지만, 이대흠 시인은 이전의 시와 자신의 시에

대해 과감한 테러를 감행하면서 위반의 시학을 펼쳐 보인다. 그가 새롭게 보여 주고 싶어하는 것은 "우리들의 삶처럼 난삽한 형태의 글쓰기이다."(「고구마」)

(……) 도둑처럼 해가 떠오르자 거리에는 다시 **평화가 찾아왔다**

여우야 여우야 뭐하니? **빨래한다**
여우야 여우야 뭐하니? **아기 본다**

(……)
차들은 차의 길로 달리고 빌딩들은 적자생존의 법칙을 되새기며 부피를 늘려 갔다 세상의 모든 바퀴는 바닥을 기어 다녔고 맞선을 보는 여자들은 숟가락을 만지작거리며 음식을 남겼다 남자들은 가정을 책임지기 위해 쥐새끼가 되었고 날마다 갈았던 이빨로 다른 사람의 뒷다리를 물었다 경제 성장 곡선을 발기시키기 위해 젊음을 바친 남자들은 발기불능이 되어갔고 여자들은 마네킹을 닮게 성형수술을 해댔다 음지에선 콩나물이 자라고 사람들은 떡잎이 노란 그것으로 속을 달랬다 하늘이 닿는 곳에서 빈 깡통과 방부제가 쌓여갔고 녹과 먼지만 남긴 세월이 휘파람처럼 지나갔다

(……)
여우야 여우야 뭐하니? **꿈꾼다**
무슨 꿈?

— 「여우야 여우야 뭐하니?」 부분

'여우야 여우야 뭐하니? (……) 밥 먹는다 무슨 반찬? 개구리 반찬 죽었니 살았니? 죽었다 / 살았다'로 이어지는 유년 시절의 놀이를 기억할 것이다. 한쪽에서 일방적으로 묻고 다른 한쪽에서 대답하는 방식으로 진행되는 이 놀이에는 물음과 대답 사이에 긴장과 공포가 흐르고 있다. 시인은 유년의 놀이에까지 숨어 있는 약육강식의 논리에 주목한다. 그러나

현실의 논리는 그보다 훨씬 더 살벌하다. '적자생존의 법칙'은 오랜 세월 동안 구축된 생존의 논리이다. 약육강식의 논리가 작동하는 궤도에 일단 들어서게 되면, 그 안에서는 일방적인 가해자도 피해자도 사라진다. 강자라는 환상에 사로잡히거나 희생이라는 종교에 미쳐 서로가 서로를 옭아매는 죽음의 궤도가 작동할 뿐이다. 성장의 논리에 몸바쳐온 남자들은 젊음을 잃고 "발기불능이 되어갔고" 여자들은 상품 가치를 높이기 위해 서슴없이 마네킹의 외모를 닮아 간다. 방부제조차 듣지 않는 그 거대한 궤도로부터 이탈하기 위해서는 금기를 깨는 위반의 언어가 고정된 언어와 상식의 틈새를 비집고 들어가 지반을 뒤흔들어야 한다.

고정된 이분법을 격파하는 시인의 시선은 「지나 공주」 연작시들에서도 빛을 발한다.

대문 앞엔 밤이면 늑대가 나타났죠 늑대가 울면 불행해진다고 아버지는 작대기로 늑대를 쫓았어요 아궁이 앞에 앉은 그녀에게 아버지가 말했어요 불을 꺼뜨리지 말아라 불이 꺼지면 저놈의 늑대가 너를 덮칠 것이다 돌맹이 같은 어둠이 너의 목구멍을……

우리 지나 우리 지나 불을 끄지 말아라
네가 키운 불이 너를 살릴 때까지
우리 지나 우리 지나 불을 끄지 말아라

미끈한 항아리를 구워 삼킨 언니들은
노래하는 항아리를 몸에 담은 언니들은
앵무새 같은 옷을 입고 언니들은
구름 위를 걷듯이 차례로
아버지의 지붕 아래 방으로 들어갔어요

생솔 가지 매운 연기 눈을 핥고 지나가도 한 번도 아궁이를 떠나지 않았죠 검불뿐인 나무들은 순식간에 바닥나고 부삭 앞에 앉은 그녀 팔을 떼어 불을 피

고 발을 잘라 불을 땠죠 불을 때며 불을 때며 깃털 옷을 만들었죠 평생을 입어
도 닳지 않을 깃털 옷

(……)

쏟아지는 화살들 맞지 않기 위해
그녀는 늘 지붕 안에 있었죠
꽃 피는 봄날에도 꽃비가 두려웠죠
천년을 고방에서 노래하는 항아리
오선지 같은 거미줄 항아리에 가득했죠
—「아버지의 방—지나 공주 5」 부분

"지나 공주"는 "창녀"이자 "공주"(「소풍—지나 공주 1」「축제—지나 공주 10
」)라는 이중적인 이미지를 가진 여성인 동시에, 인류의 역사상 착취와
수난을 되풀이해 온 기나긴 질곡의 여성사를 상징하는 인물이기도 하
다. 구원의 여인상이자 요부이며 희생양이기도 한 "지나 공주"라는 새
로운 여성의 이미지를 창조해 낸 시인은 「지나 공주」 연작시에서 욕망
의 허위성을 고발하고(「나는 별을 따려 했어요—지나 공주 3」), 동화와 전설과
민담과 역사 속에 깃들어 있던 온갖 금기에 도전한다. "늑대"를 조심해
야 한다는 말과 불씨를 꺼뜨리지 말아야 한다는 말은 금기의 언어란 점
에서 유사한 말이다. 늑대를 조심해야 한다는 말을 듣고 자라며 여성들
은 성으로부터 자연스럽게 소외되고 억압당한다. 세상의 여자는 창녀
아니면 공주라는 논리와 마찬가지로 세상의 남자는 아버지 아니면 늑대
라는 폭력적인 논리가 작동하기 때문이다. 그 안에서 자연스럽게 상호
소통하는 사랑의 관계를 만나기란 쉽지 않다. 불씨를 지키는 일이 여자
에게 주어진 최고의 사명이었던 시절, 불씨를 꺼뜨리는 것은 곧 죽음을
의미했다. 그 시절에 소박맞고 쫓겨난 여자가 갈 곳은 많지 않았을 테니
말이다. 금기는 사실 깨뜨리라고 존재하는 법이지만, 오랜 세월 동안 여

성의 삶은 온갖 금기에 둘러싸여 성적으로나 경제적으로나 억압당해 온 것이 사실이다. 그러나 더 무서운 것은 억압이 습관화되어 "종교"의 경지에 오르는 순간이다. 희생이 최고 가치가 되어버린 세상의 논리에 따라 자신의 욕망은 저버린 채 화형 당하는 마지막 순간까지도 백조가 된 오빠들을 살리기 위해 "깃털 옷"을 짓는 행위를 포기하지 않도록 공주를 맹목적으로 내몬 것도 따지고 보면 금기였다. "열두 벌 옷을 다 짓기 전에는 절대 말하지 말라"는 금기. 세상 바깥으로부터 "쏟아지는 화살"을 피할 수 있는 "아버지의 지붕 아래 방"에는 그러한 금기들이 가득하다. "천년을 고방에서 노래하는" "거미줄" 가득 쳐진 "항아리"는 다름 아닌 태초로부터 지금까지 이어져 내려온 여성의 삶인 셈이다.

시인은 「지나 공주」 연작시들을 통해 오랜 금기들을 비웃기 시작한다. 이대흠 시인의 위반의 언어는 금기를 우스꽝스러운 것으로 만들어 버림으로써 힘을 발휘한다. 궤도로부터 이탈해 한 발 벗어나게 하는 힘, 삐딱하게 비껴 나가는 힘. 그것이야말로 탈주가 불가능해 보이는 궤도를 벗어날 수 있게 하는 방법임을 시인은 깨우친 듯하다. 살짝 벗어나는 힘의 에너지를 뜻하는 '클리나멘'은 우리의 일상에서는 웃음과 같은 아주 작은 변이에서 시작되지만 그 폭발력은 상상을 초월한다. 시인의 첫 시집에 '남성적'이라는 수식어가 붙어 다닌 것은 이대흠 특유의 건강성 때문이기도 했겠지만, 첫 시집의 언어에 깃들어 있던 진지하고 다소 무거운 표정 때문이기도 했을 것이다. 첫 시집에서 이대흠이 선택했던 방식이 정면 돌파를 통해 전복을 기도하는 방식이었다면, 두 번째 시집인 『상처가 나를 살린다』에서 취한 방식은 한결 가벼워졌다. 이제 그는 정면 돌파가 아니라 삐딱하게 코웃음치는 방식으로 위반과 전복을 기도한다. 좀더 유연하고 탄력 있는 언어로, 그는 고정된 상식과 금기와 이분법을 무장 해제시키려고 하는지도 모른다. 그리고 그 중심에 「지나 공주」 연작시가 있다.

6. 말랑말랑한 시, 새로운 수사학의 가능성

나는 어릴 적에 「바보 이반」이라는 톨스토이의 동화를 좋아했다. 지금 와 생각해 보면 악마와 싸우는 시시한 이야기였고 기억 속에 많은 장면이 남아 있지도 않다. 하지만 지금까지도 유독 기억에 남는 것은 머리를 쓰라는 충고를 곧이곧대로 받아들여 이반이 머리로 들이받아 악마를 무찌른 장면이다. 어떤 이유 때문에 이 장면이 기억 속에 각인되어 있는지는 잘 모르겠지만, 바보 이반의 어리석음을 비웃으면서도 바로 그 어리석음이 고정된 언어 문법의 틈새를 파고드는 힘이 되었다는 사실이 자못 충격적이었던 듯하다. 어쩌면 「바보 이반」의 이 에피소드를 몸의 자유자재한 힘을 상징적으로 보여 주는 이야기로 확대 해석할 수도 있지 않을까? 구체성의 언어가 갖는 힘, 그것은 상식의 틈새를 가로질러 균열을 가하는 통제되지 않는 힘으로 작용할 수 있다는 사실을 우리는 이 동화로부터 시사 받을 수도 있을 것 같다.

이대흠의 시에서 역동적인 힘이 느껴지는 이유도 그가 획득한 구체성의 언어에서 찾을 수 있을 것이다. 그의 시는 박노해와 백무산을 거친 노동자의 시선이 발견한 새로운 풍경이며 몸으로 부딪치며 쓰는 시이다. 그의 시가 뿜어내는 역동적인 생명력은 몸의 언어에서 기인한다. 그런데 이대흠의 시는 이분법으로부터 자유로운 만큼 자기 목소리를 내기 위해 끊임없는 전복을 기도해야 한다는 숙명 또한 가지고 있다. 그는 노동시의 내부에서 외부를 사유해야 한다. 그의 시가 전통 서정의 목소리와 유사성의 언어, 풍자의 목소리와 형식 실험 등을 다양하게 선보이는 이유는 경계에 선 시인의 고민을 반영하는 것으로 보인다.

첫 시집 이후 이대흠의 시에서 주목할 만한 것은 좀더 과감한 형식 실험이다. 언어 유희만으로 풍자의 힘을 갖기 힘들다는 것을 그도 깨닫고 있었던 듯하다. 그는 이제 "탄력없는 건 죽음"이고 "풍자도 탄력이 있어야"(「말랑말랑한 군고구마주의」) 산다고 말한다.

> 고구마에 대한 나의 글은
> 미완성으로 끝날 것이다 그러므로 이 글은
> 고구마에 대한 이력서다
> 내가 보여 주고 싶은 것은
> 우리들의 삶처럼 난삽한 형태의
> 글쓰기이다
> 과정을 드러내는 것
> 이것은 나의 모험이다
> 아무것도 아닌 이야기를
> 나는 쓴다

—「말랑말랑한 군고구마주의」[7] 부분

경직된 사유를 극복하기 위해서는 경직된 언어를 먼저 극복해야 한다. 그는 이제 "말랑말랑"하고 탄력적인 언어를 구사하고자 한다. 과거에 수사학은 생각을 바꾸고 세상을 바꾸는 힘을 가지고 있었다. 언어에 대한 믿음을 불신하는 이 시대에 유사성의 상상력을 보여 준 이대흠의 시는 이제 새로운 변화를 꿈꾸고 있는지도 모른다. 언어에 수사학의 진정한 힘을 되돌려 주는 것, '줄어든' 수사학이 잃어버린 틈새를 사유하는 것을 그는 꿈꾸는지도 모른다. 그러므로 그는 "어떤 교훈, 어떤 모범을 원한다면 / 이 글을 읽지 말라"고 그토록 자신 있게 말하는 것이 아닐까? 이대흠의 언어가 갖는 힘을 나는 새로운 수사학의 가능성을 보여 주는 것이라 평가하고 싶다.

금기를 위반하고 이분법적이고 폭력적인 시각을 전복시키려는 새로운 기획을 시작한 이대흠의 시가 둥글고 말랑말랑하고 탄력적인 것에 시선을 돌리는 것은 어찌 보면 자연스러운 일이다. 사실 첫 시집에서도

---

7) 『현대시학』, 1999.6.

이대흠은 특유의 건강한 에로티시즘의 미학을 구현하면서 몸의 자유자
재한 상상력에 각별한 관심을 기울이고 있었다. 그리고 두 번째 시집에
와서 둥근 것에 대한 시인의 탐색은 좀더 본격적으로 진행된다.

바퀴는 얼마나 슬픈 짐승이냐

바닥에 엎드려
굳어 반짝이는 것들과 함께
한 세상을 건너가는 바퀴

아스팔트건 자갈이건 진창이건
생의 어느 고비에서건
온몸으로 부딪히고 상처 입으며 바퀴는
함께하는 모든 것을 자기 위로 올린다

(희생만큼 지독한 종교가
어디 있겠는가)

다 닳아 빵꾸나서 아무데나 버려지는
낯빛이 저리 검고 딱딱한 것은
퍼내지 못한 평생의 속울음
쌓이고 쌓였기 때문이다

모난 데 다 버리고
둥글다는 것은 얼마나
아픈가

　　　　　　　　　　　　　　　　　　—「바퀴는 슬프다」

　자신은 온몸으로 부딪혀 상처 입으면서도 "함께하는 모든 것을 자기
위로 올"릴 줄 아는 정신이야말로 생명 존중의 태도이다. "둥근 것만이

새로움을 낳는다." 그러나 바퀴의 삶에 대해 희생적인 삶의 태도라 여기고 존중하면서도 시인은 희생의 맹목성을 경계하는 것 또한 잊지 않는다. "희생만큼 지독한 종교가 / 어디 있겠는가"라는 괄호 속 말에 묻어 나오는 회의에서 바퀴의 희생적 삶에 대한 시인의 이중적 태도를 짐작할 수 있다. 자신은 진창을 구르면서도 함께 하는 모든 것을 자기 위로 올릴 줄 아는 바퀴의 삶은 가치 있는 것이기는 하지만, 희생의 맹목성이 바퀴의 삶을 더욱 더 질곡에 빠뜨리는 것 또한 사실임을 시인은 모르지 않는다. 그가 바퀴를 보며 슬픔을 느끼는 것은 바퀴에 겹쳐지는 이 땅의 어머니와 여성, 그리고 마찬가지로 착취당해 온 노동자라는 얼굴들 때문일 것이다. "모난 데 다 버리고 / 둥글다는 것은" 어쩌면 그렇게 살 수밖에 없어서였을 수도 있다. 괄호 속 말은 희생이라는 맹목적 가치에 경도되지 않고 거리를 유지하려는 시인의 태도를 드러내 준다.

남성과 여성 사이에 있었던 이분법적 착취의 역사는 이대흠에게서 인간과 자연, 혹은 자본가와 노동자의 관계로 전이되기도 한다. "가치없는 것들은 해고되어야 한다"는 자본가의 논리는 자연을 착취해 온 인간의 논리이기도 했다. 침략과 수탈의 논리는 때로는 인디언 보호구역을 지정하고 그린벨트를 지정하는 식으로 인간 스스로를 보호하기 위해 '환경보호'니 '녹색혁명'이니 하는 기치를 내세우기도 하지만 "모든 것을 보호하지는 않을 것"(「나무들은 이따금 파업을 한다」)이라고 단호하게 말한다. 모든 것을 이분법적 적대 관계로 파악해 왔던 딱딱한 논리 속에 더 이상의 출구는 없다는 것이 이대흠의 생각일 것이다. 그가 둥글고 말랑말랑한 것이 지니는 힘에 이끌리는 것은 그것이 적대 관계의 논리를 무장해제할 수 있는 유연한 상상력으로부터 나온 것임을 감지했기 때문이다. 이러한 이대흠 시인의 행보가 흥미로운 것은 그가 말랑말랑하고 둥근 생명력에 이끌리면서도 그로부터 거리를 두는 이중적인 시선을 여전히 거두지 않고 있으며, 그 스스로가 "어떤 교훈"이나 "모범"을 거부하는 "과정"(「고구마」)의 글쓰기를 실험하고 있기 때문이다. 이제 한동안 그 싸움을 관심 있게 지켜봐야 할 것이다. "우리의 삶처럼 난삽한 형태의 글쓰기를 꿈꾼다"고 시인 이대흠이 말할 때 나는 거기서 어떤 혁명의 기운을 감지한다. (2000)

인간이 담긴 풍경화

백무산론

1. 시인이 숲으로 간 까닭은?

비 개인 숲이 옷을 벗는다
터진 구름 사이
바람 몇 점 푸르게 일더니
새들이 울기 시작한다
새들 소리에 후두둑 후둑 떨구더니
초록의 물결이
철철철 넘쳐난다
숲이 쏟아놓고 숲이 잠긴다

여기 와서 침묵하니
내 침묵에 내가 잠긴다

숲이 숲 같지 않구나
새들이 새들 같지 않구나
내 몸 밖의 것 같지 않구나
터진 구름 사이 푸른 하늘도
내 마음 밖의 것 같지 않구나

—「숲」

　나무와 새와 사람이 하나로 어우러진 숲속의 풍경을 아름답게 노래
한 이 시는 자연 서정시로서 조금도 손색이 없다. "펄펄 살아 뛰는"「노
동의 밥」을 먹겠다고, "무슨 밥을 먹는가"에 따라 세상을 "다시 나누어
야 한다"(「만국의 노동자여」)고 당당히 외치던 노동자 시인 백무산이 "비
개인 숲"의 아름다움을 노래한다. 노동의 전투성과 숲의 서정성 사이의
까마득한 거리는 우리를 당혹스럽게 한다. 『만국의 노동자여』(1988)의 시
인은 이제 1980년대와 함께 기억 속에 묻혀 버린 것일까? 그는 지금 자
연과의 교감을 아름답게 노래하지만, 예전의 시에서 자연은, 자본의 개
발 논리가 배설한 공해로 인해 아름다움을 상실한 곳이거나 투쟁성을
고취하기 위한 또 하나의 도구에 지나지 않았다.
　백무산이 노래하는 자연은 분명 달라진 것처럼 보인다. 비 갠 숲에
바람 몇 점이 푸르게 일자, 새들이 바람 소리에 화답해 울고 새들의 날
갯짓에 온몸 가득 비 머금은 나뭇잎이 일제히 쏟아져 내리기 시작한다.
"초록의 물결이 / 철철철 넘쳐"나는 숲에서 모든 것이 하나가 된다. 초록
의 나뭇잎을 쏟아놓은 것은 숲인데 바로 그 초록의 물결에 숲이 잠긴다.
그리고 온통 초록빛으로 하나가 된 아름다움에 "나"는 말을 잊는다. "침
묵"은 몸짓이 곧 언어였던, 언어의 진실성을 회복한 태초의 언어이자
숲에서 살아가는 방식이기도 하다. 언어를 잊음으로써 "나"는 자연과
교감하고 이내 숲에 잠겨 자연과 동화된다. 숲은 모든 생명체가 경계를
넘어 조화를 이룬 세계이다. 하나하나의 충일한 우주로 가득 찬 숲의 세

계를 시인은 자연에서 발견한 것이다.

백무산은 이제 자연의 대법칙에 눈을 돌리고 있는 듯하다. 그의 예전 시들은 자연을 노래하면서도 "바람 불어 기계 속에 맞물려 돌"다가 "노란 꽃잎이 바수어"져도 "시들지" 않는 "민들레꽃"(「민들레」)이나 "우리의 가슴이 붉어지기 전에는" 절대로 피지 않는 "진달래꽃"(「우리의 가슴이 붉어지기 전에는 진달래꽃은 피지 않는다」)을 통해 투쟁성을 고취하는 것을 잊지 않았었다. 그에게 자연은 본연의 아름다움을 상실한 곳이었다. "아름답던 작은 어촌"에는 "쇠말뚝"(「지옥선 2」)이 박히고, 고향에는 "뒷산의 메아리"와 "종달새 울음소리" 대신 "고인 물마다 백태 낀 하늘"(「공사장에서 만난 고향친구」)만 그득했다. '온산 공해 단지에서'라는 부제가 붙은 「처용가」, 「숭어」, 「흥어제 1」, 「늙은 화랭이의 노래」 등의 시에서는 "공단의 검은 연기"와 "중금속 분비물"에 신음하며 죽어 가는 땅과 바다를 노래함으로써 자본의 생리를 고발하였다.

그렇다면 백무산은 이제 자신이 지금까지 고수해 온 대원칙인 노동자의 시각을 포기한 것일까? 그는 도대체 왜 자연으로 돌아왔을까? 이 글에서는 1990년대 후반에 나온 백무산의 시집 『인간의 시간』(1996)을 중심으로 그의 변모를 설명해 보고자 한다.

2. 마음을 살해하고 몸을 비우려네

변모의 조짐은 「경계」, 「마음을 살해하다」와 같은 시에서 발견된다. 백무산은 과거에 자신이 믿어 왔던 신념에 잘못이 있었다는 것을 인정한다. 그는 더 이상 예전과 똑같은 방식으로 노래하지 않는다. 「경계」는 외적인 변화에 대한 백무산의 인식을 보여 주는 시이다. 시인은 자신의 처지를 "가던 길 끊"기고 "벼랑에 목이 잘린 길 하나 걸"린 상황으로 인식한다.

> 아, 나 이제 경계에 서려네
> 칼날 같은 경계에 서려네
>
> 나아가지 못하나 머물지도 못하는 곳
> 아스라히 허공에 손을 뻗네
> 나 이제 모든 경계에 서네
>
> ―「경계」 부분

"옛길을 버리고 왔건만 새 길이 끊겼"다. 돌아갈 수도 나아갈 수도 머물 수도 없는 상태는 시인의 절망적인 인식을 드러낸다. 그러나 시인이 경계에 서는 삶의 태도를 선택함으로써 상황은 곧 전환된다. "칼날 같은 경계"는 시인이 처한 극한 상황을 상징한다. 절체절명의 위기에 놓인 시인은 무릎 꿇지 않고 "아스라히 허공에 손을 뻗"으며 경계에 서겠다고 선언한다. 새로운 길을 찾기 위한 고뇌를 의연하게 짊어지기로 한 것이다. 백무산은 단호히 칼날 같은 경계에 서서 위기에 온몸으로 맞서는 불굴의 정신을 보여 준다.

강인한 정신은 「마음을 살해하다」에도 심뜩할 정도로 드러나 있다. 그는 "형체도 없는 마음이" "쇠말뚝"이나 "바윗덩어리"보다 더 요지부동이어서 세상을 마음대로 지시하고 사람조차 자신이 만든 경직된 틀에 갇혀 움직이지 못하도록 해 왔음을 깨닫는다. 백무산은 "첫 번째 마음이 사라지고 창의성이 문 닫히는 순간 위기는 시작되었다"(「첫째」)고 자인한다. 그리하여 "살아 있는 것들 다 쏴 죽이고서 그 시체들이나 잔뜩 쌓아두고 있"을 뿐 더 이상 생산적이지 못한 마음을 살해하겠다고 말한다. 마음과의 결별 선언은 모든 문제의 원인을 자신에게 돌리는 자세이다. 온몸으로 변화의 바람에 맞서야 했던 백무산이 극한에까지 몰고 간 자기 성찰의 태도를 여기서 확인할 수 있다.

백무산이 사라졌다고 한 "첫 번째 마음"이 무엇을 의미하는지 짐작케 하는 시가 「두 그림」이다. 시인에게는 "이십대의 기억"에 각인되어 있는 두 개의 풍경이 있다. "눈보라 치는 산길"에서 마주친 "남루한 차림에 때 절은 머릿수건"을 두른 불우한 표정의 여인과 "겁먹은 여자아이"가 하나의 풍경을 이룬다. 또 하나의 풍경에는 적막한 거리에서 관 하나를 앞에 두고 시위하는 소복 입은 여인들과 웃통 벗은 노동자들의 눈물겨운 절규가 있다. 그 두 그림은 세월 지나 하나가 되어 지워지지 않는 밑그림으로 자기 안에서 숨쉬고 있다고 시인은 고백한다. 모녀의 얼굴 표정과 까맣고 투명한 눈에서 두 사람이 살아온 신산한 세월과 상처와 슬픔을 읽어낸 시인의 마음이야말로 첫 번째 마음이었을 것이다. 그 마음으로 본 세상에는 "골목길 슬레트 지붕 어둔 모퉁이"에 "봇짐 하나 껴안고" 잠든 "두 남녀"(「김씨의 사랑노래」)가 있고 "겨우 서른 나이에 벌써" 팔을 덜덜 떠는 「공사장에서 만난 고향친구」가 있다. 이분법적 틀로 세상을 바라보면서 사람살이의 깊이 모를 어둠과 아픔을 느낄 줄 아는 마음을 소홀히 하게 되었다고 시인은 생각한다. 자기 안에서 숨쉬고 있던 또 하나의 밑그림에 눈을 뜬 시인은 인간에 대한 본연의 마음을 되찾기 위해 경직된 마음과 결별을 선언한다. 마음을 살해한 백무산에게 분명한 것은 자신의 몸뿐이다.

> 비울 건 몸밖에 없는데
> 마음이야 무슨 수로 비우나
> 쌓이는 먼지 어찌 다 닦나
> 몸을 비우려네
> 내 몸 투명해져 밖을 보려 하네
>
> —「몸」 부분

"몸"은 지금은 투명해져 시인의 영혼을 살찌우지만 1980년대에는 싸움의 무기였다. 그는 노동하는 육체의 생명력에 대한 신뢰를 가지고 "몸이 곧 말씀"(「저녁 기도」)이 되는 세상을 갈구하고, "오래 억눌린 살"이 "피흘림"으로 대답하는 세상을 노래하였다(「노동의 근육」). 그러나 이제 다른 차원에서 몸에 대한 탐색이 이루어진다. 갑작스럽게 몰아닥친 세계의 변화와 그것을 예측하지 못한 세계관의 파산선고를 바깥으로부터 체험하고 위기를 느낀 시인은 몸을 비워 "안"과 "밖"을 보고자 한다. 정체성 상실의 위기에 봉착한 시인에게 확실한 것은 자신의 몸뿐이다. 투명해진 몸으로 안과 밖을 보겠다는 것은 스스로를 분명히 인식하겠다는 성찰의 자세이자 지금까지와는 다른 방식으로 세상을 보겠다는 선언이다. 경직된 논리와 굳어버린 마음으로 세상을 인식했던 자신에 대한 치열한 반성의 정신이 그 안에 담겨 있는 것이다. 노동하는 육체와 노동하지 않는 육체를 "산 자"와 "죽은 자"(「목숨」)로 나누어 보던 강고한 대결 구도를 허물고, 시인은 존재에 대한 근본적인 물음에로 나아가기 시작한다. 그리고 마침내 "안팎의 십을 다 허물고 더 이상 십을 지을 일이 없는 한 그루 나무 같은 사람"(「집」)에게로 시인의 관심이 옮아간다. "안팎의 집"은 타인과 자신을 적대적으로 구분 짓고 자기 합리화를 통해 자신의 생각을 공고히 하려 들 때 짓게 된다. 시인은 경직된 틀을 부수고 나무처럼 생명력이 넘치는 사람이 되고 싶어한다. 인간이 지은 집에 대한 천착은 문명에 대한 반성으로 나아간다.

> 쇠의 무게, 쇠의 힘, 태고로부터 응결된
> 시간의 무게가 실려 있고
> 연소된 인간의 피와 땀과 혼이
> 쇠의, 그 심장부에서 살아온 역사
> 인간의 힘과 피를 증거해온 쇠의 역사가
> 밝혀지지 않는 어둠 속으로 무섭도록 질주한다
>
> (…중략…)

그러나 예기치 못한 생애의 문제에 부닥친다
노동의 결과가 우리를 버린 것뿐만이 아니다
그것은 다만 힘의 문제만이 아니다
우리가 생애의 문제를 끌고 가는 길과
인간 자체의 문제를 끌고 가는 길 위에 있다

—「기차」 부분

인간 문명의 상징인 "기차"에서 시인은 태고로부터 응결된 시간의 무게와 연소된 인간의 피와 땀과 혼을 본다. 미지의 어둠 속으로 무섭도록 질주하는 기차를 보며 우리가 지나 온 시간과 앞으로 다가갈 시간을 생각한다. 폭주 기관차처럼 질주해 가는 인간 문명의 역사가 우리를 어디로 끌고 가는지 알 수 없다는 사실에 공포를 느끼기도 한다. 그러나 어둠 속의 자기 응시를 통해 시인은 "다시 어둠에서 우리를 일으켜 세우는 것은 힘의 문제만이 아니"라는 사실을 깨닫는다. 과거에 힘의 대명사로 그의 시에 자주 등장하던 "쇳덩이"(「지옥선」 1·2·3)가 이제는 힘의 논리만으로는 설명되지 않는 인간 문명을 상징하는 "기차"로 변모된다. 시인은 생애의 문제와 인간 자체의 문제를 동시에 생각하고자 한다. 자기 안에서 숨쉬고 있는 두 개의 밑그림을 분리해서 보지 않고 하나로 보기 시작한 것이다. 모든 것을 힘의 문제로 파악하고 투쟁의 논리로 해석하던 시인은 다른 눈으로 세상을 보기 시작했다. 백무산은 "어둠에 싸여 보이지 않는 바다"를 응시하면서 "예기치 못한 생애의 문제"에 부닥치며 발전해 온 인간 문명의 역사에 관심을 갖기 시작한다.

인간 문명에 대한 탐구는 마침내 인간의 시간을 "소모와 죽음의 행로를 걸어온, 날로 썩어가고 황무지만 진전시켜온 죽은 시간"으로 인식하는 데 이른다. 인간의 시간에 대한 반성은 자연을 응시하는 데서 비롯된다.

비에 씻긴 바람도 저희들끼리
아주 주의 깊게 착지를 찾는다

개울은 작은 풀씨 하나라도 깨울까봐
뒤꿈치를 들고 걷는다

(…중략…)

대지는 단절을 꿈꾼다
모든 것이 모든 것에 순응하는 지휘계통
대지는 이렇게 혁명을 하는 것

—「인간의 시간」 부분

혁명이란 인간의 시간에 존재하는 인간만의 꿈이 아니다. 시인은 대지를 주의 깊게 관찰함으로써 대지와 생명의 원리 속에 이미 내재한 혁명의 힘을 발견한다. "잠든 씨 알갱이들과 언 땅 뿌리들"이 "스스로 자신을 밀어올리는" "생명의 풀무질"을 통해 "대지의 시간은 인간의 시간을 거역한다." 단절의 꿈은 혁명의 꿈이요, 생성의 꿈이다. 인간도 대지가 이룩한 혁명을 본받아 "죽은 시간"을 전복시켜 생명으로 충만한 시간을 되살려야 한다. 그래야만 위기를 극복하고 새로운 역사를 만들어갈 수 있다고 시인은 확신한다. 그것은 새 생명의 탄생을 위하여 비와 바람과 개울과 나뭇잎 하나까지도 자신을 내세우지 않고 숨죽이며 서로를 배려하고 서로에게 순응하는 태도를 배우는 일이다.

대지가 이룩한 혁명의 역사를 우리는 「위기를 먹고 크는 나무」에서 확인할 수 있다. 인간이 존재하기 이전, 지구에 있었던 "불"과 "물"과 "얼음"의 위기의 시대마다 나무는 "자신을 변화시켜" 살아남았을 뿐만 아니라 더욱 크고 힘차게 솟아오를 수 있었다. 이제 나무에게 다시 위기의 시대가 왔다. 그것은 "자본가의 시대"로 나무는 물론이고 인간을 비롯한 모든 생명체에게 생태적 위기의 순간이 온 것이다. 시인은 자신을 개조시켜 그만큼 강해지기 위한 변화를 시작해야 한다고 말한다. 그것만이 위기를 극복하는 길이기 때문이다. 자연에 대한 응시를 통해 시인

은 모든 혁명은 스스로를 변화시키는 것으로부터 시작된다는 깨달음에
도달한다.

3. 산에서 내려와 인간의 숲으로 가다

처절한 자기 응시를 통해 인간 문명의 역사를 성찰하기 시작한 백무
산에게 반성의 실마리를 제공하고 새로운 시야를 열어 준 것은 자연의
생명력이었다. 시인은 대지가 이룩한 위대한 혁명을 보면서 과거에 자
신이 가졌던 신념에서 잘못된 것이 무엇이었는지, 그리고 더 나아가 인
간의 문명이 잃어버린 것이 무엇인지를 깨닫게 된다. 자연의 응시를 통
해 인간의 삶을 깊이 있게 통찰하게 된 것이다.

> 나무는 굵은 가지가 작은 가지를 낳을 때
> 굵은 가지를 그대로 낳는다
> 작은 가지가 잔 가지를 낳을 때도
> 굵은 가지를 그대로 낳는다
> 잔 가지가 잎을 낳을 때는 나무 전체를 고스란히 낳는다
> 나뭇잎 하나에 나무 전체가 고스란히 펼쳐진다
>
> 소우주라는 인체에도
> 잔 가지가 나무 전체를 낳듯이
> 손바닥 하나에도 전체를 낳는다
> 발바닥에도 귀에도 코에도 눈동자에도
> 전체의 바다와 구렁과 강과 산맥이
> 펼쳐져 있다
>
> ―「모든 것이 전부인 이유」 부분

자연의 법칙 중 시인이 눈여겨보는 것은 생성의 법칙이다. 자연의 부분이자 전체인 나무의 생장을 응시하며 거기서 인간과 자연, 우주를 꿰뚫는 법칙을 발견하게 된다. 시인은 "나뭇잎 하나에 나무 전체가 고스란히 펼쳐"지듯이 소우주라는 인체에도 자연 전체가 펼쳐져 있고 "너와 나의 관계에도" 전체 인간 사회의 자아와 타자의 관계가 들어 있으며 지배와 착취라는 인간 사회의 질서가 박혀 있음을 본다. 더 이상 부분의 합은 전체가 아니다. 부분은 전체의 속성을 고스란히 담고 있다는 점에서 전체이기도 하다. 자연을 주의 깊게 관찰함으로써 시인은, 밖으로 책임을 떠넘기고 밖에서 원인을 찾으려 했던 과거의 자신을 돌아보고 자기 안에 있는 원인을 볼 수 있도록 시야를 넓힌다. 이와 같이 부분을 통해 전체를 바라보는 시각은 그가 통합적 인식으로 세상을 보기 시작했음을 의미한다. 과거 자신의 실패에 대한 정직한 성찰이 이루어지면서 인식의 대전환이 일어난다. 이전의 시에서 보여 주었던 이분법적 대결 구도가 자연의 응시를 통해 극복되고 사언을 총괄하는 동합적인 인식이 나타난다. 백무산이 내적인 응집력을 가지고 세상을 새롭게 인식하기 시작했음을 뜻하는 것이다.

　백무산이 『인간의 시간』에서 보여 주는 통합적인 인식은 「흙 한줌」, 「감은사지」 같은 시에서 부드러움과 둥근 원으로 표현된다.

> 저것이 어찌 한줌 흙으로 빚어졌는가
> 천년을 훨씬 더 살아 빛나고
> 구름과 학이 천년 여정에도 빛바래지 않다니
> 감동의 무한동력이 아닌가
>
> 　　　　　　　　　　　　　　　―「흙 한줌」 부분

　『만국의 노동자여』(1988)와 『동트는 미포만의 새벽을 딛고』(1990)를 관통하는 것은 노동의 산물이 노동의 주체를 짓이기는 조선소의 "쇳덩이"

였다. 단단하고 날카롭고 둔중한 이미지를 지닌 "쇠"는 사람의 생명을 앗아가는 비인간적인 문명을 상징하는 것이었다. 이제 그 쇠의 단단함은 생애의 문제와 인간 자체의 문제를 끌고 가는 "기차"로 발전한다. 그리고 시인의 인식은 부드럽고 둥근 생명력으로 나아가기 시작한다. 시인은 한줌 흙으로 빚어진 "청자"를 통해 천년 여정에도 빛 바래지 않는 생명력을 본다. 부드러운 흙 한줌이 "청자"의 아름다운 곡선으로 원래의 부드러움을 유지하면서 "학"과 "구름" 같은 자연을 품안에 거두어, 시간이 흐를수록 더욱 빛을 발하는 감동을 생성한다. 흙 한줌이 청자가 되는 감동의 무한동력에서 시인은 단절과 생성의 모습을 발견한다.

> 둥근 바다에서 둥근 대나무 하나를
> 싣고 온 섬이 달려와 낮이면 섬도 대나무도
> 두 쪽으로 갈라지고 밤이면 다시 하나
> 둥근 섬이 되고 둥근 관이 된다
>
> ─「감은사지」부분

　신라의 신문왕이 아버지 문무왕을 기리기 위해 지었다는 감은사의 절터만 남은 곳에서 시인은 "만파식적"에 살아 있는 통일과 생성의 정신을 본다. 삼국의 통일을 이루어낸 신라 문무왕과 그것을 지켜내기 위한 "만파식적" 전설에서 시인은 모든 갈라진 것이 하나 되는 살아 있는 통일의 정신을 발견한 것이다. 둥근 대나무는 만파식적이라는 신비한 피리로 다시 태어나고, 만파식적은 작고 둥근 구멍들을 통해 아름답고 청아한 소리를 생성해 낸다. 시인은 텅 빈 구멍 속에 깃든 생성의 힘을 발견한다. 시인의 상상력은 여기서 그치지 않고 생명을 탄생시키는 신비를 가진 "여자"에게로 확산된다. 둥근 대나무와 피리와 바다와 섬, 그리고 여인의 부드러움에서 시인은 우주의 순환과 완성의 원리를 인식한다. 우주를 관할하는 생성의 원리, 통합의 원리는 이항 대립으로 세상을

보는 시각보다 훨씬 더 유연하고 강하다는 것을 시인은 깨닫게 된다. 인
식의 전환은 새로운 세계를 열어 준다.

　　사람 하나 기다리네
　　냇가 풀섶에 앉아
　　건너 방천둑에 미루나무 한 그루
　　물위에 거꾸로 비치네

　　(…중략…)

　　물위에 거꾸로 비친 미루나무 한 그루
　　물위에 비친 나와 함께
　　물위에 있네

　　　　　　　　　　　　　　　　　　—「물 위에 있네」 부분

　　냇가 풀섶에 앉아 사람 하나를 기다리고 있는 "나"에게 미루나무 한
그루는 "나"와는 무관한 하나의 풍경일 뿐이었다. 하염없이 흐르는 시
간 속에서 "나"는 약속도 잊어버리고 만나기로 한 사람도 잊어버린 채,
수면에 비친 자신을 응시한다. 기나긴 응시의 시간을 거쳐 시인은 "미
루나무"와 "나"는 물위에 있는 하나의 풍경임을 인식하게 된다. 미루나
무가 물위에 거꾸로 '비친다'고 말했을 때는 미루나무를 물밖에 있는 별
개의 풍경으로 본 것이지만, "나"와 함께 물위에 '있다'고 했을 때는 이
미 "미루나무"와 "나"와 "물"은 하나의 풍경으로 존재하는 것이다. 더
이상 시인은 인간과 자연을 분리해서 보지 않는다. 인간은 그 자체로 충
일한 하나의 우주이지만, 자연과 더불어 존재하는 것임을 깨달은 것이
다. 자기 응시의 시간은 마침내 존재의 혁명을 이루어낸다. 여기서 "천
지의 조각도 천지"요, "영원의 조각도 영원"(「숲으로 간다」)이라는 새로운
인식이 열린다. 이것이야말로 백무산이 『인간의 시간』에서 보여 주는

의미심장한 의식의 변모이다.

『인간의 시간』 제1부의 첫 번째 시 「숲으로 간다」에서 백무산은 "산 위"에서 내려와 "숲으로 간다"고 선언한다. "산 위"는 인간의 세상을 내려다보며 살았던 지금까지의 시인의 삶을 가리키는 공간이다. 그것은 시인이 살해한 경직된 마음이 머무는 자리이며, 두 개의 밑그림을 분리해서 보고 모든 것을 대결 구도로 파악하던 삶의 태도이다. 반면 시인이 가려던 "숲"은 위기의 시간을 지나 그가 선택한 새로운 생성의 자리를 상징한다. 앞에서 인용한 「숲」과 아래의 「플라타너스」를 통해 시인이 그리는 숲의 구체적인 모습을 짐작해 볼 수 있을 것이다. 시인은 "숲"이 내 몸 밖의 것 같지 않고 "푸른 하늘"도 내 마음 밖의 것 같지 않다고 말한다(「숲」). 숲과 하늘과 인간이 하나로 어우러진 풍경은 문명이 만들어 놓은 풍경과는 다른 것이다. 문명이 만든 풍경에는 인간이 제거되고 분리되어 있다. 인간과 분리된 풍경은 인간에게 정복의 대상일 뿐이지만, 인간이 포함된 풍경은 다른 차원을 열어 놓는다.

> 플라타너스 그늘 아래 사람들이 지나간다
> 비 갠 여름날 오후의 공단천변
> 방금 얼굴 씻은 바람이 잎새를 훔친다
> 환하다
>
> 플라타너스 그늘 아래 사람들이 지나간다
> 새들 날아와 가지에 들어와 앉고
> 잎들은 밖으로 난다
> 안에서 밖으로 난다 밖에서 안으로 난다
> 환하다
>
> 플라타너스 그늘 아래 사람들이 지나간다
> 비바람과 추위를 나무처럼 견뎌온 사람들

볕과 땀과 피곤으로 나뭇등걸처럼 거칠어진 몸으로
한 그루 열 그루 백 그루 사람들이 지나간다
멀리 푸른 숲을 이룬다 새들이 난다
환하다

비 갠 여름날 오후의 공단천변
플라타너스 그늘 아래
플라타너스가 걸어간다

—「플라타너스」

　비 갠 여름날 오후의 공단천변에서 플라타너스 그늘 아래 사람들이 지나가는 것을 화자가 바라보고 있다. 대수롭지 않아 보이는 그 풍경을 화자는 "환하다"고 말한다. 그 이유는 새로운 존재의 발견과 새로운 인식을 여는 풍경의 발견에 있다. 둘째 연과 셋째 연은 그것을 보여 준다. 플라타너스 나무에 새들이 날아와 가지에 들어와 앉자 잎들이 밖으로 날린다. 새들이 날아들면서 나뭇잎이 바람에 나부끼는 것을 화자는 잎들이 "안에서 밖으로 난다"고 한다. 그리고 새들은 밖에서 안으로 날아든다. 곧 나뭇잎과 새는 하나의 풍경이 된다. 나무 그늘 때문에, 나뭇잎이 밖에서 안으로 날기도 하고 새가 안에서 밖으로 날기도 하는 것처럼 보인다. 나뭇잎과 새는 하나가 되어 한 그루의 나무를 이룬다. 그래서 "환하다." 셋째 연에서 플라타너스 그늘 아래를 지나던 사람들은 "한 그루 열 그루 백 그루" 나무가 된다. 지나가는 사람들이 만든 그림자가 합쳐지면서 여러 그루의 나무를 이룬다. 나무가 된 사람들은 멀리 푸른 숲을 이룬다. 그 숲에 새들이 날아든다. 나무와 새와 사람들은 하나가 되어 풍경을 이룬다. 그러므로 "플라타너스 그늘 아래 플라타너스가 걸어"가는 일이 벌어진다. 풍경은 더 이상 사람을 분리시켜 놓지 않는다. 사람은 풍경의 부분이자 이미 전체이다.
　백무산은 인간에 대한 탐구, 자연에 대한 응시를 통해 인간이 포함된 새로운 풍경을 발견하는 데로 나아간다. 인식의 대전환이 일어났기 때문에 눈앞이 환해지고 온 세계가 환해지는 것이다. 결국 시인이 가겠다고 선언한 "숲"은 인간의 숲, 인간과 자연이 하나 된 풍경이다. 그것은 이전에 없었던 새로운 풍경이라기보다는 이전에 미처 발견하지 못한 새로운 풍경이다. 이미 있었지만 보지 못한 풍경을 인식의 전환을 통해 시인이 보아 낸 것이다. 그런데 이 시를 자연과의 아름다운 교감으로만 읽는다면 우리는 이 시를 온전히 이해했다고 할 수 없다. "플라타너스"가 비 갠 여름날 오후의 "공단천변"에 있음을 눈여겨볼 필요가 있다. 시인은 결코 노동자의 시각을 포기하지 않았다. 오히려 건강한 노동자의 시각을 통해 "인간"이 누락되지 않은 새로운 풍경을 발견해 낸 것이다. 그것은 자연과 인간을 대결 구도로 보지 않고 더불어 살아가야 할 존재로 보는 자각을 통해 발견한 새로운 풍경이며 새로운 인식이다. 시인의 기억 속에 각인되어 있던 두 개의 밑그림은 「플라타너스」에서 하나가 된다. 어느 한쪽을 포기하거나 무시하지 않고 통합적으로 보는 시각을 통해 '생애의 문제'와 '인간 자체의 문제'가 하나가 되고 노동자로서의 시각과 개인으로서의 인간이 행복하게 만난다. 시인이 발견한 새 길은 인간의 숲으로 향하는 길이었다.

4. 뿌리와 가지를 먹고 자랐으나 그들과 단절한 꽃을 보아라

이제 이 글의 앞에서 던진 질문에 답할 차례이다. 백무산은 노동자의 시각을 포기했는가? 그렇지 않다. 그렇다면 백무산의 시가 달라졌다는 것은 오해인가? 역시 그렇지 않다. 백무산의 시는 분명히 달라졌다. 그러나 백무산의 변모를 1980년대에 시인이 품었던 꿈으로부터의 단절로만 이해해서는 안 된다. 오히려 그것은 연속인 동시에 단절이며 단절인 동시에 생성이다. 연속의 자리에는 노동자의 시각과 인간에 대한 관심이 놓여 있고, 새로운 생성의 자리에는 인간 문명의 근원에 대한 성찰과 통합적인 세계 인식이 놓여 있다. 백무산은 이제 새로운 혁명을 꿈꾸고 있다. 그것은 사고의 혁명이자 존재의 혁명이다. 그는 자연으로 돌아가서 자연으로부터 진정한 혁명의 의미를 배우고, 인간의 문명을 성찰하기 시작한다. 백무산의 시는 과거의 찬란했던 꿈을 끌어안으면서도 그 안에서 낡은 것을 골라내고 아직 지켜가야 할 소중한 것은 보듬어 안는다. 시인은 노동자의 시각을 포기하지 않으면서 과거 자신의 꿈이었던 '노동 해방'의 꿈을 인간과 모든 생명체가 조화롭게 살아가는 세상을 향한 꿈으로 확장해 간다. 백무산의 시가 '인간의 몸', '인간의 역사', '인간' 그 자체와 자연의 관계를 탐구하는 이유가 여기에 있다. 이제 백무산은 이항 대립적인 대결 구도를 극복하고 '인간'과 '인간 사회'에 대한 통합적 인식의 지평을 넓혀 가고 있다. 그는 자연의 생명력에서 그 실마리를 발견한다. 자연은 시인에게 잃어버린 본연의 마음을 되찾아 주고 진정한 혁명을 가르쳐 주었다. 자연에 대한 응시를 통해 시인은 잃어버린 밑그림 하나를 다시 찾고 인간이 포함된 아름다운 풍경을 발견한다. 백무산이 자연으로 돌아와서 다시 자연을 노래하는 이유가 바로 여기에 있다.

『인간의 시간』을 중심으로 한 백무산의 시들은 달라진 시대적 조건에 대한 충실한 문학적 대응이라는 의미를 지닌다. 중심의 해체, 구심력의 약화는 1990년대 시를 특징지으며 다양성이라는 현상을 낳았다. 외부적 조건이 시인의 의식을 자유롭지 못하게 했던 1980년대를 지나 1990년대에는 전통 서정시·자연시·생태시·정신주의 시·도시시·해체시 등의 다양한 창작 경향을 보인다. 다양한 모습들 중에서 비교적 두드러진 현상이 서정성이 강화된 점이다. 서정성을 회복함으로써 1990년대의 자장 안으로 들어온 백무산의 시에는 변화한 시대적 조건에 대한 고뇌의 흔적이 담겨 있다. 백무산 시의 서정성은 그 이전부터 전통 서정시를 써 온 시인들의 시에 나타나는 서정성과 구분되어야 한다. 전통 서정시를 계승한 많은 서정시들은 우리가 잃어버린 것들을 상기시키고 복원해 내려는 회복의 꿈을 그려낸다. 1990년대에 전통 서정시가 다시 강세를 보이는 현상에 대해 긍정적인 반응과 함께 의심스러운 눈초리가 끊이지 않는 것도 서정시가 갖는 이러한 특성 때문이다. 회복의 꿈은 시대에 따라서 복고적이라거나 폐쇄적이라는 혐의를 받기도 했다. 백무산의 시는 회복의 꿈에 머물지 않고 현실과의 관련 아래 우리의 미래에 대해 진지하게 모색한다. '인간성의 부재'라는 전면적인 위기를 맞고 있는 1990년대 후반에 백무산 시의 서정성이 각별한 의미를 지니는 이유가 바로 여기에 있다. 달라진 백무산의 시는 서정성을 회복함으로써 인간 자체의 문제를 돌아볼 여유를 주고, 이전 시대의 고민을 끌고 와 발전시킴으로써 진정성의 깊이를 느낄 수 있게 해 준다. 백무산의 시를 보라. "뿌리와 가지를 먹고 자랐으나 그들과 단절한 꽃"(「모든 것이 전부인 이유」)의 생명력을 보라. **(1999)**

새로운 관계를 꿈꾸는 긍정의 시학

안도현론

1. 이유 있는 고집

각종 위기설로 들끓는 '세기말' 지구의 가장 큰 화두는 지구 생태 환경의 보존일 것이다. 어느 누구도 자유로울 수 없는 문제인 데다 무소불위의 현대 문명으로도 이렇다 할 해결책을 찾지 못할 것으로 보이기 때문이다. '개발'의 논리로 인간이 짓밟고 소외시킨 자연이 이제 인간을 소외시키고 있다. 뒤늦게 화해의 손길을 뻗어 보아도 이미 그렇게 관계 지워졌기 때문에 적대적 관계에서 벗어날 길이 없다. 관계의 장을 바꾸기 전에는 근본적인 변화는 일어나지 않을 것이라는 불안한 예감에서 좀처럼 벗어나기 힘들다.

1990년대 시의 다양한 현상 중 두드러진 특징 하나는 자연을 노래한 전통 서정시 계열의 시가 양산되었다는 점이다. 이에 대해서는 우리의 시가 본연의 서정성을 회복했다고 긍정적으로 보는 견해와 함께 치열한 시정신이 부재하는 퇴행 현상으로 보는 시각도 제기되었다. 그러나 부인할 수 없는 사실은 '숲'이 사라져 가는 시대에 적지 않은 시인들이 자꾸 '숲으로' 가고 있다는 사실이다. 숲에서 살 수 없음을 모를 리 없을 텐데도 시대착오적인 고집을 부리고 있는 시인들에게 그 이유를 들어 보지 않을 수 없다. 이제는 질문을 바꾸어 던져야 할 때이다. 왜 시인은 아직도 '숲으로' 가는가?[1]

> 내 눈이 내 눈이라면
> 오동나무 오돌오돌 소름 돋는 것 보아라
> 내 귀가 참말로 내 귀라면
> 가래나무 가랑가랑 喘息 앓는 소리 들어라
>
> ──「가을의 욕심 1」

　시인의 모든 감각은 자연을 향해 열려 있다. 욕망의 대상이 다름 아닌 자연인 것이다. 이토록 간절히 자연과 교감하려고 하는 이유는 도대체 무엇일까? 1990년대 후반에 들어서만 두 권의 시집(『그리운 여우』, 1997; 『바닷가 우체국』, 1999)을 낸 시인 안도현은 '숲으로' 가는 길을 고집하는 시인들 중 하나이다. 그는 전통 서정시의 아름다움을 재현해 낸 시인으로 평가받기도 했지만 단지 그것만으로는 그의 개성을 말하기에 부족하다. 시는 낡은 것조차 새로운 방식으로 보여 줘야 한다. 그 새로움에 값할 때 비로소 '숲으로' 가는 이유도 공감을 얻을 수 있을 것이다.
　안도현의 시에 나타나는 서정의 본질을 밝히기 위해 우리는 먼저 첫 번째 시집으로 거슬러 올라갈 것이다. 첫 시집인 『서울로 가는 전봉준』(1985)은 안도현 시의 출발을 이해하는 데 중요한 실마리를 제공해 준다.

---

1) 여기서 '숲'은 도정일의 「시인은 숲으로 가지 못한다」(『시인은 숲으로 가지 못한다』, 민음사, 1994)에서 쓰인 상징적 의미를 빌려 왔음을 밝혀 둔다.

그것은 비교적 최근의 시집 『바닷가 우체국』, 『아무것도 아닌 것에 대하여』에 이르기까지 다양하게 변주되며 지속된다.

2. 아버지가 물려준 그물, 또는 뿌리의 긍정

안도현 시의 출발은 아버지가 부재하는 공간에서 비롯된다. 첫 시집 『서울로 가는 전봉준』(1985)에는 집을 나간 아버지와 홀로 빈 집을 지키는 어머니가 여러 번 등장한다. 아버지는 "엽총 들고 산속으로" "첫눈 밟으며 사슴 쫓아"가 버렸고, 어머니는 그리움으로 "한 켜 한 켜"(「山驛」) 세월을 깎아내며 산다. 부재하는 아버지는, "눈발로 훌쩍 뛰어내려 이 세상에"(「눈 오는 날」) 오시기를 바라는 그리움의 대상이다. 1980년대의 다른 젊은 시인들이 '아버지의 부재'를 통해 우상의 파괴를 말한 것과는 달리, 안도현은 아버지를 부정하지 않는다. 안도현에게 아버지는 남근중심적 권위의 상징으로서가 아니라 타자로서 자리하기 때문이다. 아버지는 "없는 것이 너무 많아서"(「洛東江」) "추석"에도 "고향"(「流民」)에 갈 수 없는 가난한 떠돌이 신세이다. 한번도 중심에 서 보지 못한 상처 입은 존재인 아버지는 안도현의 시에서 그리움의 대상으로 그려진다. 그렇다고 해서 그가 가부장적 질서로의 귀환을 꿈꾸는 것은 아니다. 그는 삶의 변방에 있는 타자로서의 아버지를 있는 그대로 긍정한다. 그리운 아버지는 시인의 의식 속에 자리하며, 존재의 근거를 이룬다.

> 어둠이 강의 끝부분을 지우면서
> 내가 서 있는 자리까지 번져 오고 있었다
> 없는 것이 너무 많아서

아버지 아무 말씀도 하지 않으시고
낡은 木船을 손질하다가 어느날
아버지는 내게 그물 한 장을 주셨다

그러나 그물을 빠져 달아난 한뼘 미끄러운 힘으로
지느러미 흔들며 헤엄치는 銀魚떼들
나는 놓치고, 내 살아온 만큼 저물어 가는
외로운 세상의 江岸에서
문득 피가 따뜻해지는 손을 펼치면
빈 손바닥에 살아 출렁이는 강물

아아 나는 아버지가 모랫벌에 찍어 놓은
발자국이었다, 홀로 서서 생각했을 때
내 눈물 웅얼웅얼 모두 모여 흐르는
洛東江
그 맑은 마지막 물빛으로 남아 타오르고 싶었다

—「洛東江」 부분

    화자에게 아버지는 아들에게 물려줄 것이라고는 "그물 한 장"밖에 없는 가난한 존재로 기억된다. "아버지가 내게 주신 그물 한 장"은 은어떼로 상징되는 삶의 진실에 접근하는 방식이자 화자가 세상을 살아가는 데 마음의 중심이 되는 것이다. 그러나 "나"는 아버지가 물려주신 "그물 한 장"의 속뜻을 알아차리지 못한 채 세상에 그물을 던지고 결국 은어떼를 놓치고 만다. "나"의 그물질은 아버지가 물려준 그물의 의미와는 거리가 먼 헛투망질이었다. "나"는 충만한 생명력으로 넘쳐 나는 "은어떼"를 가두고 그 생명을 앗아가려 했다. 오히려 아버지와 나를 굳게 묶어 주는 것은 그물을 놓친 "빈 손바닥에 살아 출렁거리는 강물"이다.

    아버지와의 끈끈한 유대를 확인한 화자는, 살아 출렁이는 강물에 따뜻한 눈물을 보탠다. 자신의 존재에 대한 자각의 눈물이 흐르고, "내 눈물"이 모두 모여 흐르는 낙동강에는 할아버지와 아버지의 고단한 삶이 함께 흐른다. "나"는 아버지가 남긴 삶의 자취이나, "모랫벌에 찍어 놓은 발자국"과 같은 자취이다. 단 한 번의 물결로도 지워질 수 있을 만큼 위태로운 "나"라는 자각 뒤에는 "맑은 마지막 물빛으로 타오르고 싶"다는 갈망이 이어진다. 변방에 놓인 아버지의 삶의 방식은 나에게로 이어진다. 아버지는 소외된 삶을 통해 파괴가 아닌 생성이라는 삶의 방식을 나에게 물려준다. 아버지의 그물은 그러므로 생명의 그물이다.

자기 존재의 뿌리인 아버지를 향한 갈망은 역사의식으로 확장된다. 역사에 대한 탐색은 멀리는 그의 의식의 고향을 이루는 백제로부터 가까이는 한국의 근대사에 이르기까지 계속된다.

> 그 누가 알기나 하리
> 겨울이라 꽁꽁 숨어 우는 우리나라 풀뿌리들이
> 입춘 경칩 지나 수군거리며 봄바람 찾아오면
> 수천 개의 푸른 기상나팔을 불어제낄 것을
> 지금은 손발 묶인 저 얼음장 강줄기가
> 옥빛 대님을 홀연 풀어헤치고
> 서해로 출렁거리며 쳐들어 갈 것을
>
> (……)
>
> 들꽃들아
> 그날이 오면 닭 울 때
> 흰 무명띠 머리에 두르고 동진강 어귀에 모여
> 척왜척화 척왜척화 물결소리에
> 귀를 기울이라
>
> ―「서울로 가는 全琫準」 부분

시인은 전봉준이 '동학' 봉기에 실패하고 서울로 압송되어 가는 역사적 시간을 상상한다. 기억 속에 묻혀 있던 전봉준은 시에서 "이름 없는 들꽃"에게 이름을 주고 비겁했던 "잔뿌리"에 활력을 불어넣어 준 상징적 존재로 살아난다. 영원의 시간 속에 살아 있는 전봉준의 모습은 봄이 오면 "얼음장 강줄기가 서해로 출렁거리며 쳐들어가듯" 풀리는 물결 소리에 실려 "척왜척화" 살아 있는 정신으로 우리의 마음속에 살아 돌아올 것이다. 잿빛 겨울 들판의 황량함이 속절없이 내려 쌓이는 눈으로 뒤덮이고, 하이얀 세상 위에 활기찬 푸른빛으로 출렁이는 봄빛이 겹쳐 압송되어 가는 전봉준과 먼 훗날 살아 돌아올 전봉준을 대조적으로 보여 준다. "한 자 세치 눈 쌓이는 소리까지" 들릴 정도의 고요함과 강줄기 출렁거리며 바다로 가는 시끌벅적함이 대조를 이루어 그 날의 풍경은 눈부신 생동감을 획득한다.

시인의 상상력은 '갑오농민전쟁'이라는 실패한 역사로부터 풀뿌리의 질긴 생명력이라는 본질적 의미를 발견하고 그것을 아름다운 부활의 풍경으로 바꿔 놓는다. 안도현이 쇠망해 가는 역사적 시점에 각별한 관심을 보이는 이유는 그의 역사 탐색이 결핍감으로부터 시작됐기 때문이다. 그가 삼국의 역사 중 백제에 유난히 집착하는 이유도 여기에 있다.

> 내 안경 너머로 소리 죽여 우는
> 빈 몸의 성터여, 스스로 물으며 왔나니
> 거기서 둥근 무지개를 그려 올리던 百濟人의 활이여,
> 보아라, 三南에서 떼지어 모여 든 길들이
> 백마강 살얼음 강물 속으로 스스럼없이 뛰어드는 것을
>
> ─「부여 紀行」 부분

백제 멸망의 역사는 유례를 찾아보기 힘들 정도로 비극적이다. 그 비극의 절정에 삼천 궁녀의 죽음이 있다. 여기서 시인의 상상은 시작된다. 충청·경상·전라 "三南에서 떼지어 모여든 길들이" 살얼음 낀 백마강으로 "스스럼없이" 뛰어드는 상상을 통해 삼천 궁녀의 죽음은 역사적

사건을 넘어서서 비극적 아름다움으로 되살아난다. 부여에서 화자가 확인하는 것은 "끝나지 않은" 백제인의 말발굽 소리이자 활로 "둥근 무지개를 그려 올리던"('눈」) 백제인의 건강한 모습이다. 말발굽 소리는 생명의 파장을 일으키고, 둥근 무지개는 조화롭고 희망이 넘치는 세계를 향한 꿈으로 피어오른다. 시인은 자신의 슬픈 뿌리를 확인하고 그 안에서 건강함을 찾아낸다.

안도현의 시에서 과거 속의 아버지, 고향, 역사는 결핍의 공간이다. 삶의 변방에서 시인은 자신의 뿌리를 발견한다. 그러나 가난한 과거 속에는 현실의 결핍을 상쇄할 만한 정신적 풍요가 있다. 쇠망한 역사 속에서 시인은 아름답고 건강한 세계의 생명감을 본다. 그는 결핍으로서의 과거와 자신의 존재를 긍정하고 온전한 세계의 회복을 꿈꾼다. 시인이 꿈꾸는 세계는 훼손되지 않은 시원의 모습을 닮았다. 황량한 삶에서 시인은 시원이 지닌 안위와 생명력을 꿈꾼다.

> 어느날 내가 앉아 있는 의자에서 나뭇잎이 돋아나고
> 금세 우리들의 교실은 학교 안에 울창한
> 참나무숲을 이루리라 그리고 어느날 저녁식사 시간이면
> 옹기그릇은 한덩이 진흙으로 풀어지고 숟가락은
> 밥과 국물을 버리고 출렁이는 鑛脈 속으로 되돌아가리라
>
> —「歸」 부분

시원을 향한 갈망은 모든 것이 근원으로 돌아가는 아름다운 상상으로 나타난다. 순차적으로 흐르던 시간이 역행하면서 모든 인공물은 자연으로 돌아가고 죽음은 삶으로 전환된다. 시간의 역행은 모두 "풀어지고" "출렁이"고 "날아가"는 것으로 표현된다. 우리는 여기서 고양된 생명감의 절정을 맛볼 수 있다. 복원의 꿈은 마침내 "무덤 열고" 할아버지를 걸어 나오게 한다. 그리움의 힘을 빌려 온전함이 회복된다.

『모닥불』(1989), 『외롭고 높고 쓸쓸한』(1994) 등으로 이어지는 교육 현장

을 노래한 시들에도 이러한 동화적 환상은 나타난다. 「그날」에는 "부르고 싶은 노래를 입 모아 부르"는 아이들과 "푸른 과일나무가 되어" 아이들을 키우는 선생이 "목련꽃"과 함께 뛰노는 아침 자율학습 시간이 아름답게 그려져 있다. 그러나 아름다운 환상의 밖에는 "서류철이 쌓여" 있는 "교무실"과 "지시사항"으로 가득한 "교직원회의"가 있다. 「운동장에서」 "아이들이 햇볕도 벅차게 좋은 날" "콸콸 물꼬" 터지듯이 "지느러미와 꼬리를 꺼내 달고" 헤엄쳐 오는 상상의 이면에는 "교실에 고여 있던 아이들"이 존재한다. 진정한 교육이 실현되는 행복한 공간을 향한 갈망은 사랑과 자유가 훼손된 우리의 교육 현실에 대한 인식으로부터 온다.

아버지의 부재라는 결핍에서 출발한 안도현의 시는 아버지의 부정으로 나아가지 않고 자신의 뿌리에 대한 탐색과 긍정으로 향한다. 긍정의 눈을 통해 시인은 충일한 생명력이 넘쳐 나는 세계의 아름다움을 발견한다. 그것은 있어야 할 것이 존재하지 않는 현실에 대한 인식에서 비롯된다.

3. 한사코 움켜쥔 푸른 모과, 또는 새로운 관계

『그리운 여우』(1997)는 안도현이 도달하려는 유토피아를 자연 속에서 발견한 시집이다. 이전의 시에서부터 의인화의 방식을 빌려 자연과의 친밀감을 드러내던 시인은 이제 자연과 자유롭게 대화하고 기꺼이 자연의 일부가 된다. 안도현은 특유의 동화적 상상력으로 자연과 교감한다.

　　강은, / 어젯밤부터 / 눈을 제몸으로 받으려고 / 강의 가장자리부터 살얼음을 깔

기 시작한 것이었다

— 「겨울 강가에서」 부분

송사리떼에게 거슬러 오르는 일을 가르치려고 / 시냇물은 스스로 저의 폭을
좁히고 / 자갈을 깔아 여울을 만들었네

— 「여울가에서」 부분

여름이 뜨거워서 매미가 / 우는 것이 아니라 매미가 울어서 / 여름이 뜨거운
것이다

— 「사랑」 부분

바람이 부는 까닭은 / 미루나무 한 그루 때문이다 // 미루나무 이파리 수천, 수
만 장이 / 제 몸을 뒤집었다 엎었다 하기 때문이다

— 「바람이 부는 까닭」 부분

생명을 가진 것을 중심으로 한 사고는 자연 현상의 인과 관계를 뒤집
어 보는 새로운 시각을 마련해 준다. 그 안에는 소멸하는 것에 대한 안
타까움과 연민의 시선이 가득하다. 인간 중심주의로 인해 소외됐던 "송
사리", "매미", "미루나무" 등의 자잘한 생명체는 시인의 눈에 의해 하나
하나 소중한 생명의 빛을 발하게 된다. 그의 시에서 인간은 만물의 왕이
아니고, 오히려 온갖 형태 혹은 온갖 종류의 깊은 생명과 접촉하고, 별
들 및 심지어 동물들과 연결되어 있다. 모든 자연 현상을 지배하고 소유
하려는 마음에서 벗어나자 서로가 서로를 위해 존재하는 새로운 관계가
생성된다. 시인은 적대적 관계의 장으로부터 벗어나는 길만이 다양성을
살리며 모두가 조화롭게 살 수 있는 길임을 알고 있는 것이다. 새로운
관계의 장 속에는 "푸른 모과 몇 개"로 상징되는 여린 생명을 지켜내려
는 「모과나무」의 마음과 "모악산 박남준 시인네 집 앞"에 사는 "버들치"
를 잡아먹으려는 "중년 아저씨"로부터 버들치를 구해내기 위해 "자기가
주인이라고"(「모악산 박남준 시인네 집 앞 버들치에 대하여」) 당당히 나서서 소

유권을 주장하는 천진한 마음이 산다. 그 둥글고 아름다운 마음은 독자에게로 전이된다. 결국 생명을 가진 것을 중심으로 한 사고는 자연과 인간의 근본적인 관계를 다시 볼 수 있게 해 준다.

> 남대천 상류 물푸레나무 속에는
> 연어 떼가 나무를 타고
> 철버덩거리며 거슬러오르는 소리가 들린다
> 나무가 세차게 흔들리는 것은 바로 그 때문이다
> (⋯⋯)
> 나뭇가지가 강 줄기를 빼닮은 것도 바로 그 때문이다
> ─「강과 연어와 물푸레나무의 관계」 부분

남대천 상류의 물푸레나무가 세차게 흔들린다. 대부분은 바람이 불어서 나무가 흔들린다고 생각하겠지만, 시인은 거기서 눈에 보이지 않는 연어의 요동치는 생명을 느낀다. 이듬해 봄에 "수천 개 연초록 이파리"를 매달려고 애쓰는 물푸레나무를 보면서 모천 회귀하는 연어를 떠올리는 것은 둘 다 새 생명을 낳기 위한 산고를 치르고 있다는 인식 때문이다. 강줄기와 물푸레나무와 연어에게 눈높이를 맞춘 시인의 눈에는 그들이 겪는 산고가 보인다. 인간 중심적인 사고가 흐려 놓은 생명의 본질을 시인은 자연과의 교감을 통해 되찾으려 한다. 시인이 염원하는 세계는 인간도 자연의 일부로서 평화롭게 존재하는 세계이다. 인간과 연어와 강물과 물푸레나무가 하나 되는 관계, 중심도 주변도 없고 위도 아래도 없는 부분이자 전체이고 하나이자 여럿인 대등하고 조화로운 관계야말로 안도현이 새롭게 꾸리려고 하는 관계이다. 시인은 자연과 인간의 본래적 관계를 회복하려고 한다.

그러나 안도현의 시에 드러나는 생태학적 인식은 인간을 배제하고 원시로 돌아가자는 발상과는 거리가 멀어 보인다. 그가 "산길을 걷는 것은 인간들의 마을에서 쫓겨났기 때문이 아니라 인간들의 마을로 결국

은 돌아가기 위해서다."(「눈 그친 산길을 걸으며」) 생명을 지닌 존재에 대한 사랑과 연민의 시선은 궁극적으로 인간을 향하고 있다. 인간이 자연에 대한 겸손함을 회복함으로써 잃어버린 소중한 가치를 되찾고 결핍을 보충하기를 시인은 바란다. 시인이 꿈꾸는 유토피아는 모든 생명체가 자연성을 회복하여 더불어 충만한 세계이다. 안도현이 그려낸 그 자체로 충만한 자연은 이미 파손된 현실 속 자연과 어긋난다. 그 어긋남이 아름다운 자연에 대한 망각에서 우리의 기억을 끌어올려, 생명의 본질을 훼손한 인간 중심적 사고를 반성하게 한다.

4. 그리운 여우, 또는 유토피아의 갈망

인간 중심적인 시각에서 벗어나 자연에 대한 겸손한 태도를 회복한 시인은, 「그리운 여우」와 최근에 나온 시집 『바닷가 우체국』(1999)에서 자신이 꿈꾸는 유토피아의 신비로운 아름다움을 구체적으로 그려낸다. 그는 대상과의 깊이 있는 교감을 통해서 모든 생명체의 소리를 듣고 움직임을 볼 수 있는 감각을 되살려 낸다. 현실에서 사라져 보이지 않는 세계는 열린 감각을 통해 눈앞에 현현된다.

> 아 글쎄 그 여우 한 마리가, 아는 척도 하지 않는 사람들이 야속해서
> 세상을 차듯 뒷발로 땅바닥을 더러 탁탁 쳐보기도 했을 터인데
> 먹을 것은 없고
> 눈은 지지리도 못난 삶의 머리끄덩이처럼 내리고
> 여우 한 마리가, 그 작은 눈을 글썽이며
> 그 눈 속에도 서러운 눈이 소문도 없이 내리리라 생각하고 나는
> 문득 몇해 전이던가 얼음장 밑으로 빨려들어가 사라진

동무 하나가 여우가 되어 나 보고 싶어 왔는지도 모른다는 생각을 하고
자리를 차고 일어나 방문을 확 열어제껴보았던 것인데
눈 내려 쌓이는 소리 같은 발자국 소리를 내며
아아, 여우는 사라지고―
여우가 사라진 뒤에도 눈은 내리고 또 내리는데
그 여우 한 마리를 생각하며
이렇게 눈 많이 오시는 날 밤에는
내 겨드랑이에도 눈발이 내려앉는지 근질근질거리기도 하고
가슴도 한없이 짠해져서 도대체가 잠을 이룰 수가 없었던 것이다
　　　　　　　　　　　　　　　　　　　　　　　　―「그리운 여우」부분

　눈이 많이 오는 날 밤 화자는, "누에고치처럼 동그랗게" 방에 누워 눈
에 보이지 않는 또 다른 세상에 대해 상념에 잠긴다. 누에고치가 나방을
키워내는 것처럼 화자도 그리움의 힘으로 "여우"에게 생명을 불어넣는
다. 화자의 상상 속에서 여우는 "어슬렁어슬렁 산골짜기를 타고" 인간
세계로 걸어 내려온다. 상상 속의 여우는 자연의 일부로서 인간에게 위
협적인 존재가 아니다. 여우는 인간처럼 서러움과 야속함을 느끼는 가
엾은 존재로 그려지다가, 몇 해 전에 물에 빠져 죽은 친구의 환생일지도
모른다는 화자의 생각과 함께 인간으로 전이된다. 자연과의 교감이 마
침내 인간과 자연의 일체됨을 가져오지만, 그것은 상상 속에서만 그려
질 뿐 여우는 이미 사라지고 없다. 그리운 여우는 시인이 꿈꾸는 유토피
아의 다른 이름이다.
　이 시는 아무것도 훼손되지 않은 세계, 충일한 생명으로 넘쳐 나는
세계를 향한 그리움을 '여우'라는 구체적 대상으로 감각화하고 있다. 화
자가 그리워하는 여우는 머릿속으로만 상상되고 꿈꾸어지지만, 여우의
모습과 행동은 매우 구체적이고 감각적이어서 눈에 보일 듯하다. 상상
속에서 여우의 감정 상태는 몇 차례 변하는데 그것을 통해 우리는 여우
의 실체를 짐작해 볼 수 있다. 여우는 처음에 "나를 홀리려고" 마을로

내려온다. 유혹의 감정은 이내 그리움으로 변하고 다시 야속함과 서러움, 외로움으로 발전해 간다. 사랑의 다양하고 미묘한 감정을 시인은 여우의 구체적인 모습으로 섬세하게 그려낸 것이다. 여우를 향한 화자의 그리움도 매우 감각적이다. 때로는 "메주 냄새"로, 때로는 겨드랑이의 근질거림이나 불면이라는 행위로 표현되기도 한다. 시인은 시각적으로 구체화된 여우의 모습에 후각·촉각·청각 등의 다양한 감각을 활용하여 눈에 보이지 않는 추상적인 그리움의 대상을 선명하게 구체화해 놓는다. 이토록 간절한 그리움의 대상은 현실 속에 부재하지만 소중한 것으로, 시원을 향한 갈망에서부터 지속되어 온 생명감이 넘치는 세계이다. 시인은 다채로운 감각을 통해 추상성에 구체성을 부여하여 "그리운 여우"라는 아름다운 환상을 만들어 낸다. 여우는 우리가 잃어버린 근원적인 가치를 표상한다.

「그리운 여우」에서 감각적으로 그려진 유토피아는 「바닷가 우체국」, 「이발관 그림을 그리다」 등에서 새롭게 변주된다. 시인이 꿈꾸는 유토피아에는 중심으로부터 밀려난 것들이 모여 산다. 더 이상 편지를 쓰지 않는 세상의, 요란한 피서지로 변한 바닷가에서 우체통을 찾는 이는 드물다. 시골 이발관에 가면 볼 수 있는 벽에 걸린 촌스러운 그림들에 더 이상 사람들의 시선은 머물지 않는다. 그러나 안도현의 상상은 바로 그곳에서 시작된다. 그가 지향하는 유토피아에는 가난한 아버지가 있고, 아버지가 물려준 낡은 그물도 있고, 낙화암에 뛰어든 삼천 궁녀들도 산다. 그곳에는 인간을 "측백나무 한 그루쯤으로 여기는", "참새떼"(「측백나무가 되어」)가 살고 "뒷산 다람쥐 도토리 굴리는 소리까지 훤히 다 듣"는 "개 두 마리"(「花嚴寺, 깨끗한 개 두 마리」)가 산다. 또한 그곳에는 도시화에 밀려나 "시외버스마저 거들떠보지 않고 지나가려 하는 나이 많은 정미소"가 있고 사람들에게 잊혀진 바닷가 우체국과 이발관 그림이 있다. 이들이 시인의 유토피아에 들어올 수 있는 것은 옛 영화 때문이 아니다. 그가 찬미하려는 것은 오히려 쇠락한 현재의 풍경이다"그 풍경을 나는 이제 사랑하려

하네", 「정미소가 있는 풍경」).

> 고래를 기다리는 동안
> 해변의 쫓꼭지를 빠는 파도를 보았지요
> 숨을 한 번 내쉴 때마다
> 어깨를 들썩이는 그 바다가 바로
> 한 마리 고래일지도 모른다고 생각했지요
>
> —「고래를 기다리며」 부분

　화자가 바닷가에 앉아 하염없이 기다리는 '고래'는 예전엔 있었지만 지금은 사라진 근원을 상징한다. 화자는 우리의 삶을 삶답게 하는 아름다운 꿈의 존재를 믿는다. 누구나 한때는 꿈의 도래를 기다리며, 그 꿈의 힘을 빌려 산다. 그러다가 세상에 길들면 꿈이란 부질없는 것임을 알고 그것을 잊거나 버린 채 살아가게 마련이다. 대개는 꿈의 빈자리를 현실적인 욕망이나 세속적인 가치에 내 준다. 그러나 시인은 끝내 꿈을 버리지 못한다. 남들이 다 버려서 이미 골동품이라는 낡은 딱지가 붙어 버린 것을 차마 버리지 못하는 시인은, "기다리는 것은 오지 않는다는 것을 알면서도 기다리고, 기다리다 지치는 게 삶이라고 알면서도" 기다린다. 빠른 속도를 지향하는 세상에 대해 시인은 느리고 한결같은 기다림의 자세를 취한다. 그것은 삶을 긍정하는 자세이다. 고집스러운 기다림 덕분에 시인은 남들이 보지 못하는 것을 결국 보게 된다. 보이지 않는 것을 보아내는 힘, 그것이야말로 시가 지닌 원천적인 생성의 힘이다. 보이지 않는 것에 대한 간절한 그리움과 긍정의 시선이 새로운 눈을 뜨게 한다. 시인의 심지 깊은 기다림에 마침내 바다가 감응해 온 것이다. 아니, 바다가 파도를 빌려 무수히 보내온 전언을 시인이 비로소 알아챈 것인지도 모르겠다. 시인과 바다의 교감은 두 세계의 경계와 구분을 허물어뜨리고 새로운 관계를 열어 준다. 바다와 고래가 서로가 서로의 부분이자 전체로서 함께 있다는 깨달음은 근원도 기다림 속에서 살아 있다는 생각으로 확대된다. 고래는 "해변의 젖꼭지를 빠는 파도," "어깨를 들썩이는" 바다와 같이 감각적으로 형상화된다. 시인은 바다와의 깊이 있는 교감을 통해 꿈이란 삶으로부터 멀리 있는 것이 아니라 그 안에 숨겨져 있음을 깨닫는다.

안도현은 긍정적으로 세상을 바라본다. 그 태도는 크게 달라지지 않았지만, 초기시에서는 민중의 힘에 근거한 역사의식과 뿌리에 대한 긍정이 시인으로 하여금 현실에 대해 비판적 거리를 유지하게 했다. 그러나 『그리운 여우』·『바닷가 우체국』 등으로 이어지는 1990년대 후반의 시에는 긍정의 힘은 살아 있지만 현실에 대한 비판적 거리는 약해졌다는 느낌을 지울 수 없다. 새로운 관계의 장이라는 유토피아를 노래하는 안도현의 시는 독자에게 눈물겨운 따뜻함을 주는 서정성을 여전히 신뢰하는 것처럼 보인다. 시인이 그려낸 유토피아는 성공적이었을 때 역으로 훼손된 현실 세계를 상기시켜 슬픔과 안타까움과 그리움의 정서를 유발한다. 그러나 지배적이 되어 버린 긍정의 시선은 현실과의 비판적 거리를 환기하는 데는 대개 실패한다. 안도현 시의 서정은 '그리움'이라는 전통적 정서를 인간 중심적 사고가 훼손한 생명에 대한 사랑으로 확장하지만, 여전히 불편한 현실이 도사리고 있음을 상기할 때 그것이 일으키는 파장은 그리 만족스럽지 않다.

5. 소멸에서 생성으로 향하는 숲의 길

시인이 걸어 들어간 숲에는 "토끼 발자국"과 "상수리 열매"가 있고 "되새떼가 알알이 뿌려놓고 간 되새떼 소리"(「눈 그친 산길을 걸으며」)가 들려 온다. 그곳에서 "봄비"와 "왕벚나무"(「봄비」)는 사랑을 나누고, 사람들이 버린 "우체통"과 "이발관 그림"과 "정미소"가 낡아서 아름다운 풍경으로 서 있다. 그곳에서는 자연과 인간의 경계가 사라지고 적대적 관계도 존재하지 않는다. 자연과 인간을 경계 짓고 나 아닌 타인을 적대시하도록 관계 지워진 현재의 삶을, 시인은 새로운 관계의 장을 펼쳐 보여줌으로써 거부한다. 이것이 안도현이 '숲으로' 걸어 들어간 이유이다. 이제는 낯설기조차 한, 사라진 것들로 가득한 유토피아는 현실의 불편함을 잠시 잊게 해 준다. 그러나 숲이 삶의 터전이 될 수 없는 한 위안은 결코 오래가지 않는다.

거대 담론이 붕괴하면서 세기말에 전면적으로 부상한 위기는 '인간의 부재'라는 현상이었다. 안도현의 시가 1990년대 후반에 도모한 긍정적 관계의 회복은, '인간의 부재'라는 위기를 극복할 수 있는 시적 대안으로 주목받기도 했다. 안도현의 시가 성장의 논리 속에서 우리가 잃어버린 천진한 심성과 따뜻한 감성을 맑고 아름다운 언어로 되살려 내는 역할을 했던 것도 사실이다. 잠시나마 그의 시가 내미는 따뜻한 위안의 손길을 맞잡고 싶은 유혹을 느끼지 않았다면 아마 그것은 거짓말일 것이다. 그는 온전한 세계를 보여 줌으로써 우리가 잃어버린 세계를 환기하는 방법적 전략을 선택한다. 그 선택이 틀렸다고 말할 수는 없겠지만, 그는 이제 버릴 것보다는 지킬 것이 많아 보인다. 그의 시에서 더 이상 불온함을 기대할 수는 없을 것 같다.

안도현은 기질적으로 부정보다는 긍정의 힘이 강한 시인이다. 그는 자신의 개성을 토대로 서정성이 우리 시대에도 여전히 유효하다는 것을 보여 주고 있다. 우리 시대가 상실한 자연성을 회복하는 것이야말로 인간의 부재를 극복하고 '인간'을 되찾는 길임을 시인은 작고 낮은 목소리로 들려 준다. 그의 진정성을 의심하고 싶은 생각은 추호도 없다. 다만, '지금, 여기'와는 거리가 먼 그의 아름다운 서정시들이 '어른을 위한 동화류'가 주는 감동과 위안 이상의 것을 독자들에게 줄 수 있을지에 대해서는 묻지 않을 수 없다. 안도현이라는 재능 있는 시인의 시가 따뜻한 위안의 반복적 재생산이라는 감옥에 갇히지 않기를 바라는 마음은 비단 나 혼자만의 것은 아닐 것이다. (2000)

과정의 시학

오규원론

1. 모더니티의 경계

한국시와 모더니티를 논하는 자리에서 오규원이라는 시인을 다루는 것은 자연스러운 일이지만, 그 안에는 이미 하나의 완강한 편견이 들어 있다. 오규원은 모더니티라는 틀 안에 갇히지 않는 시인이며, 또한 어떤 규정에도 사로잡히지 않는 시인이기 때문이다. 방법적 틀을 가지고 오규원의 시를 규정하는 순간, 그의 시는 저만큼 달아나 있다. 그러므로 '모더니티'라는 특성으로 오규원의 시를 본다는 것은 이미 멀리 달아난 시인을 애써 '모더니티'라는 틀 안에 가두려는 갑갑한 시도일 수 있다. 따라서 이 글은 논의 중에 '모더니티'와의 관련 아래 오규원의 시를 다루기는 하겠지만, 그런 틀로부터 비교적 자유로운 작업임을 미리 밝히고 들어가야겠다.

오규원의 시는 리얼리즘 / 모더니즘이라는 이분법적 대립 구도의 어느 한쪽에 서 있는 시가 아니다. 현실과의 관련, 현실 혹은 역사에 대한 관심은 오규원의 시에 지속적으로 나타난다. 다만, 그것을 표현하는 방법적 전략으로서 언어의 문제에 천착한 점이 오규원 시의 개성이라고 할 수 있다.

돌이켜 보면 한국시는 오랫동안 순수 / 참여, 리얼리즘 / 모더니즘의 대립 구도로부터 자유롭지 못했다. 물론 1920년대에 전개된 카프 대 국민문학파의 대립이나 1930년대의 모더니즘만 하더라도 대립 구도가 권력화했다고까지 단정하기는 어렵다. 그러나 분단 이후 1950년대에 전개된 모더니즘 운동이나 1960년대의 순수 / 참여 논쟁과 그 이후에 전개된 리얼리즘 / 모더니즘의 대립 구도는 논쟁의 와중에 타자를 발견하고 그에 대립하는 논리로써 자기 진영을 권력화하는 방식으로 작동하게 된다.[1]

오규원의 초기시는 모더니티와의 관련 아래 여러 차례 논의되었지만,[2] 엄밀하게 말하면 오규원의 시는 이러한 대립 구도를 넘어서는 자리에 위치한다. 물론 1980년대의 모더니즘이 1930년대나 1950년대의 모더니즘과는 달리 당대의 현실과 좀더 밀접히 관련을 맺으면서 당대 현실에 대한 방법적 저항으로서 전개되었고, 오규원의 시도 그러한 맥락

---

1) 1950년대에 제기된 전통론은 논의의 과정에서 대립적인 성향이 두드러지게 되면서 '전통적인 것'과 '반전통적인 것'의 대립이 '전통적인 것'과 '현실적인 것'의 대립으로 변질되는 과정을 겪게 된다. 이러한 과정을 거치면서 현실 참여적인 문학의 대립항으로서 '순수'문학이 발견된다. 지금까지의 논의에서 1950년대의 전통론은 이후 민족문학론으로 발전적으로 계승되는 것으로 평가되어 왔으나, 그 사이에 거친 순수·참여 논쟁이 이러한 계승의 매개 고리로서의 역할을 했다는 가정을 해 볼 수 있다. 순수·참여 논쟁을 거치며 '전통적이지 않은 것'이 '현실 참여적인 것'으로 변질되면서 민족문학의 모델을 형성하게 된다. 반면에 그 대립항으로서 '전통적인 것'은 '순수'문학과 같은 계열에 놓이게 된다.
2) 김동원, 「물신 시대에서 살아남기 위하여」, 『문학과사회』, 1988년 겨울; 정끝별, 「서늘한 패러디스트의 절망과 모색」, 『동아일보』, 1994.1; 이광호, 「에이론의 정신과 시쓰기」, 『작가세계』, 1994년 겨울; 김진희, 「출발과 경계로서의 모더니즘」, 『세계일보』, 1996.1.

아래 놓여 있었다고 말할 수는 있을 것이다. 그러나 그런 구도만으로 오규원의 시를 보는 것은 오규원의 일부만을 보는 것일 수 있다. 오히려 그의 시는 그러한 대립 구도를 넘어서는 자리, 아슬아슬한 경계에 늘 위치하고 있다.

오규원의 시는 언어가 규정하는 완강한 세계라든가 고정 관념을 해체하는 데 관심을 가진다는 점에서는 포스트모더니즘의 세계관에 가깝다. 모더니티는 오규원의 시를 대단히 편협하게 보는 방법일 수 있다. 우리시가 빠져 있는 근대성의 미망에서 그 나름의 방식으로 벗어나 보려고 끊임없이 시도하는 자리에 오규원의 시가 늘 있어 왔기 때문이다.

2. 거리의 역학 관계─아이러니와 모호성

오규원의 초기시에서는 대립 관계의 구도가 쉽게 발견된다. 이러한 특성은 그의 시가 지닌 아이러니적 성격과도 긴밀히 관련되어 있다.[3] 대립물의 병치와 충돌을 통해 발생하는 아이러니는 오규원 시의 중요한 표현 기법의 하나인 동시에 그의 미학적 세계관을 드러내 주는 방법적 전략이다. 흥미로운 것은 대립 관계가 등장하면서도 오규원의 시에는 대립물 사이의 경계가 또렷이 구분되어 나타나지 않는다는 점이다. 대립 관계가 존재하는 한 경계가 없다고 할 수는 없겠지만, 끊임없이 경계를 지우고 모호하게 만드는 전략이 그의 시에는 나타난다.

---

3) 이광호는 「에이론의 정신과 시쓰기」에서 오규원의 시에 나타나는 아이러니의 정신이 근대적 경험 세계의 모순과 대결하는 인간의 반성적 인식을 포함하고 있다고 지적하였다.

나의 생애를, 저 이적밖에 바라지 않는 사람들을 위해 이적에서 누군가가 나를 구해주어야 한다. 사랑은 이적이 아니라는 사실을, 사랑은 즐겁게 고통을 이해하는 힘이라는 사실을 모르는 저 사람들을 위해 나를 네가 구해주어야 한다. 부탁이다 유다여, 사람들은 극적인 것을 좋아한다. 극적인 것의 허구를 모르는 저 사람들은 영원히 허구를 모를 것이다. 그 사람들을 위해 나는 극적으로 죽어야 한다. 부탁이다. 유다여, 너만이 나를 위해 배반해줄 수 있다.

지금은 눈에 보인다, 아파트 공사장 위로 예루살렘으로 가는 게헨나 언덕에 나사렛의 목수와 헤어진 가룟 유다가 혼자 하루종일 쳐다본 하늘―그 유다의 부동산. 구름 낀 그러나 마지막엔 끝없이 맑고 고요해지던 하늘.

―「유다의 부동산」[4] 부분

예수를 배신한 유다는 그의 영향권 아래 있던 제자였지만 배신이라는 행위를 통해 예수로부터 벗어난다. 신뢰를 무너뜨린 유다의 배신은, 애초에 공통된 영역에 속해 있던 예수와 유다를 대립하게 한다. 인용한 시도 예수와 유다의 대립적 배치를 전제로 하고 있다. 그런데 시인이 유다를 끌어들인 것은 대립 관계를 강화하기 위해서가 아니다. 예수의 극적인 죽음을 위해 오히려 희생된 존재가 유다라는 설정을 통해 시인은 유다의 배신과 함께 형성된, 예수와 유다 사이의 원초적 대립 관계를 지운다. 고정된 것처럼 보이던 기존의 관계를 역전시킴으로써 이 시는 희생양을 예수라 여기는 것을 당연시하는 종교적이고 신화적인 시선에 균열을 일으킨다. 종교적인 세계관 속에서는 선악의 대립이 선명하고 경계도 분명해서 의심이 끼여들 여지가 없다. 그러나 예수와 유다의 위치를 역전시키는 오규원의 시선은 선악의 경계를 지우고, 이분법적 대립의 선명함을 모호함으로 옮겨 놓는다. 예수에게서 사랑이 아니라 이적(異蹟)만을 기대하는 이기적인 사람들로부터 오히려 예수를 구원해 준

4) 오규원, 『왕자가 아닌 한 아이에게』, 문학과지성사, 1978(『오규원시전집 1』, 문학과지성사, 2002, 170~171면).

것이 유다이며 이는 예수가 바란 일이기도 하다는 논리는 허무맹랑하게 들리지 않는다. 본질은 사라지고 포장된 형식만이 요란한 우리 시대의 모습이 시의 배경이 되면서, 희생양으로 둔갑한 유다와 죽음으로써 구원받은 예수의 모습은 오히려 훨씬 더 큰 파장을 일으키게 된다. 의미의 역전과 경계를 지우는 전략을 활용함으로써 고정 관념에 균열을 일으키는 이와 같은 시작 방법은 오규원의 시에 지속적으로 나타난다. 아이러니 효과에 의해 생성되는 거리는 감정의 동화를 방해하며 그의 시에 지적인 시선을 확보하게 해 준다.

이 세상은 나의 자유투성이입니다. 사랑이란 말을 팔아서 공순이의 옷을 벗기는 자유, 시대라는 말을 팔아서 여대생의 옷을 벗기는 자유, 꿈을 팔아서 편안을 사는 자유. 편한 것이 좋아 편한 것을 좋아하는 자유, 쓴 것보다 달콤한 게 역시 달콤한 자유, 쓴 것도 커피 정도면 알맞게 맛있는 맛의 자유.

세상에는 사랑스런 자유가 참 많습니다. 당신도 혹 자유를 사랑하신다면 좀 드릴 수는 있습니다만.

밖에는 비가 옵니다.
이 시대의 순수시가 음흉하게 불순해지듯
우리의 장난, 우리의 언어가 음흉하게 불순해지듯
저 음흉함이 드러나는 의미의 미망, 무의미한 순결의 몸뚱이, 비의 몸뚱이들
……
조심하시기를
무식하지도 못한 저 수많은 순결의 몸뚱이들.
―「이 시대의 순수시」5) 부분

서정시가 동일성의 논리에 기반을 두고 있다는 시론을 오규원의 시

5) 오규원, 『왕자가 아닌 한 아이에게』, 문학과지성사, 1978(『오규원시전집 1』, 문학과지성사, 2002, 173~174면).

는 단호히 부정한다. 오랫동안 의심되지 않았던 서정시라는 이름의 신화를 그는 뿌리부터 뒤흔든다. 반역의 시학이라고 부를 만한 오규원의 시적 전략은 의미가 고정되어 죽어버린 언어에 이중성을 부여함으로써 죽은 언어를 살려낸다. 헌법에 명시되고 역사적 의미를 획득하면서 지나치게 무거워져 버린 '자유'라는 말의 이중성을 파헤침으로써 시인은 말이 지닌 권위를 무너뜨린다. 자유라는 이름으로 횡행되는 파렴치하고 못난 행위들을 일일이 까발려 열거함으로써 자유 있음과 없음, 진정한 자유와 가짜 자유를 구분하지 못하는 우리의 불감증을 일깨운다.

'순수', 그 중에서도 '순수시'라는 말은 얼마나 음험한 말인가? 불순한 정치적 의도를 교묘히 위장하고 '순수'의 가면을 쓰고 있는 시들의 저 음흉한 이중성을 시인은 놓치지 않는다. 순수한 언어가 있을 수 없는데 순수시가 어떻게 존재할 수 있을까? '순수시'라는 것은 순수하지 못한 불순한 의도를 감추고 싶어하는 허영이 만들어낸 욕망의 그림자라고 할 수 있다. '순수시'를 옹호하거나 믿는 사람들은 더 넓은 혼돈의 땅으로 나아가는 것이 두려워서 눈을 질끈 감아버린 사람들이다. '순수시'의 이중성을 애써 보려 하지 않고 그것을 의심하지 않는다는 점에서 이러한 태도는 하나의 종교와 다를 바 없어진다.

오규원의 시는 고정된 실체나 고정된 의미의 이중성을 끊임없이 폭로하면서 기존의 의미와 대립되는 다른 의미를 나란히 놓는다. 대립되는 의미를 병치하여 충돌하게 함으로써 혼돈을 유발한다. 오규원의 시를 읽으면서 우리는 종종 불편함을 느끼게 되는데 이는 대립물의 병치가 자아내는 긴장 때문이다. 그의 시가 만들어내는 풍경 속에 무의식적으로 빨려 들어가는 일은 좀처럼 없다. 그의 시에서 발생하는 지적인 거리가 우리를 '보는' 사람의 자리에 서 있게 만드는 까닭이다.6) 이때 본

---

6) 김대행은 '보는 자'로서 시인을 규정하며, 오규원의 시는 세계가 하나임을 통찰하는 발견의 시선을 지니고 있으므로 오규원을 철학자의 모습을 한 시인으로 볼 수 있다고 하였다(김대행, 「'보는 자'로서의 시인」, 이광호 편, 『오규원 깊이 읽기』, 문학과지성사,

다는 것은 반성적 거리를 유지한다는 말이며, '견자'로서의 태도를 지닌
다는 말이다.

　　자원 전쟁 시대 유류 전쟁 시대 그러나 걱정 마라, 우회 전쟁 시대, 이 글은
　　패배 전쟁 시대의 시 얘기가 아니니 오해 마라. 시는 언제나 패배이니 승리는
　　오해 마라.
　　　시인의 나라는 높은 산 골짜기에 있다.
　　　시인의 나라는 잎이 바싹거려도 살이 바싹바싹 부서지는 골짜기에 있다. 골
　　짜기에는
　　　실속 없는 장난
　　　애매모호한 대화
　　　무능한 노랫소리가 구름이 되어 산허리를 졸라맨다. 그때마다 산의 키가 항
　　상 구체적으로 자란다.

　　　산속 골짜기에는 李箱이 병신들과 함께 누워 히히닥거린다. 늙은 여자 사이
　　에서 릴케가, 동성 연애가 랭보가 낄낄 웃으며 보고 있다. 도망가는 여자 앞
　　에 꽃을 뿌리는 병신 素月을 보며 萬海가 이별을 찬미하는(이별이 아름답다는
　　것은 흉한 거짓말이다!) 염불을 외운다.

　　　시는 추상的이니 구상的은 오해 마라. 시인은 병신이니 안 병신은 오해 마라.
　　지금 한국은 산문이다. 정치도 산문 사회도 산문 시인도 산문이다. 산문적이기
　　위한 전쟁 시대, 시인들의 전쟁터로 끌려가는 모습이 보인다. 끌려가는 시인의
　　빛나는 제복, 끌려가지 못하는 병신들만 남아 제복도 없이 아, 시를 쓴다.
　　　　　　　　　　　　　　　　　　　　　　　　　　　　—「시인들」[7]

　　'패배와 승리', '추상的과 구상的', '병신과 안 병신' 등은 인용시에서
대립 관계를 형성한다. 후자에 해당하는 '승리', '구상的', '안 병신'이

　　2002, 208면).
　　7) 오규원,『왕자가 아닌 한 아이에게』, 문학과지성사, 1978(『오규원시전집 1』, 문학과
　　지성사, 2002, 205~206면).

기성의 가치에 순응적이고, 구체적인 언어와 이미지를 중시하고, 건강하고 의미 있는 것을 추구하는 기성의 시관(詩觀)이라면 '패배', '추상的', '병신'은 그러한 기성의 시관에 대항하기 위해 시인이 제시한 새로운 시관이다. 시인은 대립 관계의 제시를 통해 신화에 도전한다. 시를 대단한 것으로 생각하는 태도에 대해 시인은 냉정하게 찬물을 끼얹는다. 시는 주목받는 승리의 자리가 아니라 그늘진 패배의 자리에 서 있어야 하며, 시인 역시 '안 병신'이 되려고 애쓰기보다는 '병신'임을 인정해야 한다고 그는 생각한다. 시는 못남으로부터 나오며 결핍으로부터 나온다. 풍요는 시의 차지가 아니다.

이러한 언술은 지극히 당연한 것으로 보이기도 하지만, 시를 승리의 자리에 세우려는 음험한 시도는 여전히 계속되고 있다. 시인은 대립물의 제시를 통해 그 불순한 의도를 폭로한다. 패배일 수밖에 없는 운명을 타고난 시를 승리의 자리에 세우려는 시도는 권력화의 욕망을 작동시킨다. 모든 것이 승리를 향해 달려가고 그것을 최고의 가치로 평가하는 세상이라고 해도 시는 그로부터 단호히 거리를 유지할 수 있어야 한다. "언제나 패배"인 시란 바로 그러한 태도를 가리키는 것이다. 승리에 현혹되어 거리를 잃어버리고 반성 없이 휘둘릴 때 시인은 제복을 입은 사람과 다를 바 없어진다. 제복이란 차이를 인정하지 않는 획일화를 전제로 한다. 승리에의 매혹, 권력에의 매혹은 제복에 대한 매혹의 다른 이름이다. 따라서 빛나는 제복을 입고 끌려가는 시인들은 더 이상 시인들이 아니며, 제복 없이 시를 쓰는 남아 있는 '병신'들이 오히려 진정한 의미의 시인이 된다. 대립물의 병치를 통한 의미의 역전이 마침내 승리와 패배, '안 병신'과 '병신'의 가치를 역전시키기에 이른다. 대립 관계의 충돌을 통해 오규원이 궁극적으로 드러내려는 것은 고정된 관념이나 의미를 흐르게 만드는 일이다. 시적 사유의 유연함은 오규원의 시에서 열린 형식으로 나타나기도 하고, 그칠 줄 모르는 변이로 나타나기도 한다.

테크노피아
野立看板의 녹슨
철골 사이에

들새 하나
집을 틀고 앉아
새끼를 기르겠다고
작은 눈을 굴리며
알을 품고 앉아

형체도 분명한
다섯 손가락의 외짝
고무장갑
썩지도 못하고
비를 맞는

테크노피아
野立看板 아래와 위 사이에서
비 함께 맞으며
알을 품고 앉아

— 「테크노피아」8)

　'날 이미지' 시로 가는 과정에 놓인 「테크노피아」에 와서도 대립성은
오규원 시의 중요한 창작 원리이자 구조로서 작용하고 있다. '테크노피
아'라고 쓰여졌을 것으로 추정되는 "야립간판(野立看板)의 녹슨 철골"과
썩지도 못하는 "외짝 고무장갑"이 이루는 살풍경은, "새끼를 기르겠다
고 / 작은 눈을 굴리며 / 알을 품고 앉아" 있는 들새 한 마리와 절묘한 대

---

　8) 오규원, 『사랑의 감옥』, 문학과지성사, 1991(『오규원시전집 2』, 문학과지성사, 2002,
91면).

조를 이룬다. 녹슬거나 버려질 뿐 썩지도 못해 온전한 죽음에도 이르지 못하는 도시의 황량함과 그 안에서 생명의 싹을 틔워 보겠다고 홀로 비 맞으며 알을 품고 앉아 있는 들새의 상반된 모습이 어우러져 '테크노피아'의 세계를 이룬다. 환상적이고 모든 것을 해결해 주는 꿈의 미래일 것 같은 테크노피아의 실상이라는 것이 사실은 이렇듯 삭막하고 외롭고 비참한 모습에 지나지 않는다고 이 시는 말한다.

녹슬되 썩지 않는 구제 불능의 세계와 생명의 탄생을 여전히 꿈꾸는 세계를 나란히 병치해 놓음으로써 두 세계의 이질성은 더욱 더 부각된다. 그런데 테크노피아는 바로 그러한 이질성의 세계이다. 알을 품고 앉아 있는 들새 한 마리와 함께 비를 맞고 있는 것은 "외짝 고무장갑"이다. 2연과 3연에 독립되어 있던 두 개의 세계는 4연에서 하나로 만난다. 1연과 4연이 유사하게 반복되는 수미상관의 구조와, 광물질의 세계와 생명의 세계라는 두 세계의 대립이 이 시의 기본 구조를 형성한다. "비 함께 맞으며 / 알을 품고 앉아"로 끝나는 시는 완결되지 않고 열려 있는 듯한 느낌을 준다. 시인이 그리는 '테크노피아'는 지금, 여기의 우리의 모습과 많은 부분 유사하게 겹치는데 열려 있는 구조는 지금, 여기의 세계, 즉 테크노피아의 세계가 아직도 진행중임을 나타낸다. '테크노(techno)'와 '피아(pia)'가 합성된 테크노피아(technopia)는 과학 기술이 낳은 미래 사회를 의미하는 것일 텐데, 그 미래가 그다지 밝아 보이지는 않는다. 이와 같이 오규원의 시는 문명 비판적인 성격을 지닌다.

오규원의 문명 비판 시는 세속적인 현대 사회의 한가운데에서 세속적인 삶을 비판하는 모습을 보이는데, 이것이 모더니티와 오규원의 시가 관련을 맺는 방식이다. 세속적인 삶의 음지를 드러내기 위해서는 철저하게 그 안에 속해 있을 필요가 있다. 오규원의 시는 '내부의 외부자'가 되려는 태도를 지니는데, 바로 이런 태도가 그의 시에서 경계를 모호하게 만드는 기능을 한다.

3. 차이의 반복—패러디의 정신

오규원이 즐겨 사용하는 시적 형식은 반복의 형식이다. 그것은 문장이나 시행, 연 단위의 반복을 통해 시적 표현 형식으로 나타나기도 하고, 기존의 시를 패러디한 형태로 나타나기도 한다. 반복의 대상이 되는 것이나 반복이 출현하는 형태는 다르지만, 이러한 반복 구조의 시들은 의미의 차이를 발생시켜 끊임없이 새로운 경계를 만들어 나간다. 오규원의 시에서 반복은 새로운 경계를 만들어 가는 형식이라고 할 수 있다.

> 종일 말을 달림. 저녁에야 작부 둘이 서 있는 주막을 발견하고 길을 멈춤. 환상과 현실. 나의 현실은 내가 그곳에 있으므로 나의 현실, 내가 그곳에 숨쉬므로, 내가 그곳을 느끼므로 나의 현실. 잠시 눈을 감았다 뜸. 너희들은 작부. 아가씨들이여, 나의 말을 믿어주십시오 여러분의 외모에 분명히 나타나는 바와 같은 지체 높으신 아가씨들에게 해를 가하는 것은 제가 속한 기사단에 어울리지도 합당하지도 않는 일입니다.

> 작부들, 작부답게 웃음을 터뜨림. 현실에서.
> 돈 키호테, 돈 키호테답게 웃음. 현실을 밟고 올라선 로시난테 위에서.
> ─「등기되지 않은 현실 또는 돈 키호테 略傳」[9] 부분

주지하는 바와 같이 돈 키호테는 한물 간 기사이다. 중세의 유물이라고 할 수 있는 기사가 거의 사라진 시대에 아직도 스스로를 자랑스러운 기사라고 믿으며 기사도 정신을 지키며 살아가려고 고군분투하는 돈 키호테의 시대착오적인 모습은, 우스꽝스럽다 못해 때로는 안쓰럽기까지하다. 자신이 만들어낸 환상 속에서 살아가는 돈 키호테의 눈에, 풍차는

---

[9] 오규원, 『왕자가 아닌 한 아이에게』, 문학과지성사, 1978(『오규원시전집 1』, 문학과지성사, 2002, 183~184면).

무찔러야 하는 적군으로 비추어지고, 못생긴 하녀는 목숨을 바쳐 지켜야 하는 아름다운 공주로 비추어진다. 현실의 돈 키호테 주변에 있는 작부들은 그의 환상 속에서 그가 기사도 정신으로 보필해야 할 "지체 높으신 아가씨들"로 나타난다. 그가 있는 곳이 환상 속일진대, 그것이 현실이 아니라고 어떻게 말할 수 있을까. 돈 키호테는 사회 구성원들 간의 약속에 의해 이루어지는 등기된 현실 속에 살고 있지 않다. 환상 속에서 그가 만들어낸 세계는 '등기되지 않은 현실'이라고 이름할 만하다. 이렇듯 이 시는 현실과 환상의 경계를 흐려 놓는다.

그런데 이 시에서 돈 키호테의 모습은 이 시대의 시인의 모습과 겹친다. 이들은 자신이 만들어낸 현실 속에서 살아간다는 점에서 닮은꼴이고, 등기되지 않은 현실에 속해 있다는 점에서도 그렇다. 중세에서 근대로 넘어간 이후의 낙오자이자 광인으로서의 돈 키호테의 모습은 이 시에서 패러디 되면서 시인의 모습을 연상시킨다. 차이의 반복이라고 할 수 있는 패러디를 통해 시인은 등기되지 않아서 많은 사람들이 존재하지 않는다고 믿지만 엄연히 존재하는 현실에 대해 그리고 있다. 그것은 돈 키호테의 눈에만 보이는 세계이며, 시인의 마음속에 존재하는 세계이다.

성경에 가라사대 마음이 가난한 者에게 福이 있다 하였으니

2백억을 축재한 사람보다 1백 9십 9억을 축재한 사람은 그만큼 마음이 가난하였으므로
天國은 그의 것이요

(…중략…)

돈 이야기로 詩라고 써놓고 있는 나는 어느 시대의 누구보다도 궁상맞은 시인이므로

天國은 얻어놓은 堂上이라

—「마음이 가난한 者」¹⁰⁾ 부분

"마음이 가난한 자에게 복이 있나니"라는 성경 구절을 인용하며 이 시는, 명쾌한 듯 보였던 이 구절에 의문을 제기한다. 해석의 잉여가 풍부한 성경의 구절은 상징성을 지니고 있어서 물질적 풍요가 최고의 가치 기준이 되어 버린 산업 자본주의 사회에서는 얼마든지 왜곡되거나 상품화될 수 있다. 누가 더 많이 축재했는지를 따져 보아야 무의미한 '오십보백보'의 부자들이 오히려 마음이 가난한 자는 복이 있다는 성경 구절을 왜곡해서 내세의 행복까지 욕심내려 드는 것이, 시인이 바라보는 세속적인 우리네 삶의 모습이다. 오규원의 패러디 시들은 의심해 오지 않았던 것들에 대해 새로운 해석의 의미를 부여함으로써 기성의 권위에 도전하여 질서화된 것에 균열을 일으킨다.

내가 그의 이름을 불러주기 전에는
그는 다만
왜곡될 순간을 기다리는 기다림
그것에 지나지 않았다.

내가 그의 이름을 불렀을 때
그는 곧 나에게로 와서
내가 부른 이름대로 모습을 바꾸었다.

내가 그의 이름을 불렀을 때
그는 곧 나에게로 와서
풀, 꽃, 시멘트, 길, 담배꽁초, 아스피린, 아달린이 아닌
금잔화, 작약, 포인세티아, 개밥풀, 인동, 황국 등등의

---

10) 오규원, 『이 땅에 씌어지는 서정시』, 문학과지성사, 1981(『오규원시전집 1』, 문학과지성사, 2002, 261면).

보통명사나 수명사가 아닌
의미의 틀을 만들었다.

우리들은 모두
명명하고 싶어했다.
너는 나에게 나는 너에게.

그리고 그는
그대로 의미의 틀이 완성되면
다시 다른 모습이 될 그 순간
그리고 기다림 그것이 되었다.

　　　　　　　　　　　　　　　　　—「「꽃」의 패러디」[11]

　　김춘수의 「꽃」을 패러디한 이 시는, 「꽃」의 구조를 염두에 두고 쓰여
졌다. 다만 김춘수의 시가 호명함으로써 비로소 의미 있는 존재가 되는,
언어의 존재론적 의미에 초점을 맞춘 데 비해, 오규원의 시는 명명(命名)
의 욕망을 타인에게 의미의 틀을 만들어 주려는 지배의 욕망으로 해석
한다는 점에서 다르다. 다시 말해 김춘수의 시가 언어의 문제에 좀더 집
중했다면, 오규원의 시는 그 안에 숨겨진 정치성을 폭로하는 데 좀더 관
심을 가진다. 명명의 욕망이란 결국 지배력을 행사하려는 욕망이다. 타
인에게 의미 있는 존재가 되고 싶어하는 욕망이 명명의 욕망으로 발현
된 것이며, 이는 권력화의 욕망이자 지배욕이라고 할 수 있다. 타인에게
이름을 붙인다는 것은 그를 의미의 틀로 고정시켜 왜곡한다는 것이다.
'기다림 → 명명(왜곡) → 기다림'으로 이어지며 반복되는 구조는, 명명을
통한 왜곡은 다시 왜곡됨으로써만 수정될 수 있다는 생각을 보여 준다.
한편으로는 명명을 통해 의미의 틀을 완성해도 그것으로 완결되는 것이

---

11) 오규원, 『이 땅에 씌어지는 서정시』, 문학과지성사, 1981(『오규원시전집 1』, 문학과
　　지성사, 2002, 252~253면).

아니라 다시 기다림의 자리에 섬으로써 끊임없이 완결된 의미로부터 미끄러지는 구조를 보여 주는 것이기도 하다. 공유하면서도 일치하지 않는, 아슬아슬하게 겹침을 비껴 가는 나선형의 반복 구조는 오규원의 언어관을 보여 주는 구조라고도 볼 수 있다.

> 해태 들菊花—
> 해태 들菊花—
>
> 꿀벌이 껌을 껑껑 씹으며
> 날아간다
>
> 들菊花 만발한 안산 동부 지구
>
> 監視哨의 그늘을 파랗게 뚫으며
> 풀들
> 침을 영혼에 넘기는 소리
>
> —「해태 들菊花」[12]

명명 행위가 가져오는 왜곡을 구체적으로 보여 주려는 욕망을 오규원은 '광고시'들을 통해 드러낸다. 현대 산업 자본주의 사회에서 자연은 더 이상 순수하지 않다. 상품에는 소비 욕구를 불러일으킬 수 있는 이름이 붙여진다. 이때 명명 행위는 상품을 구매하는 소비자들과 그 소비의 욕구를 읽어내는 생산자와 광고주들의 욕망의 삼각형 속에서 이루어진다. 자연으로부터 소외된 현대인들에게 자연은 생활의 터전이 아닌, 관념적인 그리움의 대상이다. 이들은 '대체 자연'에 만족하는 방식으로 그리움의 욕망을 채우려 한다. 그런 까닭에 하찮은 껌 하나에도 '들국화'

---

12) 오규원, 『가끔은 주목받는 生이고 싶다』, 문학과지성사, 1987(『오규원시전집 1』, 문학과지성사, 2002, 390면).

라는 상큼한 자연의 향기를 불어넣는다. 인공향을 가미하여 들국화의 향기를 씹는다는 착각을 불러일으키는 것이 산업 자본주의 사회가 만들어낸 환상이다. 광고가 환기하는 환상에 젖어들고 싶어하는 것이 대다수 대중의 심리일지도 모르겠다.

그러나 오규원의 시는 그 달콤한 유혹이야말로 위험한 것임을 감지한다. 바로 여기서 오규원의 악동 같은 기질은 유감 없이 발휘된다. 들국화라면 꿀벌이 좋아하는 먹이가 되어야 할 것이다. 그는 꿀벌이 들국화 껌을 꺽꺽 씹으며 날아가는 모습을 상상케 함으로써 광고가 제시해 주는 환상을 여지없이 깨뜨린다. 광고시에 나타나는 오규원의 태도는 매우 집요하다. 세속적인 사회에 발 디디고 감각적인 글을 쓰며 살아간다는 점에서는 광고 문구를 쓰는 사람들이나 시를 쓰는 시인들이나 마찬가지일지도 모르겠지만, 적어도 이 시대의 시는 광고가 보여 주는 얄팍한 감각이나 환상을 벗어난 자리에서 그것의 불순한 의도를 꿰뚫어볼 수 있어야 한다고 그는 생각한다. 그는 '내부의 외부자'가 되려고 한다. 자신의 발이 머무는 곳과 머리와 가슴이 머물러야 할 곳을 정확하게 아는 것이다.

4. 아이의 두 얼굴—천사와 악동

대상과의 거리를 유지할 줄 아는 오규원 시의 화자는 이중적인 아이러니의 시선을 띠고 있는 경우가 많다. 그런데 오규원의 시에서 이따금씩 천진한 어린 아이의 시선이 나타날 때가 있다. 때로는 악동 같은 시선으로, 때로는 천진한 아이의 시선으로 나타나는데, 아이의 시선은 대개 웃음을 동반한다. 그것은 대상과 놀 줄 아는 놀이의 웃음이기도 하고, 풍자의 웃음이기도 하다. 그 웃음은 가볍지만 뒷맛은 씁쓸하다.

나의 장난기 ─꽃, 그 여자의 앞가슴 단추를 따고 손가락 하나를 곧추세워 유방의 꼭지를 누른다. 간지러운 사물의 젖꼭지, 부끄러운 본질의 아름다움. 세상의 순수한 모든 것은 장난을 좋아한다. 나의 장난─나의 순수와 그 철없는 사물과의 사랑.

내 앞의 현실, 나의 가장 아름다운 해체, 나의 가장 아름다운 환상의 입체. 빌딩과 기와집과 오물이 뒹구는 골목 사이로 가면 기름투성이 먼지를 뒤집어쓴 잡풀들. 극기로 가는 내 꿈의 잔해들이다.

자꾸만 내려앉는 하늘, 내려앉은 하늘이 빌딩의 사각 모서리에 걸려 있다. 그 밑에서 호흡이 가쁜 사람들이 노란 해바라기 형상이다. 광기, 꿈의 흑점이 내리 박히는 해바라기, 그 위로 알몸을 드러내는 도시의 권태. 몇 사람이 구름에 사다리를 걸고 위로 위로 오르고 있다. 끝없이 ─어딘에선가 착각처럼 예루살렘의 닭이 운다. 내 귀의 장난?

사람들은 강박관념을 앓는다. 전염병이다. 사물들은 문을 닫아걸고 그들끼리 산다. 말도 그들끼리, 고독도 그들끼리, 사랑도 그들끼리. 나는 짓궂은 어린이, 모험을 즐기는 동화 속의 한 아이. 보물섬의 젖꼭지를 누른다. 나의 철없는 사랑. 간지러운 섬의 젖꼭지, 몸을 비틀면 딸기와 포도 덩굴이 뒤덮인 바위가 보인다. 나는 매일 보물섬으로 가는 배를 탄다. 보물섬의 있음─오, 순수한 모순이여. 나는 아버지를 반역하고 흔들리며 흔들리는 만큼의 쾌락에 잠긴다. 시커먼 동굴이 있는 그것으로 이미 나는 행복한 자. 나는 세상이 모두 길로 이어져 있음을 길에서 보았다.

─「보물섬」[13]

시인은 사물의 본질과 순수하게 만나고 싶어한다. '순수'를 가장하는

---

13) 오규원, 『왕자가 아닌 한 아이에게』, 문학과지성사, 1978(『오규원시전집 1』, 문학과 지성사, 2002, 160~161면).

것들을 비아냥거리는 태도를 오규원의 시는 대체로 견지하고 있지만, 그가 진정으로 바라는 것은 "나의 순수와 그 철없는 사물과의 사랑"이다. 그가 언어에 대해 촉수를 곤두세우는 이유도 역설적으로 말하면 사물의 순수한 본질에 가 닿을 수 있는 투명한 언어를 꿈꾸기 때문이다. 그것이 불가능의 꿈이라는 사실을 모르지 않지만, 또한 보물섬을 꿈꾸는 어린 아이처럼 시인은 사물과 시인이, 그리고 사물과 언어가 그렇게 만날 수 있는 세상을 꿈꾼다. 그것을 시인은 "장난기"라 표현하기도 하고 "철없는 사랑"이라 표현하기도 한다. 아이 같은 천진난만한 눈으로 사물의 본질에 가 닿으려는 시인의 꿈은 대개 현실에서는 좌절되게 마련이다. "강박관념을 앓는" 사람들이 살아가는, 사물들은 사물들끼리 말은 말끼리 어울릴 뿐 서로 소통하지 못하는 세상이야말로 우리가 발 디디고 살아가는 분명한 현실이다. 그 지독한 현실이 시인들에게서 천진한 시선을 앗아가곤 한다. 어린 아이의 천진한 시선은 지독한 현실 앞에서 무기력해지기 쉽다.

그래도 시인은 "매일 보물섬으로 가는 배를 탄다." 오규원의 시에서 문득문득 나타나는 어린 아이의 천진한 시선은 시인의 궁극의 꿈과 만난다. 반역의 언어로 현실의 모순을 건너 시인이 궁극적으로 다다르려고 하는 세상은 어린 아이가 꿈꾸는 동화 같은 세상이다. 설령 보물섬에는 보물이 없다는 냉혹한 현실이 기다리고 있다 하더라도 꿈꾸는 과정은 아름답다. 동화의 끝은 이미 결정되어 있거나 시시하게 마련이다. 동화를 동화답게 만드는 것은 꿈꾸고 상상하게 만드는 과정에 있다.

> 뒷집 타일 工場의 경식이에게 동그라미를 그려 보였더니 동그라미라 하고
> 연탄장수 金老人의 손주 명하는 쓰레기를 쓰레기라 하고
> K식품 회사 손계장의 딸 연희는 빵을 보고 빵이라 하고 연희 동생 연주는
> 돼지 새끼를 보고 돼지 새끼라고 했다.
> ─「우리들의 어린 王子」[14] 부분

시인이 정답만을 말하는 아이들, 정답만을 말하도록 길러진 아이들을 그토록 염려하는 것도 그 때문이다. "정답 아닌 다른 대답"을 못 하도록 아이들을 길들인 것은 어른들이다. "정답 만세!"야말로 아이들의 상상력을 박탈해 간 어른들의 편협한 교육관이라고 할 수 있다. 모두들 정답만을 말하는 왕자와 공주를 기르려고 할 뿐 아이를 아이답게 키우는 일에 대해서는 무심한 사회를 시인은 풍자적 시선으로 꿰뚫어 우리의 치부를 들추어낸다. 어쩌면 우리가 살아가는 이 현대 도시의 삶이 우리에게서 아이다운 천진함을 빼앗아 가는지도 모르겠다. 우리의 세상은 아이에게도 일찌감치 세속적인 가치관을 주입시킨다. 어른을 닮은 아이들은 많은데, 아이다운 천진한 상상력을 지닌 아이는 정작 드물다.

> 우리집 작은놈이 뜰에 둥그렇게 원을 그려놓고 나더러 들어가보라고 합니다. 선 속에 내가 발을 들여놓으니까 녀석은 낄낄 웃으며 이젠 갇혔다고 박수를 칩니다. 나는 녀석의 실없는 장난에 웃으면서 한 발을 선 밖으로 내디딥니다. 순간, 왼쪽 무릎이 짜릿하며 마비가 옵니다. 놀란 내가 발을 거두며 작은놈을 쳐다보니 녀석은 마음놓고 빙그레 웃습니다. 이번에는 오른쪽 발을 조심스럽게 선 밖으로 옮겨봅니다. 선을 넘기도 전에 이상한 마비 증상이 오른쪽 허벅지를 타고 싸아 하고 올라옵니다. 멍해진 나는 선의 속을 들여다봅니다. 선의 冷血性, 확실함, 이의 없음, 일사불란함이 일렬로 서서 나를 향하고 있습니다. 나는 우뚝 선 채 선과 쾌재를 부르는 녀석의 손뼉 소리 속으로 녀석의 다음 할 일을 재빨리 읽어봅니다. 아니나 다를까 녀석이 그려놓은 선의 한쪽을 잡아당기니까 선이 슬금슬금 나의 다리를 향하여 좁아듭니다.
> ─「우리집 아이의 장난─다섯개의 寓話·3」[15] 부분

아이의 실없어 보이는 장난을 통해 시인이 깨닫는 것은, 믿음 또는

---

14) 오규원, 『이 땅에 쓰어지는 서정시』, 문학과지성사, 1981(『오규원시전집 1』, 문학과
　　지성사, 2002, 281면).
15) 오규원, 『이 땅에 쓰어지는 서정시』, 문학과지성사, 1981(『오규원시전집 1』, 문학과
　　지성사, 2002, 267면).

고정관념이라는 것도 생각하기에 따라 얼마든지 움직일 수 있다는 것이다. 때로는 우리 자신이 그어 놓은 보이지 않는 선에 의해서 스스로의 사고나 행동이 제약되는 경우도 얼마나 많은가. 통념이라는 이름으로, 상식이라는 이름으로, 문화라는 이름으로 수많은 선들이 우리를 가두고 제한한다. 그것을 우리는 '사회화'라 그럴싸하게 이름 붙이기도 한다. 믿음이 많아지고 고정관념이 많아질수록 더 단단히 사회화되어 상식의 선을 지키며 살아갈 수 있게 되겠지만, 그 세계는 안정적인 만큼 좁고 갑갑할 것이다. 그러나 움직여 보지 않은 사람은 그 세계가 좁고 갑갑하다는 것조차 알지 못한다. 고정관념이 무서운 것은 그 때문이다. 특히 신념이라는 이름으로 포장된 고정관념은 대개 더 완강하다.

시인이 장난기를 중요하게 생각하는 이유는 바로 여기에 있다. 장난기는 뻣뻣하게 경직된 것을 유연하게 만들어 주는 힘을 가지고 있다. 웃음은 경직된 세계에 동요를 일으키고 고여 있는 것을 흐르게 한다. 강한가운데 던져진 돌멩이처럼 웃음은 일파만파 퍼져가며 파문을 일으킨다. 아이들은 대개 노는 것을 좋아한다. 놀 줄 안다는 것, 천진한 웃음을 지니고 있다는 것, 장난기를 가지고 있다는 것은 움직일 줄 아는 능력이다. 완강해 보이는 선도 웃음을 머금은 시선에 의해서 얼마든지 움직일 수 있게 된다. 시인은 장난기 많은 악동의 시선을 통해 유연함을 배운다. 내부에 갇혀 있지 않은 삐딱한 시선으로부터 오규원의 시에서는 놀이의 기교가 가능해진다.

천진한 아이의 시선이 오규원의 시가 꿈꾸는 궁극의 지점을 향하고 있다면, 악동 같은 시선은 '지금, 여기'의 현실을 반성하게 하는 힘을 지니고 있다. 아이의 얼굴이 지니는 천진성과 악마성을 통해서 시인은 이상과 현실의 거리를 확인한다. 그 거리는 시인의 발이 머무는 자리를 다시금 돌아보고 확인하게 해 준다.

5. 침묵으로 말하기

모더니티와의 관련 아래 논의되어 온 오규원의 시들은 대개 낮은 자리에 처해 있었다. 그것은 저속하고 세속적이고 수다스러운 형태를 표방해 왔다. 스스로 기꺼이 낮아짐으로써 기성의 권위에 도전하는 방식을 오규원 시의 문법은 선택한 셈이다. 따라서 시적인 것을 특별하고 고귀한 것으로 생각하는 고정관념을 깨뜨리고 시적인 것의 범주를 확장하는 역할을 오규원의 시는 자연스럽게 담당해 왔다. 오규원의 시에 커다란 형태 변화가 일어나는 것은 '날 이미지' 시에 와서이다. 수다스러웠던 말수는 눈에 띄게 줄어들었고 저속하거나 세속적으로 보이던 군더더기도 사라졌다. 오규원의 '날 이미지' 시들은 수다스러움보다는 오히려 침묵에 가까워진 듯도 하다. 그것은 분명 새로운 실험이라 불릴 만한 변화이다.

'날 이미지' 시라는 그의 새로운 실험은 어느 정도 예견된 길이었다. 사물의 본질에 투명하게 가 닿으려는 언어의 문제에 오랫동안 천착해 온 시인은 이제 단순함의 미학을 통해 극단적인 언어 혁명을 이루려고 하는지도 모른다. 언어의 '날 이미지'를 추구하겠다는 것은 극단적인 자기 부정을 통해 긍정에 도달하겠다는 야심찬 기획이기도 하다.

오규원 시인의 오랜 문제의식을 모르지 않는다면 '날 이미지' 시가 지니는 문제제기로서의 의미를 부정할 사람은 별로 없을 것이다. 시론의 선취를 시로 구현해 보려 한 시인의 끊임없는 시도에는 박수를 보내야 할 것이다. 그러나 그것이 일으킨 시적 효과라는 문제는 여전히 미지수로 남는다.

> 비가 온다. 대문은 바깥에서부터 젖고 울타리는 위서부터 젖고 벽은 아래서부터 젖는다

비가 온다, 나무는 잎이 먼저 젖고 새는 발이 먼저 젖고 빗줄기가 가득해도
허공은 젖지 않는다
　…… 라고 말하는 시도 젖지 않는다

— 「비」16)

'날 이미지' 시를 통해 시인이 추구하는 바는 개념적이거나 사변적이
지 않은 이미지이다. 언어의 태생 자체가 개념성과 사변성을 운명적으
로 안고 있을 수밖에 없지만 시인은 날 것 그대로의 이미지를 언어로
표현하고자 한다. 인용한 시는 비가 온다는 사실과 그로 인해 세상이 젖
는 모습을 주관성을 배제한 언어로 그린다. 주관성의 배제를 통해 "빗
줄기가 가득해도 허공은 젖지 않는다"는 새로운 인식에 도달한다. 그것
은 사변적이고 개념적인 의미화 작업에 가려져, 있으되 보이지 않던 것
이 새롭게 발견되는 것과 같은 체험이다.

오규원의 '날 이미지' 시들은 정해진 의미를 낳는 언어 활동, 특히
'은유적 수사법'의 한계를 극복하기 위해 좀더 자유롭고 유동적인 '환유
적인 수사법'을 적극적으로 활용하는 길을 선택한다. 고정되지 않았으
므로 무엇이든지 될 수 있는 가능성을 지닌 언어를 추구하려는 것이다.
그러나 의도성을 극도로 제한한 오규원의 '날 이미지' 시들도 의미화를
포기한 것은 아니다. 시인도 자신의 시가 무의미시와는 거리가 멂을 고
백한 바 있다.17)

허공의 나뭇가지에 해가 걸린다
나무는 가지가 잘려지지 않고 뻗도록
해를 나누어놓는다
가지 위에 반쪽

---

16) 오규원, 『토마토는 붉다 아니 달콤하다』, 문학과지성사, 1999(『오규원시전집 2』, 문
학과지성사, 2002, 260면).
17) 오규원, 「날이미지의 시」, 『오규원 깊이 읽기』(이광호 편), 문학과지성사, 2002, 423면.

가지 밑에 반쪽

허공은 사방이 넓다
뻗고 있는 가지
위에 둥근 해가 반쪽
밑에 둥근 해가 반쪽

—「나무와 해」[18]

　'날 이미지' 시를 통해 시인은 해석의 다양성을 열어 놓음으로써 인간 중심적인 사유 체계에 회의의 시선을 던진다. 그의 '날 이미지' 시에서 주체로서의 인간이 사라지고 목적어로 취급되어 왔던 사물들이나 자연이 전면에 부각되는 까닭은 그 때문이다. 인용한 시에서도 "가지가" "해를 나누어 놓는다"는 서술을 통해 우리의 자연과학적 지식을 비롯한 고정관념을 뒤흔들어 놓는다. 그런 점에서 오규원의 시가 궁극적으로 노리는 바는 '날 이미지' 시에 와서도 달라지지 않았음을 확인할 수 있다. 다만 의미의 전복을 통해 새로운 의미를 발생시키는 방식에 대해 시인은 회의하기 시작한 것이다. 그는 또 하나의 '대체 관념'이 아닌 고정된 관념으로부터의 탈피를 꿈꾸고 있다. 오규원의 새로운 작업은 인간의 언어에 대한 근본적인 회의라는 문제의식을 포함하고 있다.
　오규원의 문제의식에는 충분히 공감할 수 있다. 그러나 시인의 의도가 그에 값할 만한 성과를 산출했는지에 대해서는 좀더 따져 볼 필요가 있다. 고정되지 않고 열린 의미라는 것은 시인의 시론 속에서만 선취되고 있는 것은 아닌지 여기서 우리는 아프게 물어 보아야 한다. 선시(禪詩)의 침묵에 가까워진 기성 시인들의 최근 시들과 오규원의 시의 거리는 얼마나 먼가? 시인의 의도는 충분히 실현되고 있는가? 시론이 뒷받침된 의식적인 창작이 이루어졌다고 해서 시적 성취는 저절로 보장받는

---

18) 오규원, 『토마토는 붉다 아니 달콤하다』, 문학과지성사, 1999(『오규원시전집 2』, 문학과지성사, 2002, 252면).

것인가? 이제 이런 불편한 질문들을 던져야 할 때이다.

'날 이미지'시라고 불리는 이 극단적인 자기부정의 시들을 어떻게 평가할 것인가? 사실 그 실험의 결과 탄생된 새로운 시의 모델은 우리의 경험 바깥에 있다. 시에 대한 우리의 고정관념, 혹은 경험의 세계를 넘어선 곳에 오규원의 '날 이미지'시들은 자리잡고 있다. 따라서 기존의 시에 대한 인식이나 고정관념을 들이밀어 그것에 대해 평가할 수는 없다. '날 이미지'시들의 의미에 대해 시인 자신의 언술을 빌려 말할 뿐 진정한 의미의 평가가 제대로 이루어지지 않은 까닭은 거기에 있을 것이다.

메타시의 극단은 불편함의 미학적 효과를 생산한다. 따뜻한 서정의 세계를 근본적으로 부정하는 곳에 오규원의 '날 이미지'시들은 위치한다. 그러나 첨단에 서는 시들은 늘 죽음의 위험을 감수해야 한다. 끝없는 자기 부정, 혁신을 감당할 수 있을 때 이 극단적 실험은 죽음으로써 비로소 생명을 얻을 수 있게 될 것이다.

6. '바람'의 시인

일찍이 김수영은 자신의 시에 대한 사유의 최첨단이 모호성으로 이루어져 있다는 점을 고백하면서 시를 쓸 때 모호성은 명석성보다 오히려 훨씬 더 큰 힘이 될 수 있음을 시사한 바 있다.[19] 이때 김수영이 말한 모호성이란 무엇일까? 단순히 해석상의 애매모호함을 지적한 말은 아닐 것이다. 나는 이 모호성이야말로 자유를 추구하는 정신이며 새로

---

19) 김수영, 「詩여, 침을 뱉어라」, 『김수영전집 2—산문』, 민음사, 1997, 249면.

운 시를 향해 끊임없이 모색하는 시인의 창조 정신이라고 생각한다. 기성의 틀이나 고정 관념에 안주하지 않고 새로운 시에 대한 실험을 계속하는 시라면 김수영이 말한 의미에서의 모호성을 특징으로 지닌다고 할 수 있겠다.

오규원은 '바람'의 운명을 타고난 시인이다. 직접 눈에 보이지는 않지만 움직임으로써만 간접적으로 존재를 증명하는 바람의 운명이야말로 시인의 운명을 상징한다 할 만하다. "움직이지 않으면 존재하지도 않는" 바람의 "육체"(「나무야 나무야 바람아」)가 보고 싶다는 시인의 바람은 새로운 시를 향해 끝없이 움직이고 실험을 거듭하면서 실현되고 있는지도 모른다. 오규원은 변이의 자가발전을 일으킬 수 있는 동력을 자기 안에 지니고 있는 시인이다. 그러므로 그는 이상의 뒤를 이어, 김수영의 뒤를 이어, 한국시의 최첨단의 자리를 달려왔다. 시인의 질주가 멈추지 않는 한 그는 모더니티와의 관련 아래 여전히 논의될 것이며, 또한 그 틀로부터 끊임없이 미끄러져 달아날 것이다. 그의 변이의 행보는 '날 이미지' 시를 통해 최근에 이르기까지 계속되고 있다. 인간 중심의 사유와 고정된 의미를 창출하는 언어를 모두 부정하는 '날 이미지' 시가 그의 시를 어디로 이끌지는 좀더 지켜볼 일이다. 시인에게는 잔인한 요구일지도 모르겠지만, '날 이미지' 시의 극단적 부정이 오규원 시의 종착점이 아니길 기대해 본다. (2003)

막다른 골목을 질주하는 자전거

김근론

1. 휘발성의 욕망

오래 전에 도시의 골목을 질주하는 아이들의 공포와 환희를 건조하게 그린 시인이 있었다. 13인의 아이가 저마다 느낀 공포의 흔적은 우리의 신체에 깊이 각인되어 '지금, 여기'를 사는 현대인의 공포로 계승되고 있다. 김근의 신작시들은 반복적인 일상이 유발하는 공포에 예민하게 반응한다는 점에서 그 원형으로서 이상(李箱)을 떠올리게 한다. 장소적 의미의 고향은 물론이고 마음의 고향마저 상실한 현대인에게는 어쩌면 존재의 무게 자체가 공포일지도 모르겠다. 혼자의 힘으로 견뎌내야하는 삶의 무게는 운명이 가져다 주는 근원적인 공포로부터 우리를 자유롭지 못하게 만든다. 어머니의 자궁 바깥에 던져진 순간부터 우리의 삶은 모험의 연속이다. 외부로부터의 자극을 수용하거나 거부하거나 또는 그것과의 공존을 모색하면서, 때로는 지독한 좌절과 공포를 체험하고 때로는 존재의 기쁨을 발견한다. 수많은 시행착오를 거치면서 우리는 조금씩 낡아가고 안전해진다. 그러나 안전함은 권태와 짝을 이룬다. 무미건조하게 반복되는 일상을 김근 시인은 견디지 못한다. 그런 점에서 그는 아직 젊다.

生에서 휘발유 냄새가 나요 그곳에 가면 화르르 불 붙어버릴까요 닳고 닳은 生 사막은 무사한가요 방울뱀 한 마리가 그려 놓은 무늬를 따라가 당신이 보았다는 푸른 달 그 밤의 젖가슴 안에 얼굴 파묻고 서른 해 넘긴 복잡한 무늬의 목마름 축이고 또 죽이신다구요 가끔 신기루들이 당신을 붙잡거나 하는지요 신기루들 속에 숨어 모래바람 맞고 있는 내가 한둘쯤 두셋쯤 보이던가요 이글거리며 솟아오르는 모래언덕들 맨발로 넘어 가면 시간과 함께 모래에 묻힌 도시도 있다지요 도시 한 귀퉁이 아직 발견되지 않은 당신과 나의 미라가 있을까요 당신은 그러나 생선뼈처럼 말라 화석이 되시겠다구요
딱딱한 지층에 눕기 전 낙타나 몇 마리 보내주세요 물혹 사이에서 사람의 생이 몇 번이나 스러진 아주 늙고 지혜로운 놈들로 혹은 뜨거운 바람에 하냥 나부끼는 여인들도 좋아요 마른 살가죽이 천만 개 주름으로 늘어진 자궁을 단, 그래도 낙타의 속눈썹을 지닌 여인들 말이지요 그 여인들과 함께 나는 여기서 순장(殉葬)되겠어요 부장품은 보내시지 않아도 좋아요 죽어서도 사라지지 않을 식욕을 위해 옥수수 몇 낱을 마련해놓았거든요 커다란 항아리만이 어두운 입을 벌리고 있는 여기 生에서 휘발유 냄새가 나요 돌아오지 마세요 불 붙이지 못할 바엔 모래바람에 깎이며 풍화와 퇴적을 반복하는 당신

건조한 땅에서도 당신 生이 슬퍼 울어본 적 있나요?
—「연애편지」

확 하고 끼쳐 오는 휘발유 냄새를 맡아 본 적이 있는가? 눈물이 핑 돌고 머리가 어질어질한 그 냄새는 분명 위험한 냄새이다. 냄새에도 성향이 있다면, 휘발유 냄새는 선동적이다. 폭발 직전의 젊음의 냄새가 서

려 있기 때문이다. 그러므로 휘발유 냄새는 사랑하는 연인에게, 그것도 위태위태한 젊은 날의 연인에게 잘 어울린다.

휘발유의 인화성은 사랑과 닮았다. 사랑 역시 언제 "화르르 불 붙어 버릴"지 모르므로 '위험한 짐승'이다. 사막 같은 삶에 신기루로 다가오기도 하고, 마른 목을 축일 한 줄기 샘물이 되기도 한다. 그러나 신기루는 언제 눈앞에서 사라질지 모르며, 물도 마시고 나면 그때뿐 머지않아 다시 목이 마르게 된다. 욕망은 끝이 없고 사랑은 끝이 분명하다. 연애편지가 쉽사리 감상적이 되는 것도 사랑의 끝을 느끼고 있기 때문일지도 모른다. 애 타는 사랑의 갈구로 끝을 부정하고 싶겠지만, 역설적으로 그것은 끝을 인정하는 행위이기도 하다.

욕망이 죽음의 그림자를 드리우고 있는 것은 그 때문이다. 욕망의 끝은 죽음을 향하고 있다. 사랑과 욕망은 대개 오랜 세월 "풍화와 퇴적을 반복"해 온 지독한 윤회의 고리를 운명처럼 안고 있다. "도시 한 귀퉁이"에는 "아직 발견되지 않은 당신과 나의 미라"가 있을지도 모른다. 시간과 공간의 제약을 넘어서 영원으로 존재하는 당신과 나의 사랑의 원형. 사랑을 하는 순간에는 누구나 영원을 꿈꾸거나 발설하지만, 영원한 사랑 따윈 연애편지 속에나 존재하는 것임을 철 지난 연인들은 모르지 않는다.

인화성 물질로 가득한 사랑하는 연인들은 그러므로 위태롭다. 언제 어디서 "화르르 불 붙어" 연소되어 버릴지 모르므로. "풍화와 퇴적을 반복"해 온 수많은 연인들이 대를 이어 그러했고, 지금도 역시 그런 것처럼. 하지만 잦은 연소는 대기를 건조하게 만든다. 그렇다면 '지금, 여기'의 건조함은 수많은 연인들의 탓인 걸까?

사랑이 순간 휘발해 버릴까 두려워하는 화자는 사막에 "순장(殉葬)"되기를 꿈꾼다. 순장(殉葬)의 상상력은 기화(氣化)하려는 휘발의 욕망과 팽팽한 긴장을 형성한다. 하늘로 날아오르려는 성질과 땅 속에 묻히려는 성질은 서로 대립된다. 순간성과 영원성의 대립인 것이다. 휘발성은 사라지려는 성질인 데 비해, 매장의 상상력은 영원히 보존하려는 욕망과 관계가 있다. 영(靈)은 물론 육(肉)까지도 영원 속에 가두어 두려는 "미라"는 영원을 희구하는 인간의 욕망이 만들어낸 산물인 셈이다. 영원성에 대한 집착은 역설적으로 사랑의 순간성을 인정한다는 의미이기도 하다. 김근 시인이 그려 보여 주는 사랑과 욕망은 휘발성 물질처럼 어딘지 위태로운데, 그는 오히려 위태로움에 다가가려고 한다. 위험이야말로 사랑을 아름답게 하는 요소임을 알기 때문이다.

2. 소화기 장애와 거세 공포

사랑 혹은 욕망과 함께 김근의 신작시에 의미 있게 등장하는 것은 가족이다. 아버지, 어머니, 아이들, 할머니 등이 이루는 풍경을 어렵지 않게 목격할 수 있다. 그런데 그 풍경은 평화롭거나 자족적인 것과는 거리가 멀다. 가족은 시인에게 결핍의 존재거나 무거운 존재감으로 그림자처럼 나를 따라다니는 존재(「너는 자전거를 탄다」)로 그려진다. 김근은 몇몇 시에서 장소를 육체화하는 상상력을 보여 주는데, 이때의 육체는 대개 비정상적이거나 병든 것이다. 이러한 상상력의 근원에는 가족 해체적이거나 부정적인 사유가 자리 잡고 있다.

구불텅한 골목이 어미들을 토해놓았다 골목이 토해놓은 어미들이 아이들을 토해놓았다 아이들을 토해놓고 어미들은 골목의 좁은 문을 열고 들어가 버렸다 아이들에겐 그러나 토할 입이 없다 아이들은 입 없이 자꾸 웃었다 저녁이 되면 골목을 날아다니는 마징가 제트 그레이트 마징가 철인 28호 황금박쥐 짱가 캐산 아이젠보그 아이들은 미사일에 맞고 광선총에 뚫리면서 없는 입으로 자꾸 웃었다 아비들이 돌아오지 않는 골목 두껍아 두껍아 헌집 줄게 새집 다오 없는 입으로 아이들이 노래 부르면 낡은 판자집이 날아가고 새 판자집이 골목으로 날아들었다 아이들이 아무리 노래를 불러도 어미들은 좁은 문을 열고 나오지 않았고 아비들은 골목으로 돌아오지 않았다 아이들이 자라고 자라도 입이 생겨나지 않았다 없는 입으로 자꾸 웃을 뿐 아이들은 입 대신 똥구멍으로 회충을 토해댔다 숨막히게 배꽃 피는 밤 아이들은 제 몸에서 성기를 잘라냈다 아이들의 성기가 커다랗게 부풀어 골목을 가득 채워도 골목은 끝내 입 없는 아이들을 토해내지 않았다

—「골목」

부재하는 아버지와 두문불출하는 어머니, 그리고 입이 없는 아이들이 창자와도 같은 "구불텅한 골목"에 있다. 아버지는 부재로서 존재한다. "아비들이 돌아오지 않"고 "어미들"이 "골목의 좁은 문을 열고 들어가 버"린 뒤 다시는 나오지 않는 골목에서, 아이들은 "마징가 제트 그레이트 마징가 철인 28호" 등 만화 속 주인공들과 전쟁놀이를 하며 놀거나 "두껍아 두껍아 헌집 줄게 새집 다오"라는 노래를 부르며 논다. 부모가 없는 골목이지만, 아이들은 그곳에서 전쟁의 논리와 자본주의적 경제의 논리를 스스로 터득한다. 미사일에 맞고 광선총에 뚫리면서 아이들은 일찌감치 죽음을 체험하고 전쟁의 의미를 배운다. 뿐만 아니라 익숙한 노래를 통해 헌집을 주고 새집을 얻는 불평등한 교환의 논리를 습득하게 된다. 그러나 아이들의 노래는 문닫고 들어간 어머니를 불러내거나 골목 바깥에 있는 아버지를 불러들일 힘조차 지니고 있지 못하다. 아이들의 노래는 무기력하다. 마치 이 시대의 노래나 시처럼.

시인의 상상 속에서 골목 전체는 거대한 하나의 몸이 된다. 그런데 이 '골목—몸'은 소화기 장애를 앓고 있다. 정상적인 소화와 배설 과정을 거치지 못하는 데다 출산의 기능까지도 입이 도맡아한다. 밑으로 해야 할 일이 위로 행해지는 것이다. 정상적인 출산의 과정을 거치지 않고 구토를 통해 골목에는 생명체들이 가득하게 된다. 그런데 어미들이 토

해놓은 아이들은 입이 없다. 마치 강장동물처럼 입과 항문이 하나의 기관으로 통합되어 배설과 구토가 하나의 기관에서 이루어진다. 아이들은 입이 없으므로 항문이 이러한 일을 맡아서 할 수밖에 없다. 일반적으로 입은 호흡하고 섭취하고 말하는 기관이지만, 입이 없는 아이들은 이러한 기능을 할 수 없거나 다른 기관이 대신하게 된다.

프로이트에 따르면 구순기, 항문기를 지나 남근기에 이르면 아이는 대개 남근에 대한 거세 공포의 위협에 시달리게 된다. "숨막히게 배꽃 피는 밤," 아이들이 제 몸에서 성기를 잘라내는 환상은 거세 공포의 위협과 관련되어 있다. 쾌락에 유혹 당한 벌로 거세 공포를 느끼게 되는 것이다. 아비들이 골목으로 돌아오지 않는 것도 프로이트 식으로 말하면 거세 공포와 오이디푸스 콤플렉스와 관련된 것일지 모른다. 무사히 거세 공포와 오이디푸스 콤플렉스를 극복한다 하더라도 그 근원적 체험은 아이의 무의식에 외상으로 남는다. 그 흔적은 성장과정에서 자극을 받으면 무의식으로부터 솟아오르기도 한다. 마찬가지로 아이들의 놀이와 노래 역시 무의식의 원천을 형성하며 아이들을 현대 자본주의 사회에 적합한 인간으로 서서히 개조한다. 로봇 합체가 일어나듯이 인간 개조가 이루어지는 것이다. '골목—몸'은 부풀어오른 성기로 가득 찬 환상 속의 육체이자 병적인 가족이며 '지금, 여기'를 살아가는 현대인의 모습을 닮았다.

김근 시인은 "시골집 뒤뜰 감나무 고목 아래"의 "평화"와 "적막"(「시작 노트」)을 의식적으로 거부하면서 메마른 도시의 풍경을 지속적으로 탐색하고 있다. 도시는 시인에게 뿌리칠 수 없는 유혹이지만 또한 동시에 그것은 병적이고 위험한 모습을 하고 있다. 어쩌면 위험하기 때문에 유혹의 힘을 발휘하는 것인지도 모른다. 시에 반복적으로 그려진, "입 없이 자꾸 웃"는 아이들의 모습은 공포스럽기까지 하다. 그 병적이고 기괴한 공포의 표정은 현대인의 병적인 자의식을 닮았다. 시인은 위험한 도시에 유혹을 느끼면서도 그것을 부정적으로 그릴 수밖에 없었던 것일까?

3. 부서지고 흩어지고 사라지는

　김근의 시에는 불모의 상상력이 자주 동원된다. 사막과 모래와 바람은 그가 즐겨 찾는 소재이다. 지루하게 풍화와 퇴적을 반복하고 때로는 신기루에 이끌려 시간을 허비하기도 하고 헛된 꿈을 좇다 생을 마감하기도 한다는 점에서, 사막은 분명 우리네 인생을 닮았다. 더구나 현대 도시의 불모성은 적지 않은 시인들을 사막의 상상력으로 이끌곤 했다. 김근 시의 경우에도 사막은 황량한 연애를 뜻하기도 하고, 부질없는 생을 상징하기도 하고, 건조하고 삭막한 관계를 의미하기도 한다. 사실 이러한 상상력은 새로울 게 없다. 지구 전체가 거대한 사막이 되어가는 시대를 살고 있는 '지금, 여기'의 우리들에게 사막의 상상력은 낯설기는커녕 익숙한 것이다. 김근 시의 개성은 불모의 땅에서 소멸해 가는 것의 이미지를 그려내는 데서 오히려 발견된다.

> 사내가 한 번 웃자
> 먼지 냄새를 이끌고 바람이 불어왔다
> 사내가 두 번 웃자
> 일제히 가로수 이파리들이 뒤집혔다
> 사내가 여러 번 웃자
> 시커먼 구름떼가 몰려와 도시를 뒤덮었다
>
> 바람이 부드럽게 사내의 몸을 어루만졌다
> 사내는 조금씩 허물어졌다
> 사람들은 모두 길 위에서 사라졌다
> 사내의 몸이 다 허물어졌을 때
> 평생 헝크러져 있던 사내의 머리칼은
> 물풀들처럼 가지런해졌다

검은 하늘을 향해 사내는 마지막으로
제 몸의 모든 구멍들을 열었다
바람이 사내의 모든 구멍들로 드나들었다
간지러워 간지러워
구멍들이 하얗게 웃음을 터뜨렸다
웃음이 사내의 몸에 부딪혀 부서질 때마다
그 모든 구멍들에서
사내가 잉태했던 빗방울들이 튀어나왔다
도시는 온통 사내가 낳은 빗방울들로 흐물거렸다

사내가 길에 스며들고 난 뒤
사람들은 무시로 축축한 거리를 흘러다녔다
우산도 없이 미친년처럼 자꾸 웃으며
그 길이 사내인 줄도 모른 채,

―「궂은 날」

비가 쏟아지기 전에는 대개 전조가 있게 마련이다. 바람결에 비릿한
냄새가 묻어오고, 가로수 이파리들이 뒤집힐 정도로 바람이 거세지고,
이윽고 시커먼 구름떼가 몰려와 도시를 뒤덮는다. 냄새와 소리와 빛깔
을 동반한 전조 현상을 시인은 사내의 웃음으로 표현한다. 사실 사내의
웃음과 비 오는 전조 현상 사이에는 아무런 인과 관계도 없지만, 논리
너머를 공략하는 힘이 '―자'라는 연결어미로 이어진 두 문장 사이에는
작동한다. 사내의 웃음소리는 비 오기 직전의 소란함을 그럴 듯하게 표
상한다.

김근의 신작시들은 웃음에 각별한 예민함을 보인다. 그의 웃음은 하
얗게 터뜨려지고 부서지는 것으로 그려진다. 마치 웃음이 일으키는 공
기의 미세한 파장이 시인의 눈에는 보이는 듯하다. 그의 웃음은 감각적
이다 못해 투명하기까지 하다. 비의 전조로서 바람이 드나드는 모습을
시인은 구멍들이 하얗게 웃음을 터뜨리는 것으로 표현한다. 웃음은, 특

히 소리내어 웃는 웃음은 순간적이다. 한순간 공중에 흩날리듯 흩어져 버린다. 너무 순식간에 흩어지고 마는 것이어서 웃음의 파편을 찾아내 기란 불가능하다. 솟구쳤다 낙하하는 분수 주변에 흩날리는 포말처럼 웃음은 순간 사람을 적시지만, 또한 순식간에 사라진다. 김근은 이렇듯 부서지고 흩어지고 사라지는 소멸의 풍경에 관심을 가지고 있다.

그의 시에는 '장소−되기'의 상상력이 종종 등장한다. '골목−몸'이나 '사내−길'의 상상력은 이전의 시에서 보기 힘든 독특한 상상력이다. 이 제 우리의 시인들은 '동물−되기'나 '식물−되기'의 상상력을 넘어서 '장소−되기'와 같은 무생물과의 합체를 원하는 것인가? 이러한 상상력 은 다분히 만화적이다. 다만 김근 시의 경우에는 '장소−되기'의 상상력 이 그렇게 발랄한 형식으로 전개되지는 않는다. 길이 된 사내는 흔적을 남기지 않지만, "우산도 없이 미친 년처럼 자꾸 웃"는 병적인 분위기가 동반되기 때문이다. 시인에게 도시는 매혹의 대상이지만, 도시가 앓고 있는 병적인 징후를 그는 예민하게 포착한다. 고향 뒤뜰의 감나무는 보 이지 않는 손으로 그의 시를 간섭하고 있는 것처럼 보인다.

4. 속도와 현기증

대도시는 대개 첫인상으로서 현기증을 동반한다. 하늘을 찌를 듯한 까마득한 빌딩숲은 물론이고 쉼 없이 바쁘게 움직이는 사람들도 멀미를 일으킨다. 멍하니 서 있는 나를 내팽개쳐 둔 채 '빨리 감기'를 한 비디 오테이프가 돌아가듯이 도시는 숨쉴 틈도 없이 바쁘게 돌아간다. 그 회 전의 한가운데에 있다 보면 주변을 돌아볼 여유도 자신을 돌아볼 여유 도 없어진다. 도시인들은 빨리 늙고 빨리 죽는다. 그러므로 도시의 속도는 현기증과 공포를 불러일으킨다.

　너는 자전거를 탄다 네가 자전거를 타는 동안 꽃들이 흐드러진다 꽃 핀 풍경
이 바퀴에 감겨든다 바퀴 안에서 색깔들이 뒤섞인다 바퀴에 빨려든 색깔들이
포크를 지나 핸들을 지나 팔을 지나 네 머릿속으로 빨려든다 머릿속이 빙빙 돈
다 햇살이 팔목을 긋는다 이상하다 피가 솟아오르지 않는다 페달의 관절이 삐
걱일 때마다 네 다리의 관절도 삐걱인다 너는 자전거와 한 몸이 된다 자전거에
서 내릴 수 없다 너는 웃는다 웃음이 빙빙 돈다
　너는 자전거를 탄다 억척스럽게 꽃잎들이 네게 달라붙는다 꽃잎들과 함께 시
간이 자꾸 네 눈을 가린다 꽃이 지는 것으로 시간이 사라진다고 말할 수 있을
까 네가 갸우뚱거리자 자전거 바퀴 아래 고양이들의 내장이 터진다 벌써 여러
마리째 납작해진 몸을 일으켜 고양이들은 흩날리는 꽃그늘로 간다 기어를 바
꾼다 꽃잎 속에서 고양이들 납작해진 시간을 펴고 있다 자세히 보니 고양이들
은 모두 네가 버린 애인들이다
　너는 자전거를 탄다 브레이크가 말을 듣지 않는다 떨어지는 꽃잎을 열고 들
어가고 싶다 네가 중얼거리자 재빨리 물먹은 시체처럼 어머니가 네 등에 매달
린다 뼈다귀만 남은 아버지가 네 목에서 덜그럭거린다 페달을 구르는 다리 하
나씩 잡고 동생들이 아스팔트 위를 질질 끌려온다 자전거가 네 균형에서 벗어
난다 자전거가 너를 버린다 너는 안장에서 굴러 떨어진다 자전거의 바큇살이
네 머리칼을 감아올린다 너는 웃는다 웃음이 빙빙 돈다 너는 자전거를 탄다
　　　　　　　　　　　　　　　　　　　　　　　—「너는 자전거를 탄다」

　자전거는 바퀴의 회전으로 움직인다. 그것은 처음에는 도구에 불과하
다. 자전거를 운전하는 주체와 도구로서의 자전거는 분리되어 있다. 하
지만 일정한 속도가 붙은 후에는 자전거와 자전거를 움직이는 주체는
더 이상 분리되지 않는다. 둘은 이미 한 몸이다("너는 자전거와 한 몸이 된
다"). 따라서 "자전거에서 내릴 수 없다." 폭주기관차에 올라탄 현대인들
처럼 탈것과 승객, 혹은 도구와 주체는 더 이상 분리되지 않는다. 속도
를 제어하고 방향을 조절하는 힘은 더 이상 분리된 주체만의 것이 아니

다. '폭주기관차—승객', '자전거—너'는 이미 하나가 되었다. 사실 이러한 상상력은 이미 익숙한 것이다. 오래 운전한 차를 탔을 때의 편안한 승차감, 차가 느끼는 것을 내 몸이 느끼는 경험은 흔히들 해 보았을 것이다. 이렇듯 익숙한 상상력에 의미를 부여하는 것은 속도이다.

천천히 자전거를 달릴 때에는 주변의 경치도 돌아보고 바람의 냄새도 맡아보고 무르익은 계절을 느낄 여유도 있을 것이다. 그러나 일정한 속도에 이르러 '자전거'와 '너'('나'를 전제하지 않은 '너'는 없다. 마찬가지로 '너'를 전제하지 않은 '나'는 없다. 타자 없이 주체를 인식할 수도, 주체 없이 타자를 인식할 수도 없다. 그런 점에서 '너'는 다름 아닌 '나', '너—나'이다)가 한 몸이 되면, 바깥의 풍경은 더 이상 의미를 갖지 못한다. '자전거—너'는 도로를 질주하는 무기가 되어 버린다. 자전거 바퀴 아래서 "고양이들"이 "납작하게" 깔려 "내장이 터"져 죽는다. 자전거 죽인 고양이는 '너'가 버린 애인과 하나가 된다. '자전거—너'가 가해자로서 한 몸이므로 '고양이—애인'도 피해자로서 한 몸이 된다. 고양이의 학살을 딛고 '자전거—너'는 점점 더 무서운 속도의 광기 속으로 휩싸인다. 이제 브레이크가 말을 듣지 않는다. 질주하는 '자전거—너'는 속도에 내몰린 현대인들의 모습을 은유한다. 문명의 광기와 하나가 된 현대인들은 구원받을 수 있을까?

시인은 가족에게서 일말의 가능성을 찾고 있는 것처럼 보인다. "물먹은 시체처럼" 무거운 "어머니"와 "뼈다귀만 남은" 가여운 "아버지," 그리고 의지할 데 없는 "동생들." 그들이 달라붙자 자전거는 '너'를 버린다. 그러나 자전거로부터 완전히 놓여난 것은 아니다. "자전거의 바큇살이 네 머리칼을 감아올린다." 이 엽기적인 장면과 함께 '너'는 다시 강제로 자전거에 태워진다. 빙빙 도는 너의 웃음은 현기증을 동반한 것으로 현대인의 분열증을 상징하는 것처럼 보인다. 이 지독한 반복의 공포에서 벗어날 길은 정녕 없는 것일까?

5. 흔적들

김근 시인의 관심사는 가족과 욕망과 사막 같은 도시의 삶에 놓여 있다. 그 배후에 도사리고 있는 것은 적막한 고향의 이미지이다. 시인 스스로 평화롭다고 고백한 고향의 감나무 아래의 시간은 '지금, 여기'를 견디게 하는 힘의 원천이 될 수는 있지만, '지금, 여기'의 문제를 해결하는 데는 정작 아무런 도움이 되지 않는다. 오히려 '지금, 여기'의 삶이 위태로워질 때마다 시인은 평화로운 고향 뒤뜰의 감나무 아래로 도망가고 싶어질지도 모르겠다. 그런 까닭에서일까? 시인은 애써 위태로움 가까이 있고자 한다. 평화로운 적막이 중독성이 강하다고 믿는 시인은, 고향이 주는 평화와 안온함으로부터 달아나고자 한다. 바깥으로 달아나려는 원심력이 김근의 시를 지탱해 주고 있는 셈이다. 그러나 그 힘이 풀려서 날아가 버리지 않고 원심력이 될 수 있도록 유지시켜 주는 상대적인 힘, 즉 반작용의 힘은 고향의 평화에 있다.

아직은 그의 시에서 고향은 흔적으로서만 존재한다. 그러나 그가 도시의 광기와 정신분열증을 그려내는 데 몰두할수록 반대편에 흔적으로서만 있는 것들이 자꾸 상기되는 것은 왜일까? 시인은 혹시 이 도시의 광기에 관찰자로서만 존재하는 것은 아닐까? 유혹을 느끼되 언제든 돌아갈 곳이 있는 관찰자와 내부에 뿌리박고 바깥을 바라보는 사람과는 분명 차이가 있을 것이다. 그의 시는 '장소-되기'와 같은 흥미로운 상상력을 보여 주고 있지만, 발랄하기엔 존재 자체가 무겁고, 무거운 존재론적 질문을 감당하기엔 아직 발을 덜 들여놓은 것처럼 보인다. 그가 보여 주는 웃음은 충분히 매력적이지만, 이제 공포와 병적인 웃음과 광기의 표정을 넘어서서(그런 것은 대개 일차적인 반응이기가 쉽다) 좀더 깊숙이 발을 들여놓아야 할 때라고 나는 감히 말하고 싶다. 막다른 골목을 질주하는 자전거는 결국 헛바퀴만을 돌리게 되지 않을지 솔직히 나는 걱정

스럽다. 시인이 그려 보여 주는 도시의 병적인 징후가 '지금—여기'의 '내면풍경' 중 하나임을 부정할 수는 없겠지만, 질주하는 자전거에 몸을 실은 사람의 하나로서 이제 징후 너머를 들여다볼 때라는 다소 무리한 요구를 욕심내어 해 본다. **(2004)**

고요한 소용돌이

이수명론

1. 반복과 차이

이수명 시인의 네 번째 시집 『고양이 비디오를 보는 고양이』(문학과지성사, 2004)는 앞서의 시집들(『새로운 오독이 거리를 메웠다』, 세계사, 1995), 『왜가리는 왜가리 놀이를 한다』(세계사, 1998), 『붉은 담장의 커브』(민음사, 2001)의 세계를 변주하고 있다. 의미 해석을 거부하고 의미 해석에 기반한 소통에 여전히 관심이 없다는 점에서 그녀의 시는 앞서의 시들과 크게 다르지 않지만, 비록 불연속적이고 단절된 것일망정 주체와 대상의 관계에 관심을 가지고 그 좌절과 실패의 과정을 보여 주고 있다는 점에서는 앞서의 시들로부터 한발 벗어나 있다. 그만큼의 차이가 여전히 반복되는 그녀의 시를 앞서의 시들과는 달라 보이게 한다. 말을 바꾸면, 그 차이만큼 그녀의 시는 웅숭깊어졌다고 할 수 있을 것이다.

첫 번째와 두 번째 시집을 내고 나서까지도 그녀의 시는 몰이해 속에서 외로웠다. 그런데 이때의 몰이해는 사실 그녀가 의도한 것이기도 했다. 그녀는 이해받기를 원하지 않았으며, 그녀의 시를 읽기 위해서는 이 세계를 구성하는 언어의 껍질을 깨고 그녀가 구축한 다른 세계로 진입해야 했다. 그 진입을 시도하지 않는 사람들에게 그녀의 시는 마치 남의 꿈을 엿보는 것처럼 낯설고 불연속적인 이해 불능의 세계였다. 그런데 세 번째 시집을 거쳐 네 번째 시집에 이르기까지도 그녀는 조금씩 변주할 뿐 자신의 세계 바깥으로 나올 생각이 없어 보인다. 오히려 질기게 자신의 언어를 구축하고 있는 그녀의 세계에 이끌려 매혹당한 독자들이 하나둘씩 늘어가고 있을 뿐이다. 그들 역시 그녀의 시가 구축한 세계를 이 세계의 언어로 풀어낼 수 있는 것은 아니다. 아니, 이 세계의 언어로 재해석하려는 우(愚)를 범하지 않는다는 것이야말로 그들이 진입에 성공했다는 증거인지도 모른다.

네 번째 시집에서 반복되는 것은 그것뿐만이 아니다. 사과(과일), 고양이, 계단, 새, 나무(식물), 의자, 집, 문 등 그녀가 즐겨 사용하는 시적 소재(소재라고 썼지만, 사실 그녀의 시에서는 그것들이 소재에 그치지 않고 행위의 주체가 되기도 하고 주체(나)와 자리바꿈하는 시적 대상이 되기도 한다)도 반복된다. 물론 이수명 시의 소재이자 주체이자 대상인 이것들은 우리가 익숙하게 알고 있는 의미를 시닌 말들은 아니다. 아니, 그녀가 구축한 세셰에서는, 우리가 자의적으로 구축한 언어와 그 언어가 지칭하는 대상 사이의 관계가 헐거워져 낯선 거리가 형성된다고 하는 것이 좀더 정확할 것이다. 그녀가 가려는 길은 출구가 없어 보이지만, 그녀는 개의치 않겠다는 듯 출구 없는 길을 향해 좀더 깊이 발을 내딛고 있다. 그리고 실패를 예감하면서도 나아갈 수밖에 없는 그녀의 외로운 선택이 우리에게 낯설고 이질적인 세계를 열어 보여 주고 있다. 끈기를 가지고 지켜본다면 말이다.

2. 주체와 대상

『고양이 비디오를 보는 고양이』에는 주체와 대상의 자리바꿈이 자주 등장한다. 사실 시집의 제목에서부터 예견된 것이기는 했다. 고양이는 보는 주체이자 보여지는 대상이다. 물론 고양이 비디오에 등장하는 고양이(비디오 속에서는 이 고양이가 주체다.)와 고양이 비디오를 보는 고양이를 같은 고양이라고 할 수는 없겠지만, '고양이'라고 표기되고 불린다는 점에서는 같은 고양이이다. 그러고 보면 이 세계의 언어는 얼마나 많은 차이를 동일화하는가.

이수명의 시에서는 사물이나 동식물이 시적 주체나 대상이 되기도 하지만, 행위의 주체로 주로 '나'와 '그'(우편배달부 김, 소년, 아이들 같은 3인칭을 포함하여)가 등장한다. 좀처럼 '너'를 찾아볼 수 없다. '나―너'가 아닌 '나―그'의 관계는 시인이 의도했든 안 했든 '지금, 여기'에서 우리가 맺고 있는 수많은 불모의 관계를 표상한다. '나―너'가 서로 화합하고 연대하는 통합의 관계라면 '나―그'는 서로 어긋나고 불화하는 소외와 단절의 관계이다. '나'와 '그'는 서로 마주 바라보지 않는다. 그러므로 한 공간에 있어도 그들은 각자 외로운 섬일 뿐이다.

그런데 이수명의 이번 시집에서는 '너'가 등장하는 시가 몇 편 눈에 띈다. 물론 전체적으로 볼 때 결코 높은 빈도라고는 할 수 없지만, 세 번째 시집『붉은 담장의 커브』와 비교할 때 눈에 띌 정도로 '너'의 출현이 잦아진 것은 사실이어서 의미 없는 변화라고 볼 수도 없다. 그렇다고 해서 이수명의 시가 소통에 관심을 가지고 이 세계로 나오기 시작했다고 판단하는 것은 시기상조다. '너'가 등장하는 시들 대부분이 '너'에게 다가갈 수 없는 절망감을 표현하고 있기 때문이다.

복도 끝에 너는 서 있다.

너에게 가려고
가지 않으려고
나는 허리를 구부렸다.

그때 피어난 바다의 꽃을 향해
그때 숨어든 꽃의 그림자를 향해
허리를 구부렸다.

구부러진 채
나는 펴지지 않았다.

복도를 떠돌던
나의 빛은 구부러진 채
나의 나날들은 구부러진 채
펴지지 않았다.

가만히 손을 내밀었다.
그때 흔들린 꽃에 대해
그때 사라진 꽃의 그림자에 대해

나는 말하지 않았다.
너에게 가려고
가지 않으려고

구부러진 채

― 「나를 구부렸다」

　　읽기에 따라서 이 시는 '너'라고 하는, '나'와 밀접하게 관련을 맺고
있는 대상 / 세계를 향해 다가가려는 '나'의 충동과 그것을 억제하려는
상반된 힘 사이의 갈등과 긴장을 보여 주는 시로 읽을 수 있다. 너에게

가려는 욕망과 가지 않으려는 의지는 팽팽히 맞서 마침내 '나'를 구부러지게 한다. 그것은 '나'를 '너'와 마주 보지 못하게 방향을 돌려놓는 일이기도 하다. '너'를 향한 충동을 숨기지 않았다는 점에서 이 시는 자기고백적이다. 물론 '나'는 '너'에게로 가는 데 실패하지만, 그렇다 하더라도 '너'에게로 갈 마음이 아예 없었던 것과 가려고 했지만 가지 않은 것은 분명 다르다. 이수명의 시에 자폐적이라는 수식어를 붙이기는 쉽지만, 그에 앞서 그것이 '어떤' 자폐성인지를 알 필요가 있다. 그녀의 시는 의도적으로 소통을 차단하고 거부한다는 오해를 받아왔지만 몸을 구부려 자기 안에 길을 낸 그녀의 선택이 '너'에 대한 갈망조차 부정하는 것은 아니었다. 다만 '너'에게 가는 길을 선택해도 어차피 '너'에게 이를 수 없음을 알고 있었기 때문에, 선천성의 공포와 절망이 시인에게 자기 안에 길을 내어 스스로를 가두는 선택을 하게 했는지도 모른다.

'너'가 등장하는 또 다른 시들도 "너는 이제 없다"(「얼룩말 현상학」)는 너의 부재만을 냉혹하게 환기할 뿐이다. 대상을 더 잘 알기 위해 낱낱이 분석하고 해부하지만, 쪼개고 자르고 찢는 행위를 통해 정작 "너는 없"어진다. 마지막으로 남는 것은 "피투성이"가 된 '나'뿐이다(「해부」). 그것은 비단 '나-너'의 관계에서만 발생하는 절망감은 아니다. 시를 쓰는 행위도 시를 읽고 분석하는 행위도 대개는 이러한 근원적인 절망감으로부터 자유롭지 못하다. 이수명의 시는 바로 그러한 절망감을 인지하는 자리에서부터 시작된다.

> 그의 꿈과 꿈 사이에 나는 나의 꿈을 놓았다. 나의 꿈과 꿈 사이에 그는 그의 꿈을 놓았다. 꿈과 꿈 사이를 꿈으로 채웠다. 푸른 새벽이면 그 나란히 놓여진 꿈들이 파도처럼 밀려왔다 밀려갔다. 꿈으로 꿈을 붙잡았다. 꿈으로 꿈을 밀어냈다. 밀다가 밀리다가 그의 꿈과 나의 꿈이 겹쳐지면서 꿈은 지워졌다. 나는 비로소 잠에 빠져들었다. 어두운 잠 속에서 꿈은 파도가 밀려간 뒤의 조개껍질처럼 드문드문 흉터가 되어 박혀 있었다.
>
> ─「꿈」

비논리적이고 불연속적이고 반복적이라는 점에서 이수명의 시는 꿈과 유사하다. 꿈은 많은 경우에 현실과 비현실(혹은 환상), 의식과 무의식의 경계에서 흔들리고 있다. 환상에 현실이 개입하고 무의식에 의식이 단속적으로 끼어든다. 이들 사이의 관계는 '나—그'의 관계처럼 단절되어 있다. 그러나 꿈이 통합적이지 않다고 해서 아무것도 말해 주지 않는 것은 아니다. 아니, 오히려 의식의 검열에 의해 가지런히 정돈되고 논리적으로 잘 연결된 조작된 꿈이야말로 아무것도 말해주지 않을 것이다. 드문드문 흉터처럼 박혀 있는 불연속적인 꿈은 '나'의 욕망과 좌절과 불안과 공포를 전해줄 것이다. 파도가 밀려간 뒤 모래사장에 드문드문 박혀 있는 조개껍질이, 파도의 존재를 말해 주는 것처럼 말이다. 어쩌면 이수명 시인이 쓰고 싶어하는 시는 이런 꿈같은 시가 아닐까?

3. 구속과 해방

네 권의 시집을 통해 자신만의 개성적인 언어 세계를 구축하고 있는 이수명은 그러나 집을 짓는 데만 열중하지는 않는다. 하나의 집이 완성됨과 동시에 그것은 감옥이 된다. 그녀가 끊임없이 감옥을 부수고 탈주를 꿈꾸는 이유는 바로 그 때문이다. 앞서의 시집들에서도 그랬지만, 이수명의 이번 시집에서는 '가둠과 벗어남'의 작용 / 반작용이 특히 두드러진다. 작용과 반작용은 반복적으로 눈에 띄는데, 그로부터 산출되는 결과는 없다는 것이 또 하나의 특징이다.

물건은 묶여 있다. 나는 줄을 풀고 있다. 누군가 포장된 도로 위를 달린다.

물건은 포장되어 묶여 있다. 나는 포장을 동여맨 줄을 풀고 있다. 누군가 포장된 도로 위를 달린다.

　　물건은 여러 겹의 비닐로 포장되어 묶여 있다. 나는 비닐을 조르고 있는 줄을 풀고 있다. 누군가 포장된 도로 위를 달린다.

　　물건은 토막 내져 검은 비닐에 담긴 채 묶여 있다. 나는 풀수록 조여드는 줄을 풀고 있다. 이쪽을 풀면 저쪽이 엉킨다. 이쪽을 풀면 누군가 이쪽을 다시 묶는다. 누군가 포장된 도로 위를 달린다.

　　물건은 묶여 있다.

　　　　　　　　　　　　　　　　　　　　　　　　　　　　─「포장품」

　　반복의 묘미를 잘 살린 시이다. "물건은 묶여 있다"와 "나는 줄을 풀고 있다"와 "누군가 포장된 도로 위를 달린다"라는 세 개의 문장이 마지막 연을 제외한 모든 연에서 반복된다. 세 개의 문장이 1~4연을 구성하는 기본 문장을 이루면서 수식어를 덧붙여 부연하는 방식으로 문장의 길이와 의미를 확장하고 있다. 그리고 "물건은 묶여 있다"라는 첫 문장은 마지막 연에서 다시 수미상관적으로 반복된다. 머리와 꼬리가 맞물리는 닫힌 구조로 이루어진 이 시는 되풀이되는 반복을 통해 내부가 확장되는 형태를 띠고 있다. 이러한 형태는 의미와는 별개로, 반복적인 변주를 통해 점점 더 깊어지고 있는 이수명 시의 세계를 연상시키기도 한다.
　　"물건은 묶여 있"고, "나는 줄을 풀고 있다." 현실세계라면 아무리 단단히 묶여 있어도 '나'는 언젠가는 묶인 줄을 풀 것이다. 그러나 시인이 구축한 세계에서는 푸는 행위가 묶는 행위를 당해내지 못한다. 아무리 기를 쓰고 풀어도 물건은 묶여 있다. 끝없이 반복되는 작용과 반작용이 있지만, 상황은 아무것도 달라지지 않는다. "누군가 포장된 도로 위를 달린다"라는 문장이 유일하게 변화 없이 반복되는 것처럼. 반복을 통해 이수명 시인은 불가항력에 대해 말한다. 하지만 나는 여기서 묻지 않을 수 없다. 정말 아무것도 달라지지 않았는가, 라고 말이다. 물건은 여전히 묶여 있으니, 묶여 있다는 상황 자체는 달라진 게 없지 않느냐고 반문할 수도 있을 것이다. 그러나 그것은 어디까지나 결과론에 불과하다. 아무것도 하지 않은 불변과 가능한 것을 다 해 봤는데도 어쩔 수 없는 불가항력은 분명히 다르다. 시의 언어는 불변, 혹은 그것의 변주인 영원보다는 불가항력에 가깝다고 나는 생각한다. 이수명의 시는 작용과 반작용의 반복을 통해 점점 더 깊어지는 불가항력을 온몸으로 실험하고 있다.

> 집에 도착했습니다.
> 계단을 오르지 못했습니다.
> 계단 위에 거대한 얼음 덩어리가 떨어져 있었습니다.
> 밀어보았지만 꼼짝도 하지 않았습니다.
> 무엇인가 어른거리는 것이 보였습니다.
> 무엇인가 얼음 속에 갇혀 있었습니다.
> 얼음이 녹기를 기다렸습니다.
> 톱질했습니다.
> 부서진 얼음을 밟고 올라갔습니다.
> 집 안으로 들어갔습니다.
> 갇혔습니다.
>
> —「어느 날의 귀가」

이번 시집에서 유독 자주 눈에 띄는 말이 '집'과 '문'이다. 집은 그녀(시집에 첫 번째로 수록되었고 시집 전체의 세계를 잘 보여 주는 시이므로 이 시의 행위 주체에 시인을 대입해 보는 것이 큰 무리는 없을 듯하다)가 돌아와 들어가려 하는 곳이지만, 들어가는 순간 다시 그녀를 가두는 감옥이 된다. 여기서 주목할 것은 그녀가 집에 들어가기까지의 과정이다. 집에 도착한 그녀가 바로 집에 들어가지 못한 것은 계단을 막고 있는 거대한 얼음 덩어리 때문이었다. 얼음 덩어리는 흐르는 물을 가둔 또 하나의 감옥이다. 실제로 얼음 속에는 갇혀 있는 무엇인가가 보인다. 그녀는 얼음을 깨고 나온 후에야 비로소 집에 들어갈 수 있었다. 그러나 하나의 거대한 감옥을 깨고 나와 도달한 집은 이내 다시 그녀를 가두는 감옥이 된다. 그녀의 시가 하나의 집을 짓고 다시 그 집을 허무는 행위를 반복하는 것은 그 때문일 것이다.

그녀 역시 자신이 가는 길이 출구 없는 길임을 모르지 않는다. 아니, 오히려 그녀는 지독할 만큼 철저히 자각하고 있다고 해야 할 것이다. 그럼에도 불구하고 갈 수밖에 없는 것이야말로 시인의 지독한 숙명이 아닐까? 실패를 알면서도 갈 수밖에 없는 길. 그 길을 갈 줄 아는 자라면 틀림없이 좋은 시인일 것이다. 어떤 실패는 어떤 성공보다 훨씬 더 큰 의미를 갖는다. 아마도 시의 세계에서라면 그런 일은 더 자주 일어날 것이다. 이수명의 시를 읽기 위해서는 그녀의 세계로 진입해야 한다. 그것은 고통을 수반하는 일이기는 하지만, 고통을 감수할 만큼의 의미를 지니는 것 또한 부정할 수 없는 사실이다. 예정된 실패를 향해 걸어가는 이수명 시인의 모습은 출구 없는 길의 매혹으로 우리를 이끈다. 그녀가 일으키는 고요한 소용돌이는 그 속으로 진입한 자에게 분명 새로운 세상을 열어 줄 것이다. **(2004)**

3부

클리나멘의 에너지

순수문학의 구축 과정과 배제의 논리[1)

1950~60년대 전통론을 중심으로

1. 왜 '전통론'인가?

　문학사는 늘 새롭게 쓰여져야 한다는 당위적 명제는 '지금, 여기'의
동시대의 문학에 대한 고민을 문학사 기술이 안고 있어야 한다는 문제
의식을 내포하고 있다. 이 글에서 1950~60년대의 문학 비평 논의 중 전
통론을 중심으로 남한에서 순수문학이 구축되어 가는 과정을 살펴보려

1) 이 글은 문학과비평연구회 편, 『한국문학권력의 계보』(출판마케팅연구소, 2004)에 실
린 논문을 재수록한 것이다. '순수'문학이라는 개념이 형성된 이후 '지금, 여기'의 한
국문학에 이르기까지 주류를 형성해 온 '순수'문학과 그 후임자인 '전통 서정시'를 극
복하는 것은 내 문학적 모태를 뚫고 나오는 길이었으며 동시에 내가 지향하는 비평의
정체성을 확립하기 위해서도 반드시 거쳐 가야 하는 길이었다. 논문의 형식을 띠고 있
지만 문제의식의 출발점이 현재적인 데 놓여 있는 글이므로, 첫 평론집에 실었다. 내
비평적 문제의식과 지향점을 보여 줄 수 있는 글이라고 판단했기 때문이다.

고 하는 이유는2) 궁극적으로 '지금, 여기'의 문학에서 사회·역사적 상상력을 보여 주는 문학작품들이 위축되어 가는 과정에 대한 다각적인 이해의 통로를 마련하기 위해서이다. 1950~60년대의 문학에서 순수문학이 구축되어 가는 과정을 섬세하게 살펴보는 작업은 '지금, 여기'의 문제를 타자의 시선으로 바라볼 수 있게 해 줄 것이다.

해방 공간의 문학은 다양한 가능성을 지니고 있었다. 비록 짧은 시기이기는 했지만 1945년으로부터 남한의 단독 정부 수립이 이루어진 1948년에 이르기까지 해방 공간의 문학은 친일 문학에 대한 반성과 새롭게 형성해 가야 할 민족문학에 대한 기대와 전망 속에서 다양한 욕망이 들끓으며 충돌하고 있었다. 그러나 남북의 분단과 한국 전쟁을 겪으면서 이데올로기의 대립과 함께 문학 역시 남북이 극단적으로 나뉘는 단절의 양상을 보이게 된다.3) 분단이 고착화되고 냉전 이데올로기가 지배적이

---

2) 이 글에서 1950~60년대의 전통론에 한정해서 순수문학의 구축 과정을 살펴보려는 이유는 논의의 효율성을 위해서이다. 1950년대에 제기된 문학 비평 논의들은 대체로 1960년대 중반까지 이월되는 경향을 보인다. 전통론의 경우에 이러한 현상은 특히 두드러진다. 그런데 그렇다고 해서 1960년대의 문학 비평을 논의 속에 포괄하게 되면 신비평의 수용 문제라든가 순수·참여 논쟁으로까지 논의가 확장되게 된다. 이러한 논의들이 순수문학의 구축 과정의 다음 단계로서 중요한 맥락을 형성하는 것은 사실이지만, 한 편의 논문에서 다 다루기에는 너무 광범위한 주제이다. 따라서 이 글은 1950~60년대의 전통론에 한정해서 순수문학의 구축 과정을 살펴보고자 한다. 1960년대의 비평 논의—신비평 수용의 문제라든가 순수·참여 논쟁을 포괄하는—가 순수문학의 구축에 마련하는 새 장에 대한 논의는 별도의 논문을 통해 후속 과제로 해결해 나갈 계획이다.

3) 공유와 대화의 가능성을 지니고 있었던 남북한의 문학은 한국전쟁 이후 서로 다른 길을 걷게 된다. 그러나 전후 복구의 문제가 중심으로 떠올랐다는 점에서는 남북한의 문학이 유사한 맥락을 형성하고 있었다. 전쟁기의 문학만 하더라도 남북한 모두 전쟁이라는 상황에 압도당한 흔적을 강하게 드러내지만, 1953~59년에 이르는 전후의 문학에서는 정신적·물리적 차원에서의 전후 복구라는 문제가 중요한 주제로 떠오르게 된다. 남북한의 문학이 인식적 기능과 교양적 기능이라는 특징을 좀더 본격적으로 드러내게 되는 것은 1960년대 이후의 일이라고 보는 것이 좀더 정확하겠지만, 1950년대의 전후 문학에서부터 그러한 조짐은 나타나기 시작한다. 1953~58년에 걸친 종파 투쟁은 북한의 전후 문학이 전후 복구라는 목표를 향한 교양의 무기로서 일사불란하게 움직인 것만은 아니었다는 사실을 반증하는 것이기도 하다. 그러나 결과적으로는 이러한 과정을 통해 북한의 문학은 체제 순응적인 길로 접어들게 된다. 한국전쟁은 남한의 문

되면서 북한과 남한에서도 각각 체제 순응적인 문학이 주류를 이루게 된다.[4] 남한의 경우 순수문학이 구축되어 가는 과정은 이러한 시대적 분위기와 긴밀히 관련되어 있었다.[5]

이 글에서는 1950~60년대에 전개된 문학비평 논의 중 전통론을 중심으로 남한에서 순수문학이 구축되어 가는 과정을 상세히 살펴보고자 한다. 전통론이 처음 제기될 당시에는 1950년대 문단의 정신적 공백 상태를 타개하기 위한 대안으로 전통의 문제가 부각되었다.[6] 전통론은 해방 후 비평사에서 결과적으로는 1970년대의 민족문학론으로 이어지는 교량의 역할을 한 셈이지만,[7] 1950년대 중반에서 1960년대 중반에 이르기까지 십여 년 가까이 계속된 전통론의 전개 과정은 1950~60년대의 문단에서 순수문학이 구축되어 가는 과정을 보여 준다는 점에서도 의의를 지닌다.

순수문학의 구축 과정에는 문학의 예술성과 사회성을 나누어 보는 대립의 논리가 작동하고 있었다. 이러한 대립의 논리를 통해 순수문학의 구축 과정에서 사회·역사적 상상력을 지닌 문학은 그 미학적 성취

학에도 압도적인 영향력을 행사한다. 문명에 대한 부정과 비판, 관료주의 등의 전후 현실에 대한 비판, 전통에 대한 옹호와 복고 취향, 휴머니즘 등의 다양한 경향을 보이지만, 한국전쟁과 그것이 남긴 상흔에 대해 객관적 거리를 두고 응시하며 전쟁의 의미에 대해 성찰하기 시작한 깃은 1960년대 이후의 일이었다고 할 수 있다.

4) 1953~59년에 걸친 반종파 투쟁을 겪으면서 북한 문학에서 도식주의를 비판하는 목소리는 점차 사라지게 된다. 이후 북한 문학은 긍정적인 인물 형상을 창조하는, 당 주도의 체제 순응적인 문학으로 자리잡게 된다.

5) 한국의 해방 이후 정치사회적 지배담론에 대한 최근의 연구는, 반공주의－발전주의 지배 담론이 민족주의와 결탁하는 과정에 대해 흥미로운 시사점을 던져주고 있다. 1950년대에 고착된 반공주의적 정서가 '의사' 민족주의적인 형태로 변형되어 대북 적대적 정서로 표출된다는 것이다(조희연 편, 『한국의 정치사회적 지배담론과 민주주의 동학』, 함께읽는책, 2003, 22면). 이러한 당대의 정치사회적 지배담론은 1950~60년대의 문학 담론에도 영향력을 행사했을 것으로 보인다.

6) 윤고종, 「문예시평－1955년의 회고와 신년에의 희망」, 『새벽』, 1956.1, 105~106면.

7) 민족문학론으로 이어지는 교량의 역할을 한 데 1950년대 전통론의 의미가 있다고 정리한 대표적인 연구자는 전기철이다(전기철, 『한국 전후 문예비평 연구』, 서울, 1994, 208면).

여부를 떠나 배제되기에 이른다. 이 글에서는 1950~60년대의 문학 비평 논의 중에서도 순수문학의 구축 과정과 긴밀히 관련되어 있다고 판단되는 전통론을 중심으로 '순수'문학이 '참여'문학의 대타 개념으로서 발견되는 과정을 추적해 볼 것이다.

2. 전통론의 전개 과정과 대립 관계의 구축

전통을 논점으로 삼는 태도는 우리 문학사에서 대체로 보수적이고 고답적인 가치관을 드러내왔다. 1920년대에 전개된 국민문학파의 '시조 부흥론'이나 1930년대 후반기에 『문장』지를 중심으로 제기된 전통론도 대체로 보수적이고 복고적인 성격을 지니고 있었던 것이 사실이다. 그나마 일제하의 전통에 대한 논의는 국권 회복이라는 대의명분으로 인해 정당성을 획득할 수 있었지만,[8] 전후인 1950년대에 제기된 전통론은 일반적으로 수세적이고 복고적인 방향의 전후 극복이라는 성격으로 이해되었다.[9] 그러나 1950년대에 전통에 관한 논의가 시작된 맥락에는 한국

---

8) 황종연은 1930년대 후반기에 '문장파'가 보여 준 반근대적 성격에 긍정적인 가치를 부여함으로써 전통을 고수하려는 1930년대 후반기의 지향이 지니는 문학사적 의의를 정당한 것으로 평가하였다. 그러나 이때의 반근대적 성향이라는 것은 전통적인 것의 가치를 긍정하는 태도로서 결국 한국적이고 토속적인 것을 전통적인 것으로 보는 전통에 대한 하나의 태도를 형성하는 데 기여하게 된다.

9) 1950년대 전후 문학의 성격은 한마디로 부정의 정신으로 규정될 수 있다. 모든 기반을 앗아간 한국전쟁의 체험은 모든 것을 무(無)의 상태로 되돌렸고, 기댈 것이 아무것도 없는 상태에서 처음부터 다시 시작해야 한다는 인식은 불안감과 절망감, 기존의 가치에 대한 부정의 태도를 낳았다. 사회 전체가 극도의 허무주의 상태에 이르렀을 때 후반기 동인을 중심으로 한 모더니즘 시인들은 그러한 전후의 불안의식을 극단적으로 드러내는 방식으로 문학 활동을 해나갔다면, 청록파, 서정주 등의 전통 서정시를 쓴 시인들은 우리 것의 가치를 옹호하고 고수함으로써 전후의 불안의식을 극복하려고 시

적 현실에 대한 이해를 요구하는 역사의식이 작용하고 있었다. 당시 유행하던 실존주의로는 전후의 한국 현실을 제대로 이해할 수 없다는 인식이 전통에 대한 관심을 불러일으킨 것이다.[10]

전통에 대한 논의가 1950년대의 한국 문단에서 다시 일어난 데는 이러한 맥락이 작용하고 있었지만, 많은 수의 논자들이 전통론에 참여하면서 애초의 문제의식은 흐려지고 은폐된다. 전통론은 1950년대 중반에서부터 1960년대 중반 경까지 이어지는데, 십여 년 간 계속된 논쟁에도 불구하고 전통에 대한 논의는 우리의 현대문학을 '전통 계승으로 볼 것이냐, 단절로 볼 것이냐'라는 문학사적 관점과 전통이란 무엇인가라는 개념에 대한 이해를 중심으로 이루어진다. 전통의 개념에 대한 합의를 도출하기까지 너무 오랜 시간을 끈 논쟁이었고, 구체적인 작품을 대상으로 논의가 진전되지 못함으로써 애초의 문제의식에서 이탈하여 이론과 실제의 괴리를 단적으로 보여준 논쟁이었다. 또한 우리의 것의 가치를 발견하자는 의도에서 시작된 논쟁조차 T. S. 엘리엇의 전통론으로 대표되는 서구의 모델에서 벗어나지 못하는 서구 이론 의존적인 경향을 노출하고 만다.

적지 않은 논쟁이 그런 성격을 지니지만, 전통론도 논의가 전개되어 갈수록 대립적인 성향이 두드러지면서 온당한 비판과 대화를 통해 공유할 수 있는 합의점을 찾기보다는 뚜렷한 경계를 그어놓고 자신의 주장만 되풀이하는 방식의 논쟁이 주가 되어 버린다. 이 장에서는 대립 관계가 어떻게 구축되어 갔는지를 중심으로 전통론의 전개 과정을 살펴보고자 한다. 이러한 대립적 논쟁의 과정은 전통에 대한 입장 차이를 강화하게 된다.

도한다. 우리 것 속에서 긍정적인 가치를 발견하자는 태도는 일면 긍정적으로 평가할 수 있지만, 이때 긍정되는 '우리의 것'이 대개는 특정한 성향에 한정되어 있다는 데서 오히려 문제가 발생한다. 온건한 것, 서정적인 것, 토속적인 것이 우리가 계승하고 지켜가야 할 전통으로 둔갑하는 변이가 여기서 일어나게 된다.

10) 전기철, 『한국 전후 문예비평 연구』, 서울, 1994, 197면.

1) 단절이냐, 계승이냐

전통론의 전개 과정에서 쟁점으로 떠오른 것은 현대 문학의 연속성에 관한 문제였다. 임화가 『개설 신문학사』에서 우리의 근대문학은 서구 문학의 수입과 이식의 역사라고 선언한 이후 문학사에 대한 단절적 인식은 백철, 조연현에게로 이어진다. 1930년대 후반기에 이태준, 정지용 등을 필두로 하는 『문장』의 전통주의적 관점이 우리 문학사에서 다시 부상하기도 하지만, 한국전쟁으로 폐허가 된 1950년대에는 전통 단절론적 입장이 두드러지게 된다.

전통 단절론의 입장을 표명한 전통론의 논자는 조연현·이어령·유종호·이봉래 등이다. 물론 이들 사이에도 관점의 차이는 나타난다. 이어령이 전통 부정론자에 가깝다면, 조연현과 유종호는 전통 단절론적 입장에 서면서도 전통이 부활되거나 올바르게 계승되어야 한다는 입장을 나타낸다. 이어령이 전통 부정론적 견해를 편 이유는 김동리, 서정주로 대표되는 전통주의에 대한 반발 때문이기도 했다.[11] 그는 전후의 현실 속에서 기성의 것을 부정하고 전통주의와 같은 '우상'을 파괴하는 데 주력한다. 전통주의의 현실 패배주의적 성향을 경계한 것이다.[12] 그런가 하면 전통 단절론적 견해를 드러내면서도 조연현은 바람직한 전통 계승의 예로서 서정주와 김동리의 경우를 거론함으로써 이어령과는 다른 문학적 입장을 드러낸다. 그는 서정주의 『귀촉도』 이후의 세계와 김동리의 초기 소설이 민족적 특성을 드러낸다고 긍정적으로 평가한다. 민족적 특성에서 전통을 발견한 조연현의 전통론은 결국 '민족적=전통

---

11) 이어령·이상갑 대담, 「전후문학과 '우상'의 파괴」, 『증언으로서의 문학사』(강진호·이상갑·채호석 편), 깊은샘, 2003, 63~64면.
12) 이후 세대론의 구도가 확립되면서 순수─참여의 대립 구도 속에서 전후 세대에 속한 이어령은 1960년대 논자와의 대타적 자리인 '순수'문학론 쪽에 가담하게 된다. 모더니즘과 전통 서정이 현실 참여적이지 않다는 측면에서 하나의 입장으로 통합되고 그 대척점에 참여문학이 서게 되는 기이한 변이가 일어나게 된 것이다.

적=한국적=토속적'이라는 애매모호한 개념 사용에 바탕을 두고 있다. 한국적인 것과 전통적인 것, 민족적인 것과 전통적인 것 등이 혼동되어 쓰인 이러한 현상은 1950년대의 전통론 전반에 걸쳐서 나타나는 특징이기도 했다.

유종호는 최근에 한 대담에서 1950년대를 회고하며 당시의 문맥에서 전통이란 김동리·서정주·조연현 등이 말하는 바에 따르면 '한국적인 것이 전통적인 것'이었고, 여기서 한국적인 것은 '김동리적인 것'이거나 '서정주적인 것'이라는 식으로 이야기되고 있었다고 증언하였다.[13] 그는 기본적으로 전통 단절론자였지만, 전통을 부정하는 입장은 아니었고, 전통의 문제는 구체적인 맥락 속에서 논의되어야 한다는 판단에 따라 토착어의 세계에 대해 관심을 기울이게 된다.

전통론 초기만 하더라도 논자들 사이에는 다양한 입장 차이가 있었고, 전후의 한국적 현실을 좀더 분명히 인식하자는 취지에서 전통론이 제기된 맥락이 자리 잡고 있었다. 그러나 전통론이 논쟁의 양상을 띠어 갈수록 전통 단절이냐 계승이냐라는 입장의 차이가 두드러지면서 현실과 관련된 문제의식은 흐려져 가고, '단절이냐 계승이냐'의 문제로 논점이 모아지는 역사적 변질이 일어나게 된다.

1960년대 초에 『사상계』에서 기획한 대담에서는 이러한 성향이 더욱더 두드러져서 대담에 참여한 논자들이 대화를 통해 서로간의 차이를 인정하고 극복하려하기보다는 자신의 입장만을 반복해서 재확인하는 데 그치고 만다.[14]

당시의 대표적인 전통 계승론자는 조지훈·김종길·구중서 등이었는데 이들의 전통론도 대개는 T. S. 엘리엇의 전통론에 근거한 것이었다.

---

13) 유종호·이남호 대담, 「1950년대와 현대문학의 형성」, 『증언으로서의 문학사』(강진호·이상갑·채호석 편), 깊은샘, 2003, 116~117면.
14) 「단절이냐 접합이냐」, 문학 씸포지움 신문학오십년 제1회 시, 『사상계』, 1962.5, 310~329면.

전통은 인습과는 다른 것이고, 과거의 것일 뿐만 아니라 현재적이고 미래적인 가치를 지닌 것이라는 데에는 전통 논의에 참여한 대부분의 논자들이 동의하고 있었다. 사실상 이들의 차이는 어떤 것을 현재적이고 미래적인 가치를 지닌 전통으로 보느냐에 있었다고 할 수 있다. 그것은 한국의 현대문학을 전통 단절로 보느냐 전통 계승으로 보느냐의 문제와는 다른 차원의 문제였다.

전통론이 좀더 생산적인 논의를 끌어내기 위해서는 구체적으로 어떤 것이 현재적이고 미래적인 가치를 지닌 전통이냐의 문제에 논의가 집중되었어야 했다. 구체적인 작품을 토대로 논의가 이루어졌다면 십여 년 동안 공전을 거듭하는 방식으로 전통론이 전개되지는 않았을 것이다. 우리의 문학적 '전통'에 대해 논의하면서도 그 이론적 근거를 T. S. 엘리엇의 「전통과 개인의 창조적 재능(Tradition and the Individual Talent)」이라는 논문에 두고 있었다는 점15)은 1950년대 전통론자들의 논의 수준을 보여주는 아이로니컬한 사건이라 할 만하다.

2) 전통성과 현대성의 대립

논의를 거듭할수록 전통 단절이냐 전통 계승이냐라는 입장의 대립이 전통론에서 두드러지게 부상하면서 전후의 한국 현실에 대한 올바른 인식이라는 문제의식은 논의의 표면에서 사라지게 된다. 1950년대의 전통론자들은 대부분 T. S. 엘리엇의 전통에 대한 견해를 이론적으로 수용하

---

15) T. S. 엘리엇의 『Tradition and the Individual Talent』는 『자유문학』 1956년 12월호에 '고전과 전통'이라는 특집의 하나로 「전통과 개인적 재능」이라는 제목으로 번역되어 실렸다. 번역은 양주동이 담당했다. '고전과 전통'이라는 특집에 실린 나머지 글들이 최일수·정병욱·전광용·이태극·한교석 등의 필자가 쓴 고전과 전통에 관한 글들이고, 번역문은 엘리엇의 글 하나밖에 없었다는 사실만으로도 1950~60년대의 전통론자들에게 엘리엇이 미친 영향을 짐작해 볼 수 있다.

고 있었다. 그것은 우리의 현대문학이 과거의 전통으로부터 단절되었다는 전통 단절론의 입장에 서면서도 전통의 계승을 지향했던 조연현 같은 문학사가의 경우나 외국문학 전공자였던 이봉래의 경우나 전통과 인습을 구분할 것을 주장한 조지훈의 경우나 정병욱 등과 같은 고전문학 전공자의 경우가 모두 마찬가지였다. 이들은 입장의 차이를 떠나 전통이 과거는 물론 현재와 미래에도 통용될 만한 가치를 지니고 있어야 한다는 데 동의했다. 전통의 개념은 이들에게 선험적으로 주어진 것이었다고도 할 수 있다. 그러나 엘리엇의 전통론에서 이들이 수용한 것은 전통에 대한 이론적 개념에 불과했다. 엘리엇의 전통론을 토대로 쓰여진 시 「황무지」는 당대의 논자들에게는 '서구적' 전통의 모델일 뿐이었다. 전통에 대한 1950년대의 논의가 '한국적'인 것과 '토속적'인 것에 대한 논의로 흐르게 된 까닭은 그 때문이었다.

옛것에서 '전통적'인 것, 혹은 '한국적'인 것을 찾는다고 했을 때 어느 것을 전통적이거나 한국적인 것으로 보느냐의 문제는 결국 현재적이고 미래적인 가치를 어디에 두느냐에 따라 달라질 수 있다. 그러나 당대의 논자들은 대부분 이러한 문제를 간과한다.[16] 옛것에서 그들이 찾아낸 '전통'은 대체로 1920년대와 1930년대 후반에 '전통'이라는 이름으로 부활했던 복고적이고 토속적인 취향에 국한된 것이었다. 김동리의 소설이나 서정주와 청록파의 시가 선동 세승의 바람직한 예로서 자주 거론된 데는 이들이 해방 후 문단에서 차지하고 있던 입지 이외에도 이런 이유가 작용하고 있었다.

전통적인 것이 한국적이거나 민족적이거나 토속적인 것으로 오인되는 개념의 착종이 일어나면서 전통적인 것의 의미는 점점 더 협소해지게 된다. 대부분의 논자들이 전통은 인습과 구별되는 것이고 과거의 것이면서 현재적이고 미래적인 가치를 지니는 것이라는 데 동의하면서도,

---

16) 뒤에서 자세히 논하겠지만, '어떤' 전통이냐의 문제에 관심을 가진 논자였다는 점에서도 최일수는 1950년대의 전통론에서 중요한 위치를 차지한다.

논의의 과정 속에서 전통성과 현대성을 대립시키는 논리를 드러내게 된 것도 전통적인 것의 의미가 협소해지는 맥락과 관련되어 있었던 것으로 보인다. 그 단적인 예를 조연현의 경우에서 찾을 수 있다.

조연현은 전통이란 과거를 지배해 왔고, 현재에 작용되면서 미래를 좌우할 힘으로서 변모해 가는 불멸의 근원적·주체적인 역량이라고 보았다.[17] 그는 서정주와 김동리의 경우를 바람직한 전통 계승의 예로 거론하면서 서정주는 『화사집』에서 반전통적 면모를 보이지만, 이후 전통적 세계로 변모해 갔고, 김동리는 초기 소설에서 전통적 세계를 보여 주다가 이후 반전통적 세계로 변모해 갔다고 이들의 작품 세계를 정리한다. 그런데 이때 조연현이 말하는 '전통적'이라는 개념은 '정관적, 정신적, 윤리적, 도덕적'인 성격을 지니는 것인 반면 그에 대립되는 '반전통적'이라는 개념은 '행동적, 육감적, 반윤리적, 반도덕적'인 성격을 지니는 것이다.[18] 그는 정관적인 것과 행동적인 것을 각각 '전통적'인 것과 '반전통적'인 것에 짝지어 놓았는데 이는 현실에 대한 상반된 태도를 형성하는 것이다. 조연현은 '전통적'인 것을 기존의 가치에 순응하는 정적인 개념으로 파악하고 그로부터 행동적이고 반윤리적인 성격을 배제함으로써 전통적인 것의 개념을 축소시키기에 이른다. 그밖에도 조연현은

---

17) 조연현은 해방 공간에서 전통 단절론적 인식을 보여 주었던 대표적인 논자였으나, 전후의 전통 논의에는 적극적으로 참여하지 않았다. 그런 그가 서정주와 김동리를 바람직한 전통 계승의 예로 거론하며 전통 논쟁에 적극적으로 뛰어들게 되는 데는 세대 논쟁의 맥락이 자리 잡고 있었다. 「우상의 파괴」(『한국일보』, 1956.5.5), 「화전민 지역」(『경향신문』, 1957.1), 「신화 없는 민족」(『경향신문』, 1957.3) 등으로 이어지는 구세대의 문학에 대한 이어령의 공격은, 문협 정통파인 조연현을 신세대의 공격에 맞서 구세대를 옹호하는 자리에 서게 만들었다. 결국 그는 해방 공간에서 자신이 펼쳤던 전통 부정적 인식과는 거리가 먼, 전통 계승의 논리로 전통 논쟁에 참여하게 되었다. 그런데 1960년대 순수−참여론이 제기되면서 1960년대 세대에 의해 조연현·이어령을 비롯한 1950년대의 비평가들은 다시 한번 비판의 대상이 된다. 1960년대 세대가 주장한 참여문학에 대응하는 논리를 펴기 위해 '순수'문학 역시 하나로 결집하게 되는데, 이때 서로 다른 문학적 입장을 보였던 조연현과 이어령은 '순수'문학적 입장에서 하나로 만나게 된다.

18) 조연현, 「민족적 특성과 인류적 보편성」, 『문학예술』, 1957.8.

자연과 인사(人事)의 대립으로 전통적인 것과 반전통적인 것의 대립을 설명하기도 한다. 그에 따르면 자연은 동양문학적 전통에 가까운 것이요, 인사는 서구문학적 전통에 가까운 것이다. 우리의 문학적 전통이 인사, 즉 사람살이의 문제보다는 자연의 문제에 더 많은 관심을 기울여 왔다는 발언을 통해 조연현은 '전통적'인 것으로부터 '인사', 즉 현실의 문제를 자연스럽게 배제한다. 조연현의 전통론에서 전통적인 것과 반전통적인 것의 대립은 자연과 인사의 대립을 거쳐 전통적인 것과 현실적인 것의 대립으로 나아가게 된다. 이러한 대립항의 설정은 이후 '순수'문학과 '참여'문학의 대립을 예고하는 것이기도 했다.

전통이라는 개념의 변질은 조지훈에게서도 나타난다. 전통 계승론자인 조지훈은 우리의 시사(詩史)를 '전통적·서정적' 경향과 '민중적·의욕적' 경향으로 나누어 보았다. 그는 이러한 대립이 정지용과 임화에게 와서 더욱 더 두드러졌다고 본다.[19] 전통적·서정적인 것과 민중적·의욕적인 것을 나누어 보는 이러한 대립 구도는 정지용으로 대표되는 전통적·서정적 경향과 임화로 대표되는 현실 참여적 경향을 나누어 봄으로써 자연스럽게 '전통적이고 서정적인 것=민중적·의욕적이지 않은 것', 즉 '현실 참여적이지 않은 것'이라는 구도를 드러내기 시작한다. 이러한 대립 구도는 이후에 '전통적·서정적 경향=순수문학', '민중적·의욕적 경향=참여문학'이라는 구도로 이어지게 된다.

3) 이론과 실제의 괴리

1950~60년대에 전개된 전통론은 이론과 실제의 괴리가 두드러진다는 특징을 지니고 있었다. 당대의 전통론자들은 전통의 개념을 논하거나

---

19) 「문학 씸포지움 신문학 50년—제1회 시」, 『사상계』, 1962.5, 324면.

당위로서 '전통'에 대해 이론적으로 접근할 때에는 전통이 역사적 · 사회적 소산이라는 점을 강조했지만, 실제로 이들에 의해 '전통적'이라고 논의된 작품들이 그러한 특성을 충분히 반영하지는 못했다.[20]

1950~60년대의 전통론은 이론적으로 T. S. 엘리엇의 지배적인 영향 아래에 놓여 있었다.[21] 현재적이고 미래적인 가치가 강조되거나 개성을 뛰어넘는 개인의 창조적 재능이 중요시된 맥락은 엘리엇의 영향이었다. 이러한 현상은 엘리엇이 말한 의미에서의 전통이 우리에겐 없다고 말한 이어령 같은 논자에게서나 엘리엇의 전통론을 우리가 지향해 가야 할 목표점으로 설정해 놓은 한교석 · 이봉래 등의 영미문학 전공자들에게서나 공통적으로 나타난다. 그런데 엘리엇이 유럽적 전통을 포괄적이면서도 창조적으로 계승하여 「황무지」라는 문제작을 낳은 데 비해, 1950~60년대의 전통론에서 전통 계승의 구체적인 예로서 거론된 작품은 지극히 제한적이었다. 청록파, 서정주, 정지용, 김동리 등의 작품이 전통 계승의 예로서 주로 거론되었다. 그 배후에는 앞에서 말한 것처럼 전통적인 것은 한국적인 것이고, 한국적인 것은 '서정주적'이거나 '김동리적'인 것이라는 식의 논리가 작용하고 있었다.

이론에 걸맞은 전통의 실제에 대해 논의하기 위해서는 전후의 현실에 대한 정확한 이해와 철저한 인식을 바탕으로 과거의 것 중에서 우리가 계승해야 할 현재적이고 미래적인 가치가 무엇인지에 대한 구체적인 논의가 선행되어야 했다. 그래야만 현재적이고 미래적인 가치를 지니는 문학적 전통에 대해서도 구체적이고 실질적인 논의가 이루어졌을 것이다. 그러나 1950~60년대의 전통론은 구체적인 작품을 대상으로 논의가 진전되지 못함으로써 논의의 깊이를 확보하는 데까지 나아가지는 못했다. 전통론에서 집중적으로 거론된 작품의 실례를 기준으로 볼 때에는

20) 서정주 · 김동리, 청록파의 경우가 대표적이다. 전통적이라고 주로 논의되어 온 이들의 작품에는 대체로 역사적 · 사회적 상상력이 소거되어 있었다.
21) 「문학 씸포지움 신문학50년─제1회 시」, 『사상계』, 1962.5, 312면.

1950~60년대의 전통론은 1930년대 후반기에 『문장』을 중심으로 전개된 복고적이고 수세적(守勢的)인 전통론에서 그다지 나아가지 못했던 것으로 보인다.

이론과 실제의 괴리를 단적으로 보여 주는 1950~60년대의 전통론을 거치면서 서정주와 김동리의 작품은 전통적인 문학의 대표성을 획득하기에 이른다.22)

3. '순수'문학과 '참여'문학의 발견

전통론에서 대립적 성향이 두드러지게 되면서 '전통적'인 것과 '반전통적'인 것의 대립은 '전통적'인 것과 '현대적'인 것, 또는 '전통적'인 것과 '현실적'인 것의 대립으로 변질되게 된다. 이와 함께 몇몇 논자들에 의해 '전통적'인 것은 '전통적 → 전통적 · 서정적 → 순수'와 같은 변모를 겪게 되고 마찬가지로 대립적 짝인 '반전통적인 것' 역시 '반전통적 → 현실적 → 참여'와 같은 변모를 겪게 된다. '순수'문학과 '참여'문학은 애초부터 대립적인 짝으로서 존재했다기보다는 전통론의 대립적 성향이 강해짐에 따라 '발견'된 개념이었다고 보는 것이 좀더 정확할 것이다.23)

---

22) '어떤' 전통이냐를 문제삼지 않는 한 이러한 오류는 '지금, 여기'에서도 여전히 반복된다. '전통', '전통적'인 것, '전통 서정시'라는 지칭에서 일반적으로 연상되는 의미를 생각해 보면 여전히 우리가 '전통적인 것'에 대해 선입견을 가지고 있음을 인정하지 않을 수 없다. 고려가요나 사설시조, 민요가 보여 준 에로티시즘의 미학이라든가 판소리, 마당극 등으로 이어져 오는 서민 문학의 전통, 김삿갓이라는 파격적 전통 등이 우리 문학사에도 엄연히 존재해 왔음에도, 전통적이라고 하면 '전통 서정'을 먼저 연상하는 태도나 '전통 서정'과 거리가 먼 이상이나 김수영의 시를 또 하나의 전통으로 인정하기보다는 이단이나 반전통적인 것으로 취급하는 분리의 시선에 훨씬 더 익숙함을 상기해 볼 필요가 있을 것이다.

이 장에서는 1950~60년대의 전통론에서 독보적인 존재였다고 평가할 만한 최일수의 전통론을 중심으로 '순수'문학과 '참여'문학이 발견되는 과정을 추적해 보려고 한다. 최일수는 전통성과 현대성을 이분법적으로 나누어 보지 않고 공존하는 것으로 본 논자였지만, 복고적 전통과 현실 비판적 전통을 구분한 그의 전통론은 결과적으로 '순수'와 '저항 정신'을 나누어 보는 분리적 시각에 기여하게 된다.

1) 논리의 역전 – '복고적'이냐 '현실 비판적'이냐에서 '순수'냐 '참여'냐로

'전통'이나 '전통적'이라는 개념이 지나치게 협소하게 쓰이는 현상이라든가 전통론이 보여 준 이론과 실제의 괴리 현상에 대해 반론을 제기한 논자로서 주목할 만한 비평가는 최일수이다. 그는 서정주와 청록파의 시를 예로 들면서 전통론이 영원주의나 신비주의로 흐를 위험을 경고한다.[24] 전통론에서 그가 강조하는 것은 '저항 정신'과 '현대적인 정신'이다. 최일수는 청록파와 서정주의 신비주의나 영원주의를 복고적 전통이라 규정하면서 이는 바람직한 전통이 아니라고 보았다. 청록파와 서정주의 시는 근대문학적 '순수'의 개념에 가까운 것이라는 비판을 통해 그는 '순수'와 '저항 정신'을 나누어 보는 시각을 마련하였다. 그가 현대적인 정신이라고 지칭하기도 한 '저항 정신'은 이후 '참여'문학의 정신으로 이어지게 된다.

---

23) 김동리가 1946년 「순수문학의 진의」에서 '휴머니즘'을 강조하며 민족문학의 당면과제로서 순수문학의 정신을 강조할 때부터 이러한 대립은 어느 정도 예견된 것이기는 했지만, 이분법적 대립 구도가 강화되는 것은 1950~60년대의 전통론을 거치면서였다(김동리, 「순수문학의 진의」, 『서울신문』, 1946.9.14; 김동리, 『문학과 인간』, 민음사, 1997, 79~81면).

24) 최일수, 「종착역의 기수 (1)」, 『현대문학』, 1964.1, 225면; 최일수, 「종착역의 기수 (3)」, 『현대문학』, 1964.3, 245면.

청록파와 서정주의 시를 '근대문학적 순수'의 예로 보았던 최일수는 '현대적'인 시의 예로 김규동과 김종삼의 시를 거론한다.[25] 다만, 김종삼의 시에 대해서는 현대문학적 '순수'에 해당하는 시라고 함으로써 '현대적'인 것과 '현실 비판적', 혹은 '참여적'인 것을 바로 동일시하지는 않는다. 단순한 일반화나 동일시에서 벗어나 있었기 때문에 최일수의 전통론은 동시대의 다른 논자들에 비해 풍부해질 수 있었다. 초시대적인 영원성을 고수하려는 시와 그런 경향에 대해 심각하게 우려했던 최일수는 '어떤' 전통이냐의 문제를 중요하게 제기한 논자라는 점에서도 주목되어야 한다.

최일수는 전통 논의를 전개하면서 '복고적'인 태도와 '현실 비판적' 태도를 구분한다. 현대 시인들의 전통 부정의 맥락이 전통주의의 복고적 요소에 대한 것임을 단언함으로써 최일수는 동시대의 시인들, 특히 모더니즘 계열의 시인들을 옹호하기도 했다.[26] 그는 1960년대의 시인들과 청록파로 대표되는 이전 세대의 시인들을 구분하는 세대론적 태도를 드러내기도 한다. 이전 세대의 시인들이 전통 우위주의, 복고주의를 표방한 데 비해, 1960년대의 시인들은 현재와 미래에 기여하는 전통을 중시하였다는 것이다. 최일수가 복고적 전통과 현재와 미래에 기여하는 전통의 예로서 든 작품은 춘향전을 소재로 한 서정주의 「춘향유문」과 박재삼의 「춘향이 마음」이었다. 서정주의 「춘향유문」을 봉건적 모럴을 드러낸 시로 평가한 반면, 박재삼의 「춘향이 마음」을 불의에 대한 저항 정신이 드러난 시로 평가하였다. 그러나 서정주와 박재삼의 작품에 대

---

25) 최일수, 「종착역의 기수 (2)」, 『현대문학』, 1964.2, 264~265면; 최일수, 「종착역의 기수 (3)」, 『현대문학』, 1964.3, 243면.
26) 이후 전통론에서 민족문학론으로 나아가면서 최일수는 모더니즘 시인들에 대한 비판을 감행하게 된다. '어떤' 전통이냐를 문제삼을 때 복고적 전통과 현실비판적 전통 중에서 모더니즘 계열의 시인들이 후자에 속한 반면, 순수냐 참여냐가 대립항으로 설정될 때 모더니즘 계열의 시는 오히려 '참여'적인 태도에 미달한 시, 즉 '순수'에 가까운 시로 분류되는 변화가 다시 한 번 일어나게 된다.

한 최일수의 평가는 객관적이지 못하다는 한계를 드러낸다. 서정주의 시는 신비주의와 복고주의에 빠진 근대적인 시로 보면서 박재삼의 시는 「춘향전」의 저항적 정신을 살린 현대적인 시로 본 점, 청록파와 서정주의 시가 지닌 감상성을 비판하면서 '후반기' 동인들의 시에 보이는 감상성은 인식하지 못한 점, 현대시와 근대시를 가르는 기준이 사실상 모호하고 주관적인 점, 현대와 근대, 현대성과 근대성의 질적인 차이에 대해 강조하면서도 정작 그 개념을 분명히 하지 못한 점 등은 최일수가 지닌 한계였다.

그는 우리가 계승해야 할 문학적 전통으로, 향가정신으로부터 이어져 내려와 춘향전 등과 같은 평민문학의 내면에 흐르는 민족정신을 인식하고 있었다. 향가의 독자성과 판소리 문학, 특히 춘향전의 저항 정신을 높이 산 최일수의 견해는 조윤제와 김태준의 전통론을 계승한 것으로 보인다.[27] 아울러 서구의 레지스탕스 정신까지 우리가 계승해야 할 문학적 전통으로 보고 있었다.[28]

최일수의 전통론에서는 저항정신, 주체성, 현실의식 등이 강조된다. 그의 전통론은 '전통 → 전통 서정·순수', '반전통 → 저항·참여' 식의 이분법적 구도를 넘어서는 논의의 수준을 보여 준다. 최일수는 전통론이 민족문학론으로 이어지는 과정에서 교량의 역할을 담당한 논자였다고 평가할 수 있다. 순수·참여 논쟁은 전통론이 민족문학론으로 흡수·통합되는 과정에 자리 잡고 있었다. 전통론이 민족문학론으로 흡수·통합되면서 민족문학론자는 대개 문학의 현실 참여론을 주장하는

---

27) 최일수가 자신의 글에서 조윤제와 김태준의 전통론에 대해 직접 언급하지는 않았지만, 향가정신을 우리가 계승해야 할 문학적 전통으로 강조하는 대목에서는 조윤제가, 춘향전의 저항정신을 높이 평가하는 대목에서는 춘향전을 역사·경제학적 관점에서 유물론적으로 분석·연구한 김태준이 자연스럽게 연상된다. 최일수는 이전 시대의 대표적 전통론자의 견해를 계승하는 것으로써 자신의 전통론의 출발점을 삼은 것이다.
28) 최일수, 「우리 문학의 현대적 방향─전통의 올바른 계승을 위하여」, 『자유문학』, 1956년 12월.

논자로, 복고적 전통을 옹호하는 문학의 전통주의자들은 순수문학론자로 나뉘게 된다. 최일수의 전통론은 '어떤' 전통이냐를 문제 삼음으로써 이분법적인 대립의 논리를 넘어선 풍요로움을 지니게 되었지만, 복고적 전통과 현실 비판적 전통의 구분은 결과적으로는 전통론이 순수·참여 논쟁을 거쳐 민족문학론으로 나아가는 데 기여하게 된다. 최일수의 민족문학론은 복고적 전통의 문학과는 거리를 두는 것이었으므로 그의 논리 전개 과정 속에서도 현실 비판적 전통은 참여문학으로, 다시 민족문학으로 계승되었으며, 상대적으로 복고적 전통은 순수문학으로 계승되는 전이가 일어나게 된다.

이후 최일수는 극단의 전통주의와 세계주의를 비판하며 새로운 민족문학을 창조하고 분단을 극복할 것을 제창한다.[29] 민족문학론으로 이어지는 교량의 역할을 담당했다는 점에서도 최일수의 전통론은 중요한 의의를 지닌다.

2) '사이'의 부재

순수·참여 논쟁은 1960년대의 비평사에서 가장 커다란 쟁점이 된다. 그러나 '순수'문학과 '참여'문학은 애초부터 있어 왔던 개념이라기보다는 1950~60년대의 전통론을 겪으면서 '발견'된 개념이라고 할 수 있겠다. '순수'문학적 입장과 '참여'문학적 입장의 대립은 1950년대의 전통론이 전개되는 과정에서 배태된 것이라고 할 수 있다.

논쟁이라는 것이 기본적으로 대립적 성격을 지니게 마련이지만, 완강한 이분법적 대립의 논리 속에서 세밀한 '차이'는 사라지게 된다. 마찬가지로 여기에도 저기에도 속하지 않거나 양쪽에 다 속하는 사이의 영역이

---

29) 최일수, 「전통주의와 세계주의」, 『현대문학』, 1969.9.

사라지고 선명한 경계만 남게 된다. 서로 공유하는 지점이 사라져 감에 따라 논의의 풍요로움은 사라지고 배제의 논리가 강화되기에 이른다.

염무웅은 1960년대의 순수·참여 논쟁을 당시 비평계의 성숙 과정이자 이론 훈련 과정으로서 긍정적으로 평가하였지만,[30] 그에 못지 않은 부작용도 있었다. 전통론이 그랬던 것처럼 논쟁의 과정에서 '순수냐 참여냐'의 대립이 강화될 때 문학과 현실의 관계에서 순수도 참여도 아닌 중간 지대는 자연히 설자리를 잃어버리게 된다. 그것은 순수냐 참여냐의 대립항이 설정된 후의 절충주의와는 또 다른 문제이다.

『창작과비평』 창간호 권두논문에서 백낙청은 문학의 이월가치라든가 자율성을 중시하면서 참여문학론에 비판적인 입장을 나타내었다.[31] 이렇게 논쟁의 초기 단계까지만 해도 순수문학적 입장과 참여문학적 입장 사이에도 '문학의 자율성'을 공유하는 부분이 있었던 것으로 보인다. 논쟁이 진행되어 가면서 대립적 입장이 분명해지고, 서로를 적으로 규정하게 됨으로써 '문학의 자율성'을 강조하는 논의는 자연히 순수문학의 입장에 서게 되고, 문학의 사회적 참여를 강조하는 논의는 '참여'문학의 입장에 서게 되는 이분법적 대립의 구도가 마련되었을 것으로 보인다.

4. '지금, 여기'의 풍경

이상에서 살펴본 바와 같이 1950년대의 전통론은 1960년대의 순수·참여 논쟁을 거쳐 민족문학론으로 계승되는 변이의 과정을 겪는다. 순수

---

30) 염무웅·김윤태 대담, 「1960년대와 한국문학」, 『증언으로서의 문학사』(강진호·이상갑·채호석 편), 깊은샘, 2003, 421면.
31) 백낙청, 「새로운 창작과 비평의 자세」, 『창작과비평』 창간호, 1966년 겨울.

문학은 1950~60년대의 전통론에서 대립 관계를 구축해 나감으로써 '발견'된 것이었다. 이후 참여문학과의 대립적 관계를 유지해 나가면서 순수문학과 참여문학은 점차 적대적인 논리를 강화해 나가게 된다. 1960년대에 '순수-참여' 논쟁이 일어난 후 한국의 현대문학사에는 순수문학과 참여문학의 대결 구도가 오랫동안 지속된다. 문학은 사회적이거나 역사적인 요구라든가 시대적인 요청으로부터 벗어난 것이어야 한다는 논리는 우리의 경우에 결코 전통적인 문학관으로부터 비롯된 생각도 아니었고, 역사가 오랜 입장도 아니었다. 오히려 전통적인 재도지기(載道之器)의 문학관은 사회·역사적인 문제로부터 문학이 자유로울 수 없다는 생각에 더 가까웠다.

순수문학은 한국전쟁과 그로 인한 분단의 고착화를 겪으면서 만들어진 개념이라고 할 수 있다. 순수문학의 구축 과정에는 순수문학을 옹호하고 고수하려는 논리 못지 않게 사회·역사적인 상상력을 지닌 문학을 축소하고 은폐하려는 배타적인 배제의 논리가 작동하고 있었다. 이러한 배타성은 참여문학의 경우에도 예외는 아니었다. 사회·역사적 상상력이 어떻게 나타나는지에 대해서는 무관심했고, 자연스럽게 리얼리즘만이 사회·역사적 상상력을 표방한 형식미학이자 세계관으로서 정당성을 획득하게 된다. 이러한 논리 아래 '참여'문학을 표방한 입장에서는 전통 서정에 기반한 '순수'문학과 '모더니즘' 문학을 모두 배제하게 된다.

대립적 관계는 상대방을 적으로 규정하는 절차나 논리를 필연적으로 가져오게 된다. 우리의 경우에도 전통론을 거쳐 민족문학론으로 정착되어 가는 과정에서 겪게 되는 순수-참여 논쟁은, 이러한 대립 관계에 서로를 위치하게 함으로써 적대적인 입장을 견지하여 마침내 서로의 공통분모나 서로가 포섭하지 못하는 '외부'를 잃어버리게 하는 결과를 초래한다.

동시대의 우리 문학에 대해 사회·역사적 상상력이 부재한다는 지적이 일고 있다. '지금, 여기'를 살아가는 많은 사람들이 동의하는 일이겠지만, 그렇다고 해서 사회·역사적 상상력의 공백을 성급히 메우려는 태도는 오히려 역효과를 자아낼 수 있다. 좀더 중요한 것은 사회·역사적 상상력이 발휘된 작품을 무조건 옹호하려는 태도가 아니라 그 공백이 의미하는 바를 정확하게 꿰뚫어 보고 '어떻게' 그 공백을 메울 수 있을지를 근본적으로 사유하는 일이다.

1990년대에 들어와 『창작과비평』으로 대표되는 민족문학 진영은 몸바꾸기를 시도하며 전통 서정시와의 만남을 모색하고 있다. 1992년에 쓰어진 염무웅의 글에서 이러한 사실을 구체적으로 확인할 수 있다. 1960년대에 참여문학론자로 활동했고, 이후 민족문학 진영을 대표해 온 논자 중 한 사람인 염무웅은 '기만적인 언어유희'라는 말로 1950년대 모더니즘 시를 비판한다. '전통적·한국적'과 '민족적'에는 대립되는 점이 있다고 하면서도 난해시보다는 낯익은 정서와 익숙한 가락의 시, 즉 전통적이고 한국적인 서정시에 좀더 우호적인 태도를 드러낸다.[32] 그러나 이러한 견해는 기존의 시, 또는 시적인 것에 대한 기성적 인식의 옹호라는 태도를 낳음으로써 기존의 것을 비판하고 새로운 것을 창조해 내려는 정신을 억압, 부정하는 것이 될 수 있다. 1990년대의 한국 시단에서는 리얼리즘과 복고 혹은 보수의 만남이라는 역사적 사건이 일어나게 되는데, 이는 대중적 상업주의와 궁극적으로 연관된다. 대립 구도의 강화가 개념이나 논리의 착종을 일으키고 사이의 영역을 사라지게 하는 일은 '지금, 여기'의 문학에서도 여전히 반복되고 있다. **(2004)**

---

32) 그는 김수영·송욱·전봉건 등 1950년대의 모더니스트들이 김기림의 한계를 넘어서지 못했다고 비판하면서 상대적으로 전통 서정시 계열이 이룬 성취에 대해 다음과 같이 평가하였다.
"서정주를 우두머리로 하는 일군의 시인들이 내놓은 업적은 '난해시'라고 통칭되던 기만적인 언어유희(사실상 모국어의 파괴이자 모국어에 대한 난폭한 유린)에 비할 때 일정한 민족문학적 의의를 갖는다고 보아야 한다."(염두웅, 「5, 60년대 남한문학의 민족문학적 위치」, 『창작과비평』, 1992년 겨울, 57면)

가면으로서의 리얼리즘

리얼리즘과 서정성의 상호 통합과 길항의 문제

1. 거울의 진실, 혹은 거짓

군이 비판적 리얼리즘이나 사회주의 리얼리즘을 거론하지 않는다 하더라도, 여전히 리얼리즘은 모방(mimesis)과 재현(representation) 충동에 기반하고 있다. '리얼리즘' 앞에 수많은 수식어들을 붙이는 경우 역시 예외는 아닐 것이다. C. S. 루이스는 묘사적 리얼리즘과 내용의 리얼리즘으로 둘을 나누어 보았지만, 기법으로서의 리얼리즘이든 이데올로기로서의 리얼리즘이든 문학이 우리의 삶을 반영한다는 기본 입장에는 큰 차이가 없는 것처럼 보인다. 전형이나 총체성, 전망과 같은 구체적인 리얼리즘 이론으로 깊이 들어가는 것은 이 글이 시도하려는 바가 아니다. 논의의 경제성을 위해서는 논의를 확장하려는 충동을 억제하고 리얼리즘과 서정성의 상호 통합과 길항의 문제라는 이 글의 주제에 좀더 천착할 필요가 있겠다.

현실 사회주의의 몰락이라는 역사적 사건을 겪으면서 1990년대 중반 이후의 우리 문학에서 두드러진 현상 중의 하나는 서정성의 부활이라고 할 수 있다. 특히 시에서 두드러진 서정성은 흥미롭게도 현상적으로는 리얼리즘을 표방한 작품들과 결합하기를 즐겨하였다. 끊임없이 새로움을 추구하는 아방가르드의 정신까지도 이미 낡은 것으로 인식되던 세기말의 문학이라는 장(場)에서 볼 때 리얼리즘과 서정성의 결합은 문학에 대한 신념을 회복할 수 있는 새로운 대안으로 여겨지기도 했다.

서정성과의 행복한 결합이 퇴락한 듯 보이는 리얼리즘에 다시 부활의 생명수가 될 수 있을 것인가. 낙관적인 대답을 기대하기는 어려울 것 같다. 기억에 의존하는 과거 지향적인 서정성이 리얼리즘과 결합했을 때 자칫 복고적인 성향으로 표출될 수도 있기 때문이다. 리얼리즘이 하나의 신념이자 신화이던 시절, 의심받지 않던 신화에 감동이라는 요소를 덧붙여 주는 역할을 서정성은 훌륭히 수행하기도 했다. 멀리는 임화의 단편 서사시에 대한 문학사적 평가로부터 가까이는 박노해의 『노동의 새벽』에서 서정성을 발견한 연구들에 이르기까지 리얼리즘을 표방한 시에서 서정성은 중요한 미덕으로 논의되어 왔다. 그러나 문학이 현실 세계를 모사하고 반영한다는 기본 전제가 위태로워진 지금에 와서 서정성과 리얼리즘의 결합이 예전처럼 행복한 결과를 낳는 것만은 아니다.

거울 속에 비친 모습이 세계를 모사한 것이라는 믿음은 더 이상 다수가 공유하는 신념이 아니다. 세계를 반영하는 순진한 거울은 어쩌면 이미 깨어져 버렸는지도 모른다. 깨진 거울이 일그러지고 왜곡된 파편만을 보여 줄 뿐 원래의 모습을 총체적으로 보여 줄 수 없듯이 거울 속에 비친 모습이 세계의 반영이라고 더 이상 우길 수 없게 되어 버린 것이다.

2. 서정적 리얼리티의 외부

리얼리즘이 완강한 세계관이자 문학적 태도일 때 서정성은 완강한 세계를 유연하게 전달해 주는 완충적인 역할을 하는 기법이자 장치일 수 있었다. 대중성을 고민한 카프의 문학이, 시에 이야기의 요소를 도입함으로써 서정적인 감동을 자아낸 임화의 단편 서사시 「우리 옵바와 화로」를 높이 평가한 것도 그러한 맥락에서일 것이다. 핍진한 노동 현실을 그린 박노해의 시가 서정성을 획득함으로써 경직된 이데올로기를 벗어나 대중적 공감과 감동을 자아낸 기억은 그다지 멀지 않은 일이다. 신념이 완강하고 의심받지 않던 시절에 서정성은 분명 리얼리즘 시가 확보해야 할 필요조건이자 미학적 장치였다.

문제는 신념이 위태로워지면서부터였다. 현실 사회주의의 몰락과 함께 리얼리즘이라는 신화가 몰락하면서 리얼리즘과 서정성의 결합은 더 이상 새로운 대안도 실험도 되지 못한 채 낡고 고정된 이미지를 형성하게 된다. '백인 예수'라는 고정된 '얼굴'이 이미 하나의 권력이자 정치적 의미를 획득하게 되는 것처럼, 서정적 리얼리티는 이미 과거의 것에 속해 버린 낡은 가치를 향한 옹호와 그리움이라는 고정된 의미를 형성해 버리고 말 위험을 안게 된다.

사실 서정성을 확보한 리얼리즘 시가, 시의 전통적 원리에 충실한 '잘 만들어진 작품(well made work)'이 될 가능성은 아주 높다. 바로 그런 이유 때문에 1990년대 중반까지만 해도 서정적 리얼리티를 충실하게 구현한 시들이 난삽한 배설 욕구를 보여 준다고 비판받은 시들 사이에서 우리 시와 언어를 고수하는 대안이 될 수 있을 거라는 믿음이 팽배해 있었다. 아직도 이런 믿음은 일부에서는 유효하다. 나 역시 그러한 믿음을 전적으로 부정할 생각은 없다. 다만 서정성과 리얼리즘이 만나는 방식에 대해서는 문제삼고 싶다.

잘 만들어진 작품이 반드시 마음을 움직이는 힘을 발휘하는 것은 아니다. 때로는 우리의 상상력을 가두고 억압하는 갑갑한 족쇄로서 잘 만들어진 문학 작품이 작용하는 경우도 있다. 한 편의 시가 완성도가 높은 하나의 작품으로 완결되는 것도 의미가 있겠지만, 그보다 더 중요한 것은 한 편의 시가 우리를 뒤흔들어 놓는 강렬한 체험일 것이다.

이념으로서의 리얼리즘이 낡았다는 이유로 폐기처분되면서 정작 중요한 것을 우리는 놓쳐 버렸는지도 모른다. 리얼리즘은 결코 온건하고 수세적(守勢的)인 정신은 아니었다. 리얼리즘의 정신은 온데간데없이 사라지고 모방과 재현 충동만이 남아 있는 상태에서 서정성과 결합한 시들은 기존의 가치 개념을 옹호하는 복고적인 역할을 담당하며 또 하나의 고정된 '얼굴'로 우리 문학 속에 자리 잡게 될지도 모른다.

'어떤' 리얼리즘이냐는 질문이 다시 중요해지는 것은 이런 까닭에서이다. 리얼리즘의 기본 정신은 현실 세계에 대한 부정과 비판에 놓여 있었다. 그리고 이러한 부정의 정신은 새로움을 표방하는 시와 문학이 지녀야 할 정신이기도 하다. 리얼리즘과 서정성의 통합이 자칫 위험해질 수 있는 것은 이러한 리얼리즘의 기본 정신을 망각한 곳에 그 결과물이 자리하기 쉬운 까닭이다. 사실 전복의 상상력과 부정의 정신을 상실한 문학은 진정한 의미의 리얼리즘 문학이라고 부를 수 없을 것이다.

서정적 리얼리티가 반드시 그러한 위험을 초래한다고 말할 수는 없다. 리얼리즘이라는 개념이 역사적 과정을 통해 다양하게 논의되어 왔고 리얼리즘이라는 말 속에는 여전히 그러한 다양성의 흔적이 남아 있는 것이 사실이다. '어떤' 리얼리즘과 '어떤' 서정성의 결합인지를 반드시 물어야 하는 이유는 그 때문이기도 하다. 그러한 질문을 망각할 때 서정적 리얼리티는 고정된 '얼굴'을 지니게 되기 쉽다. 온건하고 따뜻한 상상력에 기반한 서정적 리얼리티에서 '외부'를 기대하기란 어렵다. '어떤'이라는 질문의 망각은 서정적 리얼리티의 '외부'를 사유할 수 없게 만든다.

3. 전복의 정신으로서의 리얼리즘

이 세계를 총체적으로 파악할 수 없다는 절망감과 전망의 상실은 리얼리즘을 기법의 측면에 국한시킨 면이 없지 않다. 이데올로기로서의 리얼리즘이 기반을 상실하면서 재현과 모방 충동에 기반을 둔 기법으로서의 리얼리즘이 주된 논의의 대상이 된 것이다. 그러나 단일하거나 선명하지 않은 세계의 모방이나 재현은 가능한가, 가능하다면 어떤 방식으로 가능한가라는 문제를 여전히 남긴다. 여기서도 여전히 '어떻게'의 문제가 중요해진다.

나는 여기서 각도를 달리해서 정작 중요한 것은 전복의 정신으로서의 리얼리즘이 아닌가라는 문제를 제기하고자 한다. 여전히 전형과 총체성 개념에 의존한 낡은 반영 이론에 집착하는 것도 문제이겠지만, 리얼리즘의 문세를 세계관의 문제와 분리해서 기법의 문제로 축소시키는 태도 역시 위험하기는 매한가지이다. 전복의 정신으로서 리얼리즘을 논할 때 물론 그것은 이미 리얼리즘이어도 좋고 아니어도 좋다. 리얼리즘이 동일한 표정을 지닌 고정된 '얼굴'을 지니게 된다면, 리얼리즘을 고집할 필요가 없다. 리얼리즘의 '외부'를 사유할 수 있게 해 주는 리얼리즘, 그것이야말로 전복의 리얼리즘이자 좀더 자유롭고 다양한 리얼리즘이 될 수 있을 것이다. 이론적인 틀 자체가 중요한 것은 아니다. 전복의 정신을 상실한 리얼리즘은 텅 빈 기호에 불과할지도 모른다. '어떤' 리얼리즘이어야 하는가라는 질문으로부터 출발하는 리얼리즘의 갱신, '어떤' 서정성을 추구해야 하는가라는 질문을 담고 있는 서정성의 갱신을 사유할 때 서정적 리얼리티의 외부 역시 사유할 수 있게 될 것이다. 다음에 인용하는 두 편의 시는 서로 다른 접근 방식을 보여 주지만, '어떤' 서정성과 '어떤' 리얼리즘을 사유하게 한다는 점에서는 유사한 태도를 형성한다.

플라타너스 그늘 아래 사람들이 지나간다
비 갠 여름날 오후의 공단천변
방금 얼굴 씻은 바람이 잎새를 훔친다
환하다

플라타너스 그늘 아래 사람들이 지나간다
새들 날아와 가지에 들어와 앉고
잎들은 밖으로 난다
안에서 밖으로 난다 밖에서 안으로 난다
환하다

플라타너스 그늘 아래 사람들이 지나간다
비바람과 추위를 나무처럼 견뎌온 사람들
볕과 땀과 피곤으로 나뭇등걸처럼 거칠어진 몸으로
한 그루 열 그루 백 그루 사람들이 지나간다
멀리 푸른 숲을 이룬다 새들이 난다
환하다

비 갠 여름날 오후의 공단천변
플라타너스 그늘 아래
플라타너스가 걸어간다

— 백무산, 「플라타너스」

　『인간의 시간』이라는 시집에 실려 있는 이 시는 시집 전체와의 관련 속에서 읽을 때 더욱 빛을 발한다. 「플라타너스」는 시집의 작은 한 부분이지만 또한 전체이기도 하다. 비 갠 여름날 오후의 공단천변에 서 있는 플라타너스와 플라타너스가 만드는 그늘과 그 곳을 지나가는 사람들이 하나의 풍경을 이루며 합쳐지는 모습을 이 시의 화자는 '환하다'고 말한다. 플라타너스 나무에 새들이 날아와 앉고 다시 날아가고 바람이 불고

잎이 날린다. 사람들은 플라타너스 그늘을 지나가며 바람에 땀을 말린다. 자연과 사람이 서서히 하나가 되는 풍경을 보여 준다는 점에서 이 시의 서정성은 그다지 새로워 보이지 않을지도 모르겠다. 그러나 비 갠 여름날 오후의 '공단천변'에서 발견한 풍경이라는 점에서 시집 전체의 맥락 속에서 읽을 때 그것은 독특한 서정을 이루어낸다. 1980년대의 리얼리즘 시가 노동자의 정서를 직설적으로 드러냄으로써 분리와 배제의 미학을 보여 주었다면, 1990년대 중반에 나온 백무산의 시는 안과 밖을 넘나드는 포괄적인 정서를 통해 노동자의 시각을 통해 보면서도 경계를 넘나들며 확장하는 새로운 서정을 실현하고 있다. 플라타너스 그늘 아래를 지나가던 사람들의 그림자가 합쳐져서 사람들은 '한 그루 열 그루 백 그루'의 나무가 된다. 나무들은 모여 멀리 푸른 숲을 이룬다. 자연과 인간이 하나의 풍경 속에서 화합하는 순간을 보여 줌으로써 시인은 새로운 서정을 통해 리얼리티를 구현하려 했던 것이다. 플라타너스가 된 노동자들은 이미 노동자가 아니다. 그러나 그림자가 아닌 실체는 여진히 노동자이기도 하다.

시인은 인간과 인간의 문명에 대한 탐구와 자연에 대한 응시를 통해 인간을 배제하지 않은 새로운 풍경을 발견하는 데로 나아갔다. 인식의 대전환은 온 세계가 환해지는 체험과 흡사하다. 인간과 자연이 하나 되어 이루는 숲의 풍경을 통해 시인은 부분이자 전체인, 경계를 흐리는 사유를 실현하고자 한 것이다. 서정적인 것은 기억을 환기하는 '회감'의 형식이라고 알려져 있지만, 인용한 시에서는 서정성에 과거와 현재와 미래의 시간을 모두 담아내고자 한다. 새로운 서정은 리얼리즘을 위한 훌륭한 무기가 될 수도 있다. 새로움이 늘 좋은 것은 아니지만, 낡은 서정의 온건함으로는 감당할 수 없는 몫을 열어 주는 것만은 부정하기 어려울 것이다.

할머니는 흙에 흩어져 있는 발자국들을 쫓아버린다 얘야 누군가 온 모양이구나 무슨 말씀이세요 아무 소리도 듣지 못했는걸요 문은 아직 푸른 빛이에요 할머니 눈에 철사가 박혀 있었다 잡아 뽑으려 했지만 점점 더 깊이 박히고 있었다 너는 늘 내 머리카락 자르는 것을 좋아하는구나 그냥 내버려두렴 아버지가 아기가 되어 마당을 기어다니고 있었다 닭은 아버지에게 잡히지 않으려고 버둥거렸다 아버지의 머리카락이 다급히 자라났다 닭이 잡혔을 때 아가의 머리카락은 땅에 질질 끌리고 있었다 아버지 제발 이제 일어나세요 아기 옷도 벗어버리구요 내 머리카락이 철사로 변하고 있었다 아버지 때문에 기차가 시간을 맞추지 못한다구요 아버지 저 좀 붙잡아주세요 빌어먹을 제 손이 할머니 눈 속에 들어가버렸어요 할머니 눈에서 날카로운 초생달들이 쏟아져나왔다 아버지의 머리카락이 툭툭 부러졌다 나는 할머니의 몸속에 들어가 아버지가 되어 기어나왔다 문을 뚫고 기차가 들어오고 있었다

—정재학, 「아라베스크」(『창작과비평』, 2001년 봄)

백무산의 시에서 플라타너스 그늘 아래를 플라타너스가 걸어가는 풍경은 환상이기도 하고 아니기도 하다. 환상과 미메시스는 여기서 엄밀하게 구분되지 않는다. 둘은 공존하기도 하고 어느 하나의 옷을 입고 다른 하나가 출현하기도 한다. 정재학의 시에서 환상은 좀더 전면적이다. 그의 시는 논리의 흐름을 따르기보다 환상이 제공하는 이미지를 따른다. 할머니와 나와 아버지라는 한 가족이 만들어내는 이 시의 풍경은 신화적이고 신비로운 환상으로 가득하다. 할머니에서 아버지, 나로 이어지는 가족 관계는 하나의 선형적인 질서를 의미하고, '철사'라든가 '머리카락', '기차'와 같은 직선의 이미지도 그렇다. 그런데 환상은 선형성을 파괴한다. '철사'와 '머리카락'은 하나가 되고 문을 뚫고 기차가 들어오듯 '철사'와 '머리카락'은 서로 다른 존재를 이어주는 유대(紐帶)의 선, 즉 곡선으로 변모한다. 인용한 시에 따르면, 할머니의 눈에 박힌 것은 내 머리카락이고, 나는 할머니에게 빨려 들어갔다가 아버지가 되어 기어 나온다. 할머니, 아버지, 나로 이어지는 계보는 가부장적인 부계의 질서를 따르지 않는다. 단선적이지 않고 서로 관련을 맺으며 뒤엉켜 있

다. 할머니와 아버지와 나는 개별자인 동시에 분리되지 않는 하나의 존재이다. 동시성의 공존은 근대적이고 선형적인 시간 질서 속에서는 불가능하지만 시인이 상상하는 미로의 시간 속에서는 가능해진다. 이것이야말로 환상이 지니는 힘이다.

한편 이 시가 만들어내는 환상의 풍경은 시의 제목인 '아라베스크' 무늬를 형상화한 것처럼 보이기도 한다. 독특한 문양이 연쇄적으로 이어지며 끝없는 반복을 통해 확장되는 아라베스크 무늬는 문양을 이루는 기본적인 선과 모티프만 유사할 뿐 매우 다양한 형태를 띠며 나타난다. 규칙성과 다양성의 공존이 환상적인 '아라베스크' 무늬를 만들어내는 것이다. 연쇄적으로 이어지는 아라베스크 무늬로부터 시인은 동시성을 발견한다. 문자로 그려진 아라베스크 무늬는 획일적이고 단선적인 사유에 균열을 가하며 혼종성으로 가득한 이 세계를 은유한다. 그리고 그것은 선형적 시간 질서를 깨뜨리는 전복의 시선을 제공한다.

기존의 가치를 전복하는 힘을 지니고 있는 한, 앞의 시들을 리얼리즘이라 부르지 않을 이유가 없다. 서정적 리얼리즘이라고 부를 수도 있을 것이고, 환상적 리얼리즘이라고 부를 수도 있을 것이다.

4. '그리고(and)'의 문법

전복의 정신으로서 리얼리즘을 사유할 때 리얼리즘은 좀더 포괄적이고 다층적인 모습으로 출현할 수 있을 것으로 보인다. 그것은 환상적이고 몽상적인 상상력과 접속할 수도 있을 것이고, 전통적인 의미의 서정성과 접속할 수도 있을 것이다. 고정된 하나의 표정을 지닌 '얼굴'로서의 리얼리즘이 아니라 다양하고 기괴한 모습을 한 여러 개의 '가면'을 지닌 리얼리즘이 될 수 있을 것이다. 그것들 중에 어떤 가면은 얼굴에 달라붙어 고착되는 것도 있겠지만, 변이를 체득한 리얼리즘은 어렵지 않게 몸 바꾸기를 실천하게 될지도 모른다.

따지고 보면 리얼리즘은 태생 자체가 복잡하고 다중적이었다. 서로 상이한 작품들이 리얼리즘이라는 이름으로 불려온 것이 사실이다. 그런 리얼리즘의 역사에 비추어 볼 때도 리얼리즘과 서정성이 통합된 최근 우리 시의 모델들은 다채롭지 못한 모습을 띠어 왔다고 할 수 있다.

전복의 정신으로서 리얼리즘을 논할 때 비로소 미메시스와 환상의 구분은 이분법적이지 않고 서로 넘나들며 공존할 수 있는 것이 된다. 다른 사람과 경험을 공유할 수 있다는 핍진성에 기초한 미메시스와 권태로부터의 이탈을 통해 주어진 것을 변화시키고 리얼리티를 바꾸려는 욕구인 환상은 서로 대립적인 개념으로 나뉘지 않고 모두 리얼리즘과 결합할 수 있게 된다. 또한 미메시스와 환상이 공존하며 리얼리즘과 결합하는 것 역시 가능해진다.

일찍이 롤랑 바르트는 우리가 알고 있다고 생각하는 것들이 실제로는 임의의 언어 구조일 뿐이라는 사실을 지적하면서 리얼리즘 문학과 리얼리티의 무관함에 대해 말했다. 경험에 의미를 부여하는 수단으로서 리얼리즘을 지지하는 것은 사실 너무 순진한 발상이라고 할 수 있다. 문학이 세계를 모사한다는 믿음이 사라져 가는 지금, 여기에서 리얼리즘이 모방과 재현을 고집하는 것은 스스로의 입지를 좁히는 일이 될 것이다. 리얼리즘이 지금껏 배제의 문법을 행사해 왔다면, 이제 다채로운 가면에 어울리는 새로운 문법이 필요하게 되었다. 화합할 수 없는 것처럼 보였던 미메시스와 환상이 리얼리즘이라는 이름 아래 함께 만나고, 전통적인 의미의 서정성뿐만 아니라 새롭게 개발된 서정 역시 리얼리즘과 통합될 수 있을 것이다.

이제 리얼리즘은 배제의 원리에 기반을 둔 택일적 문법에서 벗어나, 덧붙이고 늘어놓는 첨가와 나열의 방식으로 다층적이고 다중적인 '가면'들을 포괄하는 '그리고(and)'의 문법을 실현해야 할 시점에 가로놓여 있다. '몸 바꾸기'가 리얼리즘이라는 이름을 벗어 던지는 결과를 초래하게 된다 해도, '죽음'으로써 비로소 다시 살아나게 되는 길이 그로부터 열릴지도 모른다. 그것은 고정된 '얼굴'에 갇혀 살아가는 것보다 분명 나은 선택이 될 것이다. (2003)

타자성의 맨 얼굴

생태주의 · 여성주의 · 탈식민주의 담론의 진보성을 묻다

1. 지하실에서 광장으로

'21세기의 진보적 문예 담론이란 무엇인가?'라는 질문은 '21세기', '진보적', '문예'라는 몇 가지 한정사에도 불구하고 바깥으로 열려 있는 거창한 질문이어서 울타리를 치고 경계선을 긋는 몇 가지 제한을 두지 않으면 자칫 공허한 논의로 흐르기 쉽다. 공허해지지 않기 위해서는 미래로 열려 있는 질문에 애써 현재성을 부과하는 작업이 필요할 것이다. 사실 현재를 딛지 않고 어찌 미래를 논할 수 있겠는가? 이 글에서는 1990년대 이후 담론을 주도해 온 선진성이라는 측면에서 생태주의 · 여성주의 · 탈식민주의 담론을 21세기의 진보적 문예 담론을 대표할 만한 것이라 보고, 이에 대해 제한적으로 논하면서 위의 질문에 대답해 보려고 한다. 생태주의 · 여성주의 · 탈식민주의 담론 스스로 '진보'를 표방한 것은

아니었지만 이들이 21세기를 이끌어갈 새로운 담론으로 주목받아 온 것은 부정할 수 없는 사실이다. 게다가 표나게 내세운 것은 아니라 하더라도 담론의 형성 초기에 이들은 분명히 진보성을 담지하고 있었다. 1990년대에 대해서도 어느 정도의 거리가 생긴 '지금, 여기'에서 이들 담론이 초기에 보여 준 진보성과 현재의 변화를 반성적으로 짚어보는 일은 반드시 거쳐야 할 필요가 있다. 반성을 게을리하는 담론은 자기만족의 함정에 빠질 수 있다. 이 글에서 논하는 세 가지 문학 담론이 비판과 자기반성을 거쳐 새로운 변혁의 에너지로 거듭날 수 있을 때 우리 문학의 미래도 조금은 밝아질 수 있을 것이다.

나는 앞에서 생태주의·여성주의·탈식민주의 담론이 진보를 표방한 것은 아니라 하더라도 진보적 성격을 지닌 문예 담론이라고 보았는데, 이에 대해서는 좀 더 설명이 필요해 보인다. 과거에는 '정치적'이라는 수식어를 굳이 덧붙이지 않아도 진보란 정치적 이념에서의 진보를 의미했고, 한국 문단 구조에서는 민족문학과 리얼리즘으로 대표되는 특정한 진영을 지칭해 온 게 사실이다. 하지만 더 이상 그런 의미로 한정해서 진보를 논하는 것은 의미가 없어 보인다. 1990년대 중·후반 '현실사회주의'의 붕괴를 거치면서 거대 담론에 대한 근본적인 회의의 시선이 널리 퍼졌고, 그 이후 전국시대를 방불케 하는 이념·사상·미학적 측면에서의 다양성이 제기되어 왔다. 민족문학론과 리얼리즘론으로 대표되는 '진보적' 문학 진영에서도 여러 차례 자기반성의 몸짓이 있었고, 여전히 몸 바꾸기를 시도하고 있지만, 지금까지 보여 준 변화는 그리 성공적으로 보이지 않는다. 전면적인 비판과 자기반성을 통해 새로운 담론을 생성해 내기보다는 과거의 영광에 사로잡혀 철옹성에 스스로를 가두는 편을 선택한 것처럼 보이기 때문이다.

1990년대 후반 이후의 문학 담론은, 거대 담론으로서의 진보에 사로잡혀 있는 동안 억눌러 왔거나 잃어버린 것들의 세목을 드러내는 일에 치중해 왔다. 그것은 주체에 의해 배제되어 온 타자를 드러내고 타자의 주체성을 되찾는 일이기도 했다. 그 와중에 1990년대 이후 한국문학 담론을 주도해 온 역할을 생태주의, 여성주의, 최근의 탈식민주의 담론이 짊어져 왔다고 할 수 있다. 인간에 의해 억압되고 배제되어 온 자연, 남성 혹은 성차별적 시선에 의해 억압되고 소외되어 온 여성(섹슈얼리티가 아닌 젠더로 서의 여성의 발견이라는 방향으로 그 안에서도 변화가 있었지만), 제국주의에 의해 은폐되고 억압되어 온 자기 안의 식민성 등을 발견하고, 타자의 시선으 로 전체를 봄으로써 진정한 의미에서의 공생(共生)이 가능해진다는 데서 이들 담론의 문제의식은 출발하고 있었다. 이러한 문제의식의 출발 지점 은 더 나은 세상을 지향한다는 원론적인 의미에서 볼 때 분명 진보적이 었다. 앞으로 나아간다는 '진보'의 사전적 의미처럼 더 나은 미래를 향해 나아가는 것을 지향하는 담론이라는 의미에서 생태주의·여성주의·탈 식민주의 담론은 진보성을 띤다고 할 수 있다. 사실 어떤 개념을 규정하 는 범위가 너무 커지면 서로 다른 성향의 구성원들이 그 안에 포함될 수 있으므로 개념 규정 자체가 별 의미가 없어져 버린다. 그런 의미에서 '진 보'라는 말도 이제 시효성이 다했다고 볼 수도 있겠다. 이 글에서도 '진 보'라는 개념을 고집할 의사는 없다. 다만, 다른 미래를 꿈꾸며 구체적으 로 지형도를 그려보고 있다는 차원에서 생태주의·여성주의·탈식민주 의 담론을 한 자리에서 논할 수 있을 거라고 보았다. 이론적 차원에서의 선진적 도입이 있은 이후 거리를 둘 만큼의 시간이 흐른 지금이야말로 이들 담론의 현재성과 가능성을 엄정하게 짚어봐야 할 때이다.

2. '숲'의 허상

1990년대 후반 이후 거대담론이 붕괴되고 '현실사회주의'가 몰락하면서 전지구의 자본에 의한 지배와 재편이 이루어진다. 일찍이 잭 런던이 선구적으로 직감했듯이 자본은 '강철군화'처럼 터벅터벅 걸어와 지구를 장악하더니 유동적인 변이를 통해 질긴 생명력을 자랑하고 있다. 이제 자본의 논리에 맞선 싸움은 이념적이고 정치적인 의미에 한정되지 않고 어떤 의미에서는 더 개인적이고 전면적인 것이 되어 버렸다. 지속 가능한 개발에 대한 믿음이 여전히 빠른 속도감으로 지구 생태계를 위협하고 있다. 그리고 그 위협은 이제 우리의 목숨을 노리고 있다.

위협받은 생명체들은 처음에는 지구 환경의 위기를 각성시키는 방식으로 대응하였다. 그것은 생태주의적 문제의식이 탄생하게 된 최초의 장면이었다. 그러나 머지않아 지구 환경을 보존해야 한다는 식의 소극적인 문제의식으로는 아무런 문제도 해결할 수 없음을 깨닫게 되었다. 인간 역시 자연의 일부이고 자연과 얽혀 있음을 인식하게 되면서 초점은 환경에서 생태로 이동하게 된다. 1990년대에 소개된 신과학 사상 등이 생태주의적 문세의식을 확산하는 데 기여하게 된다. 이즈음에서 생태주의 담론은 몇 가지 이론적 기반에 따라 나뉘게 된다. 머레이 북친을 중심으로 한 사회 생태주의 진영에서는 지구 환경과 생태의 위기가 인간 사회의 위기와 맞닿아 있다는 문제의식에서 출발한다. 인간이 자연을 지배하고 착취하는 구조는 인간이 인간을 지배하고 착취해 온 구조와 다르지 않다는 데 이들은 주목한다. 따라서 인간 사회에서의 계급적·구조적 관계를 해결하지 않고는 자연과 인간 사이에서 발생하는 지배와 착취와 개발이라는 문제도 해결될 수 없다고 본다. 이러한 견해는 생태주의적 문제의식이 이후 윤리에 포섭되면서 오히려 보수적 가치관을 옹호하는 방향으로 흐르게 되는 것을 염두에 둘 때 중요한 문제의식이라고 하지 않을 수 없다. 근본적인 관계에 천착하지 않은 환경에 대한 위기의식은 또 다른 지배와 착취를 반복적으로 재생산하게 되는 결과를 초래할 수 있다.[1]

그밖에 인간 중심적으로 구성된 인간과 자연의 관계를 근본적으로 새롭게 재구성해야 한다는 문제의식에서 생태주의적 윤리관을 강조하는 관점이 나타나게 된다. 사회 생태주의가 '지금, 여기'의 현실에 좀 더 주목하여 문제를 해결해 나가려고 한 데 비해, 생태주의 윤리를 내세우는 입장은 좀 더 도덕적이고 관념적으로 문제에 접근한다. 이들은 인간 중심적인 사유를 전복해야 한다는 데 생각이 미친다. 생태주의적 문제의식 아래 이와 같이 다양한 생각들이 충돌하며 제기되는 것 자체는 바람직한 현상이라고 할 수 있다. 이러한 문제의식들은 기본적으로 근대화 담론에 대한 반성적 인식으로 담론의 방향을 선도하는 역할을 하였다.

그런데 문제는 오히려 생태주의 문학에서 발생한다. 1990년대 이후 생태주의를 표방한 문학작품들이 대거 씌어지기 시작하는데, 그 방향은 그리 다양하지 못했다. 생태주의 문학의 선두에 선 것은 시였다. 전통 서정시를 계승하는 유형의 시들이 자연의 아름다움을 드러내거나 자연 속에서 미미한 존재가 되어버리는 인간의 모습을 형상화함으로써 생태주의를 드러내놓고 표방하기 시작한다. 문명에 대해 적대적 태도를 드러내는 환경시 역시 '자연 / 문명'의 이분법을 반복하기는 마찬가지였다. 수많은 시인들이 발맞추어 '숲'으로 나아가기 시작한 것이다. 숲은 원시적인 생명력을 유지하고 있는 신화적 존재로서 생태주의 시에서 단골로 다루어진다.

자연을 신비화하고 신화화하는 생태주의 문학의 경향은 몇 가지 문제점을 낳는다. 우선은 신비화된 자연에 젊은 시인들이나 젊은 독자들이 공감하지 못한다는 문제가 있다. 도정일은 「시인은 숲으로 가지 못한다」에서 문학교육의 현장에서 발생하는 이러한 문제에 대해 일찌감치 주목

---

1) 지구 환경의 문제를 선구적으로 제기한 미국이 다른 한편에서는 제3세계의 환경 파괴를 주도해 온 것과 같은 이중성에 주목하지 않고서는 환경의 위기 극복을 위해 목소리를 높이는 일은 공허해지기 쉽다. 영국에서 초창기에 활동한 환경운동가들의 계급적 구성원이 상류층에 속해 있었고, 이들이 초창기에 한 환경운동이 대개 자신들이 사는 지역을 그린벨트 지대로 묶어 보존하는 식의 집단이기주의적인 방향으로 이루어졌다는 사실 또한 이러한 우려가 현실이 될 수 있음을 보여 주는 사례이다.

했다.[2] 현실 속의 자연과 시에서 그려지는 자연 사이의 괴리감에 이제 우리의 시인들이 좀 더 솔직해질 필요가 있을 것이다. 여전히 시작품 속에서만 신비화된 자연이 둥지를 틀고 있어서는 독자 대중의 공감을 불러일으키기란 점점 더 어려워질 수 있다. 또 한 가지 문제는 특정한 편견 아래 구성된 자연이 마치 본래의 모습인 양 호도될 위험을 가지고 있다는 것이다. 신비주의를 확산하는 생태주의 시로 인해 자연의 야수성은 점점 사라지거나 은폐된다. 자연은 약육강식의 야성적인 성향을 본성으로 지니고 있는 세계이다. 우리가 자연으로부터 일반적으로 끌어내는 균형과 조화라는 의미도 사실은 사이좋게 공존 공생하는 것이라기보다는 치열한 생존의 논리 속에서 물고 물리는 먹이사슬로 얽혀 적절한 조화와 균형이 유지되고 있는 것임을 눈여겨볼 필요가 있다. 따라서 생태주의를 표방한 문학이 자연을 신비화, 신화화함으로써 결과로서의 균형과 조화에만 주목하는 것은 심각한 위험이라고 하지 않을 수 없다. 앞뒤의 맥락을 생략한 채 자연으로 돌아가면 마치 모든 것이 해결될 것처럼 구는 처방으로는 아무것도 해결되지 않는다. 자연으로 돌아갈 수도 없을뿐더러 돌아갈 자연도 없음을 정확하게 인식할 필요가 있다.

초창기의 생태주의 담론이 지니고 있던 문제의식의 진보성이 실제로 창작되는 생태주의 문학작품들에는 잘 드러나지 않는다. 생태주의 문학은 시를 중심으로 전개되는데, 크게 두 가지 방향으로 나뉜다. 하나는 현장에서 환경운동을 하며 시를 창작하는 부류가 있다. 지리산에 기거하며 환경운동을 벌이고 운동의 일환으로 시를 쓰는 이원규 시인이라든가 부산 지역에서 거점을 가지고 환경시를 쓰는 김보한 시인 같은 경우가 여기에 해당한다. 이들의 작품은 대개 환경 운동으로서의 성격을 직접적으로 노출하다 보니 문제의식이 작품을 앞서는 경향이 있다. 물론 운동으로서의 문학 역시 그 자체만으로도 의미가 있다고 볼 수는 있겠

---

2) 도정일, 「시인은 숲으로 가지 못한다」, 『시인은 숲으로 가지 못한다』, 민음사, 1994, 348~364면.

지만, 당위적인 문제의식이 앞선 나머지 도덕적이고 윤리적인 태도를 강요하는 성향이 나타나기도 한다. 그것은 기존의 도덕과 가치를 옹호하는 관점을 재생산함으로써 자신도 모르게 보수적인 성향을 띠게 되기도 한다. 애초에 혁명적이고 전복적인 담론으로 출발한 생태주의 문학이 그 진보성을 상실하고 당위적인 윤리 규범에 사로잡히게 되는 원인의 일부는 여기에 있다고 생각한다. 물론 이러한 현상은 과도기적인 것일 수도 있지만, 본질적인 것을 문제삼지 않는 한 반복될 수 있는 위험이다. 또 하나는 자연을 아름답고 신비로운 것으로 그리는 작품군이 있다. 이러한 문학작품들은 자연에서 야성적 성향을 제거하고 신비화함으로써 생태주의를 현재의 문제로 보지 못하게 하는 맹목에 빠질 우려가 있다. 마치 자연의 아름다움을 복원하고 그것을 느낄 수 있는 마음을 회복하면 지구환경의 위기를 비롯한 당면한 문제들이 해결되기라도 할 것 같은 포즈를 취하는 데 신비화의 위험이 있다. 이러한 유형의 시들은 자연이나 생태계에 대해 현실적 인식을 가지고 접근하기보다는 근대화되면서 우리가 잃어버린 자연의 아름다움을 각인시키는 데 주력한다.

근대화의 논리가 '자연 / 인간'의 대립 구도에서 자연을 피지배자, 인간을 지배자로 인식하는 이분법적 한계를 보여 줬다면, 최근의 생태주의 담론은 인간과 자연의 관계에 대해 반성할 것을 제안하면서도 '가해자 / 피해자'의 이분법을 반복하고 있거나 지배자와 피지배자의 자리만을 바꾼 채 '자연 / 인간'의 대립 구도를 반복적으로 계승하는 한계를 노출하고 있다. 이런 태도로는 주체와 타자의 자리만을 바꿀 뿐 문제 자체를 근원적으로 해결하지는 못한다.

생태주의 담론과 그에 기반을 두고 창작되는 문학작품들은 대체로 '도시 / 자연'의 이분법을 따르거나 반복적으로 재생산하고 있다. 그러나 도대체 언제까지 '도시 / 자연'의 이분법에 의존할 것인지에 대해서도 질문을 던질 필요가 있다. 어차피 원시 자연으로 돌아갈 수 없는 바에야 도시에서의 공존 가능성에 대해 모색하는 문제의식을 갖는 것이 좀 더 요구되어야 하지 않을까? 마치 자연 안에 모든 해답이 있는 것처럼 구는 태도는 훨씬 무책임한 것일 수 있다. 문학작품 속에서 도시는 항상 소외의 공간으로 그려지는 반면에 자연은 신비화되고 신화화되어 충만함이 넘치는 공간으로 그려져 왔는데, 오히려 근대 이후 자연이 인간에게 더이상 절대적인 위협의 존재가 아니기 때문에 자연에 대해 우호적인 태도를 취해 온 것일 수도 있을 것이다. 한때 인류 최대의 적이자 극복 대상이 자연이었던 시절도 있었음을 상기해 본다면 말이다. 이미 두려움의 대상으로서의 자연의 이미지를 거세한 상태에서 온화하고 생명력이 넘치고 신비롭고 아름다운 자연만을 그리는 것은 문제 해결에 아무런 도움을 주지 못하는 게 아닌지 진지하게 물어봐야 할 것이다. 그것 역시 근대화가 만들어낸 인공 자연은 아닌가 하고 말이다. 매트릭스(matrix) 속을 살아가면서 그것을 모르고 있는 인간처럼 거세된 자연과 관계를 맺으면서 그것을 살아있는 공간이라고 착각하고 있는 것은 아닌지 물어야 할 시점이 도래했다. 자연을 신비화하는 일은 현실의 문제를 지우는 일일 수도 있다.

그런 점에서 눈여겨볼 만한 태도가 최승호의 시에서는 발견된다. '자연 / 도시', '자연 / 문명'의 이분법을 구사하지 않으면서도 문명에 대한 태도로부터 출발해 자연을 향하고 있다는 점에서 그의 시는 여타 생태시들과 구별된다. 적어도 그는 본래적 의미에서의 자연이 이미 훼손되었음을 안다. '아는 자'이므로 최승호 시인은 자연을 신비화하는 위험으로부터 비켜 서 있다. 그런가 하면 자연에 대한 인간의 착취와 지배가 노동자에 대한 자본가의 착취와 지배와 다르지 않음을 일찍이 간파한 이대흠의 시도 인간의 문제를 소홀히 하는 생태시에 시사하는 바가 적지 않다.[3] 문명에 대한 고민, '지금, 여기'에 대한 고뇌가 거세된 생태시

---

3) "인간의 죽음을 이제는 / 인간의 죽음이라고 쓰지 말자 / 탐욕의 죽음이라고 쓰자 / 부채 상환이라고 쓰자 // 한 때 우리는 이러하였다 : 자연이여 / 우리는 너희와 함께 한 이 세계의 경영자 / 경영이란 피를 말리는 것이다 우리가 하는 이 일을 / 호랑이가 할 수

들은 신비주의의 함정으로부터 벗어나기가 쉽지 않을 것이다. 자연이나 도시에 대한 또 하나의 고정 관념을 무너뜨리는 문학작품을 통해 생태주의 문학은 애초의 진보성을 잃어버리지 않으면서 한 단계 나아갈 수 있을 것으로 보인다.

3. 복수(複數)의 '노라', 그녀들의 행방

1990년대 중·후반을 장악한 몸 담론과 함께 여성주의 담론과 여성주의 문학의 약진은 기억할 만한 '사건'임에 분명하다. 남성 중심적이거나 성차별적 시선에서 벗어나 여성의 해방, 더 나아가서는 젠더로서의 여성의 자리를 찾으려는 투쟁의 역사로 1990년대 중·후반을 규정할 수 있을 정도로 그 영향력은 엄청난 것이었다. 1990년대 이후 여성 작가와 여성 시인의 약진이 두드러지면서 여성주의 문학에 대한 관심은 더욱 부상하게 되었다. 그러나 여성주의 문학이 타자의 목소리를 대변하며 관심을 집중시켰음에도 불구하고 여전히 '여성문학'과 '여성주의 문학'을 혼동하는 일은 비일비재하다. 여성주의 문학이라고 할 때의 방점은 오히려 반(反)성차별주의에 놓일 것 같은데, 사실은 많은 평론가들도 여성주의 문학이라고 하면 으레 여성 작가들의 작품이나 여성 시인들이 쓴 시를 대상으로 논해 왔고, 독자들 역시 여성들이 쓴 작품을 연상하곤

있으랴 개미가 할 수 있으랴 / 우리는 너희의 신이었고 하늘이었다 / (……) / 우리는 모든 것을 보호하지는 않을 것이다 / 농지 정리된 논에서 잘 자라는 저 벼들을 보라 / 농장에서 줄 맞춰 생산에 몰두한 저 배나무들을 보라 / 착한 자들만으로도 우리는 충분하다 // (……) // 다 망친 지금에야 반성하나니 / 자연이여 부디 / 우리를 용서하지 말라." (이대흠, 「나무들은 이따금 파업을 한다」, 『상처가 나를 살린다』, 현대문학북스, 2001, 25~27면)

해 왔다. 이러한 현상은 『현대시』(2004.6)에서 기획한 여성주의 시에 대한 설문조사에서도 확연히 드러난다.[4] 여성주의 문학과 여성 문학을 혼동하면 안 된다는 견해도 많았고,[5] 아예 두 가지를 구분하지 않거나 혼동하며 설문에 응한 경우도 적지 않았다.

한국 사회에서 여성주의 운동이나 담론은 가부장제에 대한 저항의 성격을 강하게 지녀 왔다. 그러다 보니 자칫 여성주의 담론이 밥그릇 싸움처럼 비칠 우려도 있었다. 남성을 적으로 돌리거나 남성 중심적 시선을 타파하는 데 몰두한 여성주의 문학 담론은 자신도 모르게 '남성 / 여성', '중심 / 주변'의 이분법을 무너뜨리는 게 아니라 오히려 재생산하는 데 기여하기도 했다. 이분법의 붕괴는 각자의 자리를 대체하는 형식으로는 이루어질 수 없다. 다시 말해 주변이 중심의 자리를 획득하거나 여성이 남성의 자리를 차지하는 형식이어서는 앞서의 오류를 되풀이할 수밖에 없다는 것이다. 여성주의 담론이 상생(相生)을 위한 선진적인 담론이 되기 위해서는 이분법을 근본적으로 분쇄하는 선복적인 태도가 요구된다. 그러나 성차별적인 시선이 사회 전반에 퍼져 있는 한국 사회에서 여성주의 담론은 현실 논리에 의해 발목이 잡히는 경우가 적지 않았다. 모든 차별적인 시선을 극복하고 더불어 잘 살기 위한 사회를 모색하는 담론이라는 대의는 종종 잊혀지고 반(反)남성주의적 담론으로 여성주의 담론이 왜곡되는 일이 종종 일어났던 것이다. 인형의 집을 나온 '노라'의 후예들은 여전히 마녀이거나 전사이기를 강요당하거나 가정으로 돌아오기를 회유 당했다.

물론 여성주의 담론이 전복적이고 혁명적인 시선을 지니고 있음을 부정할 생각은 없다. 거대담론의 그늘에 가려 은폐되어 온 욕망들을 솔직히 드러내거나, 획일적이고 폭력적인 시선을 균열시키거나 뒤집어엎

---

4) 「여성주의 시와 비평 2」, 『현대시』, 2004.6, 128~186면.
5) 이러한 경고가 많다는 것은 그만큼 여성주의 문학과 여성 문학을 혼동하는 일이 빈번히 일어나고 있음을 반증하는 것이다.

는 대항적 담론으로서의 성격을 지니고 있다는 점에서 여성주의 담론은 여전히 전위성을 지니고 있다. 다만, 여성주의의 독설과 예리한 칼날은 대개 바깥을 향하고 있을 뿐 내부로 돌려 세워지지는 않는 것 같다. 그 것은 여성주의 문학 담론 역시 마찬가지이다. 강단에서 논의되는 여성주의 이론은 논의의 수준도 높고 다양한 맥락에서 수용되고 있다. 엘렌 식수의 이론이 소개되면서 '여성적 글쓰기'에 대해서도 논의가 이루어 지고 있고, 뤼스 이리가레나 다나 J. 해러웨이 같은 전위적이고 전복적 인 성향이 강한 여성주의 이론들도 소개되고 있다. 그러나 정작 여성주 의적 문제의식을 지닌 문학작품을 대상으로 여성주의 문학 담론을 펼쳐 보이는 연구가 충분히 이루어지지는 못했다.6) 현장에서 씌어지는 작품 과 이론 사이에도 괴리가 있지만 그에 대한 엄정한 평가가 이루어지고 있다고 보기는 어렵다. 오히려 여성주의 문학이 지니는 의미를 설명하 고 옹호하기에 급급한 모습을 보여 온 것도 사실이다. 기성의 규율이나 체계적이고 이성적인 글쓰기를 부정하고 새로운 방식의 분산적 글쓰기 를 시도하려는 여성주의 문학은 의도와는 달리 '몸으로 글쓰기'라는 방 식으로 이해되면서 성을 소재로 한 과감한 실험, 몸 담론에 대한 관심 등으로 제한적으로 이해되기도 했다. 아마도 이는 여성적 글쓰기와 여 성주의 문학이 아직은 실험의 단계에 있기 때문이기도 하겠지만, 여성 주의를 표방한 작품들에 대해 대화적 비평이 차단됨으로써 창작이 나아 갈 방향에 대한 열린 토론이 이루어지지 못한 데도 원인이 있을 것이다.

여성주의 문학은 선진적인 문제의식에도 불구하고 고립화의 함정에 빠져 있는 것처럼 보인다. 의도하지 않았다 하더라도 적과 동지의 이분 법에 갇혀 있는 것처럼 보이며, 그러다 보니 여성주의 문학의 발언들도

---

6) 물론 김혜순·김정란·김승희 등의 시인이 창작과 평론 양쪽에서 여성주의 시를 쓰 고 여성주의 문학 이론을 세우는 데 공헌했음을 기억해야 할 것이다. 이들에 의해 여 성주의 문학에 대한 기본적인 이해가 마련된 것은 사실이지만, 여성주의 문학에 대한 편견을 양산하는 데도 어느 정도 기여하였다. 이제 여성주의 문학은 소통의 담론으로 거듭나기 위한 노력을 기울여야 할 시점에 이른 것처럼 보인다.

갇힌 자의 독설로 받아들여지는 경우가 적지 않다. 분명 혁명적이고 전위적이며 모든 차별적 시선을 극복할 수 있는 가능성을 지닌 담론임에도 스스로를 좁은 감옥에 가두어 두려는 움직임이 있는 것처럼 보이는데, 이는 피해의식으로 비쳐질 수 있다. 그것이 페미니즘을 대화와 소통을 향해 열려 있는 담론으로 받아들이게 하기보다는 불편하고 부담스러운 담론으로 인식하게 하는 측면이 있다. 물론 이러한 바깥의 시선도 문제이지만, 여성주의 스스로도 바깥을 향한 만큼 엄정하게 내부를 들여다볼 필요가 있다. 비판의 목소리에 공격적으로 대응하는 데는 발 빠른 모습을 보여 주면서 스스로를 냉정하게 들여다보는 자성(自省)의 목소리를 내는 것은 소홀히 한다면 폐쇄적이고 자기만족적인 담론이라는 비판을 피해가기 어려울 것이다.

여성주의가 '중심 / 주변', '지배 / 피지배'의 강고한 이분법을 극복할 수 있는 가능성을 지닌 미래지향적인 담론임을 부인할 생각은 없다. 다만 마치 여성주의적 시각을 지니기만 하면 진보적이고 미래지향적인 시각을 선취하게 되는 것인 양 그것을 당위로 받아들이는 태도는 문제가 있다. 가능성은 어디까지나 가능성일 뿐이다. 그것이 현실로 실현되기 위해서는 끊임없는 자기반성이 필요하고, 바깥의 비판을 수용하는 열린 태도가 요구되는 것이다. 대화 자체를 거부하는 닫힌 태도로 일관할 때 여성주의 문학 담론은 진보적이고 건강한 담론으로서의 시효를 다하게 될 것이다.

그런 점에서 여성 작가가 쓴 작품은 당연히 여성주의의 문제의식을 첨예하게 드러내고 있을 거라는 생각은 편견이기 쉽다. 이론의 첨단성과는 별개로 여성주의 문학을 논하면서 젠더가 아닌 섹슈얼리티로서의 성에 의존하게 되는 것은 우리 여성주의 문학의 현주소를 보여 주는 일이다. 남녀라는 성차의 구분을 넘어서서 지배적이고 획일화된 논리와 사유에 균열을 가하며 모든 차별적인 시선을 넘어서는 자유로운 문학에 대해서는 창작 주체의 성차를 넘어서서 여성주의 문학이라고 부를 수 있을 것이다.

여성주의 문학 담론은 생태주의와의 만남을 모색하면서 에코 페미니즘이라는 방향으로 나아가기도 한다. 아마도 에코 페미니즘이 대두된 것은 여성주의 문학이 반(反)남성주의, 반(反)성차별주의를 넘어서서 인류의 미래를 긍정적으로 여는 생산적인 담론이 되어야 한다는 문제의식 때문이었을 것이다. 그런 점에서 그 방향은 적절해 보인다. 하지만 생태주의 담론이 윤리성의 문제에 부딪혀 보수적인 데로 회귀하는 경향이 있는 것처럼, 에코 페미니즘 역시 모성(母性)이라든가 생산의 주체로서의 여성성을 지나치게 강조하다 보니 오히려 과거의 페미니즘이 최초에 제기했던 문제의식을 희석시키는 측면이 있다는 것도 짚고 넘어가야 한다. 다름을 인정하자는 취지는 좋으나, 그 귀결점이 기성의 윤리를 되풀이하는 방식이 되어서는 곤란하겠다. 최근에 우리 사회의 출생률 저하라는 문제가 제기되면서, 그 화살이 아이를 낳지 않는 여성에게로 향하려는 움직임을 일부에서 보여 주고 있는데, 이런 방식의 사회적 도덕이나 윤리가 개입하다 보면 여성주의가 지닌 혁명적 문제의식이 달아나게 될 수도 있다는 점을 경계할 필요가 있을 것이다.

여성주의 문학은 전복적이고 혁명적인 시선을 지니고 있어야 한다. 단, 그것이 '여성'이라는 제한적인 영역을 향하고 있어서는 곤란하다. 여성을 통해 더 넓은 문제의식으로 나아갈 수 있을 때 여성주의 문학의 미래가 열릴 것이다. 여성의 권익을 신장하는 운동이 여성주의이고 그런 문제의식을 지닌 문학이 여성주의 문학이라는 편견에서 이제는 벗어나야 할 때가 아닐까?7) 여성주의 문학이 피해의식을 지닌 문학으로 오인되는 지점도 바로 여기이니 말이다. '나는 피해자'라는 인식에서 벗어

7) 여전히 성차별적 시선이 팽배해 있고 그로 인해 고통 받는 여성들을 비롯한 성적 소수자들이 많은 우리의 현실을 생각해 보면 이러한 주장이 너무 이상적이지 않으냐는 반문을 할 수 있다. 그러나 비록 그렇다 하더라도 이것은 여성주의 담론이 궁극적으로 넘어서야 하는 지점이다. 이 문제에 있어서만큼은 나는 현실론자이기보다는 이상론자이기를 선택하고 싶다.

날 수 있을 때 좀 더 긍정적인 에너지를 발산하는 미래지향적인 문학이 생성될 수 있을 것이다. 그런 의미에서 여성주의 문학도 주문이거나 신음에 가까운 목소리라고 비판받기도 한 편협하고 자폐적인 세계에서 걸어 나와 눈부신 태양 아래 마주설 필요가 있어 보인다.[8]

인형의 집에서 걸어 나온 '노라'들은 어디로 갔을까? 그녀들은 스스로 만든 또 하나의 감옥에 갇혀 자폐적이고 자학적인 언어를 양산해 왔는지도 모른다. 분명 그것은 이성적이고 체계적이고 공식적인 언어에 저항하는 또 하나의 언어로서 자리매김했고 어느 정도의 문학적 성과를 이룩한 것도 사실이다. 그러나 언제까지나 자기 안의 감옥에 갇혀 있을 수는 없다. 그래서는 남성적이고 가부장적인 문학에 대한 대타로서의 자리밖에 차지할 수 없을 것이다. 이제는 진정한 의미의 주체로 설 필요가 있다. 다른 주체에 의해 규정되는 타자, 혹은 주체가 아니라 스스로 규정하는 주체 말이다. 그럴 수 있을 때 여성주의 문학은 보편적인 공감을 획득하고 모든 소외받고 억압되어 온 것을 대변하는 목소리를 지닐 수 있게 될 것이다. 혁명적이고 전복적인 여성주의 문학의 에너지를 마음껏 발산하기 위해서는 여성주의 문학이 암암리에 스스로에게 쳐 둔 윤리와 도덕의 그물을 걷어내고 피해의식에서도 과감히 벗어날 필요가 있다. 상생의 자리, 더불어 행복하게 살기 위한 담론으로서 자생할 수 있을 때 여성주의 문학도 부정적인 에너지를 긍정적인 에너지로 돌려 세울 수 있게 될 것이다. 물론 문학은 불온성이라는 의미에서의 부정성을 지니고 있어야 하지만, 그것이 부정적인 에너지를 지칭하는 것은 아

---

8) 나는 건강함을 표방하는 문학보다는 자폐적이고 퇴폐적인 문학이 차라리 '지금, 여기'의 문학이 지닐 수 있는 최소한의 불온성을 드러내 준다고 생각하는 편이다. 건강함과는 거리가 먼 시대에 건강함을 지나치게 내세우는 태도는 의심스러운 것이 사실이다. 그런 점에서 여성주의 문학에 대해 내려진 자폐적이라는 평가가 평가 주체의 의도와는 달리 부정적이기만 한 것은 아니라고 생각한다. 그러나 자폐적인 성향은 대개 출구가 막혀 있어서 본질적으로 전복적이지는 못하다는 한계를 갖는다는 것 또한 되새길 필요가 있을 것이다. 여성주의 문학 담론이 진정한 의미에서 진보적인 담론이 되기 위해서는 자폐적이라는 평가를 넘어설 필요가 있다.

니다. 오히려 다른 미래를 향해 행복하게 나아가게 하는 에너지라면 그
것은 긍정적이라고 이름 붙일 수 있을 것이다.

그런 면에서 최근의 몇몇 시인들에게서 보이는 여성성 / 남성성의 구
분을 그다지 의식하지 않는 목소리를 좀 더 눈여겨볼 필요가 있을 것
같다. 이들의 목소리를 '중성적'이라고 부를 수도 있겠고 '제3의 성'이라
고 부를 수도 있겠지만, 무엇이라고 명명하든 여성 / 남성의 구분과 경계
를 자연스럽게 넘어서는 목소리에 귀를 기울일 만하다. 이들의 시가 보
여 주는 문제의식은 어느새 '여성 / 남성'의 이분법적 분할을 넘어서 있
는 것으로 보인다.

4. 달라붙은 가면

식민지 체험으로부터 해방된 지 60년 가까운 세월이 지났지만, 아직
도 우리 신체에는 식민성의 잔재가 각인되어 있는 게 사실이다. 식민사
관의 극복을 부르짖으며 민족주의의 기치를 높이 들었던 시기를 거쳐
이제 민족주의의 시효성을 의심하는 시대를 살고 있지만, '근대'니 '민
족'이니 하는 말들로부터 자유롭지 못하다는 점에서 여전히 우리의 신
체에 각인된 식민지 체험으로부터 벗어나는 것은 현재적인 문제의식일
수밖에 없다.9) 최근 몇 년 사이에 학계를 중심으로 대두되고 있는 '탈식
민주의' 담론은 언어와 무의식에 흔적으로 남아 있는 뿌리 깊은 '식민
성'을 걷어내려는 자기 반성적 시도라고 할 수 있다.

---

9) 민족문학론의 다양한 몸 바꾸기 못지 않게 민족, 민족주의를 '상상된 것'이라 규정하며
   부정하려는 시각도 여전히 민족주의를 의식할 수밖에 없는 시대에 살고 있음을 반증하
   는 것이다. 근대의 극복이나 탈근대가 끊임없이 '근대'를 상기시키는 것처럼 말이다.

물론 '탈식민주의'의 연원을 어디에 두고 누구를 위한 것으로 보느냐에 따라 그것은 저항의 담론이 될 수도 있고, 자기반성의 담론이 될 수도 있다. 짐작하는 대로 전자는 식민지 피지배자의 관점을, 후자는 식민지 지배자의 관점을 보여 주는 것이다. 식민지 피지배자로서의 체험을 가지고 있는 우리로서는 당연히 전자의 관점을 취해야 할 것처럼 보이지만, 문제가 그리 단순하지는 않다. 식민지 체험을 과거의 일로 한정해서 보느냐, 현재에까지 지속되는 문제로 보느냐, 그리고 어떤 관계 속에 배치하느냐에 따라 문제는 좀 더 복잡해지고 다면적이 될 수 있기 때문이다. 가령 일본과 우리의 관계에 한정해서 식민지 체험을 과거의 문제로만 볼 때 탈식민주의 담론은 친일문학에 접근할 때에 한해서 유효한 담론이 될 수 있을 것이다. 하지만 식민지 피지배자로서의 체험을 현재에까지 지속되는 문제로 볼 때 그것은 청산되지 않은 친일의 잔재 문제를 비롯해서, 미국을 위시한 문화 제국주의와의 관계 속에서 우리의 문화적·정치적 저항이라는 문제까지도 다룰 수 있게 될 것이다. 그런가 하면 어떤 배치 아래 놓이느냐에 따라 탈식민주의 담론은 외국인 노동자에 대한 태도에서처럼 지배자의 모습을 흉내내는 우리의 이중적인 태도를 비판하는 역할도 담당할 수 있을 것이다.

　　이와 같이 대강 훑어보아도 '탈식민주의' 담론은 다양하고 복잡한 맥락 속에서 수용되어 왔다. '탈식민주의' 이외에도 '포스트 콜로니얼리즘', '포스트 식민주의', '후기 식민주의' 등 다양한 번역어들이 쓰이는 것만 보아도 '탈식민주의' 담론의 적용 가능성에 대한 판단이 갈라지고 있음을 짐작할 수 있다. 그런 상이한 맥락을 따라가며 짚어보는 것은 이 글의 몫이 아니다. 그보다는 '탈식민주의' 담론의 수용에서 문제적인 지점이 어떤 것인지에 주목해서 진보적 문학 담론으로서 '탈식민주의' 담론의 가능성에 대해 살펴보는 데에 이 글은 집중할 생각이다.

　　탈식민주의 담론이 한국문학계에서 논의되기 시작한 것은 그리 오래된 일이 아니다. 에드워드 사이드의 『오리엔탈리즘』이 번역, 소개될 당시만 하더라도 '탈식민주의' 담론이 집중적인 관심의 대상이 되지는 못했다. 오히려 최근 몇 년 사이에 포스트모더니즘의 지속적인 수용과 그 한계에 대한 지적이 있은 이후에 같은 문제의식의 연장선에서 '탈식민주의' 담론이 수용되었다고 보아야 할 것이다. 그와 함께 에드워드 사이드는 다시 주목받으며 서구 문화 속에 자리 잡은 동양학자라는 관점에서 비판의 대상이 되기도 했다. 서구적 시선을 떨쳐내지 못한 사이드의 한계에 비로소 주목하기 시작한 것이다. '탈식민주의' 담론의 전면적 유행과 함께 그에 대해 비판적 거리를 유지하며 '탈식민주의' 담론이 지닌 근본적 한계를 지적하는 견해들도 소개되기 시작한다. 탈식민주의의 이념적 뿌리가 서구의 포스트모더니즘에 있는 것이 아니라 파농, 셍고르, 응구기 등에 의해 제기된 제3세계의 저항적 민족주의에 있음이 알려지기 시작한 것이다. 서구에 의해 역수입된 '탈식민주의' 담론이 새로운 것인 양 포장되어 우리에게 재수입된 것이라는 사실을 알게 되면 '탈'식민의 함의가 복잡 미묘하게 다가와 씁쓸해지는 것이 솔직한 심정이 아닐 수 없다. 식민성으로부터 벗어나자고 말하면서도 우리는 서구 추종적인 태도를 취함으로써 문화적 식민지임을 자인하는 것은 아닌지 아프게 물어봐야 할 것이기 때문이다.

　탈식민주의 이론이 우리에게 소개된 것은 영문학 전공자들에 의해서이다. 에드워드 사이드를 비롯해서 스피박·바바 등의 최첨단 이론이 번역, 소개되면서 '탈식민주의'적 관점을 통해 '다른 미래'를 꿈꿀 수 있을지도 모른다는 환상에 잠시 젖어 있게 만든 것이 사실이다. 그러고 보면 우리의 '새것 콤플렉스', 서구 추종적 태도는 생각보다 뿌리가 깊은 것인지도 모르겠다.

　나는 솔직히 탈식민주의 담론에 접할 때마다 혼란스럽다. 내가 발 딛고 있는 현실의 혼종성과 내 안의 이중성을 소름끼치도록 확인시켜 주는 담론이라는 생각 때문이다. 일제 강점기의 지식인, 예를 들면 '현해탄 콤플렉스'에 시달렸던 염상섭이나 임화 같은, 흔들리는 정체성을 가지고 있었던 식민지 지식인을 비판하던 시선으로 '지금, 여기'의 우리를 바라볼 때 현기증을 느끼지 않을 수 없기 때문이다. 흔들림은 여전히 계속되고 있다. 어쩌면 흔들리면서도 흔들리지 않는다고 생각하는 지금이 더 무서울 수도 있겠다는 생각을 하다 보면 멀미가 난다. 그래서일까? 탈식민주의 담론에 접할 때마다 내게 상징적으로 떠오르는 존재는 김수영과 신동엽이다. 김수영은 흔들리는 파도 위에 있으면서 흔들림을 솔직히 인정한 몇 되지 않는 시인이다. 그는 문화제국주의의 가면을 쓰고 들어오는 미국을 위시한 서구의 존재를 의식하고 있었지만, 또한 그들이 내세우는 문화가 얼마나 달콤한 것인지도 알고 있었다. 그것이 흔들릴 만한 유혹임을 솔직히 인정했다. 그의 시가 오랫동안 자기 환멸과 냉소에 사로잡혀 있었던 까닭은 어쩌면 거기에 있었을지도 모르겠다. 코카콜라와 초콜릿의 달콤씁쌀한 유혹이 때로는 총칼을 앞세운 무력보다 더 치명적임을 그는 알고 있었을 것이다. 그에 비해 신동엽 시인의 단호함은 자못 감동적이다. 그의 시에는 '지배 / 피지배', '종주국 / 식민지', '도시 / 자연' 등의 선명한 이분법이 작동하고 있었다. 그는 김수영과 달리 흔들리는 주체의 모습을 전혀 보여 주지 않았다. 그런 점에서 그의 시는 도덕적이다. 하지만 도덕의 힘을 믿기에는 우리들이, 그리고 우리가 사는 '지금, 여기'가 너무 복잡하거나 사악하다.

순진함이 더 이상 치명적인 무기가 될 수 없음을 우리는 대개 알고 있다. 우리의 눈과 귀와 혀를 유혹하고 마비시키는 문화 제국주의의 존재를 없다고 부인하는 것보다는 인정하는 것이 아마도 더 솔직한 태도일 것이다. 이중적 처지에 대한 고민이 시작되는 지점도 바로 거기가 되어야 할 것이다. 애초부터 상대방의 존재를 부인하며 신념을 향해 나아가는 자와 상대의 힘이 치명적인 유혹이 될 수 있음을 인정하고 그로 인해 흔들리면서도 나아가는 자 가운데 누가 더 강한 자일까? 승패의 여부를 떠나서 '지금, 여기'의 우리의 처지는 후자에 가깝다고 나는 생각한다. 신동엽의 시보다 김수영의 시가 더 매혹적인 공감으로 다가오는 이유도 그 때문이 아닐까?

 '탈식민주의' 담론은 우리 안의 이중성을 들여다보게 했다는 점에서 얼마간의 의의가 있다. 친일문학에 대해서도 윤리적이고 고압적인 심판관의 태도가 아니라 반성적이고 자기 분석적인 태도로 '지금, 여기'의 문제로 인식하게 하는 관점을 던져 줄 수 있을 것으로 보인다. 그러나 많은 이론가들에 의해 의심되어 온 것처럼, 탈식민주의 담론이 서구 사회에 자리 잡은 소수의 동양 학자들 —에드워드 사이드라든가 스피박 같은— 에 의해 서구의 이론으로 정비되면서 제3세계의 대항 담론으로서 지니고 있었던 애초의 흔적을 지우고 있는 점은 간과할 문제가 아니다. 진보적이고 저항적인 담론으로서의 흔적을 지우면서 '탈식민주의' 담론은 점점 이론 중심의 아카데미즘의 경향을 짙게 드리우고 있다. 애초의 문제의식이 지닌 혁명적이고 전복적인 성격이 다듬어지고 걸러지고 길들여진 것이 탈식민주의 이론이라는 한 연구자의 분석[10]은 그러므로 꽤 설득력 있게 들린다.

 문제는 '지금, 여기'의 한국문학계에서 유행처럼 앞서 수용하고 있는 탈식민주의 담론이 혁명적이고 전복적인 성격이 거세된 탈식민주의 이론이라는 데 있을 것이다. 1980년대에도 제3세계 문학론과 해방신학 등이 유행처럼 퍼졌던 적이 있었다. 사실 '탈식민주의' 이론의 뿌리도 거기에 있다고 할 수 있을 것이고, 그렇게 본다면 우리의 민족문학론 역시 '탈식민주의'의 문제의식과 결코 무관하다고 할 수 없을 것이다. 그런데 이러한 맥락은 지운 채로 대단히 새로운 것인 양 '탈식민주의' 담론이 수용되고 있다면 그것은 문제가 아닐 수 없다. '탈식민주의' 담론에 대해서 서구의 근대성을 추종하다 못해 서구의 근대성에 대한 자기비판까지도 추종하느냐는 식의 비판이 제기될 수 있는 까닭도 그 때문이다.

 '탈식민주의' 담론이 우리에게 새로운 시사점을 던져 줄 수 있다면

---

10) 이경원, 「탈식민주의의 계보와 정체성」, 『탈식민주의』(고부응 편), 문학과지성사, 2003, 41면.

얼마든지 전폭적으로 수용할 수도 있을 것이다. 다만 그것이 내 안의 것은 낡았고, 바깥에는 뭔가 새로운 것이 있을 거라는 식의 '새것 콤플렉스'의 일환이어서는 곤란하다. 새로운 이론을 수용하면서 여전히 우리에게는 토대에 대한 고민이 부족하다. 토대에 대한 이해를 바탕으로 했을 때 안의 이론을 갱신한 것이든 바깥에서 들여온 것이든 우리를 위해 봉사하는 이론이 될 수 있을 것이다. 과거와 같은 방식은 아니지만 여전히 문화적 식민지의 위험으로부터 '지금, 여기'의 현실이 그다지 자유롭지는 않은 것 같다. 우리는 언제까지 식민지 지식인의 후예임을 자처할 것인가? 이제 가면을 벗어 던지고 우리의 맨 얼굴을 드러내야 하지 않겠는가? 설령 가면이 얼굴에 착 달라붙어 이미 가면임을 느끼지 못하는 상태에 이르렀다 하더라도 말이다. 달라붙은 가면을 떼어내는 것 같은 고통스러움을 한번쯤 겪지 않을 수 없을 것이다. 그리고 그것은 우리의 현실을 고통스럽게 직시하는 일이 될 것이다.

최근에 「코시안 가족」 「코리안 드림」 연작시를 통해 하종오 시인이 보여 주는 문제의식은 '탈식민주의'적 관점을 지닌 창작의 예로서 주목할 만하다. '도시 / 농촌', '가해자 / 피해자', '신세대 / 구세대' 등의 이분법을 구사해 온 1980년대 민중 시인의 한 사람으로서 하종오는 '코시안'을 비롯해서 외국인 노동자의 삶을 관찰하는 시선을 통해 우리 안의 이중성을 성찰하고 대립적 이분법을 넘어서는 태도를 보여 주고 있다. 아직 획기적인 시적 성취에 도달하지는 못했지만, 그의 시가 보여 주는 문제의식은 '탈식민주의'적 관점을 지닌 문학작품이 나아갈 하나의 방향을 지시하고 있다는 점에서 눈여겨볼 가치가 있다.

5. 만남의 광장을 위하여

이상에서 살펴본 생태주의·여성주의·탈식민주의 담론은, 모두 근대적 주체에 의해 소외되고 타자, 혹은 소수자로 자리 매겨졌던 자연, (젠더로서의) 여성, 식민지의 시선을 스스로 규정하는 주체의 시선으로 회복하려는 시도를 보여 줬다는 점만으로도 얼마만큼의 진보성은 안고 출발한 담론들이다. 그것은 21세기에 어울리는 다원적 가치를 지향하고 있다는 점에서도 공통적인 특성을 보인다. 그런데 지하실에서 벗어나 광장으로 나온 21세기의 진보적 담론들이 열린 광장에 어울리는 대화와 소통의 담론이 되기 위해서는 처음의 도입 시기와 지금의 현 상황이 무엇이 얼마나 어떻게 달라졌는지를 면밀히 돌아볼 필요가 있다. 다양성이 귀중한 가치로 인정받고 있는 21세기에 과거와 같은 일방향적이거나 일원적인 진보적 담론이 존재할 가능성은 없어 보인다. 열린 담론이 되기 위해서는 비판을 수용하는 태도가 무엇보다도 요구된다. 고인 물은 언젠가 썩게 마련이다. 아무리 선진적이고 뛰어난 문학 담론이나 이론이라 하더라도 변이의 에너지를 고갈하고 불변하는 논리로 무장하게 되면 그것은 소통 불가능의 영역에 고립될 수밖에 없다.

생태주의·여성주의·탈식민주의 문학 담론은 이분법적 논리를 공박하고 다원적 가치를 지향한다는 점에서 미래지향적으로 열린 담론으로 출발했지만, 실제 창작품에 대한 비평과 이론의 정립 과정을 거치면서 점점 윤리성과 현실 논리와 아카데미즘에 발목을 잡혀 대화성과 진보성을 상실해 가고 있다. 경계를 자유롭게 넘나들며 지우는 것을 노렸던 담론들이 자리를 대체하는 것으로 만족하거나 애초의 혁명적인 문제의식을 망각의 늪에 빠뜨리려 하고 있는 것이다. 아마도 그런 결과를 초래한 원인은, 이 담론이야말로 가장 선진적이고 미래적인 가치를 담보하는 우수한 담론이라는 자만에 사로잡혀 자기비판을 소홀히 한 데 있을 것이다. 바깥의 비판에 귀 기울이지 않고 내부의 비판적 목소리에도 귀를 닫아 버리는 순간, 담론의 소통 가능성은 차단당하고 진보성 역시 상실하게 될 수밖에 없다. 이미 우리는 문학사를 통해 그런 모습을 여러 차례 보아오지 않았던가?

21세기의 진보적 문예 담론으로서 생태주의·여성주의·탈식민주의가 긍정적인 역할을 다하기 위해서는 자기 안으로도 비판의 칼날을 겨눌 수 있어야 할 것이다. 담론 내부에 내부의 외부자들이 증가할 때 살아 있는 문학 담론으로서 기능할 수 있게 될 것이다. 흥미롭게도 세 가지 문학 담론은 서로 만나는 지점을 가지고 있다. 자연/문명, 여성/남성, 동양/서양 등의 이분법을 문제삼는다는 점에서 이들은 분명 닮은꼴이다. 최근에 와서 생태주의와 여성주의와 탈식민주의 담론은 여타 담론과의 접속을 끊임없이 시도하고 있다. 생태주의와 여성주의 담론이 결합한 에코 페미니즘이라든가 탈식민주의 담론의 남성우월주의를 지적한 여성주의라든가 여성주의 담론 내부의 인종주의를 지적한 탈식민주의 등은 이들이 비판적 동지로서 제휴할 가능성을 보여 주고 있다. 그러나 그 만남이 진정한 의미에서의 '다른 미래'를 열어 줄지에 대해서는 아직은 회의적이다. 각각의 담론이 자기 내부에 대한 비판을 소홀히 하지 않으면서 다른 담론의 맹점에 대해서도 비판적 목소리를 냄으로써 상호 대화와 소통이 가능해질 때 생태주의·여성주의·탈식민주의 담론은 21세기의 담론을 선도하는 진보성을 얻게 될 것이다. 아직은 담론의 풍요로움을 작품이 감당하지 못하고 있는 것처럼 보이지만, 자유로운 소통이 가능해질 때 창작의 열기 역시 거세질 수 있을 것으로 보인다. 비로소 그때 지하실에서 광장으로 나온 진보적 담론들은 만남의 광장에서 자유롭게 소통하고 횡단할 수 있게 될 것이다. (2004)

시 문학상이라는 제도의 안과 밖

'김수영문학상'과 '소월시문학상'을 중심으로

1. 문학상, 영광 뒤의 그림자?

연말을 들썩이게 하는 것 중에 하나가 각 방송사마다 마련해 놓은 시상식이다. 일 년이라는 단위의 시간을 다같이 살았지만, 누가 더 여봐란 듯이 잘 살았는지를 평가하는 하나의 척도로서 상(賞)이라는 제도는 존재한다. 모든 시상식은 하나의 축제처럼 되어 버렸지만, 축제의 한가운데에서 화려한 조명을 받는 사람들보다는 그 뒷전에서 입맛 쓰게 웃는 사람들이 더 많은 게 사실이다. 따라서 모든 시상식은, 또는 상이라는 제도는 구설수를 동반한다.

하지만 이런 일반화의 논리는 자칫 위험해질 수 있다. 이런 논리의 귀결점이 모든 상이라는 게 으레 그렇다거나 그럴 수밖에 없다는 게 돼서는 안 된다. 그것이야말로 모든 것을 동일화하는 위험한 논리의 구멍이 될 수 있다. 상이라는 것이 그런 위험 부담을 안고 있는 것이라 하더라도 가능하면 그런 위험에서 벗어날 수 있도록 애써야 한다. 그래야만 그 상의 의미가 훨씬 빛날 것이다.

작년에 이문구 선생이 타계하면서 남기고 간 유언이 화제가 된 적이 있었다. "내 이름을 건 문학상을 절대로 만들지 마라." 아마도 적지 않은 사람들이 이문구 선생의 심정에 공감했겠지만, 남은 자들의 낯이 뜨거워지는 순간이었다.

문학과 문단이라는 것이 하나의 제도임을 피할 수 없다면, 문학상이라는 것 역시 제도의 영향권에서 벗어나기는 쉽지 않을 것이다. 그러나 문학이 단지 제도이기만 하다면, 그것은 문학으로서의 본질을 잃어버린 것이라고 하지 않을 수 없다. 제도의 영향권에서 벗어나기 어려운 것이 현실이라 하더라도 늘 제도의 바깥을 지향해야 하는 것이 또한 문학의 숙명이다. 문학의 발이 어쩔 수 없이 제도 안에 걸쳐 있다 하더라도 문학의 가슴과 머리는 제도의 바깥을 향해 달아나고 있어야 한다. 그래야만 그 힘을 빌려 발 또한 바깥을 향하게 될 것이다. 그렇지 않고 제도에 복무하는 문학이라면 그것은 존재 의의를 상실했다고 말할 수밖에 없다.

이 글에서 집중적으로 논하게 될 시 문학상은, 시라는 장르의 속성으로 인해 그나마 상업성과는 상대적으로 거리를 두고 있는 것으로 여겨져 온 것이 사실이다. 그러나 또한 상업성과 상대적으로 덜 관련을 맺은 것처럼 보이는 시 문학상이 문학상 중 가장 많은 수를 차지하고 있음은 넘치는 시인과 시집의 수만큼이나 놀라운 일이기도 하다. 양은 많지만 상대적으로 규모가 작은 데다, 상금의 규모로 보나 대중적 반향으로 보나 상업성과는 관련이 덜한 만큼 시 문학상에 대한 집중적인 관심과 비판 역시 상대적으로 적었다고 할 수 있다. 이 글에서는 역사나 인지도나 규모 면에서 비교할 만하다고 판단되는 '김수영문학상'과 '소월시문학상'을 중심으로 시 문학상이라는 제도의 과거와 현재와 미래에 대해 살펴보고 진단해 보고자 한다.

2. '시혼'과 '온몸'의 시인의 이름을 내건 문학상

대충 떠오르는 대로 열거해 보아도 시 문학상의 종류는 열 손가락이 모자랄 만큼 넘친다. 문학상·소월시문학상·만해문학상·지용문학상·윤동주문학상·미당문학상·백석문학상·김달진문학상·공초문학상·이산문학상·편운문학상·현대시동인상 등등. 이 가운데 수상자의 평균 연령을 고려할 때 가장 젊은 시인들에게 수여되는 현대시 동인상을 제외하고는 모두 시인의 이름이나 호를 따온 문학상이라는 점도 특징적이다. 시 문학상은 이처럼 종류가 많지만, 이 중에는 비교적 최근에 생긴 문학상들도 적지 않은 데다가 대체로 그 규모가 작아서 시 문학상 전반에 대해 논하는 것은 오히려 핵심을 비켜 가는 길이 될 수 있다. 따라서 이 글에서는 논의의 산만함을 피하기 위해 시 문학상 중에서 비교적 역사가 오래되고 인지도도 높은 김수영문학상과 소월시문학상을 중심으로 한국의 시 문학상이 지나온 길을 점검하고 앞으로 나아갈 길을 모색해 보려고 한다.

소설 문학상과 비교해 볼 때 상대적으로 시 문학상은 시인의 이름을 내건 문학상이 많은 수를 차지한다. 이름이 뭐 그리 중요하냐고 할 수도 있겠지만, 특정 잡지나 출판사를 연상시키는 이름보다는 특정 시인의 이름을 내건 문학상이 상대적으로 덜 상업적일 거라는 인상을 주는 것이 사실이다. 더구나 김수영과 김소월처럼 한국현대시사를 대표할 만한 시인의 이름으로 주어지는 상이라면 선자(選者)의 입장에서나 받는 사람의 입장에서나 그 이름을 의식하게 되는 것은 당연한 일일 것이다.

실제로 1981년에 제정되어 현재까지 운영되고 있는 김수영문학상의 경우에 매해 수상자를 결정할 때마다 '김수영적인 것이란 무엇인가'에 대한 논의가 끊임없이 있어 왔고, 수상자로 선정된 시인들 역시 수상소감에서 자신에게 김수영 시인이란 어떤 존재였는지를 빠뜨리지 않고 논해 왔다. 물론 그렇다고 해서 김수영문학상의 수상자들이 항상 '김수영적인 것'에 값해 왔다고 생각하지는 않는다. 이것은 사실 '김수영적인 것'에 대해 문학사적인 합의조차 제대로 이루어지지 않은 상황에서는 매우 복잡하고 까다로운 문제라고 하지 않을 수 없다. 문학상을 제정해서 주관하는 『세계의문학』이나 민음사 측에서도 그 기준이나 원칙을 선명하게 밝혀 놓고 있지 않아 이 근본적인 질문은 매번 제기될 수밖에 없었다. 이는 1987년에 1회 수상자를 낸 이후 현재까지 빠짐없이 운영되고 있는 소월시문학상의 경우에도 마찬가지로 안고 있는 문제이다. 김수영문학상이 시집에 주어지는 것에 비해, 작품상의 성격을 지니고 있는 소월시문학상의 경우 '김소월'이라는 그림자로부터 상대적으로 더 자유로워 보이기도 하지만, 매해 수상작을 결정하는 시점에서는 '소월적인 것'에 대한 논의가 분분했던 게 사실이다.

이 글을 쓰는 필자 역시 시 문학상에 대해 본격적으로 관심을 갖기 이전에도 풍문으로 수상 소식을 접하고시 문학상의 이름과 수상 시인의 세계가 걸맞지 않다는 생각에 고개를 갸웃거렸던 기억을 가지고 있다. 김수영문학상과 소월시문학상이 지나온 길을 살펴본 지금에 와서는 오히려 특정 시인의 이름을 내세운 문학상이라고 해서 반드시 수상 시인이나 수상 작품이 그 이름을 지나치게 의식할 필요가 있을까라는 회의가 들지 않는 것도 아니지만, 열 개가 넘게 존재하는 문학상들이 변별되며 합리적으로 운영되기 위해서도 기왕에 내건 이름과의 관계를 따져 보는 것이 그릇된 길은 아닌 것 같다. 더구나 김수영이나 김소월 같이 개성이 강한 시인의 이름을 표방하고 있는 문학상임에랴.

이 글에서 다소 어리석어 보이기도 하는, '김수영적인 것'과 '김소월적인 것'이 무엇이냐는 원론적인 질문을 던지는 이유도 바로 그 때문이다. 그런데 김수영이나 김소월의 경우는 그들이 살아 있던 당대에 이루어진 단평에서부터 그 이후 현재에 이르기까지 이루어진 평론, 논문 등을 모두 합치면 어마어마한 연구서지 목록이 작성되는, 한국 현대 시사를 대표하는 시인들인 만큼 이들에 대한 연구 역시 다각도에서 이루어져 왔다. 김수영만 하더라도 한국의 현대문학사를 관통해 온 '리얼리즘—모더니즘'의 대립적 논쟁의 한가운데 위치해 온 시인이라고 할 수 있다. 그러므로 김수영은 4·19 정신을 계승한 혁명 시인으로 논의되기도 했으며, 첨단적인 실험의식을 실천한 대표적인 모더니즘 시인으로 손꼽히기도 했다. 김소월의 경우에는 오랫동안 한국의 전통 서정시를 대표하는 시인으로 거론되어 왔지만, 최근에 와서는 모더니티라는 관점에서 김소월에 대한 연구가 새롭게 이루어지고 있다. 실제로 당대의 관점에서 김소월의 시는 민요조와 같은 새로운 리듬을 실험한 시라고 할 수 있었다.

좋은 시가 대개 그렇듯이 김수영과 김소월의 시도 다양한 해석의 가능성을 지니고 있기 때문에, 이 글을 쓰는 사람의 주관적인 시각에서 '김수영적인 것'과 '김소월적인 것'을 논하는 것은 김수영문학상과 소월시문학상의 성격을 논의하는 데는 그다지 도움이 되지 않을 것 같다. 필자가 미리 마련한 기준에 맞지 않는다고 해서 김수영문학상이나 소월시문학상이 잘못 집행되어 왔다고 비판할 수도 없는 노릇인 데다가 그런 식의 비판은 자칫 문제를 단순화하거나 호도할 수 있기 때문이다.

그러므로 이 글에서는 각각의 문학상에서 직접적으로 표방하거나 간접적으로 시사한 '김수영적인 것'과 '김소월적인 것'이 어떤 것이었는지를 선정 이유서나 심사경위, 심사평, 수상소감 등에서 유추해내는 방식으로 이 문제에 접근해 가도록 하겠다.

김수영문학상에서 우선적으로 채택하고 있는 김수영 문학의 요소는 '쉽게 안주하지 않으려는 정신'이다. 1회의 심사 경위에서 밝히고 있는 이러한 기본 원칙은 소략한 데다 해석에 따라 그 의미가 다양해질 수 있는 여지를 지니고 있다. 서로 다른 문학적 입장을 지니고 있는 심사위원들 간에 이루어진 최소한의 합의가 바로 '쉽게 안주하지 않으려는 정신'이었다고 보는 것이 오히려 정확할 것이다. 1회의 심사위원으로 참여한 김우창·김현·백낙청·유종호·황동규 중에서 심사평에서 김수영 문학의 특성에 대해 비교적 상세히 언급하고 있는 심사위원은 백낙청과 황동규이다. 이들에게서는 짐작하는 바와 같이 대립적인 견해가 나타난다.

백낙청은 제1회 김수영문학상 수상자인 정희성의 시에 나타난, "현실의 삶을 향해 개방되고 뭇 사람의 자유와 해방에 좀더 실답게 기여하는 시 세계를 이룩하려는 탐구의 자세"야말로 김수영의 문학 정신을 올바로 계승한 것이라 보았다. 아울러 김수영 문학의 실험정신은 단순히 서구 모더니즘의 예술적 실험을 수용하자거나 모더니즘적인 실험정신을 그대로 본받자는 것이 아니라 모더니즘 자체를 넘어서자는 실험이었으며, 그것이야말로 온몸으로 온몸을 밀고 나가는 그의 시론에 부합하는 것이라고 보았다. 반면에 황동규는 정직과 양심보다는 독특하고 동적인 상상력이 양심과 만난 기록에서 김수영 문학의 특성을 찾아야 한다고 보았다. 백낙청과 황동규의 입장은 김수영 문학을 바라보는 대표적인 두 입장을 대변한다. 둘 다 김수영 문학의 다양한 특성을 인정하지 않는 것은 아니지만, 김수영의 이름으로 문학상을 준다고 했을 때 우선적으로 고려되어야 한다고 생각하는 기준에 대해서는 서로 입장 차이가 있었던 것이다. 결국 김수영문학상의 1회 수상자를 결정하는 데는 백낙청의 입김이 좀더 강하게 작용했던 것으로 보인다.

하지만 이후 한동안 김수영문학상의 심사위원이 김우창·유종호·황동규로 대략 고정되면서[1] 김수영문학상에서 내세우는 '김수영적인 것'에도 약간의 변화가 나타나게 된다. 대체로 실험 의식을 중시하는 모더

---

[1] 2회의 심사위원에서는 백낙청과 김현이 빠지고, 대신 염무웅과 김병익이 들어간다. 3회에는 곽광수·김용직·이상섭이 새로 들어가고 유종호·염무웅·김병익이 빠진다. 이후 예심제를 도입하게 되는 13회(1994)에 이르기 전까지는 5인 심사위원 체제를 고수하면서 김우창·유종호·황동규가, 서로 번갈아 가며 한두 번씩 빠진 것을 제외하면, 대체로 고정적인 심사위원으로 참여하게 된다. 13회에서부터 예심제가 도입되면서 예심 3명, 본심 3명의 체제로 가게 된다. 13회~15회까지의 본심 심사위원은 김우창·유종호·황동규였다. 이들이 해외 체류 등의 이유로 심사위원에서 모두 빠진 16회(1997)를 제외하고는 서로 번갈아 가며 빠지는 방식으로 현재까지 이들이 주축이 되어 본심 심사위원을 구축하고 있다.

니즘적인 성향으로 자리가 잡히게 되며, 그러한 변화는 수상작 선정에 반영된 것으로 추정된다.[2] '김수영적인 것'에 대한 대략적인 합의가 이루어진 이후에도 수상작 선정 과정에서 가장 우수한 시집과 '김수영적인 것'을 드러낸 시집과의 충돌은 있었다. 11회 수상작인 장석남의 『새 떼들에게로의 망명』을 선정하면서 오규원은 한 작가의 세계를 지나치게 확대 적용하는 태도에 대해 문제를 제기한다. 그는 '불온성'이야말로 김수영적인 것이라는 입장을 취하고 있는데, 그가 볼 때 장석남의 시 세계는 적어도 '불온성'과는 거리가 멀었던 것이다. 한 시인의 세계를 확대 해석했을 때 만나지 않는 시의 세계가 어디 있겠느냐는 그의 문제제기는 타당한 것으로 보인다. 수상작을 결정하기 위해서는 다수의 의견에 따를 수밖에 없는 상황이 벌어지겠지만, 적어도 오규원의 문제제기에 대해서는 좀더 심사숙고할 필요가 있을 것이다.

소월시문학상의 경우에도 문학상을 제정한 문학사상사 측에서 특별히 내건 원칙이나 기준은 없었다고 보아야 한다.[3] 오히려 그러한 기준이나 원칙은 소월시문학상 1회 심사를 맡은 예심위원과 본심위원에 의해 논의되어 정해졌다고 보는 것이 더 정확하겠다.

1회 심사에서 예심을 맡은 최동호·김재홍·정현기가 논의를 통해 결정한 원칙은 심사 대상을 올해 5편 이상의 신작시를 발표한 바 있는, 40대를 전후한 중견 시인들로 한정한다는 것이었다. 이 중견층이야말로 대략 20년 정도의 시력을 지니고 있으면서 나름대로 완숙을 위한 도약을 모색하는 결정적인 시점에 놓여 있다는 판단에서였다. 이들이 내세

---

2) 이후 김용택·장석남·이기철·나희덕·이정록 정도를 제외하고는 대체로 모더니즘 계열의 시인이 수상자로 결정된다.

3) 소월시문학상 2회 심사평을 보면, 소월시문학상의 심사위원들이 '김소월'이라는 이름을 상당히 의식한 데 비해, 상을 주관한 문학사상사 측은 소월이라는 이름에 그렇게 구애받을 필요가 없다는 입장 차이를 드러낸다. 아마도 소월시문학상의 의미를 특정 경향에 한정하는 것을 원하지 않았던 것으로 보인다. 문학사상사 측의 이러한 입장은 전통 서정시 계열이 아닌 시인들에게도 수상의 기회가 돌아가는 데 영향을 미쳤을 것이다.

운 또 하나의 원칙은 시 문학상을 여러 차례(2~3회 이상) 받은 시인은 일단 유보한다는 것이었다. 그리고 소월 시혼(詩魂)에 대상 시인의 시정신이 어떻게 접맥되고 있는가 하는 것도 하나의 기준으로 제시되었다. 이들이 합의한 가장 '소월적인 것'은 한국적인 서정과 시혼을 가장 잘 형상화한 시인이나 작품이라는 데 있었다. 1회 소월시문학상의 본심 심사는 문단의 원로인 구상·김남조·박두진과 문학사상사 주간인 이어령, 서울대 교수인 김용직이 맡았다. 그런데 정작 이들의 심사평에서는 '소월적인 것'에 대한 직접적인 언급은 빠져 있다. 김용직의 심사평에서 오세영이 일찍이 소월이 이룩한 차원을 개척할 가능성과 새로운 한국적인 서정을 이어갈 가능성을 지닌 시인임이 시사되어 있을 뿐이다.

이후 소월시문학상의 심사위원들은 전통 서정을 잘 살린 시들에 대체로 높은 점수를 주었으나, 이따금씩 예외적인 경우가 발생하기도 했다. 가장 이질적인 경우로 2000년 14회 소월시문학상을 수상한 김정란 시인을 꼽을 수 있을 것이다. 수상 시인 역시 수상소감에서 김소월과의 관련성에 대해 장황히 늘어놓아야 했을 정도로 김소월과 김정란의 거리는 멀어 보인다. 물론 수상작인 「사랑으로 나는」은 김정란의 시 중에서는 비교적 서정적인 작품이라고 할 수 있다. 소월시문학상은 애초에 제정될 때에는 작품상으로서의 성격을 분명히 했으나, 중견 시인들을 대상으로 하다 보니, 점차 시인상으로서의 성격이 두드러지게 된다. 김정란의 경우에도 작품에 수여되는 상이라기보다는 시인에게 수여되는 상이라는 성격이 오히려 더 강했던 것으로 보인다. 물론 김정란이라는 이름이 2000년대 한국문단에서 지니는 상징성을 고려해 볼 때 김소월보다는 김수영과 좀더 그럴싸하게 어울린다는 생각을 해 볼 수 있지만, 정작 그녀에게 주어진 상은 소월시문학상이었다.

결과적으로 김수영문학상과 소월시문학상에서 김수영과 김소월의 이름을 빌린 것은, 그들의 문학적 특징을 계승하고 있는 훌륭한 시집이나 시작품에게 상을 주겠다는 의도에서였다기보다는 특별한 원칙 없이 한국시사를 대표할 만한 시인들의 이름을 따온 것이라고 보아야 할 것이다. 그러다 보니 '김수영적인 것'이나 '김소월적인 것'에 대한 심사위원들의 합의가 잘 이루어지지 않았으며 그것을 조율할 만한 대안이 상을 마련한 주체에 의해 제시되지도 못했던 것이다. 우후죽순처럼 많은 시 문학상들이 생겨나고 한 해에도 상의 수만큼이나 많은 수의 수상자가 나오면서 결국 '나눠먹기' 식이 아니냐는 비판이 일어나는 것도 원칙 없는 문학상 제정과 관련되어 있다고 보아야 할 것이다. 그러나 처음에 원칙이 제대로 마련되지 않은 상태로 상이 제정되었다고 해서 계속 그래야 한다는 법은 없다. 뒤늦게라도 기준을 정하고 원칙을 재정비할 필요가 있을 것이다. 그러나 그렇게 엄밀하게 운영되는 문학상이 없다 보니, 별다른 문제의식을 가지지 못한 채 해를 거듭해 왔다고 할 수 있겠다. 문학상에 대한 비판 역시 상업적이거나 권력 지향적이라고 취급되는 다소 폭력적인 시선에 의해 문학상은 오랫동안 비판 없는 성역에서 관성적으로 권위를 누려왔다고 말할 수도 있을 것이다. 비판이 차단되고 반성이 이루어지지 않는 영역은 정체되게 마련이다. 문학상의 좀더 합리적인 행사를 위해서도 더 늦기 전에 비판과 반성이 이루어져야 한다. 이제 '좀더' 나은 것도 그대로인 것보다는 낫다는 생각을 해야 할 시점이 아닌가 생각해 본다.

3. 그들만의 축제, 김수영문학상

김수영문학상은 민음사에 의해 1981년에 제정되어 1988년에 수상작을 거른 것을 제외하고는 지금까지 매년 꾸준히 수상작을 내고 있다. 1회 김수영문학상에서 내건 원칙은 다음 두 가지였다. 수상 대상 시인을 중견이나 원로 시인이 아닌 현재 자신을 왕성하게 만들고 있는 젊은 시인들로 한정하겠다는 것과 시집을 대상으로 하겠다는 것.

그러나 그 해에 나온 시집을 대상으로 한다는 원칙이 선 것은 한참 지난 후의 일이었던 것으로 보인다. 초기에는 전해에 후보작으로 올랐던 시집이 이듬해에 다시 후보작에 올라 수상하게 되는 경우가 많았다. 2회 수상자인 이성복은 수상 시집인『뒹구는 돌은 언제 잠깨는가』로 1회에도 수상 후보작으로 올랐었다. 1회에서는 정희성의『저문 강에 삽을 씻고』에 밀렸었지만, 2회에서는 같은 시집으로 다시 수상 후보작에 올라 수상을 하게 된다. 마찬가지로 4회 수상작인 김광규의『아니다 그렇지 않다』의 경우에도 같은 시집으로 3회 수상 후보작에 올랐다가 황지우의『새들도 세상을 뜨는구나』에 밀려났지만, 4회에 같은 시집으로 다시 후보작에 올라 수상하게 된 것이다. 5회 수상자인 최승호의 경우에는『대설주의보』라는 시집으로 3회와 4회에 연속해서 수상 후보작으로 올랐다가 5회에『고슴도치의 마을』이라는 시집으로 대상을 거머쥐게 된다. 물론 이들의 시집이 수상작으로서 손색이 없다는 데는 동의하지만, 같은 시집이 몇 해에 걸쳐 수상 후보작으로 오른 것은 원칙 없이 문학상을 운영한 단적인 예가 된다.

김수영문학상의 역대 수상자 목록은 다음과 같다.

1회(1981) 정희성,『저문 강에 삽을 씻고』
2회(1982) 이성복,『뒹구는 돌은 언제 잠깨는가』
3회(1983) 황지우,『새들도 세상을 뜨는구나』
4회(1984) 김광규,『아니다 그렇지 않다』
5회(1985) 최승호,『고슴도치의 마을』
6회(1986) 김용택,『맑은 날』
7회(1987) 장정일,『햄버거에 대한 명상』
8회(1989) 김정웅,『天路歷程, 혹은』
9회(1990) 이하석,『우리 낯선 사람들』

10회(1991) 조정권, 『산정묘지』

11회(1992) 장석남, 『새떼들에게로의 망명』

12회(1993) 이기철, 『地上에서 부르고 싶은 노래』

13회(1994) 차창룡, 『해가 지지 않는 쟁기질』

14회(1995) 김기택, 『바늘구멍 속의 폭풍』

15회(1996) 유하, 『세운상가 키드의 사랑』

16회(1997) 김혜순, 『불쌍한 사랑 기계』

17회(1998) 나희덕, 『그곳이 멀지 않다』

18회(1999) 백주은, 『지금 어디에 계십니까』

19회(2000) 송찬호, 『붉은 눈, 동백』

20회(2001) 이정록, 『제비꽃 여인숙』

21회(2002) 채호기, 『수련』

22회(2003) 이윤학, 『꽃 막대기와 꽃뱀과 소녀와』

이상의 수상자 목록을 살펴보면 1988년에 김수영문학상의 수상자를 내지 않았다는 사실을 알 수 있다. 그 자세한 맥락은 알 수 없으나, 『세계의문학』 1988년 겨울호의 '편집후기'를 살펴보면, 수상자를 내지 못한 것이 『세계의문학』의 통속성의 기피에 관계된 것인지 에너지의 쇠퇴에 관계된 것인지 궁금해하는 사람들이 많겠지만, 깊은 사려의 증표로 받아들여 줄 것을 요청하고 있다. 1988년에는 서정윤의 『홀로서기』가 87년에 이어 베스트셀러에 올랐을 뿐만 아니라 베스트셀러 상위권에 시집들이 포진했던 시기였다는 점을 고려해 보면, 그러한 시대적 분위기에 대한 나름의 발언이었던 것으로 해석할 수 있다. 그러나 다른 한편으로는 1988년에 출간된 시집으로 백무산의 『만국의 노동자여』, 김영승의 『취객의 꿈』(『반성』도 1987년에 출간되었다), 이문재의 『내 젖은 구두 벗어 해에게 보여줄 때』, 허수경의 『슬픔만한 거름이 어디 있으랴』, 황인숙의 『새는 하늘을 자유롭게 풀어놓고』, 김용택의 『꽃산 가는 길』, 김남주의 『나의 칼 나의 피』 등이 있었고, 김혜순의 『우리들의 음화』도 1987년 12

월에 출간되었으므로 꼭 이 시기에 김수영문학상을 받을 만큼 문제적이거나 우수한 시집이 없었다고 보기는 어려울 듯하다. 백무산이나 김영승·김남주 등은 김수영문학상이라는 이름에 걸맞은 문제적인 시인들이라고 할 수 있으며, 이문재나 허수경의 시집도 비록 첫 시집이기는 하지만 주목받았던 좋은 시집이라고 할 수 있다.

바로 여기서 김수영문학상에서 배제된 시집들에 대해서 한번쯤 다뤄볼 필요가 있겠다. 1980년대에 민중문학과 노동문학이 성행했던 것을 생각하면 김수영문학상에서는 상대적으로 그런 범주의 시집에 대한 수상이 적었다고 할 수 있다. 1회 수상작인 정희성의 『저문 강에 삽을 씻고』 정도가 온건하기는 하지만 그런 범주에 해당하는 시집으로 분류될 수 있겠고, 범위를 넓힌다고 해도 김용택의 『맑은 날』, 이정록의 『제비꽃 여인숙』 정도가 그런 유형에 가깝다고 할 수 있겠다.

실제로 1회에서 22회까지의 수상 시집을 살펴보면, 문학과지성사에서 나온 시집이 14권, 민음사에서 나온 시집이 5권, 창작과비평사 2권, 세계사 1권으로 문학과지성사에서 나온 시집이 압도적인 비중을 차지함을 알 수 있다. 상대적으로 창작과비평사에서 나온 시집은 2권밖에 수상하지 못했으며, 실천문학사라든가 풀빛, 황토 같은 1980년대의 민중시들이 출간되던 출판사의 시집은 하나도 수상하지 못했다. 김수영의 이름을 내건 문학상이라는 점만 생각하면 좀 이례적이라고 판단되기도 하지만, 김수영문학상을 제정해서 운영하는 주체가 『세계의문학』과 민음사라는 점을 생각해 보면 그 영향 관계를 고려하지 않을 수 없게 된다. 모든 문학상이 그렇기도 하겠지만, 결과적으로 김수영문학상도 그것을 주관하는 『세계의문학』이라는 잡지와 민음사라는 출판사의 성향, 그리고 이들이 위촉한 심사위원의 성향과 긴밀히 연관되어 있었던 것으로 보인다.

권력이 작동하는 곳에는 선택과 배제의 논리가 늘 작동하게 마련이다. 김수영문학상도 결과적으로 이런 선택과 배제의 논리로부터 자유롭지 못했던 것으로 보인다. 심사위원들의 성향에서부터 어느 정도 예견된 일이기도 했지만, 김수영문학상은 '김수영적인 것'의 속성을 대체로 실험적인 태도나 모더니티에서 찾았고, 수상자 역시 모더니즘 취향의 시인들에게 편향되어 있었다. 그 선택이 틀렸다고 할 수는 없겠지만, 다른 성향이 배제되었다는 사실을 지적하지 않을 수 없다. 그밖에도 같은 해의 다른 문학상을 수상한 시인의 경우는 자연스럽게 배제되는 경우가 많았다. 골고루 상이 돌아가게 하기 위한 배려라고 할 수 있겠으나, 다른 한편으로는 '나눠먹기' 식이라는 혐의를 받을 수 있다.

4. '고무줄—되기'의 실천, 소월시문학상

뒤늦게 생긴 문학상이 대체로 그럴 수밖에 없는 것처럼 1987년에 처음 제정된 소월시문학상은 기존에 존재하는 문학상과의 차별을 통해 자기의 개성을 확립해 간다. 소월시문학상이 특히 의식한 것은 김수영문학상이었던 것으로 보인다. 김수영문학상과 소월시문학상은 둘 다 문학잡지를 내는 출판사에서 제정한 시 문학상인 데다가 1년에 한 번씩 수상작을 선정한다. 게다가 김수영과 김소월은 각기 모더니즘 시와 전통 서정시의 대표격으로서 시적 개성에서도 한국시문학사를 대표할 만하다. 김수영문학상보다 6년 늦게 문학사상사에서 제정한 소월시문학상은 전통 서정시의 선구자인 김소월의 이름을 내세워 김수영문학상에 대해 다음과 같은 차별화 전략을 시도한다.

김수영문학상이 대체로 등단 10년을 크게 웃돌지 않는 젊은 시인에게 주어지는 상인 데 비해 소월시문학상은 중견 시인에게 주는 상으로 자리 잡는다. 제1회 예심 심사평에서 예심위원들은 소월시문학상을 40대 전후의 중견 시인에게 주겠다고 밝힌다. 그리고 김수영문학상이 그 해에 출간된 시집 중에서 가장 우수한 시집에게 수여하는 상인 데 비해, 소월시문학상은 그 해에 월간지나 계간지에 발표된 시 중에서 가장 우수한 작품에게 수여하는 작품상의 성격을 띠게 된다.

처음 제정할 당시의 원칙이 잘 지켜졌다면 그런 대로 성공한 문학상이라고 할 수 있을 것이다. 그러나 소월시문학상의 경우에는 그렇지 못했다. 우선 1999년 정도에 오면 첫 번째 원칙에 약간의 변화가 생겨 수상 시인의 연령층이 예년에 비해 젊어진다. 1999년의 소월시문학상 수상작은 안도현 시인의 「고래를 기다리며」인데, 이러한 사실은 당시의 심사평에도 나타나 있다. 김재홍은 심사평에서 나태주・이시영・최승호 등 연륜이 더 오래고 작품이 원숙한 경우도 있었지만 소월시문학상은 좀더 새로운 세대가 수상하는 것이 바람직하다고 생각되었다고 밝힌다. 물론 안도현 시인 역시 이미 문단의 중견이라 할 만한 시인이고, 40대 전후라는 조건에 해당되지 않는 것도 아니다. 그러나 앞서의 수상자들에 비해 상대적으로 젊어졌다고 할 수 있을 것이다. 그 이후에도 김정란, 고재종, 이문재, 정일근 등 대체로 수상자의 연령층이 젊어졌다고 할 수 있는데, 이러한 변화는 상업성과 어느 정도 관련이 있는 것으로 추정된다. 물론 시 문학상은 소설 문학상에 비해 상대적으로 상업성과 덜 관련되어 있다고는 할 수 있겠지만, 김수영문학상과는 달리 작품상으로 주어지면서 따로 소월시문학상 작품집을 문학사상사에서 출간하고 있는 점을 고려해 볼 때 이러한 추정이 근거가 없어 보이지는 않는다.

그런가 하면 작품상이라는 원칙 역시 겉으로 보기에는 변함이 없지만, 실제 내막을 들여다보면 엄밀하게 지켜졌다고 보기 힘들다. 실제로 작품 하나 하나의 완성도가 의미 있는 시인들도 있지만, 시집 전체, 혹은 그의 이름으로 쓰여지는 시 전체를 볼 때 더 의미 있는 시인도 있는 법이다. 결국 작품상으로서 소월시문학상을 제정했다는 것은 작품의 완성도, 완결된 미학을 중시하겠다는 하나의 입장이라고 할 수 있는데, 이러한 원칙에 대한 해석은 심사위원마다 달라질 수 있는 것이어서 당장

2회부터 시인상으로서의 성격이 나타나기 시작한다.

좀더 상세히 살펴보기 위해 소월시문학상 수상작 목록을 제시하면 다음과 같다.

　　　1회(1987) 오세영, 「그릇」 외
　　　2회(1988) 송수권, 「우리 나라의 숲과 새들」 외
　　　3회(1989) 정호승, 「임진강에서」 외
　　　4회(1990) 이성복, 「숨길 수 없는 노래」 외
　　　5회(1991) 김승희, 「떠도는 환유」 외
　　　6회(1992) 조정권, 「산정묘지」 외
　　　7회(1993) 김명인, 「화엄에 오르다」 외
　　　8회(1994) 황지우, 「뼈아픈 후회」 외
　　　9회(1995) 임영조, 「고도(孤島)를 위하여」 외
　　　10회(1996) 천양희, 「단추를 채우면서」 외
　　　11회(1997) 문정희, 「키 큰 남자를 보면」 외
　　　12회(1998) 김용택, 「사람들은 왜 모를까」 외
　　　13회(1999) 안도현, 「고래를 기다리며」 외
　　　14회(2000) 김정란, 「사랑으로 나는」 외
　　　15회(2001) 김혜순, 「잘 익은 사과」 외
　　　16회(2002) 고재종, 「백련사 동백숲길에서」 외
　　　17회(2003) 이문재, 「지구의 가을」 외
　　　18회(2004) 정일근, 「둥근, 어머니의 두레밥상」 외

소월시문학상의 1회 심사에서는 소월시문학상이 지난 1년 간 발표된 작품들 중에서 가장 우수한 작품에 수여하는 작품상의 성격을 지닌다고 밝히고 있지만, 당장 2회의 심사평에서 박두진은 1년 단위로 연차적인 작품 실적이 수상 대상 선정의 기준이 되기는 하지만, 소월시문학상은 상 설정의 정신과 취지로 보아 단순한 작품상 이상의 '시인상'적 성격과 의미가 부여되어야 할 것이라고 하였다. 그 이후에도 이러한 원칙은 경

우에 따라 흔들려서, 심사위원이나 심사 대상에 따라 작품상보다는 시인상에 방점이 찍히기도 하고, 시인상보다는 작품의 뛰어남이 우선이라고 판단한 경우도 있었다. 어떤 면에서는 유연한 심사 기준이라고 할 수도 있겠으나, 여기서의 유연함이란 원칙이 없다는 말과 크게 다르지 않다. 이와 같이 소월시문학상은 1회부터 18회까지 운영되어 오면서 그해 가장 우수한 작품에 대해 주는 상이라는 기준과 그간의 활동을 고려해서 시인에게 주는 상이라는 두 가지 기준이 그때그때 다르게 적용되어 왔다고 할 수 있다.

소월시문학상의 심사위원은 5인 체제로 가다가 16회(2002)부터 7인 체제로 바뀐다. 심사위원은 박두진·구상·김남조 등 문단의 원로 시인과 문학사상사의 주간 이어령이 대체로 고정적으로 맡아 왔다. 심사위원이 7명으로 증가한 16회부터 이어령은 심사위원에서 빠지게 된다. 그밖에 김용직·권영민·김재홍·조남현·신범순·김성곤·최동호·이승훈 등의 현직 대학교수와 조병화·김춘수 등 문단의 원로 시인, 오세영·송수권·김명인·임영조·김승희·문정희·안도현 등의 기수상자가 번갈아 가며 심사위원으로 참여하게 된다. 5인 체제에서는 박두진·구상·김남조·김용직·이어령 등이 대체로 고정적으로 참여한 심사위원이었으며, 7인 체제로 전환되면서 서울대 교수를 중심으로 한 현역 대학 교수, 문난의 원로 시인, 소월시문학상 기수상자라는 범위 안에서 심사위원이 교체되는 모습을 보인다.

여기서 새롭게 참가한 심사위원들의 견해가 수상작 결정에 영향을 미치지 않았을까 하는 생각을 해 보게 되는데, 반드시 그렇다고 보기는 어렵다. 오히려 고정적으로 심사를 맡아 온 심사위원들의 견해가 더 우선시 되었다고 보는 게 옳을 듯하다. 가령 14회 소월시문학상을 수상한 김정란의 경우에 김춘수·최동호가 새로운 심사위원으로 참가했는데, 심사평에 따르면 김춘수는 김정란·김혜순·노향림·송찬호를 지지하고, 최동호는 고재종·노향림·나희덕을 지지한 것으로 나타난다. 물론 이러한 결과는 두 심사위원의 문학적 취향의 문제와도 관련된 것으로 보인다.

김정란은 평론이나 시 양쪽에서 당시 우리 문단의 중요한 담론을 형성하는 역할을 했지만, 김소월이라는 이름으로 수여되는 문학상과는 어딘지 어울리지 않아 보인다. 이러한 불협화음은 김정란 시인의 수상소감에도 간접적으로 드러나 있다. 물론 그녀의 수상을 그녀의 실험의식에 대한 긍정적 평가라고 해석할 수도 있겠지만, 당시의 심사평을 볼 때 그간의 시인의 행보라든가 문화적 활동에 대한 평가 내지는 인정이라는 성격이 더 강했다고 보는 것이 옳을 듯하다. 그리고 여기에는 문단의 이슈가 된 시인을 수상자로 내세움으로써 얻게 될 상업적 이익이라는 측면도 어느 정도는 작용했던 것으로 보인다.

소월시문학상 수상작에 나타나는 또 하나의 특징은, 대체로 후보작으로 여러 차례 올라온 시인이거나 마지막 경쟁에서 아깝게 밀려난 시인의 경우에 다음해 수상작 결정에서 유리하게 작용하는 경우가 많았다는 사실이다. 초창기에 수상한 시인들의 경우를 제외하고 보더라도 9회 수상자인 임영조 시인과 16회 수상자인 고재종 시인은 4회에 걸쳐 후보작에 오른 끝에 수상을 했으며, 12회 수상자인 김용택 시인과 15회 수상자인 김혜순 시인, 17회 수상자인 이문재 시인은 5회 이상 후보작에 오른 끝에 수상을 하게 됐다. 그러다 보니 자연히 그 해에 가장 우수한 작품에게 상을 준다는 작품상의 성격은 약화되게 된다. 겹치는 심사위원이 많은 데다가 아무래도 여러 차례 수상 후보작에 오르게 되면 마지막 하나의 작품을 고르는 순간에 호의적으로 작용하게 되는 경우가 많았던 것 같다.

그러나 원칙의 잦은 변경이라든가 우수한 작품을 평가할 만한 객관적인 평가 기준의 부재, 심사위원의 고정성 등은 공정성 논란을 일으킬 여지를 남기기도 한다. 특히 대부분의 문학상이 객관적인 평가 기준이나 원칙을 제시하고 있지 못한 점은 짚고 넘어갈 필요가 있다. 김수영문학상을 비롯한 대개의 문학상이 그렇지만, 소월시문학상 역시 수상작을 선정하는 객관적인 기준이나 원칙이 제시되기보다는 전적으로 심사위원들의 안목에 의지하고 있다. 물론 문학예술작품이라는 점을 감안하면 객관적인 평가라는 게 도대체 가능하겠느냐는 근본적인 문제를 제기할 수 있을 것이다. 그러나 현실적인 어려움을 감안하더라도 평가 기준이나 원칙의 제시는 필요해 보인다. 그것을 운용하는 것은 심사위원의 몫으로 돌린다 하더라도 기본적인 원칙과 기준을 마련할 필요는 있을 것이다. 그렇지 않다면 원칙이 없다거나 '나눠먹기' 식이라는 비판으로부터 자유로울 수 없을 것이다.

그밖에도 소월시문학상의 성격으로 제도로서의 문학상이 갖는 보수성을 들 수 있겠다. '김소월'이라는 시인의 이름을 빌린 문학상이기 때문이라고 할 수도 있겠지만, 소월시문학상은 대체로 시라는 것에 대한 변화하지 않는 완강한 고정관념을 중시하는 입장을 보여 준다. 전체 수상자의 대다수가 전통 서정시 계열을 계승하고 있는 시인이라는 점이 이러한 추정을 뒷받침해 준다. 물론 이성복·김승희·황지우·김정란·김혜순과 같이 모더니즘 계열의 시인이 일부 수상을 하기도 했지만, 이들의 경우에도 이성복(1990년)이나 황지우(1994년)의 수상 시기를 고려해 보면, 한창 때의 실험의식은 누그러지고 서정적인 색채의 작품을 쓰고 있을 때의 수상이라는 사실을 알 수 있다. 소월시문학상에서 새로움을 용납하는 경우는 대체로 문단의 이슈를 형성하거나(김정란의 경우) 이미 문단의 주류가 된 시인들(김승희·김혜순·이성복·황지우 등)의 경우에 한정되어 있었다는 사실을 새삼스럽게 발견하게 된다.

5. 용납할 수 있는 것과 없는 것

이상에서 김수영문학상과 소월시문학상을 중심으로, 각각 22회와 18회의 수상작을 낸 한국의 대표적인 시 문학상의 과거와 현재를 조명해 보았다. 대상 시인이라든가 수상 후보작 및 수상작 선정 방법 등에서 차이를 보이기는 하지만, 그럼에도 불구하고 김수영문학상과 소월시문학상은 한 가지 공통점을 가지고 있다. 그것은 추천 후보작 및 수상작을 살펴볼 때 제도 안에 포섭할 수 있는 성향과 포섭할 수 없는 성향을 대체로 공유하고 있었다는 점이다. 좀더 거칠게 말하면, 김수영문학상이든 소월시문학상이든 대체로 1980년대의 시대적·사회적 맥락이나 분위기를 직접적으로 반영하거나 비판하는 문학, 그 중에서도 제도권 밖의 문학에 대해서는 대체로 무관심했다는 것이다. 1990년대에 접어들어 비판의 대상이 된 민중문학이나 노동문학 등은 1990년대 이후는 물론 1980년대에도 제도로서의 문학상의 수상 대상에 대체로 오르지 않았다.

이런 성향에 대해서는 시대적·사회적 분위기에 휩쓸리지 않고 일정한 거리를 유지한 자세였다고 긍정적으로 평가할 수도 있을지 모른다. 더구나 리얼리즘을 표방한 민족문학이나 민중문학의 한계가 여실히 드러난 '지금, 여기'의 시각에서는 그런 평가가 가능할 수도 있을 것이다. 그러나 한 발 물러나 다시 생각해 보면, 이들 문학상이 특정 성향에 대해서만 유독 일정한 거리를 유지했음을 알 수 있다. 가령 서로 다른 문학적 성향이라고 하더라도 '문지'와 '창비'간의 포섭은 가능했던 것으로 보인다. 제도 안, 권력의 편에 서 있었다는 점에서는 '문지'와 '창비'는 닮은꼴이다. 그러나 제도 바깥의 성향은 대체로 포섭하지 못했다. 박노해나 백무산이 한번씩 김수영문학상의 후보로 오르기도 하지만, 그것은 『노동의 새벽』(1984)이나 『만국의 노동자여』(1988)로써가 아니라 『참된 시작』(1993)과 『인간의 시간』(1996)으로써였다. 문학상이 철저하게 제도 안의 논리에 봉사한다면 그 바깥에 있는 것이 오히려 영광일 수도 있겠다는 생각마저 들 정도이다.

예상한 대로 시대적·사회적 분위기와 거리를 유지하려는 성향은 일관되게 유지되지 않는다. 1990년대 초·중반에 전통 서정시를 계승하면서 대중적인 호응을 얻은 서정시 계열의 시인들이 하나의 중요한 흐름을 형성하게 되는데, 리얼리즘과 서정성이 결합하여 안일한 대중성을 확보한 이런 시적 경향에 대해서는 거리를 유지하지 않고 오히려 수상작으로 선정함으로써 힘을 실어 주는 모습을 두 개의 문학상 모두 보이게 된다. 따라서 결과만을 놓고 보면 문학의 현실 참여나 현실과의 관련성을 중시하는 시적 경향에 대해서만 유독 호의적이지 않았다는 결론에 이르게 된다. 사회·역사적 관련성이 탈각된 새로운 서정시는 받아들일 수 있어도 현실 비판적인 성향이 직접적으로 드러난 시는 용납할 수 없었던 것이다. 여기서 우리는 시 문학상의 보수적 성격을 다시 한번 확인하게 된다. 결국 시 문학상은 소설 문학상에 비해 상업성은 약한 편이나, 수상작들을 통해 '시라는 것'에 대한 고정 관념을 강화하고 고정화하는 역할을 해 왔다고 볼 수 있다. 소월시문학상은 파격적인 것과는 거리가 멀었고, 김수영문학상 역시 '불온성'에 무게를 두지 않았다.

아마도 이러한 성향은 제도로서 존재하는 문학상이 태생적으로 갖는 한계이기도 할 것이다. 문학의 본질이 제도로부터의 이탈을 꿈꾸는 것이라 하더라도 그것이 '상'이라는 이름으로 주어질 때는 제도로서의 성격을 지니게 된다. 그런 까닭에 김수영문학상 2회 수상작에 대한 심사평에서 김병익은 이성복의 시에 대해 다음과 같은 말을 했는지도 모른다.

오독(汚毒)에 전염되는 우리의 삶에 기존의 시 형태의 파괴를 통해 절망하도록 만드는 그의 시들은 참신한 감수성, 독창적인 아이러니의 세계를 보여 주고 있는데 이러한 새로움은, 그것이 좋다고 믿어지는 사람에 의해 강조되어야 할 것이지 신뢰적인 공인에 의해 일찍부터 제도적인 것으로 수렴되는 것은 바람

직하지 않은 것이다.[4]

한 시인을 아끼는 심정이 잘 드러나 있는 공감이 가는 말이지만, 그렇다고 해서 모든 책임을 문학상이라는 제도의 존재 자체에 돌리는 것은 바람직하지 않은 태도이다. 실제로 문학상이 안고 있는 모든 문제와 소음들을 제도로서의 문학상이 어쩔 수 없이 갖게 되는 불가피한 문제로 취급하는 시선이 널리 퍼져 있다. 그러나 이런 시선이야말로 경계해야 한다. 모든 비판적인 문제제기를 무력화시킬 수 있는 시선이라는 점에서 그것은 대단히 위험한 관점이라고 볼 수 있다. 비판의 시선을 근본적으로 차단해 온 성역에 비판의 시선을 돌리는 일은 비평가들의 몫이 되어야 한다. 어쩔 수 없는 한계이니 소모적인 논쟁을 벌이지 말자거나 어떻게 원칙을 변경해도 같은 문제를 안게 될 거라는 식의 힘을 빼는 논리에는 대개 비판적인 논의를 잠재우려는 권력의 시선이 들어 있는 경우가 많다.

제도로서의 문학상이 갖는 한계를 인정하면서도 최대한 수긍할 수 있는 원칙을 마련하고 그 원칙을 고수하기 위한 노력을 기울일 필요가 있다. 그것만이 한계를 넓히거나 벗어나게 하는 동력이 될 수 있을 것이다. 문학상이 어려운 길을 걷는 시인들을 독려하고 그들에게 즐거운 기쁨을 선사하는 것은 물론, 독자들에게도 하나의 지도가 될 수 있기 위해서는 문학상의 운영에 대한 점검과 비판은 필수적이다. 이 글이 그 작은 출발점이 되기를 바란다. **(2004)**

---

4) 김병익, 「제2회 김수영문학상 심사평」, 『세계의문학』, 1982년 겨울, 288면.

새 천년을 여는 시의 세 가지 얼굴

1. 속도의 외곽 지대

밀레니엄이라는 말과 함께 요란하게 시작된 새 천년은 우리 삶의 지반에 근본적인 변화를 가져다 줄 것처럼 보이기도 했다. 그러나 달력 한 장이 넘어가듯 그렇게 쉽게 모든 것이 변하지는 않는다. 변화는 그것을 감지하기 훨씬 전부터 서서히 진행되게 마련이다. 하루아침에 천지개벽이 일어난 것처럼 보인다 하더라도 오래 전부터 서서히 변화의 기미가 진행되고 있었던 것이 한 순간 폭발적으로 나타난 것에 불과하다. 어쩌면 불연속적 사고와 연속적 사고의 차이는 변화의 결과와 진행 중에서 어디에 시선을 두느냐에 있는 것인지도 모르겠다.

새 천년은 밝았지만, 시의 담론은 세기말의 담론의 연장선 위에 있는 것처럼 보인다. 시의 죽음, 혹은 위기에 대한 우려는 여전히 중요한 담론을 형성하고 있고, 그러한 담론의 배후에는 대개 시를 위기로부터 구해내야 한다는 중심 탈환의 논리가 자리잡고 있다. 속도의 시대를 구제할 길은 시밖에 없다, 라고 그들은 목소리를 높이고 싶어한다. 인터넷의 활성화에 따른 새로운 세계의 출현은 이러한 논리를 뒷받침해 주는 근거로 활용된다. 그러나 시가 다른 무엇을 위해서 존재해야 한다는 생각은 시의 어깨에 무거운 짐을 올려놓음으로써 정작 시를 희생하게 되는 과거의 전철을 다시 밟을 위험을 안고 있는 것이 사실이다.

대개의 위기설이 그렇듯이 시의 위기설도 많은 경우 과장되어 있다. 시는 늘 주변적인 것과 함께 해 왔고, 그럼으로써 존재 이유를 찾아 왔다고 할 수 있다. 시는 중심적이기보다는 주변적이고, 현대에 올수록 중앙집권적인 통제력보다는 다양성을 용인하는 산발적인 힘이 시에서도 점점 더 중요해지고 있다. 시를 중심에 세우려는 시도는 대개는 불순한 의도를 품고 있는 경우가 많다. 시는 지금도 끊임없는 자기 갱신을 시도하고 있다. 시의 위기를 논하기에 앞서 그러한 변화의 의미를 짚어내는 것이 더욱 요긴한 일일 것이다. 주변적이고 산만한 대로, 있는 그대로의 시의 존재를 인정하는 태도가 '지금, 여기'의 우리에게 요구된다.

이러한 전제 아래 이 글에서는 1990년대에 중요한 담론을 이끌었던 시의 세 가지 얼굴, 서정시와 여성시와 노동시를 중심으로 2000년대 이후의 이유 있는 변모를 짚어 보려고 한다.

2. 서정시의 생존 전략

1990년대에 가장 활발한 담론 중의 하나가 서정시에 관한 것이었다. 특히 리얼리즘을 표방한 시들이 서정성과 결합함으로써 따뜻한 서정은 대중성과 상업성을 동반하게 된다. 현실 사회주의의 몰락과 함께 거품처럼 사그라진 민중시와 난해하다는 이유로 대중들로부터 유리된 모더니즘 시의 공백을 이러한 유형의 시들이 메우기 시작한 것이다. 어렵지 않으면서도 따뜻한 위안을 주는 이러한 시들은 속도의 시대를 거스르는 힘을 지닌 시들로 높이 평가되었고, 각종 생태주의 담론은 이러한 시들에 힘을 실어 주었다. 자연과 인간의 관계를 새롭게 회복하는 것이야말로 이 위기의 시대를 벗어날 수 있는 유일한 방법이라는 믿음은 신념을 넘어 하나의 신앙으로까지 발전하는 것처럼 보였다.

물론 이러한 시적 경향에 대해서 대중성과 상업성을 경계하는 우려가 없었던 것은 아니다. 위안의 기능 역시 문학의 중요한 기능 중 하나이지만, 그것만이 시라거나 시적인 것이라고 생각하는 태도에는 문제가 있다고 하지 않을 수 없다. 이러한 시들이 다양한 시적 경향 중 하나의 자리를 차지하는 데는 시비를 걸 생각이 없지만, 그것만이 진정한 시라거나 시적인 것의 본질에 가깝다고 생각하는 옹색한 태도에는 동의할 수 없다. 따뜻한 위안의 기능은 또한 우리의 눈을 멀게 하고 귀를 먹게 할 위험을 가지고 있다. 무력화(無力化)의 논리가 작동하기 쉬운 것이다. 게다가 현실이 위태롭고 불안한데, 불편함이 아니라 편안함만을 주는 시가 더 이상 위안이 될 수 있을지도 의문이다. 마치 인공화되지 않은 자연이 점점 사라져가고 있는데, 아니, 도시의 일상에는 더 이상 존재하지 않게 되었는데, 여전히 낭만적인 상상력으로 자연을 노래하는 시가 더 이상 평화로운 위안을 주지 않는 것처럼 말이다.

시와 일반 대중과의 만남을 시도하는 여러 행사들이 1990년대 말의 뒤를 이어 여전히 이루어지고 있다. 각종 단체에서 주도하는 시낭송 행사가 그 대표적인 예가 될 것이다. 사실 이러한 행사를 주관하는 측에서는 시와 노래와의 행복한 결합에 대한 믿음 같은 것을 가지고 있는 것처럼 보인다. 노래이기를 잃어버린 시는 더 이상 시가 아니라는 시각은 여전히 강하게 남아 있다. 리듬이 시를 이루는 중요한 요소 중의 하나인 것만은 사실이지만, 리듬을 유발하는 방법 역시 다양해질 필요가 있다. 시(詩)와 가(歌)의 분리는 이미 오래 전에 일어난 사건이지만, 현대시에 올수록 노래의 측면이 점점 더 약해지는 것은 부정하기 힘든 사실이다. 변화를 인정하고 받아들일 때 시의 활로는 열릴 것으로 보인다.

리듬을 유발하는 방법이나 서정성을 표출하는 방법도 변화할 수밖에 없다. 서정시의 영역이 점점 확장되는 이유도 그 때문일 것이다. 새로운 것을 받아들여 경계를 넓혀 가는 것도 시가 예술로서 존재하는 하나의 방식이다. 겨우 2000년대 상반기의 절반 정도가 지나간 시점에서 서정시의 암중모색을 논의하기는 쉽지 않다. 그러나 서정시의 상업성에 대한 우려와 비판은 끊임없이 제기되어 왔고, 서정성을 갱신하려는 노력은 여전히 계속되고 있다.

2000년대 이후에 출간된 시집 중에서 그런 관점에서 눈여겨볼 만한 시집으로는 이영광의 『직선 위에서 떨다』(2003), 유종인의 『아껴 먹는 슬픔』(2001), 정재학의 『어머니가 촛불로 밥을 지으신다』(2004) 등이 있다. 이영광의 시집에 드러나는 지적인 시선과 결빙의 이미지로 형상화된 반성적 사유, 유종인의 내면에서 비어져 나오는 신음 혹은 비명의 섬세한 기록과 자기 고투의 서정성, 지독하게 반복되는 환상으로 현실의 균열을 드러내는 정재학의 독특한 상상력 등은 새로운 서정의 길을 개척하는 젊은 시인들의 암중모색을 여실히 보여 주고 있다. 자연 친화적 상상력이나 생태적 상상력에 기반한, 이전의 시를 답습하는 시들보다 이들의 시가 좀더 문제적인 이유는 당위적으로 주어진 것과 삶의 체험으로부터 우러나온 절박함의 차이라고도 할 수 있을 것이다. 주체의 권위가 지나치게 강화된 근대적 사유를 극복하겠다는 시도는 의미 있지만, 주제의 선취가 시적 성취를 가져오는 것은 아니다. 타자의 시선을 회복해야 한다는 당위에서 한 걸음 더 나아가, 타자의 시선을 어떻게 회복할 것인가의 문제에 생태시들은 좀더 천착해야 할 것이다.

가령 이영광 시집의 표제시 「직선 위에서 떨다」는 자연을 대하는 화자의 태도가 어떻게 변화하는지를 보여 준다는 점에서 의미심장하다.

> 고운사 가는 길
> 산철쭉 만발한 벼랑 끝을
> 외나무다리 하나 건너간다
> 수정할 수 없는
> 직선이다
>
> 너무 단호하여 나를 꿰뚫었던 길
> 이 먼 곳까지
> 꼿꼿이 물러나와
> 물 불어 계곡 험한 날
> 더 먼 곳으로 사람을 건네주고 있다
> 잡목 숲에 긁힌 한 인생을
> 엎드려 받아주고 있다
>
> 문득, 발 밑의 격랑을 보면
> 두려움 없는 삶도
> 스스로 떨지 않는 직선도 없었던 것 같다
> 오늘 아침에도 누군가 이 길을
> 부들부들 떨면서 지나갔던 거다
> ― 이영광, 「직선 위에서 떨다」(『직선 위에서 떨다』, 창작과비평사, 2003)

외나무다리가 이루는 수정할 수 없는 직선에 대해 1, 2연의 화자는 경외심을 표현하고 있다. 1연과 2연에서 벼랑 끝을 건너가고 나를 꿰뚫고 사람을 건네주는 주체는 외나무다리이지만, 주체와 대상의 자리만 전도되었을 뿐 '나'는 외나무다리로부터 분리되어 있다. 주체와 대상 사이에 긴밀한 유대가 형성되는 것은 3연에 와서인데, 여기서 주체와 대상 사이에 유대감을 형성해 주는 것이 '두려움'과 '떨림'이라는 점은 흥미롭다. 삶에 대한 두려움, 생 앞에서의 떨림을 지녔다는 점에서 이들의 존재는 조우한다. 운명 앞에 선 존재가 아름다운 이유는 자기 앞에 놓인 길을 "부들부들 떨면서" 지나갔을 것이기 때문이다. 주체와 타자의 자리를 뒤바꾸는 것만으로는 자연과 인간 사이에 가로놓인 갈등과 불화가 해결되지는 않는다. 자연 앞에 선 인간의 초라함을 깨닫는 것도 중요하겠지만, 그보다 중요한 것은 나와 같은 존재라는 유대감의 회복이 아닐까? 이영광의 시에 나타난 자기 견인의 힘은 세속의 비루함에 대한 자조와 연민이라는 양가적 감정이 만들어내는 긴장으로부터 나온 것이므로 더욱 신뢰가 간다.

3. 여성시의 미래

1990년대는 여성시의 약진이 돋보이는 시대였다. '여류'라는 꼬리표에 따라붙던 체념적이고 감상적이라는 부정적인 인식을 깨뜨리고, 단지 성적 정체성에 한정되지 않는 '여성성'의 의미를 발견한 시대이기도 했다. 1990년대의 대표적 담론 중 하나인 '몸'을 둘러싼 담론이 여성성의 의미에 힘을 실어 주었던 것이다.

이러한 1990년대적 여성시의 특징을 가장 극단적으로 보여 주는 예가 바로 김언희의 시이다. 김언희는 몸 담론을 토대로, 모든 경계를 허무는 파괴의 전략을 구사한다. 몸을 둘러싼 성적인 상상력의 극치를 보여 준 김언희의 시는 여성시가 나아갈 수 있는 하나의 극단을 보여 주었다. 반면에 여성성의 새로운 발견을 시도한 최정례 · 김선우 등의 약진도 눈에 띄었다. 최정례는 시간의 기원에 대한 새로운 사유를 통해 초기의 다소 거친 호흡을 극복하고 또 하나의 깊이에 도달해 가고 있다. 그런가 하면 김선우는 자궁에 대한 상상력을 기초로 김언희와는 다른 방향에서 여성성을 탐색하고 있다. 이들의 약진은 1990년대 후반에 이어 2000년대까지 지속되고 있다. 이들이 여성 시인으로서의 자신의 개성을 좀더 깊이 있게 이끌어갈지는 관심 있게 지켜보아야 할 것이다.

1990년대의 여성시는 분산과 파괴의 전략에서 일단 성공적이었다. 1990년대를 열었던 최영미를 시작으로 신현림·박서원·김정란·김언희 등으로 이어지는 탈중심적이고 탈근대적인 상상력은 여성의 몸과 성 담론을 통해 중심의 해체에 기여해 왔다. 여성시의 상징적 의미를 변화시키고 세기말의 시적 담론의 주축을 이끌어 왔다는 점에서도 이들의 시는 마땅히 평가받아야 한다. 여기에는 김승희·김혜순 등 1980년대 여성시를 이끌었던 중견 시인들의 끊임없는 자기 갱신 역시 중요한 힘으로 작용했던 것으로 보인다.

그러나 이제 해체의 전략 '너머'를 고민해야 할 때이다. 파괴의 전략은 파괴를 위한 파괴, 혹은 자기 파괴에 미물 위험을 늘 지니고 있기 때문이다. 극점에서 한발 더 나아가기. 이제 여성시는 바로 그 지점에서 새로운 과제 앞에 서 있다. 수다, 신세 타령 따위의 '여성적 글쓰기'를 하나의 시적 문체로 끌어들였듯이, 지칠 줄 모르는 자기 갱신을 통해 여성시는 우리 현대시의 새로운 가능성을 열어 줄 것으로 기대된다. 여성 시인과 여성시는 그들의 삶의 지반이나 시적 정체성에서 상대적으로 더 많이 자유로운 위치에 서 있다. 기반의 부재, 혹은 약화야말로 이들의 목소리에 새로운 가능성을 실어 줄 것이다. '시적인 것'의 경계를 끊임없이 허무는 개성적인 시선을 확보할 수 있을 때, 이들의 시는 '여성성'을 넘어서서 개성으로부터 출발한 보편성에 도달할 수 있을 것으로 기대된다.

2000년대 이후에 출간된 시집 중에서 여성시의 자기 갱신이라는 관점에서 눈여겨볼 만한 것으로는 이원·진은영·이수명·김행숙의 시집이 있다. 이들은 자기 파괴적이지 않으면서도 자기만의 개성 있는 영역을 열어 가고 있는 시인들이다. 게다가 이들의 언어는 '여성성'이라는 구획

을 넘어 건조한 중성적 매력을 발산한다는 점에서 공통적이다. 이원은
『그들이 지구를 지배했을 때』(1996) 이후 『야후!의 강물에 천개의 달이 뜬
다』(2001)로 이어지는 디지털적 상상력을 통해 새로운 세대의 건조하고
황폐한 감수성을 집요하게 탐구하고 있다. 그녀가 동명의 시에서 표방한
'나는 클릭한다 고로 나는 존재한다'라는 명제는 디지털 방식으로 사고
하고 대화하는 새로운 세대의 특징을 단적으로 드러내 준다. 진은영은
『일곱 개의 단어로 된 사전』(2003)에서 너무 익숙한 나머지 죽어버린 말들
에 대해 새롭게 정의 내리는 방식으로 말한다. 그녀의 가벼우면서도 전
복적인 시선이 닿으면 그곳엔 새로운 세계가 열린다. '지금, 여기'에 대한
비판적 시선을 놓치지 않으며 개성적인 '다른' 세계를 열어 보이고 있다
는 점에서 그녀의 시는 여성시의 또 다른 영역을 개척해 가고 있는 것으
로 보인다. 이수명의 『붉은 담장의 커브』(2001)는 지독하게 반복되는 내적
언어의 풍경을 통해 시인의 고독과 상처를 드러내 준다. 시인이 보여 주
는 풍경은 낯설지만 그로부터 빚어지는 상처의 언어는 어딘지 익숙하다.
그리고 바로 그 고통에의 공감이 이상한 편안함을 준다는 데 이수명 시
의 특징이 있다. 그녀는 반복의 마력을 터득한 시인임에 틀림없다. 김행
숙의 『사춘기』(2003)는 중심에 편입되지 않고 부유하는 '사춘기'라는 시절
을 통해 주변적이고 분산적인 타자들의 목소리를 생생하게 전달하고 있
다. 보이거나 들리지 않는다고 믿었거나 보거나 듣지 않으려고 애써 눈
감고 귀 막았던 낯선 영상과 소리의 파편들을 보여줌으로써 우리가 잃어
버린 것들을 환기해 준다는 점에서 그녀의 시는 새로운 서정의 가능성을
열어 준다. 그녀의 시는 "지금 무엇에 대한 직전(直前)이다 아직," "폭풍
속으로" 진행 중인 그녀의 시를 읽는 일은 "으으으" 고통스러운 신음을
동반하는 색다른 즐거움을 가져다주고 있다(「폭풍 속으로」).

이 시에는 아무것도 없다
네가 좋아하는

예쁜 여자, 통일성, 넓은 길이나 거짓말과 같은 것들이

다만

문을 열자 쏟아지는 창고의 먼지, 심한 기침 소리
네게 주려 했는데
실수로 꽝꽝 얼린 한 컵의 물
물밑의 징검다리, 쓰임을 알 수 없는
약들이 있다

쉽게 말할 수 있는 미래와
뭐라 규정할 수 없는 "지금 여기"
더듬거리는 혀들이 있고

동물원에 가서 검은 정글원숭이들과 싸우고 싶었는데
팬지 화분을 선물 받은
어린 시절에 대해서라든가,
영원한 태양보다는
그늘에 자라는 붉은 잎의 사실성을 믿는 그런 사람에 대한 부러움
혹은 몇몇 시인에 대한 뜨거운 사랑이 있다

그것이 만들어낸
이전 詩들과
이번 詩 사이의 고요한 거리

그 위로
시간이 눈처럼 자꾸 내렸다
아무것도 하얗게 덮지 않고 흩어져버렸다
　　　　　—진은영, 「이전 詩들과 이번 詩 사이의 고요한 거리」
　　　　　　　(『일곱 개의 단어로 된 사전』, 문학과지성사, 2003)

인용한 진은영의 시는 이전의 시와는 다른 시를 쓰겠다는 자의식을 강하게 드러낸 시인의 선언이다. 그녀가 거부하는 것은 '예쁜 여자, 통일성, 넓은 길, 거짓말, 영원한 태양' 등이다. 시적인 것은 으레 예쁘고 아름다운 것이어야 한다거나 시는 이질적인 것도 동일화하는 통일성을 지니고 있어야 한다거나 미래로 향해 있는 넓은 길을 상징적으로 보여줘야 한다거나 아름다운 거짓으로 치장되어야 한다거나 영원성을 지향해야 한다는, 시에 대한 낡은 통념들을 그녀의 시는 단호히 거부한다. 오히려 그녀는 뭐라 규정할 수 없는 어떤 것, 더듬거리는 혀, 사라지거나 흩어지는 것들을 시라고 생각한다. 그러므로 그녀의 시는 이전의 시에 있던 것은 아무것도 갖고 있지 않지만, 또한 미래의 시를 향해 끊임없이 미끄러지고 있다. 이것은 비단 진은영의 경우에만 해당하는 것은 아니다. 시에 대한 그녀의 선언은 자기 세대의 시에 대한 자의식을 상징적으로 대표하고 있다. 이 새로운 여성 시인들은 '여성'이라는 꼬리표로부터 자유로워져, 저마다 개성적인 방식으로 '이전의 시'를 거부하며 자기의 세계를 만들어 나가고 있다. 이들이 만들어 가는 새로운 시의 얼굴을 지켜보는 일은 분명 가슴 설레는 일이다.

4. 노동시의 활로

1990년대와 함께 시작된 거대 담론의 붕괴는 1990년대의 수많은 시인들에게 직접적으로든 간접적으로든 적지 않은 영향력을 행사했지만, 가장 큰 타격을 받은 시인들은 역시 박노해·백무산으로 대표되는 노동자 시인들이라고 할 수 있을 것이다. 신념의 철회를 바깥으로부터 강요당한 시인들이 보여준 변모와 모색의 과정은 1990년대 우리 시단의 의미 있는 풍경의 하나를 이루었다.

박노해의 『참된 시작』(1993)과 백무산의 『인간의 시간』(1996)은 이들의 변모와 모색을 상징적으로 보여 준 대표적인 시집이다. 박노해는 결국 『참된 시작』 이후에 따뜻한 서정으로 회귀하여 대중성과의 만남을 모색한다. 그 변모는 다소 실망스러운 것이었지만, 인간적으로 이해할 수 있는 방향이기도 했다. 그런가 하면 백무산의 『인간의 시간』이 보여 준 고뇌의 풍경은 신념의 붕괴를 체험한 인간의 내적 고투와 반성의 기록이라는 점에서 자못 감동적이었다. 문명의 근원에 대한 탐구와 노동자의 시선을 포기하지 않으면서도 문제의 원인을 내부에서 찾는 반성적 사유는 노동시의 또 다른 가능성을 열어 주기도 했다. 물론 그 이후의 시집들, 특히 최근에 출간된 『초심(初心)』(2003)은 그의 시가 아직 출구를 찾지 못했음을 보여주는 것이기도 했다. 그러나 설사 이 시인들이 새로운 활로를 찾는 데 성공하지 못한다 해도 1980년대와 1990년대에 보여 준 모습만으로도 제 역할을 다한 것이라 평가할 수 있을 것이다.

오히려 2000년대 이후 노동시의 활로는 다른 시인들에 의해 열린다. 2000년대 이후에 노동 현장에서 시를 쓰는 시인들은 거대 담론의 그림자로부터 훨씬 자유롭다는 특징을 가지고 있다. 바로 그 몸놀림의 가벼움이 이들이 한결 자유롭게 자기 목소리를 내는 힘인지도 모르겠다. 그러므로 이들에게는 '노동시', 혹은 '노동자 시인'이라는 명명이 더 이상 어울리지 않는다.

1990년대 후반에 나온 첫 시집 『눈물 속에는 고래가 산다』(1997)에 이어 2001년에 출간된 이대흠의 두 번째 시집 『상처가 나를 살린다』에는, 더 이상 '노동자 시인이 쓴 시'라는 분류에 포섭되지 않는 자유로움이 잘 드러나 있다. 그의 시에는 여전히 위반과 전복의 상상력이 나타나지만, 그것이 작동하는 방향은 많이 달라졌다. 그는 위반과 전복의 상상력에 기반을 둔 새로운 언술의 전략을 실험하고 있다.

오히려 노동자 시인이라는 자의식을 좀더 강하게 지닌 시인으로는 최종천이 있다. 첫 시집 『눈물은 푸르다』(2002)로 시단의 주목을 받은 최종천은 밀도 있는 긴장감을 유지하는 시들을 지속적으로 발표하고 있다. 그의 시는 생활에 밀착해 있으면서도 무게를 덜어내 가벼워졌고, 과장되지 않은 노동자의 세계관을 형상화해 낸다. 나는 시집 이후에 그가 잡지에 발표하는, 냉소적인 가운데서 촌철살인이 빛나는 문명 비판적인 시들에 좀더 흥미를 가지고 있다.

또 하나 주목할 만한 시인으로 이덕규를 들 수 있다. 화성에서 농사를 짓고 있다는 그의 이력 때문에 농촌 시인으로 분류되기도 하는 이덕규의 시는 종종 노동 현장의 체험을 다루고 있을 뿐만 아니라 노동자의 시선을 지니고 있다. 최근에 출간된 『다국적 구름공장 안을 엿보다』(2003)에는 인생의 막장을 체험한 노동하는 인간의 시선과 문명 비판적 상상력, 지상의 가파름과 긴밀히 관련된 환상의 공간으로 '지금, 여기'를 끊임없이 환기하는 천상의 상상력 등이 빛을 내고 있다. 그의 시에 종종 등장하는 '칼', '독', '이슬'의 이미지는 '지금, 여기'의 막막함을 견디는 시인의 태도를 상징적으로 드러내는 역할을 한다. 그의 태도는 단호하고 지독하지만 투명하다. 그의 시에는 농촌의 삶과 대척점을 이루는 도시 문명에 대한 비판이 나타나는데, 그것은 힘이 있으되 단선적이지는 않다.

> 허공에 발판을 놓고 길을 내는 그는
> 飛階工이었다 고층으로 올라갈수록
> 거대한 자본의 산맥을 넘어오는 높새바람 속에서
> 중심을 잡기 위해 지상과 연결된 안전고리를
> 수시로 확인해야만 하는
>
> 지상에선 날마다 더 높은 곳을 주문했다
> 현장사무실 앞 풍향계는
> 늘 한곳으로 고정된 채 첨단의 극점을 가리키고 있었다
> 촉박한 예정공정의 천후표에는

기후와 상관없이 늘 해가 떴다
이윽고 그는 지상의 통제권이
도달할 수 없는 높이까지 올라갔다

그리고 안전수칙을 무시하고
아슬한 난간 위에 서서 아주 잠깐
고개 들어 훔쳐본,
……
아, 현기증이란
구름궁전 뜨락을 거닐듯
얼마나 황홀한 산책인가

마침내 그곳에서
중심을 잡기 위해서는 지상과 연결된 모든 안전고리를
남김없이 풀어버려야 한다는 걸
깨닫는 순간
오랫동안 지상에 묶여 있던 부표 하나가
둥싯 떠올라,

뇌 단층촬영실
모니터 화면에 번져가는 구름 한 점
　　　　　　—이덕규,「구름궁전의 뜨락을 산책하는 김씨」
　　　　　　(『다국적 구름공장 안을 엿보다』, 문학동네, 2003)

　비계공(飛階工)이었던 김씨는 거대한 자본의 논리에 의해 움직이는 공사 현장의 가장 높은 곳에서 일해 왔다. 마치 하늘에 닿기라도 하려는 듯 더 높은 곳을 향한 욕망은 점점 커져 가고, 마침내 김씨는 자본의 논리에 의한 욕망의 희생양이 되고 만다. 더 높은 곳에 길을 내기 위해 안전수칙을 무시하고 아슬아슬한 난간 위에 올라선 순간, 아찔한 현기증과 함께 김씨는 추락하고 만다. 이전의 노동시였다면 노동자를 죽음으로 이끄는 노동 현실에 대한 분노로 들끓었겠지만, 이덕규의 시는 여기서 잠시 현실의 경계를 이탈한다. 현실과 환상 사이를 오가는 낯선 풍경을 통해 시인은 "늘 한 곳으로"만 "고정된 채 첨단의 극점을 가리키고" 있는 자본의 "풍향계"와 끝없는 욕망이 부른 욕망의 구름궁전을 짐짓 보여 준다. 환상적으로 그려져 있지만, 그것은 아름답기보다는 섬뜩한 풍경이다. "뇌 단층촬영실 / 모니터 화면에 번져가는 구름 한 점"처럼 아슬아슬하고 위태롭다. 그러므로 '도대체 왜?', '무엇이 우리를 이렇게 만들었지?'라는 질문으로 자연스럽게 독자를 이끄는 힘을 이덕규의 시는 가지고 있다.

이대흠·최종천·이덕규의 시는 하나의 분류 속에 가둬 두기에는 서로 많이 다르다. 그러면서도 이들이 지닌 위반과 전복의 상상력이 궁극적으로는 노동하는 인간의 시선에서 나온 것이라는 점은 서로 닮았다. 개성 있는 자기의 목소리를 가지고 있는 시인들이기에 이들은 노동시의 영역을 다양하게 확장하는 데 기여하게 될 것이다. 신자유주의의 물결 속에 다국적 기업이 세력을 확장하고 있는 전지구적 시대에 노동자의 시선은 가장 보편적인 시선이 될 가능성을 가지고 있다. 그리고 이들의 시가 지닌 다양성이 궁극적으로 노동시의 활로를 개척할 수 있을 것으로 기대된다. 물론 그것은 이미 반드시 '노동시'라고 한정적으로 불려야 하는 것은 아니지만 말이다.

서정시·여성시·노동시가 보여 주는 모색의 도정은 기성의 이름을 넘어서는 지점을 향하고 있다는 점에서 서로 닮았다. 새 천년을 이끌어 갈 시의 새로운 얼굴이라 평가할 만한 이들의 모색이 자기 영역을 고수하려는 중앙으로의 회귀나 중심 탈환의 논리를 극복하고, 자유롭게 몸을 바꾸고 경계를 넘나들면서 우리 시에 새로운 생성의 동력을 마련해 주기를 기대해 본다. 이제 과장된 시의 위기설은 자기 소거의 광기가 될 위험을 안고 있음을 생각해 봐야 할 때이다. **(2004)**